INSTRUCTOR'S ANNOTATED EDITION

Sur le vif

TROISIÈME ÉDITION

NIVEAU INTERMÉDIAIRE

Clare Tufts
Duke University

Hannelore Jarausch
University of North Carolina

HEINLE & HEINLE
THOMSON LEARNING

United States • Australia • Canada • Mexico • Singapore • Spain • United Kingdom

Sur le vif, 3/e
Niveau intermédiaire
Instructor's Annotated Edition
Tufts / Jarausch

Publisher: Wendy Nelson
Marketing Manager: Jill Garrett
Senior Production Editor and Developmental Editor Supervisor: Esther Marshall
Developmental Editor: Anne Besco
Associate Marketing Manager: Kristen Murphy-LoJacono
Manufacturing Manager: Marcia Locke

Composition: GEX Publishing Services
Project Manager: Anita Raducanu
Interior Designer: Sue Gerould, Perspectives
Illustrator: Sarah Sloane
Cover Designer: Sue Gerould, Perspectives
Cover art: Robert Delaunay, *Rythme no. 3*, Musée d'Art Moderne
Printer: Courier Westford

Printed in the United States of America
2 3 4 5 6 7 8 9 10 05 04 03 02 01 00

For more information contact Heinle & Heinle, 20 Park Plaza, Boston, Massachusetts 02116 USA, or you can visit our Internet site at http://www.heinle.com

Library of Congress Cataloging-in-Publication
Tufts, Clare.
Sur le vif : niveau intermédiaire / Clare Tufts, Hannelore Jarausch.—3. Éd.
p. cm.
Jarausch named first on previous ed.
Includes index.
ISBN 0-8384-1610-1 (student ed.)
ISBN **0-8384-1611-X** (instructor's annotated ed.)
1. French language—Textbooks for foreign speakers—English. I. Jarausch, Hannelore. II. Title.

PC2129.E5 J36 2000
448.2'421—dc21

00-603278

This book is printed on acid-free recycled paper.

Table of Contents

Sur le vif is... High-interest topics that hold the attention of intermediate students

Whether your intermediate students are continuing to upper-division work, or ending their study with this course they will use their French to discuss meaningful, high-interest issues through such topics as:

- relationships with family and friends: the good, the bad, and the ugly
- youth culture
- television and film
- immigration
- attitudes towards technology

Sur le vif supports you in your goal of helping students progress beyond conversations about the weather and grocery shopping. Students want to express opinions and discuss ideas, and ***Sur le vif*** gives them the background information and the linguistic support to do so with confidence.

Chapitre 2

For lesson plans, cultural notes, warm-ups, and homework assignments, please go to: http://slv.heinle.com

Les jeunes

A. Le corps

être beau (belle)	*to be beautiful*
joli(e), laid(e)	*pretty, ugly*
fort(e), gros(se)	*strong, fat*
costaud (*fam.*)	*robust*
faible, mince	*weak, thin*
maigre	*skinny*
avoir les cheveux...	*to have...hair*
longs, courts	*long, short*
fins, épais	*thin, thick*
raides	*straight*
ondulés, frisés	*wavy, curly*
ébouriffés	*uncombed*
teints	*dyed*
en brosse	*crew-cut*
en crête	*spiked*
être chauve	*to be bald*
avoir...	*to have...*
la tête rasée	*a shaved head*
une barbe	*a beard*
une moustache	*a moustache*
des pattes *f.*	*sideburns*
avoir le visage...	*to have a (an)...face*
ovale, rond	*oval, round*
carré	*square*
pointu	*pointed*
joufflu	*fat-cheeked*
avoir le nez...	*to have a...nose*
droit	*straight*
busqué	*hooked*
avoir les lèvres...	*to have...lips*
épaisses	*thick*
minces	*thin*
pincées	*pinched*
être...	*to be...(coloring)*
bronzé(e)	*tan*
pâle, blême	*pale, sick-looking*
avoir le teint...	*to have a(n)... complexion*
basané	*dark*
olivâtre	*olive*
avoir des taches de rousseur	*to have freckles*

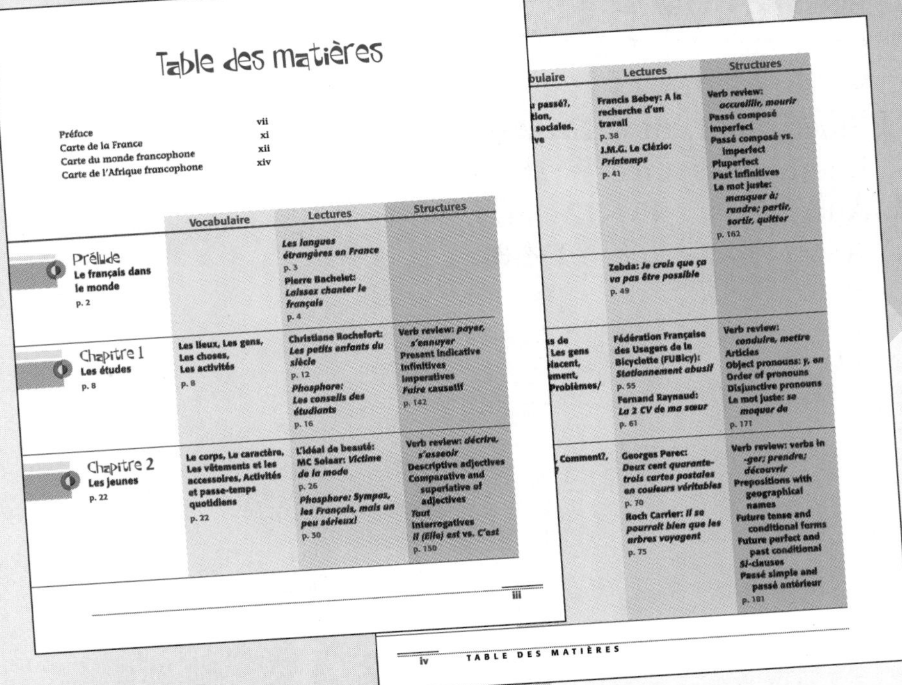

Table des matières

iv TABLE DES MATIÈRES

Sur le vif is... Engaging activities that employ both students' linguistic and cognitive skills

The activities in ***Sur le vif*** refine students' use of French:

- Students practice new materials first in an environment that feels safe, thus giving them the confidence to take risks and express more complex ideas.
- Activities are engaging. Whether it's what to wear or *Médecins sans frontières*, students are asked to think critically, make inferences, and express themselves.
- Because the grammar activities use the vocabulary presented and practiced in the lesson, all examples and explanations are contextualized, making it easier for students to put it all together and see the big picture.
- Many activities in ***Sur le vif*** are suitable for small groups, making classes more student-centered and fostering an environment where students are encouraged to "try things out."

Vocabulary

Vocabulaire

Préparation grammaticale

Avant de continuer, révisez la formation et le placement des adjectifs qualificatifs, pp. 151–155.

Chapter warm-up: Pensez-vous que les jeunes gens de votre âge se ressemblent partout dans le monde? Avez-vous les mêmes intérêts et les mêmes préoccupations que les jeunes en France, par exemple? Passez-vous votre temps libre de la même façon?

A. Vive les différences! Anne et Philippe fascinent leurs familles et leurs amis parce qu'ils *ne se ressemblent pas du tout* mais semblent s'adorer et bien s'entendre. Décrivez Anne en vous basant sur la description de Philippe ci-dessous.

Philippe est un homme costaud et laid. Il a les cheveux courts et frisés, le visage rond, le nez busqué et les lèvres épaisses. Il a l'air endormi, et ses amis le trouvent insensible, rouspéteur et paresseux. Il porte toujours des vêtements sales et démodés. Il passe son temps à jouer à des jeux vidéo.

B. Comment dit-on? Trouvez l'adjectif de la liste B du vocabulaire qui s'accorde le mieux avec chacune des explications suivantes.

1. Qui s'exprime ouvertement, en toute clarté.
2. Qui n'attire pas l'attention.
3. Qui manque d'humanité, d'indulgence.
4. Qui évite l'effort.
5. Qui ne ressent pas d'émotions.
6. Qui ne se met pas en colère.
7. Qui est plein de vie, de vivacité.
8. Qui sait se tirer facilement d'affaire.

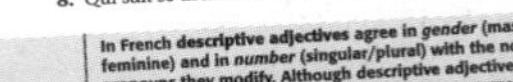

RAPPEL

In French descriptive adjectives agree in *gender* (masculine/ feminine) and in *number* (singular/plural) with the nouns or pronouns they modify. Although descriptive adjectives usually follow the words they modify, some short ones come before. A few adjectives change meaning depending on whether they precede or follow the word they modify. For more details, see pp. 151–155.

A. *Answers may vary slightly. Students can work in pairs and compare descriptions. Possible description:* Anne est une femme mince et jolie. Elle a les cheveux longs et raides, le visage carré, le nez droit et les lèvres minces. Elle a l'air éveillé, et ses amis la trouvent sensible, agréable et énergique. Elle porte toujours des vêtements chic et propres. Elle passe son temps à...

B. 1. franc 2. discret 3. dur 4. paresseux 5. insensible 6. doux 7. éveillé 8. débrouillard

C. Follow-up: *For each photo have two groups of 2–3 students present their descriptions and have the class discuss differences.*

C. Comment sont-ils? Faites une description physique détaillée de chacune des personnes dans les quatre photos, en vous référant si nécessaire aux listes A et C du vocabulaire.

1.

2.

24 CHAPITRE 2

Comprenez-vous?

1. Lesquels de ces étrangers veulent revenir en France pour les mêmes raisons? (Qui sont ces personnes, et quelles sont leurs raisons?)
2. Lesquelles de ces raisons sont les plus sérieuses, à votre avis?
3. Voulez-vous aller ou retourner en France pour une de ces mêmes raisons? Expliquez.
4. Qu'est-ce qui peut expliquer le fait que Thomas est le seul à ne pas être sûr qu'il reviendra en France?

1. Carolina et Carlos veulent revenir faire des études; Réjane et Ann-Marie veulent revenir pour manger; Peter et Israel veulent revenir surtout pour des vacances. 2. *Réponse personnelle.* 3. *Réponse personnelle.* 4. *Il y a plusieurs possibilités:* La Chine est très loin de la France; ce n'est pas sa première visite; il ne semble pas apprécier les différences culturelles autant que les autres.

A discuter

Est-il possible de comprendre les gens et la culture d'un pays si on n'y passe que quelques semaines de vacances? Quel est le danger de tirer des conclusions sur tout un peuple si on ne visite qu'une seule ville ou une seule région du pays?

Activités d'expansion

Activités d'expansion

A. Se faire remarquer

1. Est-ce qu'il y a des «looks» particuliers que l'on adopte sur votre campus? Lesquels? Avec un(e) partenaire, choisissez un «look» que vous avez tous (toutes) les deux remarqué. Est-ce que vous avez réagi à ce look de la même façon que votre partenaire? Comparez vos réactions, et essayez de les analyser.

2. Il y a des gens qui veulent se faire remarquer *(make a statement)* par leur façon de s'habiller, de se coiffer, de se maquiller, etc. Trouvez un(e) partenaire et discutez des gens que vous connaissez qui veulent se faire remarquer. Qui sont-ils? Que font-ils pour se distinguer des autres? Pourquoi, à votre avis, veulent-ils être «différents»?

B. «Etre jeune» — qu'est-ce que cela veut dire?

Est-ce qu'on est jeune par son âge ou par son attitude? Connaissez-vous des adultes (35+) qui ont l'air très jeune, ou des jeunes (16 à 22) qui semblent déjà vieux? Si oui, qu'est-ce qu'il y a dans la conduite ou dans l'apparence de cette personne qui la rajeunit/vieillit?

C. Qu'en pensez-vous?

Que pensez-vous de la publicité intitulée «Elle est où la différence?» faite par le Ministère de la Jeunesse et des Sports? Pourquoi est-il nécessaire d'annoncer que tous les jeunes sont «égaux en droits»? Selon votre propre expérience, les jeunes qui s'habillent (se coiffent, se maquillent, etc.) de façon provocante ou choquante sont-ils victimes de la discrimination? Les professeurs, les marchands, les policiers, etc., réagissent-ils à ces jeunes-là de la même façon qu'ils réagissent aux jeunes dont l'apparence est plus «normale»?

LES JEUNES 33

Sur le vif is... Diverse and provocative readings

The readings in ***Sur le vif*** are a mix of canonical literature and unexpected contemporary pieces:

- Students gain real insight into French and francophone cultures. Texts by authors such as Camus and De Beauvoir provide a useful introduction to French classics, while magazine articles, songs, cartoons, and ads help students relate to their peers in the francophone world.
- Each chapter contains two readings: a shorter one used as the basis for practice and application activities, and a longer one which serves as the foundation for more interpretive and communicative activities. This consistent structure gives students ample opportunities to practice before actually engaging in linguistically more complex activities such as role plays and debates.
- The two readings per chapter add to the flexibility of ***Sur le vif***: instructors may elect to cover only one or both per chapter, depending on their time constraints and the level of their students.
- NEW! Most of the readings in ***Sur le vif*** are new to this edition, assuring the most up-to-date reflection of the French-speaking world available!

Lecture

Première partie: *«Qu'avez-vous pensé des jeunes Français?»*

«Je trouve qu'ils sont très sérieux. On dirait qu'ils ne pensent qu'à l'école.» (Nathan, 19 ans, américain)

«J'imaginais qu'ils étaient snobs et surtout intellectuels et cultivés. En fait, ils sont plutôt sympas, et pas si intellectuels que ça!» (Carolina, 18 ans, brésilienne)

«Ils ne font pas d'efforts pour parler anglais. Si nous ne parlons pas bien le français, ils préfèrent ne pas nous adresser la parole.» (Sami, 25 ans, finlandais)

«Au premier abord, ils sont polis et souriants, mais quand on discute un peu avec eux, ils deviennent assez formels et conservateurs.» (Réjane, 24 ans, brésilienne)

«Je fais un tour d'Europe et je trouve que tous les jeunes Européens se ressemblent. Pour moi, les Français sont pareils que les Italiens ou les Anglais.» (Thomas, 19 ans, chinois)

«Ils ont l'air plus ouverts que chez nous. Quand ils disent bonjour, ils sourient et ils nous indiquent notre chemin.» (Ann-Marie, 20 ans, américaine)

«Eh bien! Ils sont assez sympas, mais c'est dommage, ils sont tous habillés en noir. C'est triste!» (Jillian, 18 ans, anglaise)

«Ils s'habillent mieux que les Américains. Ils sont très à la mode. Par contre, ils fument beaucoup et partout.» (Sarah, 21 ans, américaine)

Comprenez-vous?

1. Qu'est-ce qui peut expliquer la différence entre l'opinion de Sami et celle d'Ann-Marie?
2. Commentez les opinions de Thomas et de Jillian.
3. Etes-vous surpris(e) qu'il n'y ait qu'une seule personne qui remarque le nombre de fumeurs parmi ces jeunes Français? Pourquoi?
4. Voyez-vous une contradiction dans les opinions de Sarah et de Jillian? Expliquez.
5. Est-ce qu'une de ces opinions confirme ce que vous pensiez déjà des Français? Expliquez.

Answers will vary somewhat. 1. Il est possible qu'Ann-Marie parle mieux français que Sami. 2. Thomas n'est pas européen et donc ne voit pas leurs différences. Etant anglaise, Jillian comprend très bien comment elle est différente des Français, des Italiens, etc. 3. Non. Les Américains sont peut-être plus conscients des dangers de fumer que les jeunes d'autres pays. 4. Il n'y a pas de contradiction si Sarah considère le noir comme une couleur à la mode. 5. *Réponse personnelle.*

Deuxième partie: *«Qu'est-ce qui vous a choqué en France?»*

«Je suis agréablement surpris par la manière de vivre. Ici, tout a l'air facile, simple. Tout est beaucoup plus accessible que chez nous.» (Peter, 25 ans, polonais)

«Les SDF° dans la rue. Paris est une ville dans laquelle il y a beaucoup de belles choses à voir, mais on laisse les pauvres mendier° dehors.» (Rachel, 22 ans, canadienne)

«Les gens conduisent n'importe comment. Les routes sont dangereuses et les conducteurs ne se respectent pas entre eux.» (Sami, 25 ans, finlandais)

«Je trouve que la manière de vivre est arriérée°, même à Paris. Les magasins ferment le week-end et aux vacances.... Au Brésil, tout reste ouvert 24 heures sur 24.» (Réjane, 24 ans, brésilienne)

SDF: *sans domicile fixe (homeless person)*
mendier: *beg*
arriérée: *behind the times*

LES JEUNES 31

Avant de continuer, révisez le comparatif et le superlatif de l'adjectif qualificatif, p. 156.

L'idéal de beauté

Entrons en matière

Blaise Pascal, un philosophe français du 17e siècle, a dit:

«La mode même et les pays règlent ce que l'on appelle beauté.» Est-ce toujours le cas aujourd'hui? Donnez des exemples pour justifier votre argument.

Saviez-vous que... ?

Les femmes en France ne comptent pas uniquement sur un corps svelte pour séduire les hommes. La silhouette n'arrive pour elles qu'en quatrième position des atouts *(avantages)* de séduction (23%), derrière un caractère sympathique (60%), le sens de l'humour (50%) et l'intelligence (33%).

Francoscopie 1999, p. 58

Question: Est-ce que les femmes que vous connaissez seraient d'accord avec les Françaises sur ce que les hommes trouvent séduisant chez les femmes?

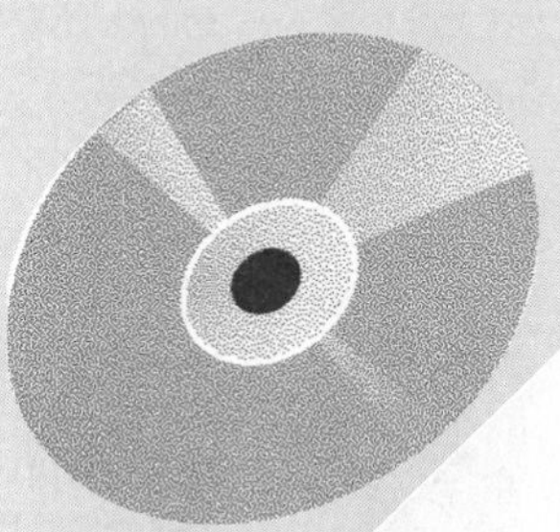

Sur le vif is... The latest in French and francophone culture

Surveys consistently show that students choose to study French in large part because of the attraction of its rich cultures. ***Sur le vif*** rewards this interest with a pedagogical approach that is saturated with culture: whether it is readings, cartoons, the web site, writing activities, or even grammar examples and practice exercises, students are exploring the diversity of processes, perceptions, and products in the French-speaking world.

- The latest songs (from Cajun music to rap) are printed in the *Interludes* with accompanying activities, as well as recorded on the text audio CDs.
- Surveys on how the French feel about various issues provide a current "snapshot" of the French-speaking world and offer opportunities to train students in valuable analysis and critical-thinking skills. They also provide great possibilities for comparison with students' own experiences.
- The ***Sur le vif*** web site offers carefully guided activities through pre-selected web links, to maintain the immediacy of exposure to the French-speaking world today.

3.

4.

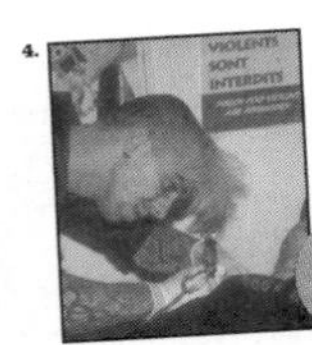

D. Comment es-tu? Choisissez trois adjectifs des listes A et B du vocabulaire pour vous décrire — deux qui sont vrais, et un qui ne l'est pas. Utilisez ces trois adjectifs pour vous décrire à vos camarades de classe, et demandez-leur de deviner l'intrus (*the one that doesn't fit*).

Each student describes himself or herself and class finds the adjective that doesn't fit. Student who has given the false description chooses someone who must try to correct the mistake.

E. Les stars. Choisissez une des stars de la liste ci-dessous et décrivez-la. Utilisez au moins trois adjectifs qui décrivent l'apparence et/ou le caractère de cette personne.

1. Julia Roberts
2. Robin Williams
3. Tom Cruise
4. Gwyneth Paltrow
5. Will Smith
6. Catherine Deneuve
7. Gérard Depardieu
8. Tom Hanks

Saviez-vous que... ?

❀ Si vous êtes Français(e) et que vous avez 18 ans, vous êtes majeur(e). Vous pouvez faire les études de votre choix (vos notes vous sont remises), voter, vous marier, créer une entreprise ou un commerce, acheter ou vendre des biens, signer des contrats, devenir maire... ❀

***Phosphore: L'indispensable des 15–25 ans*, Numéro 30, septembre–octobre 1999, p. 31**

Question: Les jeunes de 18 ans ont-ils les mêmes droits en France et aux Etats-Unis? Expliquez.

F. Les portraits

1. Mettez-vous avec un(e) camarade de classe.
   a. Faites chacun(e) par écrit une description physique détaillée de la personne devant vous en vous référant si nécessaire aux listes A et C du vocabulaire.
   b. Essayez de deviner le caractère de votre partenaire d'après son apparence (vocabulaire B).
   c. Lisez-vous vos descriptions, puis discutez de vos réactions. Est-ce que la description faite par votre partenaire est bonne ou mauvaise? Pourquoi?

Go over the model with the class.

Modèle: portrait de l'homme sur la photo

a. VOUS:
Vous êtes jeune. Vous avez probablement entre vingt-cinq et trente-cinq ans. Vous êtes grand et fort, mais pas gros. Vous avez les cheveux bruns, courts et fins, le visage ovale, le nez droit et les lèvres minces. Vous êtes très bronzé.

b. VOUS:
Vous êtes probablement sympathique, décontracté et débrouillard.

c. L'HOMME SUR LA PHOTO:
Vous avez plutôt raison. J'ai vingt-sept ans. Je suis grand, mais pas très fort. Je suis blond, en fait, mais j'ai les cheveux teints. On me trouve sympathique et débrouillard, mais je ne suis pas du tout décontracté!

Follow-up: *Select pairs to read their descriptions.*

LES JEUNES 25

Saviez-vous que...

http://slv.heinle.com... your links to the francophone world!!

Sur le vif is... A one-stop grammar reference

Since one of the primary challenges of the intermediate sequence is meeting the needs of students with varied levels of expertise in French, ***Sur le vif*** provides an impeccably clear grammar reference (in English) in the second portion of the book. The reference is divided into chapters that match the content-based chapters in the front of the book, making it easy to assign grammar review to your whole class, or specific topics to individual students who need targeted review.

- Handy *Rappel* boxes throughout the text remind students to read a particular portion of the grammar reference in preparation for class.
- NEW! This third edition includes even more example sentences for each structure, all completely contextualized with the chapter's theme and vocabulary.
- NEW! To make it more convenient for you, the Instructor's Annotated Edition now features structured warm-up exercises in the margin so you can quickly gauge how well your students understand the structures of the chapter.
- NEW! The *Cahier d'exercices* features extensive grammar through both self-check and open-ended activities The third edition includes approximately 30% more self-correcting activities for greater student mastery.

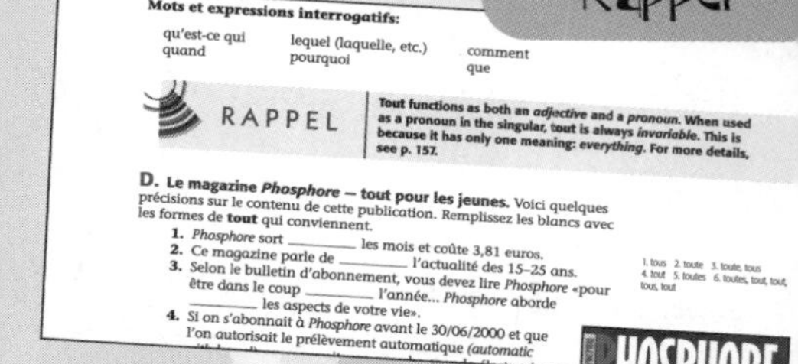

Rappel

Mots et expressions interrogatifs:

qu'est-ce qui	lequel (laquelle, etc.)	comment
quand	pourquoi	que

RAPPEL

Tout functions as both an *adjective* and a *pronoun*. When used as a pronoun in the singular, tout is always *invariable*. This is because it has only one meaning: *everything*. For more details, see p. 157.

D. Le magazine *Phosphore* — tout pour les jeunes. Voici quelques précisions sur le contenu de cette publication. Remplissez les blancs avec les formes de **tout** qui conviennent.

1. *Phosphore* sort ________ les mois et coûte 3,81 euros.
2. Ce magazine parle de ________ l'actualité des 15–25 ans.
3. Selon le bulletin d'abonnement, vous devez lire *Phosphore* «pour être dans le coup ________ l'année... *Phosphore* aborde ________ les aspects de votre vie».
4. Si on s'abonnait à *Phosphore* avant le 30/06/2000 et que l'on autorisait le prélèvement automatique *(automatic*

1. tous 2. toute 3. toute, tous 4. tout 5. toutes 6. toutes, tout, tout, tous, tout

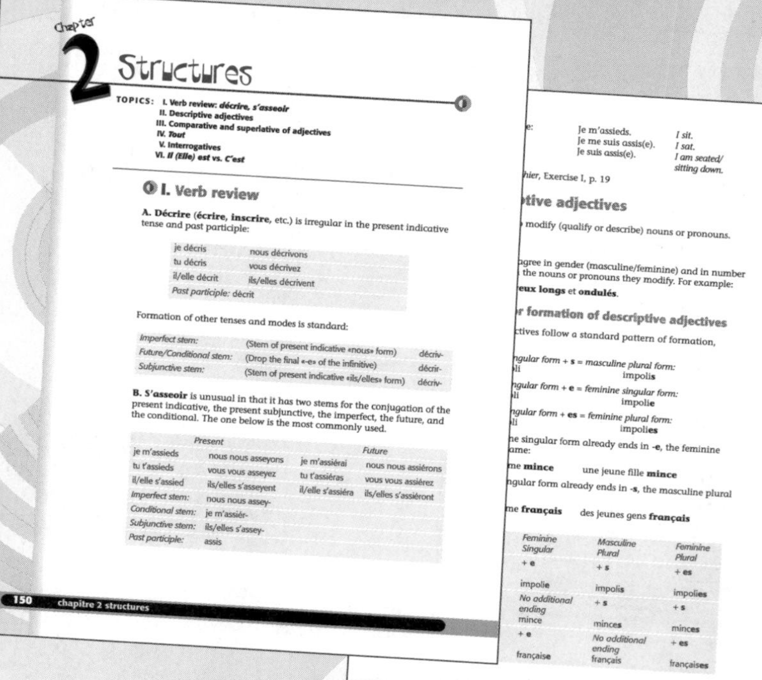

Chapter 2 Structures

TOPICS: **I. Verb review: *décrire, s'asseoir***
II. Descriptive adjectives
III. Comparative and superlative of adjectives
IV. Tout
V. Interrogatives
VI. *Il (Elle) est* vs. *C'est*

I. Verb review

A. Décrire (**écrire, inscrire,** etc.) is irregular in the present indicative tense and past participle:

je décris	nous décrivons
tu décris	vous décrivez
il/elle décrit	ils/elles décrivent
Past participle: décrit	

Formation of other tenses and modes is standard:

Imperfect stem:	(Stem of present indicative «nous» form)	décriv-
Future/Conditional stem:	(Drop the final «-e» of the infinitive)	décrir-
Subjunctive stem:	(Stem of present indicative «ils/elles» form)	décriv-

B. S'asseoir is unusual in that it has two stems for the conjugation of the present indicative, the present subjunctive, the imperfect, the future, and the conditional. The one below is the most commonly used.

Present		*Future*	
je m'assieds	nous nous asseyons	je m'assiérai	nous nous assiérons
tu t'assieds	vous vous asseyez	tu t'assiéras	vous vous assiérez
il/elle s'assied	ils/elles s'asseyent	il/elle s'assiéra	ils/elles s'assiéront
Imperfect stem:	nous nous assey-		
Conditional stem:	je m'assiér-		
Subjunctive stem:	ils/elles s'assey-		
Past participle:	assis		

150 chapitre 2 structures

e:

Je m'assieds.	*I sit.*
Je me suis assis(e).	*I sat.*
Je suis assis(e).	*I am seated/ sitting down.*

hier, Exercise I, p. 19

tive adjectives

modify (qualify or describe) nouns or pronouns.

agree in gender (masculine/feminine) and in number the nouns or pronouns they modify. For example: eux longs et ondulés.

r formation of descriptive adjectives

ctives follow a standard pattern of formation,

ngular form + **s** = *masculine plural form:* li impolis

ngular form + **e** = *feminine singular form:* li impolie

ngular form + **es** = *feminine plural form:* li impolies

he singular form already ends in **-e**, the feminine ame:

me **mince** une jeune fille **mince**

ngular form already ends in **-s**, the masculine plural

me **français** des jeunes gens **français**

Feminine Singular	*Masculine Plural*	*Feminine Plural*
+ **e**	+ **s**	+ **es**
impoli**e**	impoli**s**	impoli**es**
No additional ending	+ **s**	+ **s**
mince	mince**s**	mince**s**
+ **e**	*No additional ending*	+ **es**
français**e**	français	français**es**

chapitre 2 structures 151

Sur le vif's chapter structure

Vocabulaire

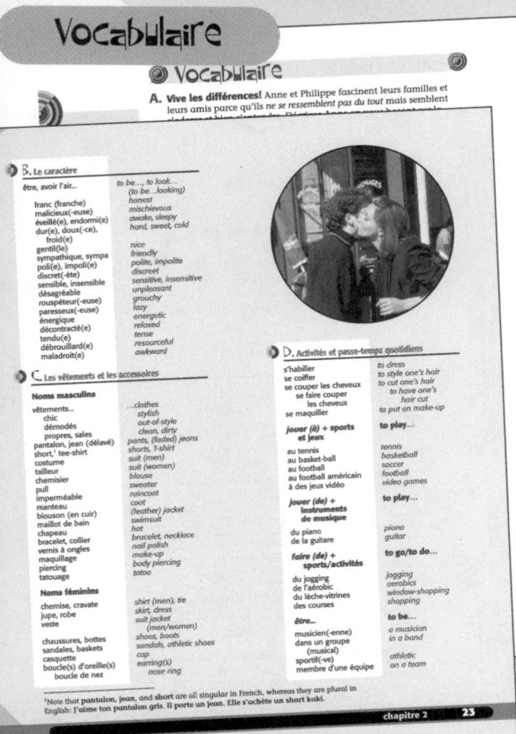

Vocabulaire

A. Vive les différences! Anne et Philippe fascinent leurs familles et leurs amis parce qu'ils *ne se ressemblent pas du tout* mais semblent

B. Le caractère

être, avoir l'air... — *to be..., to look... (to be ...looking)*
franc (franche) — *honest*
malicieux(-euse) — *mischievous*
éveillé(e), endormi(e) — *awake, sleepy*
dur(e), doux(-ce), froid(e) — *hard, sweet, cold*
gentil(le) — *nice*
sympathique, sympa — *friendly*
poli(e), impoli(e) — *polite, impolite*
discret(-ète) — *discreet*
sensible, insensible — *sensitive, insensitive*
désagréable — *unpleasant*
rouspéteur(-euse) — *grouchy*
paresseux(-euse) — *lazy*
énergique — *energetic*
décontracté(e) — *relaxed*
tendu(e) — *tense*
débrouillard(e) — *resourceful*
maladroit(e) — *awkward*

C. Les vêtements et les accessoires

Noms masculins

vêtements... — *...clothes*
chic — *stylish*
démodés — *out-of-style*
propres, sales — *clean, dirty*
pantalon, jean (délavé) — *pants, (faded) jeans*
short,¹ tee-shirt — *shorts, T-shirt*
costume — *suit (men)*
tailleur — *suit (women)*
chemisier — *blouse*
pull — *sweater*
imperméable — *raincoat*
manteau — *coat*
blouson (en cuir) — *(leather) jacket*
maillot de bain — *swimsuit*
chapeau — *hat*
bracelet, collier — *bracelet, necklace*
vernis à ongles — *nail polish*
maquillage — *make-up*
piercing — *body piercing*
tatouage — *tattoo*

Noms féminins

chemise, cravate — *shirt (men), tie*
jupe, robe — *skirt, dress*
veste — *suit jacket (men/women)*
chaussures, bottes — *shoes, boots*
sandales, baskets — *sandals, athletic shoes*
casquette — *cap*
boucle(s) d'oreille(s) — *earring(s)*
boucle de nez — *nose ring*

D. Activités et passe-temps quotidiens

s'habiller — *to dress*
se coiffer — *to style one's hair*
se couper les cheveux — *to cut one's hair*
se faire couper les cheveux — *to have one's hair cut*
se maquiller — *to put on make-up*
jouer (à) + sports et jeux — **to play...**
au tennis — *tennis*
au basket-ball — *basketball*
au football — *soccer*
au football américain — *football*
à des jeux vidéo — *video games*
jouer (de) + instruments de musique — **to play...**
du piano — *piano*
de la guitare — *guitar*
faire (de) + sports/activités — **to go/to do...**
du jogging — *jogging*
de l'aérobic — *aerobics*
du lèche-vitrines — *window-shopping*
des courses — *shopping*
être... — **to be...**
musicien(-enne) — *a musician*
dans un groupe (musical) — *in a band*
sportif(-ve) — *athletic*
membre d'une équipe — *on a team*

¹Note that **pantalon, jean,** and **short** are all singular in French, whereas they are plural in English: **J'aime ton pantalon gris. Il porte un jean. Elle s'achète un short kaki.**

chapitre 2 23

This new edition has a streamlined and consistent chapter organization designed to make course preparation easier and faster.

- The chapter opener offers a variety of photos that set the stage for the chapter's theme.
- Vocabulary is presented in the chapter opener, immediately followed by vocabulary activities.
- The first reading, typically selected to provide more of an overview of the chapter's topic, and generally the less complex of the two readings, is followed by interesting comprehension questions.
- *Rappel* boxes present a handy summary of the grammatical point that students are asked to practice in the following *Application* activities, and they refer students to the complete grammar explanation that appears on a specific page in the end-of-book grammar reference.
- *Application* activities: Designed to help students practice a targeted grammar point, these activities use the vocabulary of the chapter theme and the reading.
- NEW! The second reading is usually a literary text, selected to stimulate students' interest and desire to communicate in French. The third edition of ***Sur le vif*** offers thorough pre- and post-reading support, so that students have a successful experience reading these important literary passages.
- *Expansion* activities: These are designed to develop speaking skills in students. The readings before these activities provide information and language models on which students can base their own speech.

Reading

Elle était occupée à couper du PQ car on lui piquait les fesses
Victime de la mode tel est son nom de code

Lecture

«Victime de la mode»

Clap, prise 1, vision panoramique
Une caméra avance, gros plan° sur Dominique
Seule devant la glace°, elle ausculte son corps
Puis crie machinalement encore quelques efforts
Tous les régimes° sur elle furent testés
Toutes les tentatives ont été des échecs complets
Mais elle persévère et pour plaire à son homme
Dominique a décidé de suivre la norme
Elle emmagasine des magazines
Dans lesquels elle pense trouver le recours ultime
Maso° à l'assaut de ses formes rondelettes
Elle était occupée à couper du PQ° car on lui piquait les fesses²

Victime de la mode tel est son nom de code

Lumière, scène II, l'As de trèfle° lui propose
Une toute nouvelle donne° et en voici la cause
Tellement d'efforts et pour quel résultat
Elle perd de l'oseille° au lieu de perdre du poids°
Dominique réplique et très vite m'explique qu'elle veut être
la réplique d'une créature de clip°
ainsi font, font, font³ les petites filles coquettes
Elles suivent un modèle qui leur fait perdre la tête
From London to Washington, Kingston, Charenton
ou Carcassonne
Quand le téléphone sonne, elle nous répond sans cesse
Qu'elle était occupée à couper du pécul car on lui piquait les fesses

Victime de la mode tel est son nom de code

Donc, en guise de conclusion
A l'analyse logique de cette situation
Le régime, le jogging, la liposuccion
Sont à tester mais il faut faire attention
Espérons que vous aurez compris
Les bases très claires de ce code de déontologie°
Prendre ou perdre quelques kilos
L'essentiel est d'être vraiment bien dans sa peau
Ma tactique attaque tous tes tics avec tact
Dominique pas de panique, écoute bien ce funky beat
La quête de l'image la laisse dans le stress

gros... : close-up
miroir
diets
(fam.) masochiste
toilet paper (slang)
As... : ace of clubs
hand (card game)
perd... : perd de l'argent/perdre... : to lose weight
video clip
the ethics of duty

²**Elle était occupée à couper du PQ car on lui piquait les fesses:** The idea here is that she was busy nursing her bruised derrière, which was always being poked with needles (to remove cellulite, etc.).
³**Ainsi font, font, font...** is an allusion to a popular French song for children: **Ainsi font, font, font les petites marionnettes, ...**

LES JEUNES 27

28

Activités d'expansion

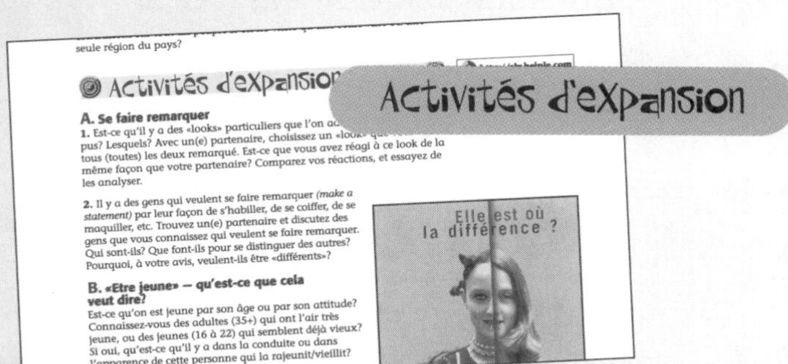

seule région du pays?

Activités d'expansion

A. Se faire remarquer

1. Est-ce qu'il y a des «looks» particuliers que l'on a... pus? Lesquels? Avec un(e) partenaire, choisissez un «look» que... tous (toutes) les deux remarqué. Est-ce que vous avez réagi à ce look de la même façon que votre partenaire? Comparez vos réactions, et essayez de les analyser.

2. Il y a des gens qui veulent se faire remarquer *(make a statement)* par leur façon de s'habiller, de se coiffer, de se maquiller, etc. Trouvez un(e) partenaire et discutez des gens que vous connaissez qui veulent se faire remarquer. Qui sont-ils? Que font-ils pour se distinguer des autres? Pourquoi, à votre avis, veulent-ils être «différents»?

B. «Etre jeune» — qu'est-ce que cela veut dire?

Est-ce qu'on est jeune par son âge ou par son attitude? Connaissez-vous des adultes (35+) qui ont l'air très jeune, ou des jeunes (16 à 22) qui semblent déjà vieux? Si oui, qu'est-ce qu'il y a dans la conduite ou dans l'apparence de cette personne qui la rajeunit/vieillit?

Sur le vif is... A complete system of interrelated components, all written by the textbook author team, assuring reliable and pedagogically-sound integration

Workbook/Lab Manual (Cahier d'exercices écrits et de laboratoire)

- NEW! The new Workbook features approximately 40% more exercises, both self-check and open-ended, to better prepare students for in-class communicative activities.
- NEW! For more practice on tricky irregular verbs, the authors have written new self-check exercises in the Workbook.
- Students have a choice of three composition topics for each chapter, with step-by-step pre-writing guidelines to improve students' writing skills. All topics are supported by *Système-D Writing Assistant*.

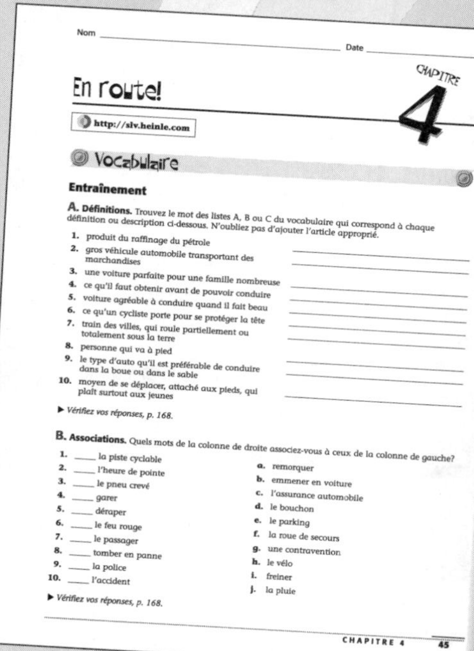
Nom ______________________ Date ____________

CHAPITRE 4

En route!

http://slv.heinle.com

Vocabulaire

Entraînement

A. Définitions. Trouvez le mot des listes A, B ou C du vocabulaire qui correspond à chaque définition ou description ci-dessous. N'oubliez pas d'ajouter l'article approprié.

1. produit du raffinage du pétrole ____________
2. gros véhicule automobile transportant des marchandises ____________
3. une voiture parfaite pour une famille nombreuse ____________
4. ce qu'il faut obtenir avant de pouvoir conduire ____________
5. voiture agréable à conduire quand il fait beau ____________
6. ce qu'un cycliste porte pour se protéger la tête ____________
7. train des villes, qui roule partiellement ou totalement sous la terre ____________
8. personne qui va à pied ____________
9. le type d'auto qu'il est préférable de conduire dans la boue ou dans le sable ____________
10. moyen de se déplacer, attaché aux pieds, qui plaît surtout aux jeunes ____________

▶ *Vérifiez vos réponses, p. 168.*

B. Associations. Quels mots de la colonne de droite associez-vous à ceux de la colonne de gauche?

1. _____ la piste cyclable	a. remorquer
2. _____ l'heure de pointe	b. emmener en voiture
3. _____ le pneu crevé	c. l'assurance automobile
4. _____ garer	d. le bouchon
5. _____ déraper	e. le parking
6. _____ le feu rouge	f. la roue de secours
7. _____ le passager	g. une contravention
8. _____ tomber en panne	h. le vélo
9. _____ la police	i. freiner
10. _____ l'accident	j. la pluie

▶ *Vérifiez vos réponses, p. 168.*

CHAPITRE 4 45

Internet Language Center

- NEW! Self-check vocabulary and grammar activities corresponding to the chapter in the textbook provide plenty of valuable practice, without extra grading time!
- Guided cultural reading and writing activities teach students how to exploit the wealth of materials on the French-language Internet, through sites selected by the tech-savvy authors.
- NEW! Handy one-click digitized pronunciation of *all* the vocabulary words in the textbook addresses another key concern of most French students: that they don't get enough pronunciation practice and don't "sound French."

Lab Audio CDs

- 4 CDs include both the lab audio and the text audio. They provide the songs and poems featured in the *Interludes* and the text, as well as all the recordings needed to complete the phonetics and listening comprehension activities in the lab manual.

Instructor's Annotated Edition and the Instructor's Resource Manual

- It is rare to find an intermediate IAE that offers as much instructor support and background information as ***Sur le vif***. Designed to facilitate class prep for busy instructors, this IAE offers everything from extra drill exercises in the margins, to teaching strategies, to valuable suggestions for feature films to integrate with each chapter, and much more.
- The Instructor's Resource Manual contains two sample tests for each chapter, plus mid-semester and end-of-semester exams—and, as with all components in the ***Sur le vif*** program, the tests are written by the authors, so you can be assured that ***Sur le vif*** "tests the way you teach." Additional resources in the IRM include handy blackline transparency masters.

I. Instructor Preface

Welcome to the third edition of **SUR LE VIF**, a one-semester, intermediate textbook with accompanying student workbook and laboratory materials. Designed to be used after the completion of the introductory sequence, **SUR LE VIF** is organized around high-interest contemporary topics that motivate students to expand their language skills beyond the arena of survival into a world of more complex ideas and relationships. Through reading and discussing literary and expository texts as well as songs and cartoons, students move from sentence level to more extended discourse, both oral and written.

The flexible organization and size of **SUR LE VIF** allow instructors to choose among readings and activities to meet the varied needs of intermediate students. All activities, both in-class and at-home, are thematically and culturally focused, relating to the topic of each chapter and requiring students to actively use the structures being studied. A grammar review in reference format, with explanations in English and examples drawn from chapter themes, facilitates study outside of class, thus freeing class time for communicative application of the structures to express personal opinions. Since **SUR LE VIF** is relatively short, it fits into different course formats. In classes meeting more than three times a week, the instructor will be able to complete most of the activities and perhaps even supplement with film and video. Similarly, if the book is used over two semesters or quarters, an additional reader, or even a full-length novel or play can easily be incorporated. Those on the quarter system may need to be more selective depending on the focus of their course but will still be able to cover most of the material.

SUR LE VIF is easily adaptable to the different foci often found in courses past the introductory level. For the four-skills, grammar review course that often follows the first year, it offers a contextualized review of the fundamentals, adding just enough new material to expand the language skills of students without overwhelming them. In-class activities balance reading and speaking and incorporate the grammar in exercises that challenge students to use their higher order thinking skills. The ***Cahier*** provides support for the writing skill through exercises that move from the discrete point, self-check variety to more open-ended ones, culminating in a choice of composition topics using the process writing approach. In courses that stress the development of the reading skill, the two texts offered in each chapter provide material from different genres, guide the student in pre-reading work and suggest strategies to improve comprehension. When the emphasis is on oral expression, instructors can use the themes of each chapter, the vocabulary lists, and readings as background, and lead students from the more structured **Applications** exercises to the more creative **Activités d'expansion** to develop speaking skills in their students. The high-interest, often provocative, topics will stimulate discussion, and the readings will give information and models of language on which students can base their own speech. When conversation and composition are combined as the focus of a course, many of the readings can be done at home, with students reacting in writing and orally to the themes, using the many activities proposed in both the textbook and the ***Cahier***. **SUR LE VIF** is, therefore, a flexible tool for instructors in their efforts to further not only language skills but also love of French and francophone cultures.

Features of the Third Edition

The Instructor's Annotated Edition includes notes to facilitate in-class activities as well as new thematic vocabulary and structural warm-up exercises in the margins. Additional instructor's materials in this Instructor's Annotated Edition, include: syllabus design, use of film and video, the relationship of **SUR LE VIF** to the Standards, and suggestions and bibliographies for teaching the four skills. For each chapter there are detailed lesson plans with culture notes. These can be downloaded and printed from the **SUR LE VIF** web site at: http://slv.heinle.com.

New in the textbook chapters:

- Two readings in each chapter, most of them new to this edition.
- New songs in the **Prélude**, **Interludes 1** and **2**.
- Brief **Saviez-vous que... ?** notes for additional cultural background for each chapter with a question for the instructor in the margin to check students' comprehension.
- Final chapter focused on review and organized by functions.
- Chapter opener vocabulary development activities.
- More form-focused activities in the **Applications** section for practice of structures.
- Revisions to pre- and post-reading activities to improve access to and check understanding of reading passages.
- Activities that bridge to literature courses with analytical questions (**Allez plus loin**) for more advanced students.
- Expanded glossary and verb charts.

New in the **Structures** section:

- Selected high-frequency irregular verbs outlined at the beginning of each chapter.
- Interrogative forms presented in Chapter 2.
- Article usage added to Chapter 4.
- Future and conditional now in Chapter 5.
- Language functions in Chapter 9.

New in the ***Cahier***:

- Additional vocabulary development exercises, both self-check and open-ended.
- Irregular verbs self-check exercises.
- Additional self-check exercices for each structure, directly followed by open-ended activities.
- Choice of three composition topics for each chapter, with pre-writing guidelines.
- Final chapter organized around language functions for review.
- Revised phonetics presentation and new listening comprehension and dictation texts.

New on the web site: *http://slv.heinle.com*

- All chapter vocabulary pronounced for students.
- Self-check vocabulary and structural activities for each chapter.
- Updated cultural activities leading students to oral and written activities.
- Lesson plans, including warm-ups, cultural notes, homework assignments, and suggestions for the instructor.

Teaching with *SUR LE VIF*

These materials are most effective when a partnership between student and instructor can be established. At the intermediate level, skill development and grammatical accuracy tend be uneven, making it difficult for the instructor to meet the needs of all students equally. Therefore students themselves must assume considerable responsibility for reviewing basic structures while building on this foundation to increase communicative ability. The instructor, in turn, uses readings and cultural contexts to generate oral and written responses from students to confirm their understanding of both form and content. Through appropriate reinforcement, instructors encourage students to produce lengthier responses and to elaborate upon them.

To develop this partnership, the authors recommend that students be assigned the **Structures** section to prepare as homework, completing the corresponding exercises in the ***Cahier*** in order to check their comprehension of the grammar before the related thematic material and activities are covered in class. Since the examples used in the grammar explanations are related to the chapter content, students who review them will come to class familiar with the themes to be discussed. The readings, comprehension activities, and **Applications** exercises designed for in-class work recycle the chapter vocabulary and require the active use of the forms explained in the **Structures** section. It should not be necessary to spend a great deal of class time re-teaching grammar from the introductory course. Through judicious use of error correction and drawing students' attention to the structures being practiced, instructors can reinforce the need for accuracy. In the case of new material, instructors should initially check for understanding through an activity, then follow with a brief presentation and additional practice if needed.

II. Themes and Structures

SUR LE VIF is divided into two sections. The first contains nine chapters plus a brief **Prélude**, two **Interludes,** and a **Postlude**. This section is intended for in-class use. The second, entitled **Structures**, presents the grammar in nine corresponding chapters and is intended for review outside of class.

SUR LE VIF opens with a **Prélude** in which a song, *Laissez chanter le français*, focuses the discussion on the place of French in the world today. The following three chapters and their related **Structures** sections center on: education, with a review of the present tense (Chapter 1); youth culture, with a review of adjectives and interrogatives (Chapter 2); and immigration, with a review of past tense usage (Chapter 3). **Interlude 1** recycles these themes and structures through a popular song by the group Zebda.

The second group of three chapters presents: the automobile and bicycle, with a, review of pronouns and articles (Chapter 4); travel, with a review of the future, conditional, and **passé simple** (Chapter 5); and television and cinema, with negations and relative pronouns (Chapter 6). **Interlude 2** concludes this section while introducing technology issues (portable telephones) in a song by the group Tryo.

In the final three chapters, students explore: folk and fairy tales, along with the subjunctive (Chapter 7); changes in family relationships, with demonstrative pronouns, adverbs, and comparisons of adverbs, and nouns (Chapter 8). Chapter 9 moves toward the future with texts on the European Union and the Third World. No new grammar is explained in this final chapter, but a discussion of language functions allows for a review of some of the major structural points presented earlier. **SUR LE VIF** ends with a Cajun song in the **Postlude**.

SUR LE VIF is an ideal springboard for those who continue their study of French in conversation, culture, literature, or compositions courses, while at the same time offering a stimulating contact with the French and francophone worlds for those students who consider this as a capstone course.

III. Organization of SUR LE VIF

Chapters for In-Class Use

- **Vocabulary:** Thematic vocabulary lists are presented at the beginning of each chapter for easy reference and so that students can become familiar with terms before using them actively. Grouping by context facilitates learning.

- **Vocabulary development activities:** Exercises for using the words and expressions begin the process of acquisition. Students work with definitions and learn to create their own, discovering associations and families of words in small-group and whole-class activities while starting to explore the chapter theme.
- **A short reading:** The chapter theme is treated in a short text. Pre-reading activities establish the context and provide strategies for dealing with the particular selection. Post-reading activities, such as comprehension checks and personal expression questions, give students the opportunity to use the vocabulary and the structures reviewed in the grammar reference chapters (**Structures**).
- **Applications:** These activities offer contextualized practice of the grammar reviewed. Suitable for partner, small-group, or whole-class work, these exercises require attention to meaning within specific structural constraints. All of them build on the theme of the chapter. Students may need to be reminded to focus on form as they work with meaning.
- **A longer reading:** The major reading selection of the chapter is introduced by two pre-reading exercises, one which activates the context needed for understanding the text, the other which guides students in reading strategies. Information on the author and the text is in French. Only authentic texts appear throughout **SUR LE VIF**. The indication **adapté de** means that sentences or sections have been cut in the interest of length or complexity. Marginal glosses are in French where possible, with English used when the French would have been too difficult or too long. Comprehension exercises are often followed by **Allez plus loin** activities which require an interpretative or analytical approach to the reading and may be best for more advanced students.
- **Activités d'expansion:** Each chapter concludes with role plays, debates, and activities that practice functions, as well as questions for further development of the major theme. The chapter's vocabulary, grammar, and context are recycled here in open-ended exercises (both oral and written). Students are frequently asked to relate the chapter topic to their personal or American experience.

Throughout each in-class chapter, marginal notes called **Préparation grammaticale** direct students to relevant grammar explanations in the out-of-class section, called **Structures**. Also, a succinct restatement of the rules for key structures regularly appears in the **Rappel** boxes, which are embedded in the text of the in-class chapters so that students do not have to turn to the back of the book during an activity.

Chapters for Out-of-Class Use: Structures

The grammar review, found in the second half of the book, provides explanations in English so that students can prepare the material on their own, outside of class. French examples are purposely related to the topic of the in-class section so as to expose students to the theme and vocabulary of the chapter. Structurally complex examples are translated into English, allowing students to focus on the forms without worrying about vocabulary. Presentation of the rules is simple and clear, with charts used to facilitate learning. After each set of explanations, students are referred to corresponding activities in the ***Cahier*** so that they can practice what they have just studied and check their own answers.

As a supplement, the Appendices present brief explanations of prepositions, present participles, and verb conjugation charts. Students can be referred to these Appendices as needed.

Cahier

■ Exercises écrits

Each chapter in the **exercices écrits *Cahier*** has three sections, moving from skill-getting to skill-using writing activities. All exercises are contextualized and relate to the chapter theme.

- **Vocabulaire: Entraînement et Développement.** All ***Cahier*** chapters begin with self-check vocabulary exercises followed by more open-ended activities requiring the use of the chapter words and expressions. The **Développement** section asks for sentence-length or short paragraph responses to writing prompts and allows for personal expression within the frame of the chapter vocabulary.
- **Grammaire: Entraînement et Développement.** Self-check grammar exercises for each structure allow students to work independently. The authors recommend that students use the answer key at the back of the ***Cahier***, marking corrections in a different color pen so that instructors can see where students are having problems. These discrete-point exercises for each structure are followed by more open-ended **Développement** activities, usually requiring longer responses. Here students apply the forms and move toward controlled discourse-length writing.
- **Expression** This section offers a choice of three writing topics for each chapter. Prompts for pre-writing guide students in the composition process. The writing activities are accompanied by references to the ***Système-D*** *Writing Assistant* software, meant for students to find help in the process of writing in French. See Writing, p. IM 23 for ideas on pre-writing, peer editing, error codes, grading, etc.

■ Exercices de laboratoire

The **Exercices de laboratoire** section follows the Exercises ècrits section of the ***Cahier***, again with nine chapters to parallel the material in the in-class section of the textbook. A key for the listening and dictation passages is provided at the end of the ***Cahier***, so that students can check their own work if desired. See p. IM 32 for more details on the audio component.

IV. SUR LE VIF and the Standards for Foreign Language Learning

The Foreign Language Standards, moving language learning away from focus on form to developing the ability to use a foreign language the way we use our own, suggest areas of competence that **SUR LE VIF** develops in both its content and its organization. ***Communication*** underlies every activity. Reading authentic texts and listening to popular songs, students are guided in their understanding and interpreting of a wide range of materials from the target culture. They communicate orally with classmates, in role plays and discussions, and use a presentational mode when reporting on small-group activities, debating or summarizing readings. The suggested writing activities offer journal writing, letter writing, creation of dialogues and stories, as well as more formal analyses and essays. When students reflect on American experiences and attitudes as a reaction to those presented in the readings and cultural materials (see Chapter 1 on education, Chapter 3 on immigration, for instance), they engage in ***Comparisons***. Each chapter is grounded in a cultural aspect of France or the francophone world, with **Saviez-vous que... ?** boxes providing additional information. This ***Cultures*** competence is further explored in the specific reading selections, set into a broader context, and suggestions for video and Internet activities. ***Connections*** are made to the students' own experience and knowledge of the world since the authentic materials used present content for discussion (the French educational system, immigration, transportation systems, TV and film, folk traditions, family structures, the European Union) not just examples of language use. Students are reminded of ***Communities*** through the use of texts from the larger francophone world, which also present language variations for them to consider. Web sites, video, and especially popular music encourage them to use their language and culture skills beyond the classroom.

V. Syllabus Design

SUR LE VIF is designed to be used after students have completed a first-year or introductory course, generally in the third or fourth semester (or fourth or fifth quarter) of a college program. For high school sequences, the materials are suitable for the fourth year.

The organization of **SUR LE VIF** allows for flexibility in syllabus design. In programs where classes meet three days per week, instructors will be able to cover all of the material but will have to choose among activities to suit the needs of their students. If four (or more) days are available, most readings can be done in class, all of the **Applications** activities can be completed, and students will enjoy the role plays and situations in the **Activités d'expansion.**

Syllabus options for four types of course organization are outlined:

A. Semester courses meeting fourteen weeks, three days per week, and one-quarter courses meeting four days per week
B. Semester courses meeting fourteen or fifteen weeks, four days per week
C. Programs with shorter semesters
D. Two-semester intermediate programs

A. For one-semester courses meeting three days per week for fourteen weeks (42 class meetings) or one-quarter courses meeting four days per week for 10 or 11 weeks (40–44 classes).

Introduction to course and **Prélude**	2 days
Chapters 1–3	11 days
Interlude 1	1 day
Chapters 4–6	11 days
Interlude 2	1 day
Chapters 7–9	11 days
Postlude	1 day
Total	38 class periods
2 exams (Chs. 1–3, 4–6)	2 days
	40 class periods

In many programs there will be extra days for review or for oral testing.

The eleven class periods suggested for each group of three chapters break down into four class meetings for each of the first two chapters so that a brief quiz can be given. The third chapter can be completed in three class periods, but if more time is needed, the **Interludes** can be abbreviated. A major exam follows the first two groups of three chapters. [For sample quizzes and exams, see the Instructor's Resource Manual.]

B. Programs with more class meetings will be able to spend four to five days per chapter, using all of the activities, especially those in the **Activités d'expansion.** More group work and student skits and presentations will create speaking opportunities, while video (see pp. IM 21–31.) will enhance the cultural component. To intensify the grammar review, all of the ***Cahier*** exercises can be assigned. Students' writing skills will improve when increased time is available for peer editing (see p. IM 25) and rewriting of compositions. ***Système-D*** will facilitate revisions (see pp. IM 25–26).

C. Programs with fewer class meetings can reduce testing, either by eliminating some or all of the quizzes, or giving only one midterm, after Chapter 5.

Reviews can be combined with shortened presentations of the **Interludes** and the **Postlude**. More careful selection will have to be made among the exercises in both the textbook and the ***Cahier,*** but no readings need be eliminated.

D. **SUR LE VIF** can also be used as the core or foundation text in courses which continue over two semesters or quarters. If there is emphasis on writing, little additional material would be required, and more class time could be spent on editing and rewriting. Programs stressing the development of oral skills could add a conversation textbook, and those that emphasize reading could adopt an additional reader.

VI. Using SUR LE VIF

A. Speaking/Group Work

Most students enter the intermediate sequence with at least basic speaking skills, although the range in a class may be quite wide, perhaps from novice-mid to intermediate-high on the ACTFL* proficiency scale. In most cases, students still use short, simple phrases, often recombining memorized material, and they know few, if any, discourse strategies.

The goal of the speaking activities in **SUR LE VIF** is to take students beyond the level of single, short phrases to producing several related sentences, approaching natural discourse. So that students can begin to sound more "French," a certain number of conversational strategies—how to hesitate, interrupt, agree, disagree—are presented and practiced. Because of the progression from whole-class, instructor-led speaking activities to small-group guided exercises, and ultimately to the relative freedom of role plays, students both hear and are encouraged to produce longer and more complex speech.

When instructors lead activities at this level, they can model normal conversational patterns by following up on student responses and encouraging the use of discourse strategies. In a question-answer exchange, for instance, the student's reply to one question can naturally lead to another question. If the topic is travel and the student says she has been to France, it would be natural to first react to the statement, then ask when, where exactly, with whom, or even why (for the more proficient student), rather than to merely acknowledge that the answer is appropriate and go on to something or someone else. Students can continue a warm-up initiated by the instructor in a similar manner when they comment on a classmate's statement or request additional information. After two or three such exchanges, the instructor can guide the "conversation" by directing attention to another student whose answers lead to further discussion. This pattern serves as a model for group interaction by requiring students to listen to each other.

Working in pairs or in small groups gives more students a chance to speak, while removing some of the anxiety associated with oral practice. When students get to know each other by conversing with different classmates, a cooperative classroom community which fosters learning can be created. Certain procedures will make group activities more effective. Instructions should be given before students are divided into groups. Also, it often helps to demonstrate an exercise for the whole class with two or three students before the others begin. When students know which results are expected and what the follow-up will be, they can work with greater purpose. Time limitations may be a problem, since activities at this level require more thinking and more complex language. Groups may therefore be assigned different portions of the same task (see lesson plans for examples, http://slv.heinle.com). and share their information with the class in the follow-up. To keep students focused on

---

American Council on the Teaching of Foreign Languages

the activity, it is usually better to cut off group work when the instructor sees that about half of the class has finished; otherwise, those who finish quickly will need other tasks.

Almost all the activities in **SUR LE VIF** are suitable for small-group work. In pre-reading exercises, students exchange information on background for or expectations of the text and practice the suggested strategies. Through post-reading comprehension activities they discover or create meaning together. Sharing personal reactions to a text or topic in groups of three can generate further talk, especially when two students take turns questioning a third. Activities that focus on the practice of structures or vocabulary allow students to teach each other. In role plays students become "someone else," which may free them from some of their language inhibitions. However, for variety, the lesson plans and marginal notes for **SUR LE VIF** suggest a balance between whole-class and group activities.

The instructor remains a central figure in helping students practice more sustained discourse by encouraging replies of more than one phrase in whole-class work and insisting on a follow-up after group work. If students are not held responsible for what goes on in their groups, they are apt to stray from the task. When students know they will be asked to report to the whole class, present information unique to a group, or give the reactions of a partner to a certain issue, or even receive a participation grade, they are more apt to take group work seriously. The instructor (or other students) can then respond to what is said, requesting more detail or supporting information. Time may not allow each group to make a statement, but all will have to prepare if random follow-up is the norm.

Students usually state that their primary goal in learning a foreign language is to be able to speak it. However, they do not always participate actively in class, because of anxiety or lack of lexical or syntactical foundation, or because the topic does not interest them. Through a balanced use of group work, students can be helped to overcome their fear of speaking. The support of classmates and a chance to try a statement before producing it in front of the whole class make speaking less threatening. By practicing vocabulary and structures in class in "natural" contexts, students gain confidence in their ability to communicate their ideas. The reading of high-interest texts provides models for expression as well as subjects for discussion. Although it may be unrealistic to expect the speaking skills of every student in every class to improve dramatically in the course of one semester, the procedures outlined above will increase participation and allow most students to make considerable progress.

Suggestions for further reading

Davis, Robert L. "Group Work is NOT Busy Work: Maximizing Success of Group Work in the L2 Classroom" *Foreign Language Annals 30* (1997): 265–279.

Klippel, Friederike. *Keep Talking: Communicative Fluency Activities.* Cambridge: Cambridge University Press, 1984.

Kramsch, Claire J. *Discourse Analysis and Second Language Teaching.* Language in Education: Theory and Practice 37. Washington: CAL, 1981.

Lively, Madeleine G., Jane Harper, and Mary K. Williams. "Mediating Language with Teacher Talk: Bringing Speech to Ideas" in *The Coming of Age of the Profession: Issues and Emerging Ideas in the Teaching of Foreign Language* eds. J. Harper, M. Lively, M. Williams. Boston: Heinle & Heinle, 1998

Mackey, A. and J. Philp. "Conversational Interaction and Second Language Development: Recasts, Responses and Red Herrings?" *Modern Language Journal 82* (1998): 338–356.

Martin, Laurey K. "Breaking the Sounds of Silence: Promoting Discussion of Literary Texts in Intermediate Courses." *French Review 66* (1993): 549–561.

Nunan, D. *Designing Tasks for the Communicative Classroom*. Cambridge: Cambridge University Press, 1989.
Salomone, Ann Masters and Florence Marsal. "How to Avoid Language Breakdown? Circumlocution!" *Foreign Language Annals. 30* (1997): 472–484.

B. Vocabulary

Building vocabulary is an important element of most intermediate language sequences, since students' skills in all areas improve with increased lexical mastery. Each chapter of **SUR LE VIF** opens with a thematic list of basic words and expressions organized according to topic. Register (familiar, slang, vulgar, etc.) is indicated when necessary to help students understand that certain vocabulary may be appropriate only in certain settings. Determining which words and expressions students already know and which ones they will need to use is difficult. Therefore students should be encouraged to build their personal vocabulary beyond these lists, which are only a starting point. In addition, class time spent on how to learn vocabulary (for example, demonstrating how context affects meaning and when to guess at meaning) will improve all four skills. Since students frequently consult dictionaries at this level, especially when they do more reading and writing, activities that explore dictionaries are useful (see Walz 1990 below).

Suggestions for further reading

Barnett, Marva. "Syntactic and Lexical/Semantic Skill in Foreign Language Reading: Importance and Interaction." *Modern Language Journal 70* (1986): 343–349.
Nation, I.S.P. *Teaching and Learning Vocabulary.* Boston: Heinle & Heinle, 1990.
Spinelli, Emily, and H. Jay Siskin. "Selecting, Presenting and Practicing Vocabulary in a Culturally-Authentic Context." *Foreign Language Annals 25* (1992): 305–315.
Walz, Joel. "The Dictionary as a Secondary Source in Language Learning." *French Review 64* (1990): 79–94.
______. "The Dictionary as a Primary Source in Language Learning." *French Review 64* (1990): 225–238.

C. Reading

Today, most introductory or first-year programs in French use authentic materials for reading practice and cultural information, and many teach strategies for processing these texts.

Introductory level students frequently read tickets, timetables, schedules, advertisements, and announcements, and occasionally confront somewhat longer narrative, descriptive, or expository material. However, traditionally it is in the intermediate sequence that students are expected to develop an ability to understand longer selections from a range of sources (literary, journalistic, etc.). This more extensive and intensive reading provides cultural input, models for students' written and oral production, and vocabulary building.

Recent research on reading (see the suggestions for further reading, page IM 22) has found that the process involves much more than lexical or grammatical decoding. Comprehension is not necessarily achieved by knowing the English "equivalents" of words and deciphering structures. Language proficiency is but one part of an interactive process which includes the general knowledge of the reader, how the reader thinks, and what the goals are for reading. Readers interact with the content, context, intent, and arrangement and choice of words and structures within a text, and by combining these elements, they bring meaning to it.

Although most of our students are fairly proficient readers in their native language, they may not carry this skill over into the task of reading French. They therefore will benefit not only from a certain amount of guidance to help them comprehend specific texts in **SUR LE VIF** but also from tools given them for reading beyond this particular course. Time spent in class on approaches to reading pays off in terms of students' comprehension and their willingness to continue the process outside the classroom.

1. **Pre-reading** Preparing students for a particular reading is an integral part of the structure of **SUR LE VIF**. Each chapter opens with a visual advance organizer which introduces the theme to be taken up by the subsequent readings. Personalized questions relating to the photo or cartoon are provided. This sets the background for all of the readings to come. The longer selections are preceded by activities such as **Entrons en matière, Avant de lire,** or **Pour mieux comprendre.** Since it has been shown that the more familiar a reader is with the content or background of a text, the easier the comprehension process, **Entrons en matière** asks readers to generate this information, with the help of the instructor as needed. Through an exchange of ideas, brainstorming, or additional cultural details, students activate the content schemata needed for the reading. When the genre of a text could create difficulties (as in the case of a poem or fable, for instance), the students' attention is drawn to expectations of style as well as to content. Once the topic and format of a reading passage have been understood, the pre-reading activity guides students through techniques such as skimming, scanning, reading for the gist, etc. These global or "top-down" strategies are complemented by guidance in "bottom-up" processing, when students look for lexical (guessing from context, etc.) and grammatical clues for meaning. Since all students may not be able to transfer strategies readily from one reading to another, instructors may wish to remind them of their usefulness as they move through **SUR LE VIF**.
2. **Reading** The authors recommend that as much of the reading as possible be done in class. This allows the instructor to guide as needed; it also demonstrates to students that they need not know every word in order to understand a text. An effective technique for developing reading skills is the directed reading-thinking activity which provides for an interface between priming background knowledge of a class and guiding the ongoing individual reading process. Students read a text one (or several) paragraph(s) at a time, stopping at the end of each to discuss content (see Furry in bibliography on page IM 22). This enables the instructor to correct misreadings and verify not only student comprehension but also to check the strategies students are using as they read. Although the comprehension questions in **SUR LE VIF** appear at the end of the reading so as not to disrupt it, they are sequenced according to the text and can also be used for directed reading.

   Time constraints may require that some readings be done outside class, but in-class preparation (**Entrons en matière, Avant de lire,** or **Pour mieux comprendre**) and perhaps the first paragraph as directed reading are recommended to ease the comprehension task for students. Re-reading should always be encouraged, especially once a text has been discussed in class.
3. **Post-reading** Comprehension exercises follow every reading in **SUR LE VIF**. Some take the form of true/false statements, while others are questions requiring responses of one or several sentences. In either case, students should be encouraged to explain their answers—that is, what was it in the text that made them draw a particular conclusion? These comprehension activities stick to the text, directing students to focus on the message, its supporting details, and its rhetorical structure. Additional exercises, **Questions de style** or **Allez plus loin**, in which students examine stylistic or language matters, sometimes follow the

longer reading selections and are especially, but not only, suited for students who plan to continue their study of French. Even in the final stage, when students give their personal reactions to or opinions about a reading, instructors can ask for textual references as confirmation of assertions.

The development of reading skills cannot be left to chance. Interactive reading of interesting texts can open up new horizons for language students in all areas. A textbook is only the beginning, since it is teachers who facilitate the process of reading. In the words of Janet Swaffar et al. (1991): "[Teachers] have a four-fold task: (1) to activate reader schemata, (2) to guide students to an awareness of text structure, (3) to assist in strategy development, and (4) to promote relaxed interaction between students and text."

Suggestions for further reading

Barnett, Marva. *More than Meets the Eye*. Englewood Cliffs, NJ: Prentice-Hall, 1990.

______. "Teaching Reading Strategies: How Methodology Affects Language Course Articulation." *Foreign Language Annals 21* (1988): 109–119.

______. "Reading through Context." *Modern Language Journal 72* (1988): 150–159.

Bernhardt, Elizabeth. "Reading in the Foreign Language." *Listening, Reading, Writing: Analysis and Application*, ed. Barbara H. Wing. Middlebury, VT: NEC, 1986.

Davis, J.M. "Reading Literature in the Foreign Language: The Comprehension/Response Connection." *French Review 65* (1992): 359–370.

Furry, Nina. "Cultural Schemata and Reading Comprehension in Foreign Language." Unpublished Paper, University of North Carolina-Chapel Hill.

Hammadou, J. "Interrelationships among Prior Knowledge, Inference and Language
Proficiency in Foreign Language Reading." *Modern Language Journal 75* (1991): 27–38.

Kern, Richard. "Second Language Reading Strategy Instruction: Its Effects on Comprehension and Word Inference Ability." *Modern Language Journal 73* (1989): 135–149.

Lee, James. "On the Dual Nature of the Second-Language Reading Proficiency of Beginning Language Learners," in R.V. Teschner, ed. *Assessing Foreign Language Proficiency of Undergraduates*. AAUSC Issues in Language Program Direction 1991. Boston: Heinle & Heinle, 1991: 187–203.

Schofer, Peter. "Literature and Communicative Competence: A Springboard for the Development of Critical Thinking and Aesthetic Appreciation of Literature in the Land of Language." *Foreign Language Annals 23* (1990): 325–334.

Swaffar, Janet. "Reading Authentic Texts." *Modern Language Journal 69* (1985): 16–34.

Swaffar, Janet, Katherine M. Arens, and Heidi Byrnes. *Reading for Meaning. An Integrated Approach to Language Learning*. Englewood Cliffs, NJ: Prentice Hall, 1991.

D. Grammar in SUR LE VIF

What is the role of grammar at this level? If we tell our students that we will not be "doing" grammar in class, we may be running counter to their expectations of what a language class is all about. On the other hand, if we "teach" or re-teach all the grammar, there is too little time to actually use the structures in a communicative manner and little incentive for the students to take on the responsibility of studying. However, most students do need to continue to work on accuracy of expression. They can prepare the grammar outside of class by using the **Structures** section, followed by writing activities in the ***Cahier***. In class, the **Applications** activities focus on the structures in the context of the chapter theme. Students may need to be reminded that they are working on accuracy when they do these activities through careful error correction and occasional explanations if they demonstrate that they have not understood. Some general approaches that could be helpful:

- Select topics new to students for in-class explanation based on their prior French courses.
- Use the structural warm-ups in the margins of the chapters for additional drill.
- Foreground the structures in an activity by drawing students' attention to the forms they are using.
- Use a "student secretary" to write answers of classmates on the board to highlight certain forms.
- Have students search for certain grammatical structures in the readings and identify their functions.
- Refer students to the **SUR LE VIF** web site for more skill-getting exercises.

E. Writing

The Writing Process

Writing in the foreign language classroom is not fundamentally different from writing in other discipline areas, even if a student's level of expression is more limited due to lexical and syntactical constraints. It is, first of all, a form of learning and serves to reinforce other skills. Students write to demonstrate their command of vocabulary and structural forms. At the most elementary level, writing is used daily in language classes for notetaking, homework exercises, quizzes, boardwork, etc. Even in beginning courses, students use writing to communicate—when they write lists, fill out questionnaires, take telephone messages, etc. These early efforts largely involve recombinations of memorized material, but they do have a communicative intent. Soon students produce short compositions, often descriptive, perhaps in the form of postcards or letters, in which they link several sentences to produce more personalized statements.

In the intermediate sequence, students can be encouraged to take greater risks with their written work. As they move from one-word utterances to single sentences to lengthier replies, they can begin to produce more coherent, sustained discourse in writing. Without the performance pressure of oral production, many students are more willing to communicate at length on paper, especially when given opportunities to rewrite and revise. If topics are interesting and careful guidance is provided, the writing component of an intermediate course need not be a burden for either instructor or student.

Until recently, the writing *process* has been largely ignored in favor of the finished *product*, especially in foreign language classrooms. Students usually were not asked to submit the outlines or drafts required in their English classes. Grading tended to be based on grammatical accuracy alone, which discourages risk-taking on the part of the student. Revisions were seen as punishment rather than as an incentive for improvement. Studies of what successful writers do have shifted the focus away from the final product to the actual process of writing, allowing instructors (of foreign languages as well as of English) to guide their students more effectively.

The process approach is ideally suited to foreign language classes, since the other skills can be integrated so naturally with it. One pattern which helps students to write, and which has been applied to **SUR LE VIF**, is outlined below.

1. **Preparing** Choosing a topic, brainstorming essential vocabulary and structures, finding additional information, deciding on a point of view, etc. The composition topics in the **Expression** section of the ***Cahier*** are closely related to the theme of the chapter, which provides a foundation

INSTRUCTOR'S MANUAL

in vocabulary and subject matter. Classroom activities, especially those in the **Activités d'expansion**, also prepare students for the types of writing tasks they are asked to do.

2. **Organizing** Outlining, webbing, mapping, etc. Most of the suggested topics in **SUR LE VIF** guide students through a series of questions before they begin to write. By answering these questions, students generate the information they need and create a simple outline to follow.
3. **Writing** Composing an initial draft. This could be done on computer (using ***Système-D*** or another word-processing package) to facilitate revision. When students know they can rewrite before they receive a final grade, this initial stage may be less intimidating.
4. **Revising content and organization** Peer editing (p. IM 25), using comments from the instructor or another reader, or both. Since much of the writing in the intermediate stage is descriptive, narrative, or expository, students may not need much help. However, they can be shown how to make their compositions more interesting, for instance, through the use of adjectives and adverbs, or more sophisticated, with sentence-combining techniques. When students begin to write argumentative or analytical essays, revision becomes central (see Schultz under Suggestions for further reading, pp. IM 27–28).
5. **Proofreading for accuracy** (Peer editing, using an error code, etc.) Because students do not always see their own errors, they benefit from having a sympathetic but careful reader go over their composition. Since the complicated matter of academic integrity is at issue here, allowing students to work together in class but not outside of it will limit unauthorized assistance.
6. **Presenting the text** In most cases, the instructor is the final reader, but other options could be considered. Students in another section of the course can also read and respond. One class, several classes together, or all the sections of a course can produce a newsletter, with contributions from everyone. If computer facilities are available, electronic mail can send written work to other campuses and even overseas. For instance, Professor John Barson of the Department of French and Italian at Stanford University links his language students with those at other universities, thereby providing both a natural audience and a reason to write.

Programs that have adopted ***Système-D*** will find the stages of process writing adapted to this program in the Teacher's Guide. Scott and Terry provide a series of task-oriented exercises, from the most basic to the more advanced, which lead students through various writing activities. These allow students to explore the potential of ***Système-D*** while breaking the writing task into manageable steps.

SUR LE VIF provides much of the guidance needed for process writing. The topics in the **Expression** section of the ***Cahier*** follow logically from the thematic, lexical, and syntactical material in each chapter, thereby supplying the necessary preparation. Pre-writing suggestions help students organize their writing. The instructor must determine the role of revisions, which can be handled through peer editing alone, instructor feedback only, or a combination of the two. Not all assignments may need rewrites, especially those toward the end of the term.

The emphasis placed on developing writing skills will vary from program to program. If the main goal is reading or oral proficiency, it may be preferable to emphasize the exercises in the **Développement** section of the ***Cahier,*** which require shorter answers within a structural framework. However, practicing description, narration, and expression of opinion in paragraph-length discourse through a judicious selection of **Expression** exercises will benefit all students and improve their other skills as well. If students are planning to take upper-level French courses, the more writing they do at this level and the more guidance they receive, the easier the articulation process will be (see Schultz 1992, p. IM 28.)

Peer Editing

Students' writing can benefit from peer editing, whereby two or three students work together to read each other's compositions and offer suggestions for improvement. This provides both a supportive reader who will not "grade" the work and a writing sample against which to measure one's own effort. During the process, the instructor can offer some one-on-one help so that the versions to be graded have fewer errors.

Since students think of good foreign language writing as synonymous with an absence of lexical and syntactical errors, they will need guidance in how to proceed early in the semester. Most effective is the use of a sample composition from a class in a previous semester (or created by the instructor) which includes frequently occurring problems. This can be put on an overhead projector or duplicated. Using the "Guide to Peer Editing" (p. IM 28) or a similar document, students then work in groups or as a whole class to improve the writing sample. Ideas should first be offered concerning organization and style (see Grading, pp. IM 26–27), then attention can be directed to issues of accuracy. This procedure could be repeated several weeks later with samples to illustrate grading criteria.

The first peer-editing assignment should be carried out in class, but after that students can exchange compositions in class and read them at home. It may be helpful to have students of different abilities work together, with the stronger helping the weaker and providing models. However, this should not become a tutoring session. The instructor should circulate to keep students on task and provide help as needed. Students can then revise their work and submit it (together with the peer-edited draft, signed by the "editor") for a grade or for further revision (see Error Code, p. IM 29). If rewrites are used and the compositions are not yet graded, the original editors can consult together after the instructor has indicated errors, especially if many basic points have been overlooked.

Computer adaptation Students can exchange diskettes and add their comments or questions if they're using ***Système-D*** or a word-processing package in common. Similarly, the drafts can be sent by electronic mail for editing. However, this removes the instructor from the process and care must be taken to indicate the differences between the pre- and post-peer-edited draft.

Error Codes

Although the usefulness of error correction in the improvement of writing skills is not clear, many instructors will wish to indicate mistakes and ask for corrections. By the intermediate level, most students have been conditioned to expect this. An error code, in which symbols direct the student to the type of problem, makes the task faster for the instructor and easier for the students. One such error code is found at the end of this section on writing, and can be adapted to suit the instructor's style.

Computer adaptation The instructor can collect diskettes from students or receive the compositions by e-mail and enter the code on the document directly. Students using ***Système-D*** will be able to access the grammar, vocabulary, and phrase sections of the program to help them in their corrections.

Error Grid

Some language teachers find an error matrix or error grid useful for keeping a record of the problems students are having. After errors have been indicated using the code, the number of mistakes in each category can be entered in the corresponding space of the grid. This can be done either by the instructor or by the student. When students track their own mistakes as part of the revision process, they become more aware of areas that need improvement and can see their progress in accuracy. Instructors can use the grid to discover which structural points may need more attention for the class as a whole.

An error grid can also be used as part of the grading system when points are assigned to the different categories of mistakes. Since errors in vocabulary and syntax are not equally serious, the point value per category can vary according to the goals of the instructor and whether or not the structure in question has been recently learned or reviewed. A mood mistake, for example, may be weighed more heavily just after the subjunctive has been reviewed. The number of error points can be added up and used to determine the accuracy portion of the grade for a composition (see the following section on grading compositions).

Computer adaptation An error grid can be generated by computer, with the spaces filled in by the teacher, who receives the student's grid with each composition, either through e-mail or on diskette. The student could also complete the grid and submit it with the final version of an assignment.

Grading of Compositions

Many schemes have been proposed for grading written work, from the simplest analytical (one point per error) to the most globally holistic (the instructor knows what an A composition is). Since the former treats all errors as if they were equally important and the latter is often difficult to justify to students, most instructors search for a more balanced approach. If we reject the premise that grammatical perfection equals an A, elements such as content, style, organization, cohesiveness, etc., must be evaluated in determining a grade. An analytical component may be appropriate for the accuracy grade, whereas holistic scoring could be most suitable for other aspects of the writing.

A. Accuracy The accuracy (of grammar and spelling) grade is often determined analytically. If an error grid is used, with points assigned to each error type, the number of error points can determine the grade. The range of points is established for each composition in the class to determine the scale, with those having the fewest getting the best grade, and so on. For example, if the range of points missed is from 8 to 30, 8–10 could be A, 11–15 B, 16–20 C, 20–25 D. The curve changes depending on the error intervals in specific classes. Another possibility is to determine which mistakes are considered **grosses fautes** (a list should be given to the students). One of these has no effect on the grade, two (or whatever number the instructor determines) takes the accuracy grade down, and so on. With each composition, the list of **grosses fautes** can be adjusted for each student by adding personal mistakes to the list. This requires a great deal of record keeping, but the personalized aspect helps students most. However, for experienced instructors who feel comfortable judging the number and type of errors, holistic grading of accuracy may be just as reliable as the analytical approaches outlined here.

B. Additional elements that could be considered in assigning a grade are

1. Vocabulary	repetitive or inaccurate adequate but not impressive broad in range, precise
2. Content	minimal adequate but not impressive elaborate
3. Cohesiveness	composition is a series of separate sentences with no transitions composition is choppy or disjointed composition flows smoothly with appropriate and varied connectors

INSTRUCTOR'S MANUAL

4. Organization none apparent
somewhat confused
clear and appropriate

5. Style incomplete sentences / anglicisms
short / repetitive sentences
longer / more complex sentences

6. Audience inappropriate for reader
adequate for intended reader
well suited for intended reader

7. Certain types of written work may require special criteria in grading, but these could also be included in the content section:

a. Text summary irrelevant information
important information is missing
basic information
appropriate / clear information

b. Description insufficient detail
adequate / predictable
vivid / interesting / precise

c. Narration little or no ability to narrate
many errors / inconsistencies
interesting / easy to follow

(Items 1–3 were adapted from the work of Professor Céleste Kinginger, University of Maryland-College Park.)

The gradations within these categories can, of course, be further refined.

The categories chosen for grading and the weight attributed to each depend on the goals of a program. The simplest procedure is a division into 50% for grammar and 50% for everything else. However, a more differentiated evaluation which includes some of the above categories may encourage students to go beyond the safe and simple. Whatever criteria are selected for grading, they should be made clear to the students.

Grading with Rewrites

When students are required to revise their compositions, instructors may wish to assign a provisional grade, using their own system or one of the choices outlined above. When the final version is submitted, the new grade is averaged with the earlier one. An alternative is not to assign a grade to the first version. This requires giving major weight to areas such as content and style in the final grade, since corrections based on an error code should eliminate the majority of accuracy problems.

Suggestions for further reading

Barnett, Marva. "Writing as Process." *French Review 63* (1989): 31–44.

Dvorak, Trisha. "Writing in the Foreign Language," in B. Wing, ed. *Listening, Reading, Writing: Analysis and Application*, Middlebury, VT: NEC, 1986.

Gaudiani, Claire. *Teaching Writing in the Foreign Language Curriculum.* Language in Education: Theory and Practice 43. Washington: CAL, 1981.

Higgs, Theodore. "Coping with Composition." *Hispania 62* (1979): 673–678.

Kern, R.G and J.M. Schultz. "The Effects of Composition Instruction on Intermediate-Level French Students' Writing Performance: Some Preliminary Findings." *Modern Language Journal 76* (1992): 1–13.

Magnan, Sally. "Teaching and Testing Proficiency in Writing: Skills to Transcend the Second-Language Classroom," in A. Omaggio, ed. *Proficiency, Curriculum, Articulation: The Ties that Bind.* Middlebury: NEC, 1985: 109–136.

Manley, Joan H. and Linda Calk. "Grammar Instruction for Writing Skills: Do Students Perceive Grammar as Useful?" *Foreign Language Annals 30* (1997): 73–83.

Schultz, Jean-Marie. "Writing Mode in the Articulation of Language and Literature Classes: Theory and Practice." *Modern Language Journal 75* (1992): 411–413.

Scott, Virginia. *Rethinking Foreign Language Writing.* Boston: Heinle & Heinle, 1996.

Terry, Robert M. "Teaching and Evaluating Writing as a Communication Skill." *Foreign Language Annals 22* (1989): 43–45.

Valdes, Guadalupe, Paz Haro, and Maria Paz Echevarriarza. "The Development of Writing Abilities in a Foreign Language: Contributions toward a General Theory of L2 Writing." *Modern Language Journal 76* (1992): 333–352.

Guide to Peer Editing (for student use)

Editing a classmate's composition will help you as well as the other person. It can teach you to read critically so that, in time, you will be able to edit your own work. Good writing in French, just as in English, is more than correct spelling and grammar. Good organization and effective presentation should be considered before you think about accuracy of language. Your job is to help your classmate improve the composition, not to approve or disapprove of its content. Please follow these steps:

A. Read the entire composition for general comprehension.

1. Do you understand it? Are there any parts you do not understand? If so, ask the author what was meant and, together with the author, try to resolve the problem that caused the confusion.
   - **a.** Are the ideas unclear?
   - **b.** Is vocabulary used that you do not know?
   - **c.** Are there structures you do not know?
2. Is the organization clear or is it hard to follow? If you have ideas on how to improve it, discuss them with the author.
3. What is the audience for this piece of writing? Would the audience understand it? If not, discuss this with the author.

B. Reread for language accuracy.

1. Do subjects and verbs agree?
2. Do nouns and adjectives agree? Are the adjectives in the right place?
3. If adverbs are used, are they in the right place?
4. Is the word order correct?
5. Are there spelling mistakes or accent problems? Are any contractions missing? Do not correct what seems like a mistake until you consult with the author. Then, both of you, try to discover the right forms together. Ask for help from your instructor if you need it.

Error Code (for student use)

CODE		EXPLANATION
angl	=	anglicism
art	=	article problem
aux	=	auxiliary mistake
con	=	conjunction (needed/mistake)
g	=	gender mistake
inf	=	need infinitive
m	=	mood (indicative/subjunctive/conditional/imperative) problem
n	=	number (singular/plural) mistake
n/a	=	noun/adjective agreement problem
pl	=	placement mistake
pn	=	pronoun mistake
prep	=	preposition mistake
sp	=	spelling (includes accents) mistake
s/v	=	subject/verb agreement problem
t	=	tense mistake
voc	=	vocabulary problem
x	=	needs to be left out
?	=	not clear
^	=	something left out

F. Video and Film with SUR LE VIF

Video is a valuable ancillary both for developing students' listening skills and providing additional cultural information. Native speaker input combined with the wealth of authentic visual information provided by unscripted or semi-scripted video enhances the material presented through the written word. Since there is no specific videotape to accompany **SUR LE VIF**, instructors can select portions from videos they already own to complement the chapter themes.

Video segments can be shown during the class period, in which case the instructor will want to use both pre-viewing and post-viewing activities, some of which are provided with certain video programs. Students can also view assigned segments as homework to be done in the laboratory or media center, with worksheets to guide them.

Following are suggestions for video material that can be used to supplement each chapter of **SUR LE VIF**, using Heinle & Heinle videos and others:

Chapter 1: Program 8, «Isabelle Chesnau, étudiante en droit, l'Université de Grenoble»
Chapter 2: Program 10, «Les jeunes parlent» or a music video
Chapter 3: French news segment from Scola or TV 5
Chapter 4: Program 1, «La 2 CV»; program 2, «La mobylette» or clip from Tour de France
Chapter 5: Part 10: Leisure Activities, or a short travelogue, if possible from a francophone area
Chapter 6: Television commercials in French, a French TV program (TV5), or a French film can be shown in or outside of class.
Chapter 7: A French cartoon or short children's film
Chapter 8: Program 5, «La chambre de Régis Jouin»
Chapter 9: French news segment, as for Chapter 3

Since the authentic language heard in many videos will be very challenging to students on this level, it is important to simplify the viewing/listening task. This can be done by directing students to understand the gist and to look for specific information in their viewing. Three sample worksheets for Chapters 3 (or 9), 4, and 6 illustrate this approach. They are in French, but students could be allowed to reply in English. Students can also work on the worksheets in groups, helping each other with their comprehension of the video.

Sample Worksheets for Videos

CHAPITRE 3 (or **9**) Les informations

Date de l'émission:

Chaîne enregistrée:

A. Petite description du speaker/de la speakerine

B. Nommez deux événements/sujets traités dans chaque catégorie:

1. Internationale
   Sur quel(s) pays a-t-on fait des reportages?
2. Nationale
3. Régionale (par exemple, Paris et banlieue)
4. Faits divers (*human interest*)

C. Trouvez quelques différences entre les actualités françaises et les actualités américaines.

CHAPITRE 4 «La 2 CV»

1. Donnez trois caractéristiques de la Deux Chevaux.
2. Quand était son heure de gloire?
3. Est-il facile ou difficile de trouver une 2 CV d'occasion? Pourquoi ou pourquoi pas?
4. Comment est-elle construite, cette voiture?
5. Combien de vitesses a la 2 CV?
6. Que pense le petit garçon de cette voiture?
7. Qu'est-ce qu'on peut faire avec le toit?
8. Pourquoi a-t-on du mal à bavarder dans une 2 CV?
9. Aimeriez-vous avoir une 2 CV? Pourquoi ou pourquoi pas?

CHAPITRE 6 Les publicités

1. Nommez cinq produits pour lesquels on fait de la publicité.
2. Quelle publicité préférez-vous? Décrivez-la et dites pourquoi vous la trouvez bonne.
3. Quelle publicité trouvez-vous mauvaise? Décrivez-la et dites pourquoi.
4. Qu'est-ce qui vous a étonné(e) dans les publicités françaises?
5. Dans quel sens les publicités françaises ressemblent-elles aux publicités américaines? Quelles sont les différences?

For additional information on the use of video, see:
Altman, Rick. *The Video Connection: Integrating Video into Language Teaching.* Boston: Houghton-Mifflin, 1989.
Feyten, Carine. "The Power of Listening Ability: An Overlooked Dimension in Language Acquisition." *Modern Language Journal 75:2* (1991): 173–180.
Geddes, Marion, and Gill Sturtridge, eds. *Video in the Language Classroom.* Portsmouth, NH: Heinemann Ed. Books, 1982.
Herron, Carol, and Irene Seay. "The Effect of Authentic Oral Texts on Student Listening Comprehension in the Foreign Language Classroom." *Foreign Language Annals 24:6* (1991): 487–495.
Lonergon, J. *Video in Language Teaching.* New York: Cambridge University Press, 1984.
Secules, Teresa, Carol Herron, and Michael Tomasello. "The Effect of Video Context on Foreign Language Learning." *Modern Language Journal 76:4* (1992): 480–490.
Stempleski, Susan, and Barry Tomalin. *Video in Action. Recipes for Using Video in Language Teaching.* Englewood Cliffs, NJ: Prentice Hall, 1990.
Swaffar, Janet and Andrea Vlatten "A Sequential Model for Video Viewing in the Foreign Language Curriculum" *Modern Language Journal 81* (1997): 175–188.

Films for SUR LE VIF

The films listed below are only suggestions, since what is acceptable will vary widely according to the language and maturity levels of the students, as well as the institutional setting. Because films date so quickly, it is important to point out the time frame of the action so that students do not think a dated film represents contemporary France. All of the films listed below are available in foreign language video catalogs.

Chapter 1: «Sango Malo», «Zéro de conduite», «La gloire de mon père»
Chapter 2: «Métisse», «Chacun cherche son chat», «La boum», «Quatre aventures de Reinette et Mirabelle»
Chapter 3: «Rue Cases-Nègre», «Chocolat», «La Haine»
Chapter 4: «Traffic» (Jacques Tati), «Weekend»
Chapter 5: «Claudine à la plage», «Les vacances de M. Hulot», «Le voyage en ballon»
Chapter 6: your favorite classic French film or an early silent film
Chapter 7: «Les Visiteurs», «La belle et la bête» (Cocteau version), a French-dubbed Disney film such as «La petite sirène»
Chapter 8: «Un air de famille». «Neigera-t-il à Noël?», «La vie est un long fleuve tranquille», «Ma vie en rose»
Chapter 9: «Le grand blanc de Lambarene», «Afrique, je te plumerai», «Au revoir les enfants»

G. Internet Resources

The web site for **SUR LE VIF** (*http://slv.heinle.com*) includes the following components: the self-check vocabulary for each chapter so that students can click on a word and hear it pronounced; vocabulary and grammar exercises for additional practice; culture-based activities for writing or in-class discussion which expand on the themes of the chapters. Lesson plans for each chapter can also be found on the web site.

H. Audio CDs

There are four audio CDs accompanying **SUR LE VIF**. The laboratory materials are provided on three of the CDs. The audio materials provided with **SUR LE VIF** includes the following selections, indicated with a headphone icon in the margins.

Prélude: «Laissez chanter le français», Pierre Bachelet
Chapter 2: «Victime de la mode», MC Solaar
Chapter 3: Poem by Francis Bebey (studio recording)
Interlude 1: «Je crois que ça va pas être possible», Zebda
Chapter 4: «La 2 CV de ma sœur», Fernand Raynaud (live recording of author)
Interlude 2: «France Télécom», Tryo
Chapter 7: «La Cigale et la Fourmi», La Fontaine (studio recording)
Postlude: «Disco et fais do-do», Bruce Daigrepont

Suggestions for integrating these recordings with the chapter in which the text appears can be found in the lesson plans on the web site at *http://slv.heinle.com.*

I. Testing materials

With **SUR LE VIF**, Third Edition, all test materials (tests, scripts, answer keys) are conveniently found on the dual platform Computerized Test Bank CD-ROM. The recordings for the listening sections of the quizzes and exams are on the Instructor's Test Tape.

Sur le vif

TROISIÈME ÉDITION

NIVEAU INTERMÉDIAIRE

Clare Tufts
Duke University

Hannelore Jarausch
University of North Carolina

HEINLE & HEINLE
THOMSON LEARNING™

United States • Australia • Canada • Mexico • Singapore • Spain • United Kingdom

Sur le vif, 3/e
Niveau intermédiaire
Student Edition
Tufts / Jarausch

Publisher: Wendy Nelson
Marketing Manager: Jill Garrett
Senior Production Editor and Developmental Editor Supervisor: Esther Marshall
Developmental Editor: Anne Besco
Associate Marketing Manager: Kristen Murphy-LoJacono
Manufacturing Manager: Marcia Locke
Composition: GEX Publishing Services
Project Manager: Anita Raducanu
Interior Designer: Sue Gerould, Perspectives
Illustrator: Sarah Sloane
Cover Designer: Sue Gerould, Perspectives
Cover art: Robert Delaunay, *Rythme no. 3*, Musée d'Art Moderne
Printer: Courier Westford

Printed in the United States of America
2 3 4 5 6 7 8 9 10 05 04 03 02 01 00

For more information contact Heinle & Heinle, 20 Park Plaza, Boston, Massachusetts 02116 USA, or you can visit our Internet site at http://www.heinle.com

Library of Congress Cataloging-in-Publication
Tufts, Clare.
Sur le vif : niveau intermédiaire / Clare Tufts, Hannelore Jarausch.—3. Éd.
p. cm.
Jarausch named first on previous ed.
Includes index.
ISBN **0-8384-1610-1** (student ed.) –
ISBN 0-8384-1611-X (instructor's annotated ed.)
1. French language—Textbooks for foreign speakers—English. I. Jarausch, Hannelore. II. Title.

PC2129.E5 J36 2000
448.2'421—dc21

00-603278

This book is printed on acid-free recycled paper.

Table des matières

Student Preface

Welcome to **SUR LE VIF**, Third Edition. The title of this one-semester intermediate textbook suggests "from (real) life" or "lifelike" in French. By giving you lively and sometimes provocative topics to read about and discuss, this text will further develop your skills in French and increase your awareness of France and the francophone world. Now that you have completed the introductory sequence, you are ready to move beyond grocery shopping and weather to compare systems of education, describe relationships with family and friends, and express your opinions about youth culture, immigration, travel, television, and film. You will also talk about the pros and cons of the automobile, consider your attitudes toward technology, think about folk traditions, and speculate about a world without borders. You will learn about how these topics are seen in the French and francophone world, and make comparisons with the American perspective. To improve your control of French grammar so that you will be able to speak, read, and write about the above issues with greater confidence, **SUR LE VIF** also provides a systematic review of the fundamental structures of the language and gives you many opportunities to practice the forms in class discussions and workbook activities.

LEARNING WITH SUR LE VIF

Format

Understanding the organization of **SUR LE VIF** will help you to get the most out of it, since it may be somewhat different from the textbook(s) you used in your introductory course. The first part of the book (and the longest) contains nine chapters with readings and activities for classroom use. Some of these can, of course, be assigned for homework, but most will be done under the guidance of your instructor. Grammar is not explained in this section but marginal notes called **Préparation grammaticale** will suggest which grammar structures you should review for that part of the chapter, and **Rappel** boxes in the text give a brief statement of the rule that applies to activities you are doing.

The second part of **SUR LE VIF**, called **Structures**, is the grammar review; its nine chapters correspond to those of the first section of the book. This part is meant for outside-of-class preparation and is grouped together for ease of study. Here you will find an explanation in English of the structures you are learning and reviewing. Examples that illustrate the grammar rules are based on the readings of the corresponding chapters in the first section to help you become acquainted with the chapter theme and vocabulary. After a structure has been explained, you are referred to exercises in the ***Cahier*** so that you can practice the forms and check your own answers to verify if you can apply the rules.

The final section of the book is an appendix, with explanations of preposition usage and present participles, followed by verb conjugation charts. At the very end is a French-English glossary, with words defined as they are used in the context of the book. This will help you with readings and activities, but you should be aware that it will not substitute for a good dictionary.

The student's role

By the time you have completed the elementary sequence, you will have studied most of the fundamental structures of French, but you may not be able to use all of them accurately all the time. You may be stronger in reading than in speaking, or understand more than you can write. This is normal but it makes the intermediate course more complex. Each student will have slightly different needs due to different levels of proficiency. You are in the best position to know what your strengths and weaknesses are. Therefore you must assume an active role in your learning. By studying the grammar outside of class you can concentrate on points that are more difficult or new to you, and move more quickly when you are reasonably confident of your understanding. The self-check exercises in the ***Cahier*** will show you if you can use the structures correctly and allow you to focus on those that still pose problems. You will also find additional grammar and vocabulary practice on the web site, at http://slv.heinle.com.

In class your instructor will ask you to apply the vocabulary and structures you have studied to activities and discussion of readings. Since you will have prepared the grammar, you will be ready to practice the forms, demonstrate your understanding of the readings, talk about your personal reactions to the topics, and participate in role-plays and debates. Oral work is central to **SUR LE VIF** and you will be expected to go beyond single-sentence responses whenever possible. Being able to elaborate on your answers will make you a more sophisticated speaker of French.

You, your instructor, and **SUR LE VIF** will be partners in this course. You will study grammar outside of class so that you are ready to use the structures to communicate. Your instructor will create opportunities for speaking in class so as to check your preparation and understanding, and help you build your skills. The textbook will provide French and francophone cultural information, reading selections, and activities to encourage development of your listening, speaking, reading, and writing proficiency. Exercises in the ***Cahier*** will help you first to practice the forms, then to use them to communicate your own ideas, and finally to write compositions in which you blend the grammar you have reviewed with the theme of the chapter.

ADDITIONAL STUDENT COMPONENTS

Cahier d'exercices écrits et de laboratoire

The workbook is divided into two sections, one for written work, to practice the grammar rules reviewed in the **Structures** section of the textbook, the other to be used for pronunciation and listening practice together with the audio materials, either at home or in the listening laboratory.

Each chapter of the ***Cahier d'exercices écrits*** has three sections. The first focuses on vocabulary exercises to help you both learn the new words in each chapter and create your own definitions in French. The second section has both self-check and open-ended grammar exercises for each of the structures presented in the text. By completing the self-check exercise (**Entraînement**), you will see immediately if you have understood the grammar explanations and can apply them. The **Développement** activities continue your practice of the rules but do not have one correct answer.

You will be using the structures you are studying to express your personal opinions or reactions and often will need to write more than a one-sentence answer. The final section of the grammar part of the workbook, **Expression**, contains a choice of topics for longer (one to three paragraphs) compositions and generally provides pre-writing instruction to help you prepare your work.

The ***Exercices de laboratoire*** portion of the ***Cahier*** is used with the audio materials. Each chapter takes about thirty minutes to complete and includes pronunciation practice followed by a passage for listening comprehension and a short dictation.

On the web site for **SUR LE VIF** (http://slv.heinle.com) you will find two types of activities. The self-check grammar exercises can be used as a diagnostic tool to find out if you need to spend more time studying certain structures, or as additional practice of the forms you worked on in the textbook and workbook. The web site also features self-check vocabulary exercises. The culture activities presented provide links to web sites that relate to the themes of the textbook chapters. They guide you in an exploration of the site and topic in order to prepare you for in class discussion or for out-of-class writing assignments. The web site also features the recorded pronunciation of all the vocabulary words in the textbook.

Acknowledgments

We would like to express our gratitude to the colleagues who participated in reviewing the materials for the third edition:

Diane Adler, *North Carolina State University*
Didier Bertrand, *Indiana University-Purdue University-Indianapolis*
Donna Coulet-du Gard, *University of Delaware*
Béatrice Dupuy, *Louisiana State University*
Elizabeth Emery, *Montclair State University*
Joseph Garreau, *University of Massachusetts-Lowell*
Patricia Hopkins, *Texas Tech University*
Aileen Mootoo, *Southeastern Louisiana University*
Kittye Robbins-Herring, *Mississippi State University*
Mary Scullen, *University of Maryland*
Lara Semones, *Vanderbilt University*
Nigel Smith, *State University of West Georgia*
Guy Wagener, *University of Nevada-Reno*

Their suggestions and criticisms guided our revisions and provided us with invaluable perspective.

Our thanks also go to those who supported us through this process of revision, most particularly our teaching assistants whose comments and suggestions as they taught the second edition provided inspiration for changes. Véronique Puech and Jean-Christophe Trentinella, exchange students from Montpellier at UNC-CH deserve special gratitude for their role as ever-patient readers and critics of new materials. Of course all the third semester French students at Duke and the University of North Carolina at Chapel Hill need mention since their responses to the previous editions have guided our revisions.

At Heinle & Heinle, we would like to express our appreciation first to Wendy Nelson, Publisher, whose faith in us and patient determination kept the project on track. The constructive encouragement of Anne Besco, our Developmental Editor, helped every step of the way to refine and polish. Esther Marshall skillfully and tactfully directed the production process for this edition. The Heinle team's eye for linguistic detail and pedagogical insights significantly improved **SUR LE VIF**. Our Project Manager, Anita Raducanu, gracefully and attentively oversaw the process of transforming the manuscript into a book of which the team can be proud. She truly was a miracle worker! Our thanks too to the native readers Josiane Peltier and Séverine Champeny, and to Nicole Dicop-Hineline, proofreader and native reader who smoothed the rough spots in the manuscript; and to the designer Susan Gerould for her artisitic talents. And finally, warmest thanks to Julia Price and to our families without whose support none of this would have been possible. When our work seemed overwhelming, they kept our spirits up.

H.J.
C.T.

France
MER DU NORD
Pays-Bas
Allemagne
Angleterre
Belgique
Luxembourg
LA MANCHE
Dunkerque
Calais
Lille
Valenciennes
NORD-PAS-DE-CALAIS
Amiens
PICARDIE
HAUTE-NORMANDIE
Le Havre
Rouen
Cherbourg
Caen
BASSE-NORMANDIE
Saint-Malo
Brest
BRETAGNE
Fougères
Rennes
Le Mans
PAYS DE LA LOIRE
Angers
St-Nazaire
Nantes
Paris
Versailles
ÎLE-DE-FRANCE
Seine
Reims
CHAMPAGNE-ARDENNE
Troyes
Metz
LORRAINE
Nancy
ALSACE
Strasbourg
Mulhouse
Meuse
Moselle
Rhin
VOSGES
Orléans
Blois
Chambord
Tours
Chenonceaux
Azay-le-Rideau
Chinon
Loire
Bourges
Nevers
CENTRE
BOURGOGNE
Dijon
Chalon-sur-Saône
Saône
Besançon
FRANCHE-COMTÉ
JURA
Suisse
Poitiers
La Rochelle
POITOU-CHARENTES
LIMOUSIN
Limoges
Vichy
Clermont-Ferrand
AUVERGNE
Saint Étienne
Lyon
Rhône
Annecy
RHÔNE-ALPES
Grenoble
Italie
ALPES
OCÉAN ATLANTIQUE
Périgueux
Bordeaux
MASSIF CENTRAL
Rodez
AQUITAINE
Garonne
MIDI-PYRÉNÉES
Toulouse
Biarritz
Bayonne
Pau
PYRÉNÉES
Carcassonne
Narbonne
Béziers
Montpellier
Nîmes
LANGUEDOC-ROUSSILLON
Perpignan
Avignon
Tarascon
PROVENCE-ALPES-CÔTE-D'AZUR
Aix-en-Provence
Marseille
Toulon
Grasse
Monte-Carlo
Monaco
Nice
Cannes
Espagne
Andorre
MER MÉDITERRANÉE
CORSE
Ajaccio
0 75 km
©1993 Magellan Geographix SM Santa Barbara CA

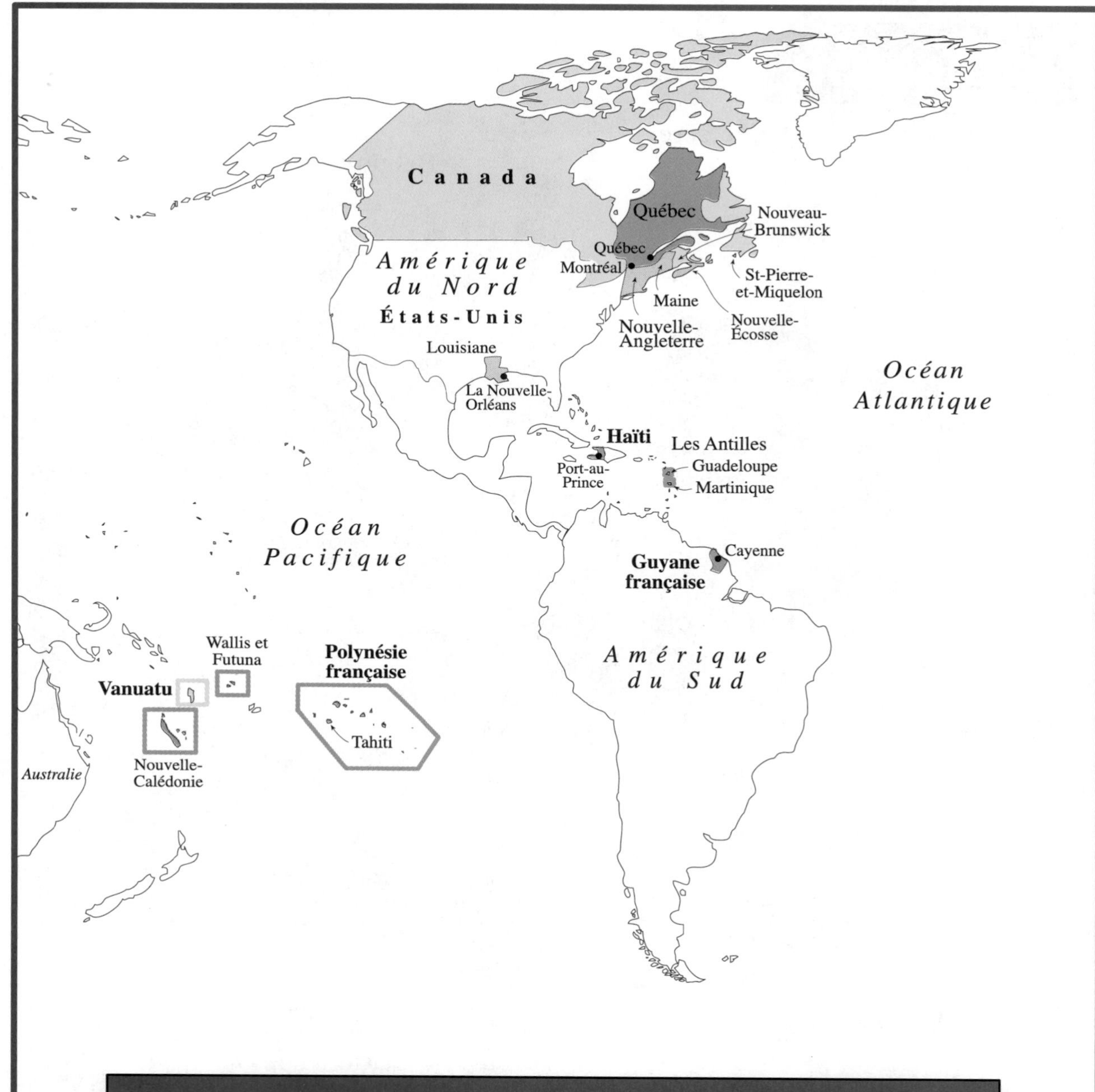
Canada
Québec
Nouveau-
Brunswick
Québec
Montréal
Amérique
du Nord
États-Unis
St-Pierre-
et-Miquelon
Maine
Nouvelle-
Angleterre
Nouvelle-
Écosse
Louisiane
La Nouvelle-
Orléans
Océan
Atlantique
Haïti
Les Antilles
Guadeloupe
Martinique
Port-au-
Prince
Océan
Pacifique
Cayenne
Guyane
française
Wallis et
Futuna
Polynésie
française
Vanuatu
Amérique
du Sud
Tahiti
Australie
Nouvelle-
Calédonie

Le monde francophone

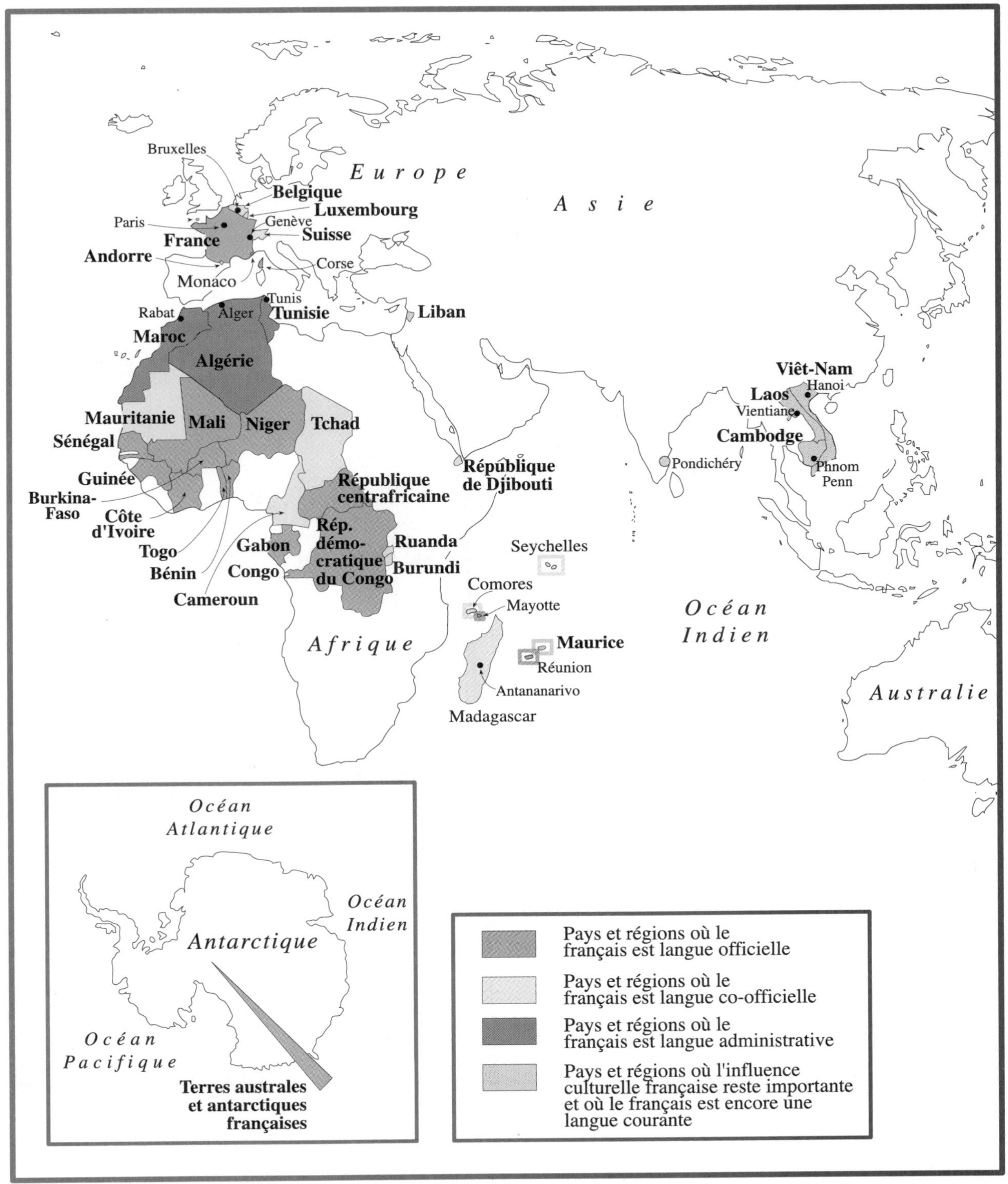

Europe
Asie
Bruxelles
Belgique
Luxembourg
Paris
Genève
Suisse
France
Andorre
Corse
Monaco
Tunis
Rabat
Alger
Tunisie
Liban
Maroc
Algérie
Viêt-Nam
Hanoi
Laos
Vientiane
Cambodge
Phnom Penn
Pondichéry
Mauritanie
Mali
Niger
Tchad
Sénégal
Guinée
Burkina-Faso
Côte d'Ivoire
Togo
Bénin
Cameroun
République centrafricaine
République de Djibouti
Gabon
Congo
Rép. démocratique du Congo
Ruanda
Burundi
Seychelles
Comores
Mayotte
Maurice
Réunion
Antananarivo
Madagascar
Afrique
Océan Indien
Australie
Océan Atlantique
Océan Indien
Antarctique
Océan Pacifique
Terres australes et antarctiques françaises
Pays et régions où le français est langue officielle
Pays et régions où le français est langue co-officielle
Pays et régions où le français est langue administrative
Pays et régions où l'influence culturelle française reste importante et où le français est encore une langue courante

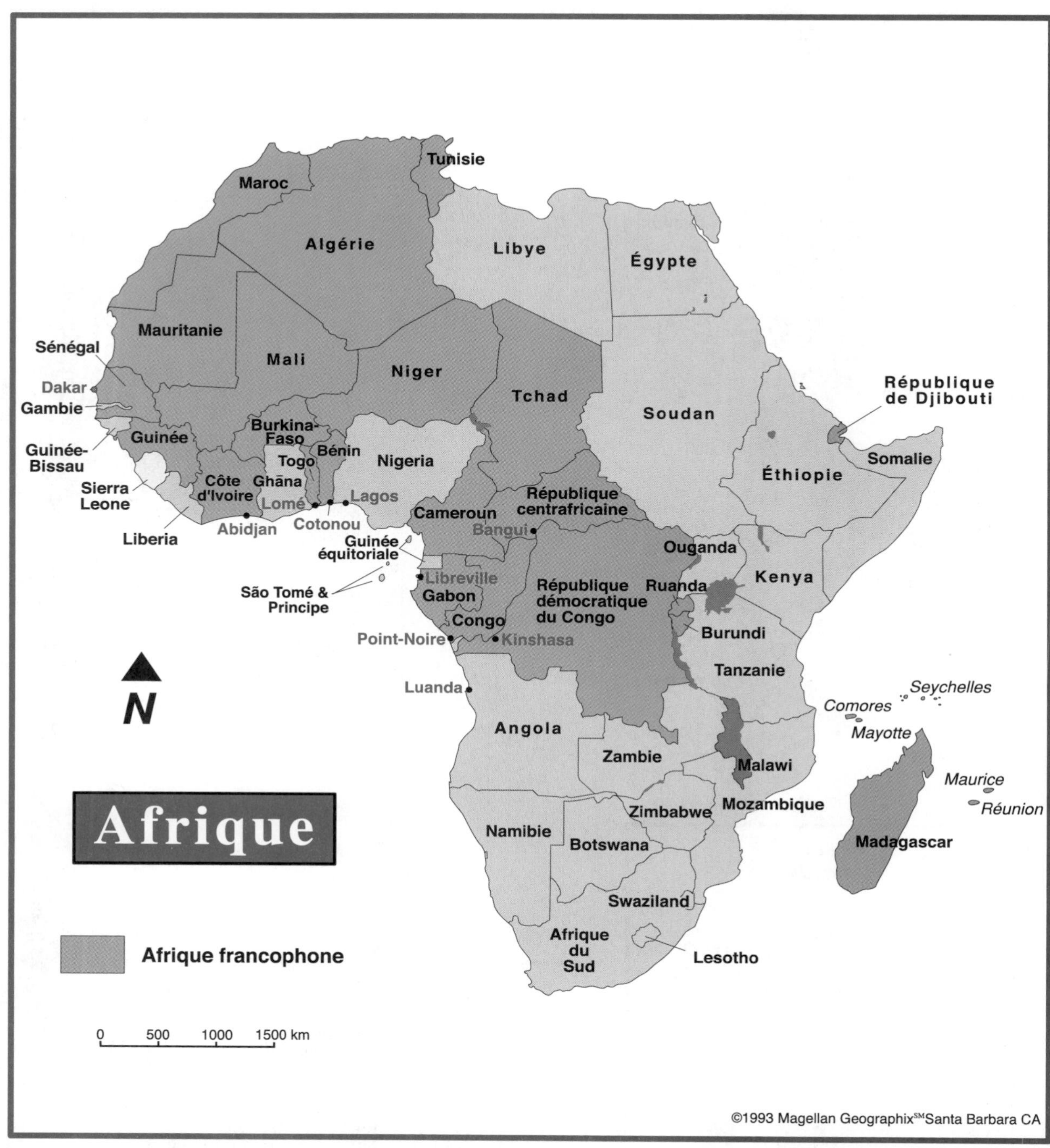

Tunisie
Maroc
Algérie
Libye
Égypte
Mauritanie
Sénégal
Mali
Niger
Tchad
Dakar
Gambie
Guinée
Burkina-Faso
Bénin
Soudan
République de Djibouti
Guinée-Bissau
Togo
Nigeria
Somalie
Sierra Leone
Côte d'Ivoire
Ghāna
Lomé
Lagos
Éthiopie
Liberia
Abidjan
Cotonou
Cameroun
République centrafricaine
Bangui
Guinée équitoriale
Ouganda
Libreville
Kenya
São Tomé & Principe
Gabon
République démocratique du Congo
Ruanda
Congo
Burundi
Point-Noire
Kinshasa
Tanzanie
N
Luanda
Seychelles
Comores
Mayotte
Angola
Zambie
Malawi
Maurice
Réunion
Zimbabwe
Mozambique
Afrique
Namibie
Botswana
Madagascar
Swaziland
Afrique du Sud
Afrique francophone
Lesotho
0 500 1000 1500 km
©1993 Magellan Geographix℠Santa Barbara CA

Sur le vif

TROISIÈME ÉDITION

PRÉLUDE

For lesson plans, cultural notes, warm-ups, and homework assignments, please go to: *http://slv.heinle.com*.

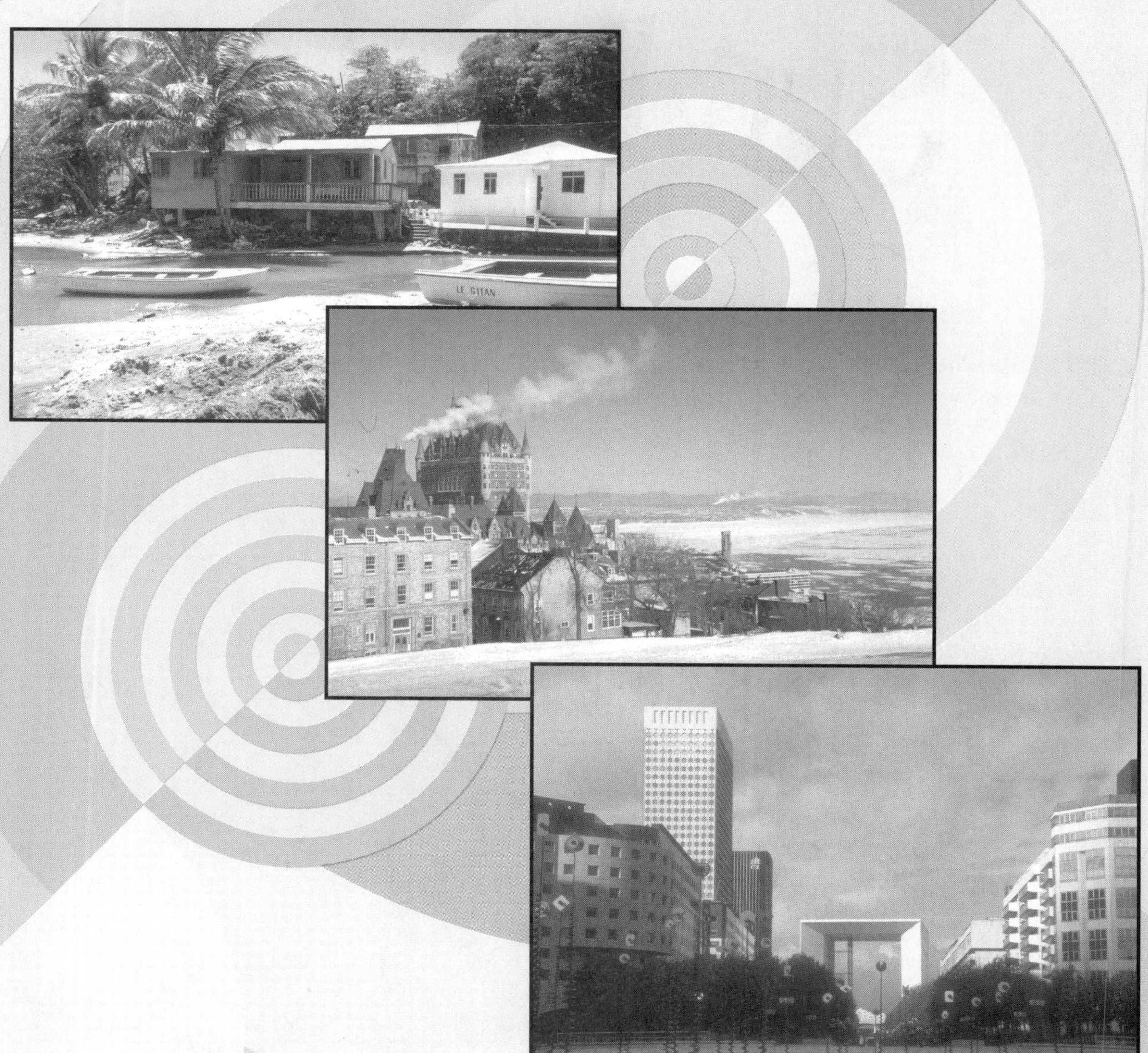

«Pour tout homme, le premier pays est sa patrie, et le second, c'est la France.»
Thomas Jefferson

Le français dans le monde

Vos camarades de classe et le français

Mettez-vous par deux ou trois (choisissez des camarades de classe que vous ne connaissez pas encore). Posez-vous d'abord les trois premières questions pour faire connaissance; puis parlez de vos expériences et de vos idées sur le français. Prenez des notes pour pouvoir résumer vos réponses à la classe.

Warm-up: Ask students: Qu'est-ce que vous associez au français? Quand je dis «français», à quoi pensez-vous?

Saviez-vous que... ?

Le français fait partie des quelques langues à diffusion intercontinentale. On trouve ainsi des francophones dans des pays répartis aux quatre coins de la planète. Les pays où l'on trouve le plus de francophones sont, en dehors de la France, l'Algérie, le Canada, le Maroc, la Belgique, la Côte d'Ivoire, la Tunisie, le Cameroun, la République démocratique du Congo et la Suisse.

Source: Haut Conseil de la Francophonie.

Question: Sur quels continents trouve-t-on le plus de francophones?

Encourage students to work with someone they do not know. For the follow-up, ask for summaries rather than redoing the questions.

Faisons connaissance:

1. Comment t'appelles-tu? D'où viens-tu?
2. Qu'est-ce que tu étudies? Quels cours préfères-tu?
3. Donne deux ou trois adjectifs pour te décrire.

Parlons du français et de la France:

4. Depuis quand est-ce que tu étudies le français?
5. Pour quelles raisons as-tu choisi d'apprendre le français?
6. As-tu déjà visité la France ou une autre région francophone? Si oui, où es-tu allé(e)?
7. Est-ce que tu connais des films ou des acteurs français? Lesquels?
8. Quelles sociétés *(companies)*, quels produits, quelles marques français connais-tu?
9. Pourquoi y a-t-il souvent du français écrit sur les produits qu'on achète aux Etats-Unis?
10. Qu'est-ce que tu voudrais apprendre ce semestre en cours de français?

Faites un résumé de quelques réponses et présentez-les à a classe.

Lecture

A discuter

Pourquoi, selon vous, l'anglais est-elle la langue étrangère la plus répandue en France? Pourquoi les jeunes Français choisissent-ils d'apprendre l'espagnol et l'allemand? Aux Etats-Unis, quelle est la langue étrangère que la plupart des élèves apprennent à l'école? Quelles en sont les raisons? Pourquoi apprendre d'autres langues telles que l'italien, le chinois, le japonais, l'arabe, le russe, le swahili, etc.? Donnez quelques raisons.

Whole class discussion, then small groups per language; add languages or ask students to name other languages they might be interested in.

Follow-up: *Groups present their results, adding details not previously stated.*

En France l'initiation aux langues vivantes commence le plus souvent au collège°. 99,6% des élèves étudient une première langue en sixième° et 94,8% une seconde langue en quatrième°. L'anglais est la langue la plus répandue°. Viennent ensuite l'espagnol et l'allemand. Depuis la moitié des années soixante-dix, l'espagnol a remplacé l'allemand comme deuxième langue la plus répandue dans les lycées et les collèges.

"Les langues étrangères en France" INSEE, février 1998

middle school

sixth grade / eighth grade

widespread

«Laissez chanter le français»

Les jeunes Français préfèrent souvent écouter la musique populaire américaine (le rock, le rap, etc.) plus que la musique populaire française. Alors, depuis plusieurs années, le gouvernement encourage les stations de radio en France à passer davantage de musique française et à donner aux jeunes musiciens la possibilité d'être entendus. Il existe même des lois à ce sujet. En 1998, on les a modifiées comme suit:

- pour les radios ciblant *(targeting)* un public «jeune», très consommateur de disques: 30% d'artistes francophones dont 25% de nouveaux talents ou de nouvelles productions;
- pour les radios ciblant un public «jeune adulte»: 40% d'artistes francophones dont la moitié provenant de nouveaux talents ou de nouvelles productions;
- pour les radios ciblant un public adulte: 50% d'artistes francophones dont 15% de nouvelles productions ou de nouveaux talents.[1]

La chanson que vous allez lire et écouter est de Pierre Bachelet, qui a commencé sa carrière comme compositeur de musique de films. Vers le début des années quatre-vingts il s'est tourné vers la chanson et a collaboré avec Jean-Pierre Lang, son parolier *(lyricist)*, une collaboration qui a donné naissance à sept albums, tous disques de platine. Dans cette chanson (qui date de 1992), la première des cinq que vous trouverez dans ce manuel, Bachelet insiste sur la beauté et la force de la langue française.

Pour mieux comprendre

Que veut dire le titre de la chanson? Pourquoi, selon vous, a-t-on besoin de «donner la permission de chanter à la langue française»?

Entrons en matière

Lisez la première strophe de la chanson et répondez aux questions avant de continuer. Qui est le «On», le «tous»? A quoi se réfère le «le» dans le premier vers? Pourquoi n'a-t-on pas besoin d'un traducteur?

[1]Source: Conseil supérieur de l'audio-visuel

Lecture

On le parle de mémoire pas besoin de traducteur
On a tous sans le savoir un Larousse[2] dans le cœur
Avec ses tournures de province et ses pointes d'accent
Il a fait trembler les princes, tomber les présidents

Laissez chanter le français
Laissez chanter le français

Si le rêve de quelques-uns est d'en faire un patois°
Une langue de rien, un parler d'autrefois
Ne prenons pas la gomme° à effacer° les mots
A effacer les hommes qui chantent à la radio

ici péjoratif langue régionale sans importance

eraser/to erase

Laissez chanter le français
Laissez passer° le français
Laissez-le dire ce qu'il veut
Laissez-le rire quand il veut

give free rein to (let it play on the radio)

Laissez chanter le français
Laissez parler le français
C'est sa première liberté
C'est sa manière d'exister

Qu'on écrive les Droits de l'Homme[3] ou «Ne Me Quitte Pas»[4]
Se comprendre d'abord c'est s'entendre déjà
Avec ma femme je l'avoue les «je t'aime» sont naturels
Dois-je dire «I love you» pour être universel

Laissez chanter le français
Laissez chanter le français

Si l'histoire a ses modes, ses donneurs de leçons
Elle a pour certains snobs des retours de bâtons°[5]
Ne prenons pas la gomme à effacer le cœur
A effacer les hommes qui chantent par bonheur

backlash

Laissez chanter le français
Laissez passer le français
Laissez-le rire quand il veut
Laissez-le dire ce qu'il veut

---

[2]Dictionnaire français le plus connu, avec le *Robert*
[3]Déclaration des Droits de l'Homme et du Citoyen *(The Rights of Man)*. Document de la Révolution française, 1789.
[4]Chanson célèbre de Jacques Brel, chanteur belge (1929–1978)
[5]*The popularity of American music is a passing fad that will come back to punish its enthusiasts.*

have fits of anger

Laissez-le plaire ou déplaire
Laissez-lui faire ses colères°
Comme un pavé d'espérance[6]
Pour dire j'existe ou je pense

Laissez chanter le français
Laissez passer le français
Laissez-le dire ce qu'il veut
Laissez-le rire quand il veut...

Pierre Bachelet

1. Il parle de tournures de province, d'accents qui varient selon la région où on habite. Le français fait trembler les princes, fait tomber les présidents: par des écrits politiques (manifestes, déclarations d'indépendance, constitutions), des pamphlets et slogans politiques. Et de nos jours, par la publicité politique, les journaux, les éditoriaux. 2. On parle de «patois», on dit que c'est une langue de rien, d'autrefois; cela veut dire que la langue française n'a plus d'importance. Si on efface ces hommes à la radio, on n'entend plus de musique française. 3. C'était le français. Aujourd'hui c'est l'anglais. 4. La mode musicale change beaucoup avec le temps mais on ne doit pas trop se laisser influencer. Si on aime quelque chose, on doit le défendre. On chante parce qu'on est heureux.

Comprenez-vous?

1. Première strophe: Comment Bachelet suggère-t-il la variété de la langue française? Et son pouvoir? Comment une langue peut-elle «faire trembler»?
2. Deuxième strophe: Quelles expressions renforcent l'idée qu'on essaie de diminuer la force de la langue française? Qu'est-ce qui arrive si on «efface» les hommes à la radio qui chantent en français?
3. Troisième strophe: Autrefois, quelle était la langue universelle? Et aujourd'hui?
4. Quatrième strophe: La mode influence-t-elle ce que nous écoutons? Pour quelle raison chante-t-on?

[6]*Reference to the paving stones or cobble stones thrown by protesters against the police, especially during the demonstrations of May 1968. The stone, or* **pavé**, *represents the hope, or* **espérance**, *that things will change.*

Le refrain

Relisez les refrains. Faites une liste de tout ce que le français doit avoir la liberté de faire. Trouvez d'autres expressions qui parlent de la «liberté» que le chanteur associe à la langue française. Pourquoi associe-t-il la liberté à la langue française?

Remind students of «**Liberté, égalité, fraternité**» *and of the influence of the ideas of the* **Siècle des Lumières** *on the American Revolution and the influence of the American Revolution on the French.*

Et vous?

Quels chanteurs ou musiciens français connaissez-vous? Connaissez-vous quelques chansons françaises? Aimez-vous écouter la musique du monde?

Eurohot 20

Le classement européen des titres les plus diffusés

1	Around The World - ATC
2	Rock DJ - Robbie WIlliams
3	Try Again - Aaliyah
4	Lucky - Britney Spears
5	Breathless - The Corrs
6	I'm Outta Love - Anastacia
7	The Real Slim Shady - Eminem
8	Shackles (Praise You) - Mary Mary
9	Doesn't Really Matter - Janet Jackson
10	Let's Get Loud - Jennifer Lopez
11	It Feels So Good - Sonique
12	Music - Madonna
13	It's My Life - Bon Jovi
14	Against All Odds - Mariah Carey
15	I Turn To You - Christina Aguilera
16	He Wasn't Man Enough - Toni Braxton
17	María María - Santana / Wyclef Jean
18	Life Is A Rollercoaster - Ronan Keating
19	Riddle - En Vogue
20	Ces Soirées Là - Yannick

For lesson plans, cultural notes, warm-ups, and homework assignments, please go to: *http://slv.heinle.com*.

Chapitre 1
Les études

A. Les lieux

l'école maternelle *f.*	*preschool*
l'école primaire *f.*	*elementary school*
le collège	*middle school*
le lycée	*high school*
l'université *f.*	*college, university*
la salle de classe	*classroom*
la faculté, la fac *(fam.)*	*school within university*
la fac de médecine	*the medical school*
la fac de droit	*law school*
l'amphithéâtre *m.* l'amphi *(fam.)*	*lecture hall*

B. Les gens

l'élève *m. & f.*	*primary and secondary school student*
le (la) lycéen(ne)	*high school student*
l'étudiant(e)	*university student*
l'instituteur(-trice) / le maître, la maîtresse	*elementary school teacher*
le crack *(fam.)*	*very smart student*
le cancre *(fam.)*	*bad student*
l'illettré(e)	*illiterate person*

C. Les choses

l'enseignement *m.* — *education, instruction*
les matières *f.* (obligatoires) — *(required) courses*
le cursus — *curriculum*
la filière — *area of concentration*
le dossier — *student record*
la rentrée — *return to school in fall*
les droits d'inscription *m.* — *registration fees*
la note — *grade*[1]
la moyenne — *grade average*
l'U.V. (l'unité de valeur) *f.* — *course credit*
le relevé de notes — *report card (in high school)*

la rédaction — *composition*
la dissertation, la dissert *(fam.)* — *essay, paper (English, history, etc.)*
la thèse — *thesis*
le (les) cours magistral(-aux) — *lecture course(s)*
les travaux dirigés (les TD) *m. pl.* — *discussion section, lab*
l'interrogation *f.* / l'interro *(fam.)* / le contrôle — *test, quiz*
le partiel — *midterm exam*
l'examen *m.* — *exam*
l'examen blanc — *practice test*
le stage — *internship*

D. Les activités

se débrouiller — *to manage, to cope, to get along*

s'inscrire — *to register*
suivre un cours — *to take a class*
redoubler une année — *to repeat a year*
assister à (un cours, une conférence, un concert, etc.) — *to attend (a class, a lecture, a concert, etc.)*
sécher un cours *(fam.)* — *to skip a class*
rendre (un devoir) — *to turn in (a homework assignment)*

passer un examen — *to take a test*
réussir (à) un examen — *to pass a test*
échouer à un examen / rater un examen — *to fail a test*
bosser *(fam.)* — *to study hard*
bachoter *(fam.)* — *to cram*
tricher, pomper *(fam.)* — *to cheat*
se spécialiser en — *to major in*
obtenir un diplôme — *to receive a diploma, to graduate (American system)*

[1]In France schoolwork is graded on the scale of 0–20. The following system of grading is used in high school:

18–20 «excellent»	12–14 «assez bien»
16–18 «très bien»	10–12 «passable»
14–16 «bien»	0–9 «insuffisant»

The same system is used at the university level. It is rare that grades of 18–20 are awarded; some say 19 is reserved for the professor, and 20 for God.

Vocabulaire

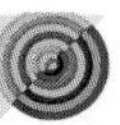

Préparation grammaticale

Avant de continuer, révisez l'usage et la formation du présent, pp. 143–146.

A. L'âge et l'enseignement. Dans quel établissement scolaire se trouvent les Français aux âges indiqués ci-dessous? (Si vous ne savez pas la réponse, référez-vous à la liste A du vocabulaire au début du chapitre.) Qu'est-ce que les élèves/étudiants aiment, généralement, à ces âges-là dans leurs établissements scolaires?

> **Modèle: 5 ans**
> ***A l'âge de 5 ans, les Français se trouvent à l'école maternelle. A cet âge-là, les élèves aiment chanter.***

1. au lycée 2. à l'école primaire 3. à l'université 4. à l'école maternelle 5. au collège

1. 16 ans **2.** 7 ans **3.** 20 ans **4.** 4 ans **5.** 12 ans

B. Comment dit-on? Trouvez le verbe de la liste D du vocabulaire qui s'accorde le mieux avec chaque explication suivante.

1. s'inscrire 2. bachoter/bosser 3. sécher un cours 4. redoubler une année 5. échouer 6. bosser 7. obtenir un diplôme 8. tricher/pomper 9. rendre 10. réussir

1. Ce qu'on doit faire avant de pouvoir suivre un cours.
2. Ce que font beaucoup d'étudiants la veille d'un examen.
3. Ce qu'on fait quand on est trop fatigué ou malade.
4. Ce qu'on est obligé de faire en France quand on a une moyenne de moins de 10 dans un cours.
5. Ce qui arrive quand on ne peut pas répondre aux questions pendant un examen.
6. Ce qu'on fait pour garantir une très bonne note dans un cours.
7. Ce que fait l'étudiant qui a assez d'unités de valeur à l'université.
8. Ce que font les mauvais élèves pour avoir une meilleure note.
9. Ce que le professeur demande aux étudiants de faire avec leurs devoirs.
10. Ce que font les étudiants qui se préparent bien pour un examen.

C. Positive/Négative? Regardez les mots suivants et décidez s'ils provoquent chez vous une association positive ou négative. Donnez plusieurs raisons pour ces associations, si possible.

> **Modèle: le relevé de notes**
> ***association positive parce que je suis toujours content(e) de mon travail***

1. la rentrée
2. l'école maternelle
3. un cours magistral
4. une dissertation
5. un crack
6. le relevé de notes

Maintenant, trouvez un(e) partenaire et comparez vos réactions. Si vous n'avez pas les mêmes réactions à chaque mot, essayez de découvrir pourquoi. Soyez prêt(e) à justifier vos réactions par rapport à celles des autres membres de la classe.

Saviez-vous que... ?

Interrompre un cours magistral en posant une question au professeur est considéré comme irrespectueux en France, et faire évaluer les professeurs par leurs étudiants serait inimaginable. Pour les Français, l'évaluation des professeurs à l'américaine implique un rapport de type «commercial». Cela s'oppose absolument à leur conception de l'université qui est hiérarchique: les professeurs détiennent le savoir et offrent aux étudiants la chance d'y avoir accès. De plus, le professeur n'estime pas qu'il soit dans son rôle de se préoccuper de la présence ou de l'absence d'un étudiant, ni des mauvaises notes qu'il lui attribue, ni des difficultés que celui-ci peut rencontrer pour obtenir tel ou tel livre. C'est à l'étudiant de faire le nécessaire pour être prêt le jour de l'examen.

Adapté de: Laurence Wylie et Jean-François Brière, *Les Français* (Englewood Cliffs, NJ: Prentice Hall, 1995), p. 192.

Question: Que savez-vous du système éducatif en France? Quelles différences y a-t-il entre les universités françaises et américaines?

D. Le crack et le cancre. Mettez-vous avec un(e) camarade de classe et, ensemble, faites deux portraits: celui du (de la) meilleur(e) et celui du (de la) pire étudiant(e) d'une classe typique à l'université. Utilisez autant de mots de vocabulaire que possible dans vos deux portraits. Ecrivez au moins quatre phrases de description pour chaque étudiant(e).

un crack

un cancre

Present Indicative warm-up: Vous parlez à deux jeunes Français de votre travail comme étudiant(e), et vous découvrez que vous avez beaucoup en commun. Donnez les remarques de ces Français, en mettant chacune des phrases suivantes à la première personne du pluriel: Moi, j'étudie beaucoup./ Je fais mes devoirs tous les soirs. / Je suis quatre cours. / J'achète trop de livres. / Je préfère les sciences. / Je réussis toujours à mes examens. / Je dors très peu. / Je rends tous mes devoirs. / J'obtiens mon diplôme dans deux ans.

RAPPEL

The *present tense* is used to talk about what is happening *now*, to make *generalizations*, or to speak about *habitual actions*. The present tense can also indicate what is *going to happen* in the *near future* or what *has just happened* in the *recent past*. For more details, see pp. 143–146.

E. Le cours idéal

1. Choisissez une matière parmi les suivantes, puis trouvez un(e) autre étudiant(e) qui a fait le même choix: *biologie, mathématiques, histoire, psychologie, langue étrangère.*
2. Avec votre partenaire, décrivez le cours idéal dans cette matière, du point de vue du professeur. Comment sont les étudiants? Qu'est-ce qu'ils font? Que fait le professeur?
3. Décrivez maintenant le cours idéal dans cette même matière du point de vue de l'étudiant. Que fait le professeur? Que font les étudiants? Comment sont les devoirs et les examens?
4. Comparez vos descriptions avec celles de vos camarades de classe.

If the class is small, you may prefer to assign student partners and the specific subject for each pair to work on.

Préparation grammaticale

Avant de continuer, révisez la formation et l'usage des verbes pronominaux, pp. 145–146.

Les petits enfants du siècle

Le passage que vous allez lire ci-dessous vient du deuxième roman de Christiane Rochefort. Ecrivain, artiste et attachée de presse, Rochefort est née à Paris en 1917 et y a passé la plupart de sa vie. *Les petits enfants du siècle*, publié en 1961, parle de la solitude et de la misère morale des grands ensembles° de la banlieue parisienne. Dans cet extrait on rencontre Josyane, le personnage principal d'environ treize ans, qui parle de ses études.

grands... : *housing projects*

Entrons en matière

Quelle sorte de devoirs préférez-vous faire—ceux qui demandent un travail analytique ou ceux qui demandent un travail plutôt créatif? Pourquoi? Dans quels cours avez-vous d'habitude le genre de devoirs que vous préférez? Est-ce que la satisfaction que ce travail vous donne influence votre choix de cours à suivre? Est-ce que cela influence votre choix de filière?

Avant de lire

Aujourd'hui on apprend rarement la terminologie grammaticale dans les cours d'anglais au lycée. Par conséquent, les élèves et les étudiants qui suivent les cours de langue étrangère ont souvent des difficultés à identifier correctement les différentes parties d'une phrase. Pouvez-vous le faire? Etudiez bien la phrase suivante, puis essayez de trouver le terme dans la colonne à droite qui correspond à chaque mot ou groupe de mots tiré(s) de cette phrase (colonne à gauche).

Le professeur a donné une mauvaise note à cet étudiant qui est arrivé en retard.

1. d 2. c 3. f 4. g 5. b 6. h 7. a 8. e

1. ________	Le	a. verbe auxiliaire
2. ________	professeur	b. complément d'objet indirect
3. ________	donné	c. nom sujet
4. ________	une mauvaise note	d. article défini
5. ________	à cet étudiant	e. adverbe
6. ________	qui est arrivé en retard	f. participe passé
7. ________	est	g. complément d'objet direct
8. ________	en retard	h. proposition subordonnée

Lecture

Je récupérai ma cuisine et ouvris mon cahier. [...] Silence. Soulagement. Paix.

«Le mouchoir° que tu m'as donné quand j'ai eu la croix[2] est blanc.[3] Le mouchoir — que tu m'as donné — quand j'ai eu la croix — est blanc.»

handkerchief

«Le mouchoir est blanc», proposition principale;
«Le», article défini;
«Mouchoir», nom commun masculin singulier, sujet de «est»;
«Est», verbe être, 3ème personne du singulier, présent de l'indicatif;
«Blanc», adjectif masculin singulier; attribut de «mouchoir»;

[2]Ici, première communion
[3]Cette phrase vient d'un manuel scolaire

«Que tu m'as donné», proposition subordonnée, complément de «mouchoir»;

«Que», conjonction de subordination;

«Tu», pronom personnel, 2ème personne du singulier, sujet de «as donné»;

«M», pronom personnel, 1ère personne du singulier, complément indirect de «as donné».

Plus un devoir était long, plus j'étais contente. La plume grattait°, dans le silence. J'aimais ça. J'aimais la plume, le papier, et même les cinq petites lignes dans lesquelles il fallait mettre les lettres, et les devoirs les plus embêtants, les grandes divisions, les règles de trois,[4] et j'aimais par-dessus tout l'analyse grammaticale. Ce truc-là° m'emballait°. Les autres filles disaient que ça ne servait à rien. Moi ça ne me gênait pas. Même je crois que plus ça me servait à rien plus ça me plaisait.

scratched

chose/m'enchantait, m'enthousiasmait

J'aurais bien passé ma vie à faire rien que des choses qui ne servaient à rien.

«As», verbe être, 2ème personne du singulier, auxiliaire de «donné»;

«Donné», verbe donner, participe passé.

La maîtresse disait: «Ce n'est pas la peine d'en mettre tant Josyane; essaie plutôt de ne pas laisser d'étourderies° ça vaudra mieux.» Car des fautes ça j'en faisais, et finalement j'étais plutôt dans les moyennes; de toute façon, je n'essayais pas de me battre pour être première. Ça ne m'intéressait pas. Pourquoi être première? Ce que les gens pensaient de moi m'était dans l'ensemble bien égal. La maîtresse avait écrit dans le livret°: «Indifférence aux compliments comme aux reproches», mais comme personne ne l'avait jamais regardé ce livret, elle aurait aussi bien pu marquer c'est le printemps, ou Toto aime Zizi ou cette fille est une nouille°, ça n'aurait pas fait de différence. Une fois dans la classe d'avant j'avais été troisième, on ne sait pas pourquoi, un coup de veine°, toutes les autres devaient êtres malades; j'avais mis le livret sous le nez de papa ce coup-là, il l'avait regardé et me l'avait rendu en disant «Bon». Au cas où la colonne lui aurait échappé je dis: «Je suis troisième». Ça donna: «Ah! Bon.» Point c'est tout.

careless mistakes

relevé de notes

noodle

chance

Christiane Rochefort, *Les petits enfants du siècle*
(Paris: Grasset Livres de Poche, 1961), pp. 23–25.

Comprenez-vous?

1. Qu'est-ce que Josyane est en train de faire dans la première partie de ce texte (lignes 3–16)?
2. Quels sont deux adjectifs que Josyane emploie pour décrire la sorte de devoirs qu'elle préfère?
3. Comment l'attitude de Josyane envers le genre de devoirs est-elle différente de celle de ses camarades de classe?
4. Josyane admet qu'elle faisait souvent des fautes dans ses devoirs (ligne 30). Trouvez-en une dans ce passage.
5. Quelle sorte d'élève est Josyane?
6. Les parents de Josyane s'intéressent-ils aux résultats scolaires de leur fille? Soutenez votre réponse par des exemples précis du texte.

1. ses devoirs de français 2. longs, embêtants 3. Elle aime les devoirs qui «ne servent à rien». 4. «As» ne vient pas du verbe «être». 5. moyenne 6. Non. Le père ne dit que «Bon» quand elle lui montre son livret.

[4] A mathematical equation for determining an unknown number

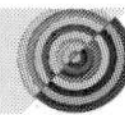

Applications

Different groups of students can be assigned to work with different groups of verbs, in order to move more quickly through the exercise. Correct forms follow: 1. lisons 2. sèche 3. réussit 4. rendent 5. obtenez 6. préfères 7. choisissez 8. partageons 9. dorment 10. réponds 11. offrent 12. suit

A. Les études. Parlez de vos expériences à l'université à l'aide des verbes suivants. Utilisez les sujets donnés.

1. lire (nous)
2. sécher (je)
3. réussir (ma meilleure amie)
4. rendre (les étudiants)
5. obtenir (vous)
6. préférer (tu)
7. choisir (vous)
8. partager (nous)
9. dormir (les cancres)
10. répondre (je)
11. offrir (les profs)
12. suivre (ce garçon)

RAPPEL

In pronominal (reflexive) constructions, the pronoun se changes to agree with the subject of the reflexive verb. For more details, see pp. 145–146.

B. S'inscrire en fac. Le jour des inscriptions, il y a une longue queue d'étudiants frustrés. Imaginez que vous êtes un(e) de ces étudiant(e)s, et que vous commencez à parler à l'étudiant(e) à côté de vous. Que dites-vous? A partir des éléments donnés, créez une conversation dans laquelle vous parlez à d'autres gens qui font la queue.

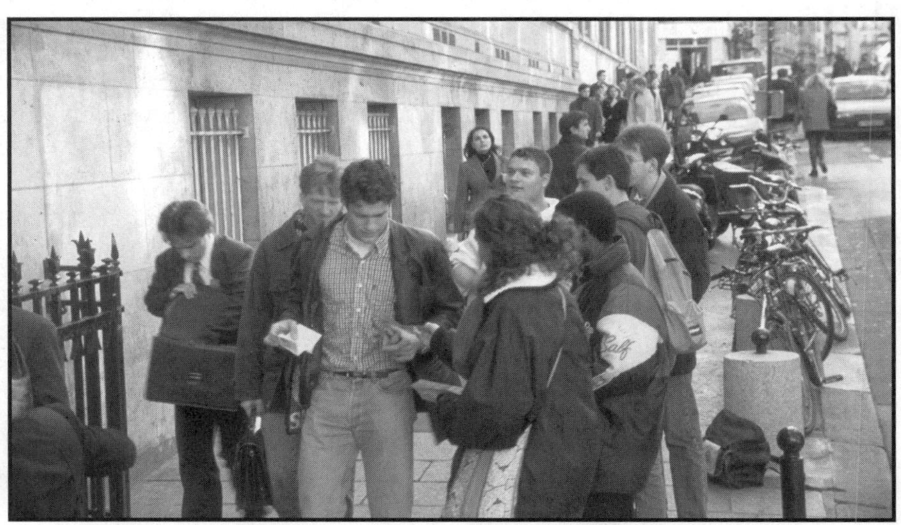

Modèles: **Je / se demander**
Je me demande pourquoi on fait la queue.
Ce jeune homme / s'endormir
Regarde! Ce jeune homme s'endort debout!

1. Je / s'inscrire (dans...)
2. Tu / s'appeler
3. Ces garçons / se fâcher
4. Cette fille-là / s'intéresser (à...)
5. Les gens de ce groupe / ne pas se parler

Préparation grammaticale

Avant de continuer, révisez l'usage de l'infinitif, de l'impératif et du **faire** causatif, pp. 146–149.

6. Toi et ton ami, vous / s'inquiéter (de.../parce que...)
7. Tout le monde / se disputer
8. Enfin on / se débrouiller
9. Nous / se calmer

To say that you are *having someone else do something* rather than doing it yourself, use the verb faire followed by an infinitive. For more details, see p. 149.

C. Les adultes et les lycéens. Quelquefois les lycéens se plaignent de l'autorité de leurs parents et de leurs professeurs. Ils disent qu'on est toujours en train de leur donner des ordres. Complétez les phrases suivantes en vous basant sur votre propre expérience, ou inventez une réponse logique.

Modèle: Si je veux aller au cinéma, mes parents me font...
Si je veux aller au cinéma, mes parents me font finir tous mes devoirs avant de partir.

1. Quand je reçois une mauvaise note, mon père me fait...
2. Si je ne sais pas une réponse, le professeur me fait...
3. Tous les soirs, ma mère me fait...
4. Juste avant les examens, tous les profs me font...
5. Pendant la semaine des examens, mes parents me font...
6. Si je sèche un cours, mon père me fait...
7. Si je ne rends pas un devoir, le professeur me fait...
8. Quand j'échoue à un examen, ma mère me fait...

The *imperative*, which has *three forms*, is used to give orders or issue an invitation: (1) to someone you would address as tu; (2) to a group, including yourself (the nous form); (3) to more than one person or to someone you would address as vous. For more details, see pp. 148–149.

D. Encore des ordres! M. Dupont, le prof de français, est un vieil homme désagréable. Il ne parle pas à ses élèves—il leur donne des ordres! Réfléchissez à votre propre expérience dans un cours de langue pour vous aider à compléter les ordres que M. Dupont donne à ces pauvres élèves. (Notez que M. Dupont tutoie ces jeunes gens.)

Modèle: Hélène / ne pas s'arrêter... !
Hélène, ne t'arrête pas de travailler!

1. Julie / aller... !
2. Paul / répondre... !
3. Sophie / s'asseoir... !
4. Philippe / ne pas dormir... !
5. Jean-Louis / répéter... !
6. Alain et Roger / faire... !
7. Emilie et Caroline / finir... !
8. (A la classe) / savoir... !
9. (Aux cancres) / se taire... !
10. (A la fin de l'heure) / ne pas oublier... !

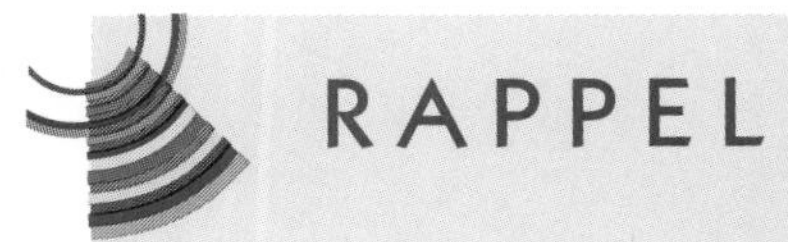

RAPPEL

***Infinitives* have many different uses. When two verbs follow each other, the first verb is conjugated and the second verb remains in the infinitive form. Following prepositions, verbs also usually remain in the infinitive form. For more details, see pp. 146–148.**

Students can put one or both of their suggested techniques on the board, depending on the size of the class.

E. Les idées sur le travail. Les étudiants ne travaillent pas tous de la même façon, mais ils finissent souvent un cours avec la même note. Comparez vos méthodes de travail avec celles d'un(e) autre étudiant(e) de la classe:

- Dites si vous êtes en accord avec chaque phrase ci-dessous.
- Trouvez ensemble deux autres techniques qui peuvent faciliter vos études.

1. Il faut travailler au moins deux heures par jour pour chaque cours dans lequel on est inscrit.
2. Il vaut mieux lire chaque livre deux fois.
3. Il ne faut jamais partager ses notes avec d'autres étudiants.
4. On ne réussit pas si on ne dort pas huit heures par nuit.
5. On travaille mieux dans sa chambre qu'à la bibliothèque.
6. Il faut poser beaucoup de questions en cours.
7. Pour obtenir une meilleure note, il faut s'asseoir juste devant le prof.
8. En cours de langue, il faut apprendre par cœur tous les mots de vocabulaire.
9. En cours de biologie, il faut passer deux fois plus de temps au laboratoire que ce que le prof suggère.
10. Il vaut mieux passer beaucoup de temps dans le bureau de ses profs.

Saviez-vous que... ?

En général, les Français ne choisissent pas «leur» université, et les universités ne sélectionnent pas «leurs» étudiants. Chaque bachelier et bachelière a le droit de continuer ses études à l'université de sa région. L'organisation des études des deux premières années autour d'un cursus général (*general college* ou *core curriculum* aux Etats-Unis) n'existe pas en France. On choisit sa filière avant d'entrer en fac. Les études se déroulent sur trois cycles: le premier cycle de deux ans qui aboutit au DEUG (Diplôme d'études universitaires générales); le deuxième cycle, qui comprend une année de licence et une année de maîtrise; et le troisième cycle qui mène, après encore un an, au DEA (Diplôme d'études approfondies) ou au doctorat (le DEA + trois ou quatre ans, en général).

Question: Quels sont les avantages et les inconvénients du système français où les universités ne sélectionnent pas les étudiants qui s'y inscrivent?

«Les conseils des étudiants»

Le magazine *Phosphore*, un mensuel français qui se vante d'avoir plus d'un million de lecteurs, offre des conseils pour réussir les études; des articles sur le cinéma, la musique et les multimédia; et des analyses de l'actualité. *Phosphore* a aussi son site Internet <www.phosphore.com> («le service en ligne des lycéens et des étudiants»), où on peut trouver des annonces d'emploi et de stages, une version du magazine (le «webmag»), des sujets de débats parmi les lecteurs, une bibliothèque virtuelle, et une description détaillée de l'organisation des études au lycée, à l'université et dans les grandes écoles. Dans les extraits que vous allez lire, qui viennent du dossier «Réussir vos études» de ce site Internet, des étudiants «avancés» donnent des conseils aux bacheliers(-ères) qui s'apprêtent à entrer en fac.

Entrons en matière

Si on vous demandait de donner des conseils à des étudiants qui commencent leurs études l'année prochaine, quels seraient les conseils les plus importants à donner? Maintenant, imaginez que vous êtes un(e) de ces nouveaux (nouvelles) étudiant(e)s et que vous parlez avec un(e) étudiant(e) qui est déjà en quatrième année. Quelles questions sont importantes à lui poser, à votre avis?

Lecture

Utilisez les questions qui suivent chaque paragraphe pour vous aider à vérifier votre compréhension.

Histoire (François, étudiant en DEA à Montpellier et Frédéric, étudiant en maîtrise à Nancy):

Accrochez-vous° en DEUG. Tous les bacheliers peuvent s'inscrire en première année d'histoire ou de géographie. Mais la sélection sévère se fait après. Plus de 50% des étudiants de première année n'accèderont jamais° à la seconde année. ➠

Travaillez dur

n'accèderont... : n'arriveront jamais

- *Est-ce que la première année dans les universités américaines a autant d'importance qu'elle a en France? Expliquez.*

Non, en France plus de 50% des étudiants en première année ne continuent pas en $2^{\text{ème}}$ année.

➠ La pire des méthodes est de reporter toujours au lendemain son travail. Au lycée, il y a toujours un devoir à faire pour la semaine suivante. A l'université, rien de tout cela. Il y a une session d'examens en février et une autre en juin. Si on se laisse dépasser° par les événements, c'est fini.

on... : *one gets behind*

- *Comment le travail au lycée en France diffère-t-il du travail à l'université?*

A l'université, on n'a pas de devoirs tous les jours. Le travail est plus indépendant. Le professeur ne dit pas à l'étudiant comment il faut travailler.

Sciences politiques (Hélène, Damien et Luc, étudiants en maîtrise à Paris-1):

Familiarisez-vous avec le système-D°. Tout seul, on ne s'en sort pas. Le meilleur moyen de gérer° la surcharge de travail, c'est de le partager: il faut pouvoir compter sur les autres lorsqu'on a séché un cours en amphi, pomper les exposés des années précédentes (beaucoup de profs reposent les mêmes sujets), échanger les fiches de lecture° ... Bref, bachoter intelligemment. ➠

Familiarisez... : *Learn how to beat the system*
manage

fiches... : *note (index) cards*

- *Comment partage-t-on le travail en sciences politiques, selon ce conseil?*

On partage les notes, on échange des fiches de lecture, on fait les mêmes exposés que les années précédentes.

➠ Pour réussir, il faut d'abord lire les «profs maison»°, se forcer à intervenir° en cours, demander du boulot en plus° quand on veut remonter sa note, adopter des points de vue consensuels... beaucoup d'étudiants échouent parce qu'ils sortent de «l'esprit de la maison».[5]

lire... : *read the books written by department's professors*
participer/**du boulot...** : *extra credit work*

- *Est-ce que les quatre suggestions mentionnées dans ce paragraphe pour réussir en sciences politiques en France seraient les mêmes dans votre université?*

Answers will vary.

[5]Quand on «sort de l'esprit de la maison», on parle de ses propres idées au lieu de redonner aux profs le contenu de leurs cours magistraux ou la thèse de leurs livres.

Sciences (Sylvie, licence à Strasbourg, Jean-Luc, maîtrise à Lyon, et Philippe, seconde année de DEUG à Paris-7):

Il y a une sélection officieuse° entre le DEUG et la licence. A Lyon, pour 550 étudiants en seconde année de DEUG, on n'en retrouve que 300 en licence, puis 200 en maîtrise. Moralité: bossez le premier cycle comme pour un concours°, n'hésitez pas à bachoter, à assister à tous les TD, à aller voir les anciens, les tuteurs s'il y en a. Il faut se bourrer le crâne° avec du par cœur°. Donc: faire des fiches, des résumés, bref, réorganiser le blabla d'amphi. ➠

unofficial

competitive exam

se bourrer... : *stuff your head*/**du... :** *memorization*

- *Est-ce que la diminution du nombre d'étudiants qui continuent leurs études chaque année dans les universités américaines est comparable au phénomène qui existe en France? Pourquoi?*

Non, il n'y a pas de sélection à la fin de la deuxième année.

Lettres (Sébastien, Paola et François, étudiants en maîtrise et DEA à Paris-4):

Choisissez vos profs. Notre opinion n'intéresse pas forcément les profs. Néanmoins, certains sont plus réceptifs que d'autres à nos tentatives de réflexion personnelle. Pour le moins° en TD. Il faut donc choisir ses enseignants en discutant avec des étudiants plus avancés. C'est encore plus important dans les matières techniques: un «bon» prof peut vous aider à ne pas faire de blocage. Pour cela, une seule solution: se glisser° en cours pour voir comment chacun enseigne. ➠

Pour... : *At least*

ici: assister à

- *Est-ce que les étudiants choisissent leurs profs de la même façon en France et aux Etats-Unis? Expliquez.*

Answers will vary.

➠ Parlez aux profs. Il suffit de le vouloir et de savoir que le contact avec les enseignants, difficile en DEUG, s'améliore° au fil° des années. Il faut se manifester° en cours, même pour dire qu'on n'est pas d'accord, à condition de le faire avec diplomatie et discernement.

improves/**au fil... :** *through*

ici: parler, participer

- *Pourquoi est-il difficile d'avoir des contacts personnels avec les profs pendant les années de DEUG?*

On se trouve en cours magistraux avec beaucoup d'autres étudiants.

Langues (Ségolène, diplômée d'une maîtrise anglais-portugais à Bordeaux-3, Martine, diplômée d'une maîtrise d'italien à Bordeaux-3, et Daniel, en licence d'allemand à Rennes-2):

Les études de langues ne doivent en aucun cas vous dispenser° de pratiquer vos langues en dehors des heures de cours. Vous devez saisir toutes les occasions qui se présentent à vous: lire la presse étrangère, regarder les chaînes de télévision européennes sur le câble. N'hésitez pas à lire un livre, à voir un film ou à écouter un disque en version originale, pour pouvoir goûter toutes les nuances d'une langue, les multiples facettes d'une culture. ➠

exempt

- *Quels avantages ont les étudiants qui apprennent une langue étrangère en Europe, par rapport à la situation aux Etats-Unis?*

S'il s'agit d'une langue européenne ou de l'anglais, les étudiants ont accès aux journaux et à la télévision du pays.

➠ Partez à l'étranger. Faites la course aux bourses° qui vous permettront d'aller passer une année à l'étranger. L'université ne sait pas faire la publicité de ces opportunités, mais elles existent et la concurrence° n'est pas toujours rude.

Faites... : *Seek out scholarships*

competition

- *Est-ce que les universités en France aident les étudiants qui veulent étudier à l'étranger? Expliquez.*

Oui et non. Il y a très peu de publicité pour les bourses qui aident les étudiants à partir à l'étranger, mais il y a aussi très peu de concurrence pour ces bourses.

Comprenez-vous?

Selon les étudiants cités dans ces textes,

1. La première année de DEUG est...
2. La note dans un cours est généralement basée sur...
3. Travailler seul est un risque parce que...
4. Les étudiants «avancés» peuvent aider à...
5. Les profs ne s'intéressent pas toujours à...
6. Quelques techniques de travail qui semblent assurer une réussite sont...

Suggested answers: 1. ...une année difficile et très importante. 2. ...deux examens. 3. ...on ne peut pas tout faire. 4. ...trouver de bons profs. 5. ...l'opinion des étudiants. 6. ...partager le travail, travailler dur en première année, bien choisir ses profs, parler aux profs, ne pas remettre à plus tard le travail, etc.

A discuter

Ces conseils vous donnent une idée assez précise des conditions de travail dans les universités en France. Préférez-vous les conditions de travail dans les universités américaines? Pourquoi?

http://slv.heinle.com

Activités d'expansion

A. L'importance des études dans la vie ordinaire. A votre avis, les études à l'université sont-elles étroitement liées à la vie de tous les jours? Comment? Connaissez-vous des gens qui ne sont pas de votre avis là-dessus? Qui sont-ils? Pouvez-vous comprendre leur point de vue?

Plantu, *Wolfgang, tu feras informatique!* (Paris: Folio, 1988)

Divide the class into three teams, and have each student prepare at least three statements to support his or her argument. Give the teams about ten minutes to prepare, then allow about ten minutes for the debate. Or, have students write their statements as part of homework, then proceed with the debate in the following class.

B. Le débat: les parents et les études. La classe est divisée en trois pour débattre le rôle que les parents doivent jouer dans la scolarité de leurs enfants. Voici les questions:

1. Qui choisit l'université?
2. Qui choisit les cours à suivre?
3. Qui décide de la profession/carrière que suivra l'enfant?

GROUPE A: *Vous pensez que les parents ont le droit de prendre ces décisions pour leur enfant. Expliquez pourquoi.*
GROUPE B: *Vous y êtes opposé(e). Pourquoi?*
GROUPE C: *Selon vous, la meilleure solution est de prendre les décisions ensemble. Expliquez comment ça peut se faire.*

NOTE: N'oubliez pas qu'en français on **prend** une décision et on **fait** un choix.

Si vous êtes d'accord, vous pourriez dire:

Oui, c'est vrai.
Moi aussi, je pense que...
C'est une bonne idée de...
Je dois avouer que tu as raison.
C'est génial, ce que tu dis, parce que...

Si vous n'êtes pas d'accord, vous pourriez répondre:

Non, je ne crois pas que...
Je suis en total désaccord avec...
Je regrette, mais tu as tort de dire que...
A mon avis...
Au contraire...

C. La France et les Etats-Unis. En France, chaque bachelier (bachelière) a le droit de poursuivre ses études à l'université, et les droits d'inscription sont inférieurs à 180 euros (moins de $200,00) par an. Evidemment, la situation aux Etats-Unis est bien différente. Quels sont les avantages et les inconvénients des deux systèmes?

Plantu, *Wolfgang, tu feras informatique!* (Paris: Folio, 1988), p. 90.

Chapitre

2 Les jeunes

For lesson plans, cultural notes, warm-ups, and homework assignments, please go to: *http://slv.heinle.com*.

A. Le corps

être beau (belle)	*to be beautiful*
joli(e), laid(e)	*pretty, ugly*
fort(e), gros(se)	*strong, fat*
costaud (*fam.*)	*robust*
faible, mince	*weak, thin*
maigre	*skinny*
avoir les cheveux...	*to have...hair*
longs, courts	*long, short*
fins, épais	*thin, thick*
raides	*straight*
ondulés, frisés	*wavy, curly*
ébouriffés	*uncombed*
teints	*dyed*
en brosse	*crew-cut*
en crête	*spiked*
être chauve	*to be bald*
avoir...	*to have...*
la tête rasée	*a shaved head*
une barbe	*a beard*
une moustache	*a moustache*
des pattes *f.*	*sideburns*

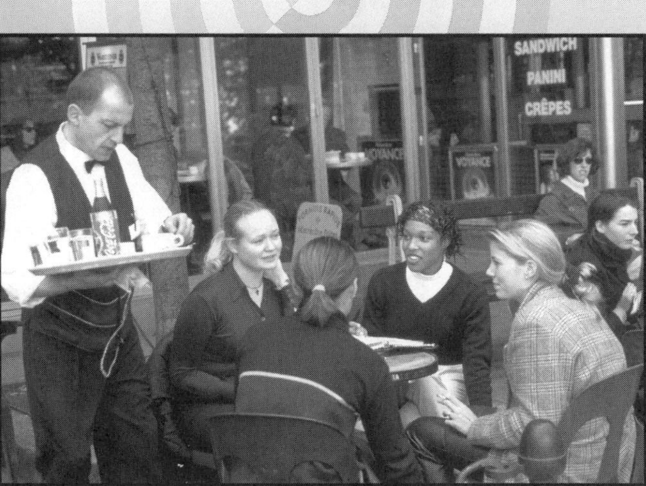

avoir le visage...	*to have a (an)...face*
ovale, rond	*oval, round*
carré	*square*
pointu	*pointed*
joufflu	*fat-cheeked*
avoir le nez...	*to have a...nose*
droit	*straight*
busqué	*hooked*
avoir les lèvres...	*to have...lips*
épaisses	*thick*
minces	*thin*
pincées	*pinched*
être...	*to be...(coloring)*
bronzé(e)	*tan*
pâle, blême	*pale, sick-looking*
avoir le teint...	*to have a(n)... complexion*
basané	*dark*
olivâtre	*olive*
avoir des taches de rousseur	*to have freckles*

B. Le caractère

être, avoir l'air...	*to be..., to look... (to be...looking)*
franc (franche)	*honest*
malicieux(-euse)	*mischievous*
éveillé(e), endormi(e)	*awake, sleepy*
dur(e), doux(-ce), froid(e)	*hard, sweet, cold*
gentil(le)	*nice*
sympathique, sympa	*friendly*
poli(e), impoli(e)	*polite, impolite*
discret(-ète)	*discreet*
sensible, insensible	*sensitive, insensitive*
désagréable	*unpleasant*
rouspéteur(-euse)	*grouchy*
paresseux(-euse)	*lazy*
énergique	*energetic*
décontracté(e)	*relaxed*
tendu(e)	*tense*
débrouillard(e)	*resourceful*
maladroit(e)	*awkward*

C. Les vêtements et les accessoires

Noms masculins

vêtements...	*...clothes*
chic	*stylish*
démodés	*out-of-style*
propres, sales	*clean, dirty*
pantalon, jean (délavé)	*pants, (faded) jeans*
short,[1] tee-shirt	*shorts, T-shirt*
costume	*suit (men)*
tailleur	*suit (women)*
chemisier	*blouse*
pull	*sweater*
imperméable	*raincoat*
manteau	*coat*
blouson (en cuir)	*(leather) jacket*
maillot de bain	*swimsuit*
chapeau	*hat*
bracelet, collier	*bracelet, necklace*
vernis à ongles	*nail polish*
maquillage	*make-up*
piercing	*body piercing*
tatouage	*tatoo*

Noms féminins

chemise, cravate	*shirt (men), tie*
jupe, robe	*skirt, dress*
veste	*suit jacket (men/women)*
chaussures, bottes	*shoes, boots*
sandales, baskets	*sandals, athletic shoes*
casquette	*cap*
boucle(s) d'oreille(s)	*earring(s)*
boucle de nez	*nose ring*

D. Activités et passe-temps quotidiens

s'habiller	*to dress*
se coiffer	*to style one's hair*
se couper les cheveux	*to cut one's hair*
se faire couper les cheveux	*to have one's hair cut*
se maquiller	*to put on make-up*
jouer (à) **+ sports et jeux**	**to play...**
au tennis	*tennis*
au basket-ball	*basketball*
au football	*soccer*
au football américain	*football*
à des jeux vidéo	*video games*
jouer (de) **+ instruments de musique**	**to play...**
du piano	*piano*
de la guitare	*guitar*
faire (de) **+ sports/activités**	**to go/to do...**
du jogging	*jogging*
de l'aérobic	*aerobics*
du lèche-vitrines	*window-shopping*
des courses	*shopping*
être...	**to be...**
musicien(-enne)	*a musician*
dans un groupe (musical)	*in a band*
sportif(-ve)	*athletic*
membre d'une équipe	*on a team*

[1]Note that **pantalon**, **jean**, and **short** are all singular in French, whereas they are plural in English: **J'aime ton pantalon gris. Il porte un jean. Elle s'achète un short kaki.**

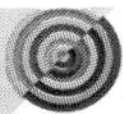

Vocabulaire

Préparation grammaticale

Avant de continuer, révisez la formation et le placement des adjectifs qualificatifs, pp. 151–155.

Chapter warm-up: Pensez-vous que les jeunes gens de votre âge se ressemblent partout dans le monde? Avez-vous les mêmes intérêts et les mêmes préoccupations que les jeunes en France, par exemple? Passez-vous votre temps libre de la même façon?

A. Vive les différences! Anne et Philippe fascinent leurs familles et leurs amis parce qu'ils *ne se ressemblent pas du tout* mais semblent s'adorer et bien s'entendre. Décrivez Anne en vous basant sur la description de Philippe ci-dessous.

Philippe est un homme costaud et laid. Il a les cheveux courts et frisés, le visage rond, le nez busqué et les lèvres épaisses. Il a l'air endormi, et ses amis le trouvent insensible, rouspéteur et paresseux. Il porte toujours des vêtements sales et démodés. Il passe son temps à jouer à des jeux vidéo.

B. Comment dit-on? Trouvez l'adjectif de la liste B du vocabulaire qui s'accorde le mieux avec chacune des explications suivantes.

1. Qui s'exprime ouvertement, en toute clarté.
2. Qui n'attire pas l'attention.
3. Qui manque d'humanité, d'indulgence.
4. Qui évite l'effort.
5. Qui ne ressent pas d'émotions.
6. Qui ne se met pas en colère.
7. Qui est plein de vie, de vivacité.
8. Qui sait se tirer facilement d'affaire.

RAPPEL

In French descriptive adjectives agree in *gender* (masculine/feminine) and in *number* (singular/plural) with the nouns or pronouns they modify. Although descriptive adjectives usually follow the words they modify, some short ones come before. A few adjectives change meaning depending on whether they precede or follow the word they modify. For more details, see pp. 151–155.

A. *Answers may vary slightly. Students can work in pairs and compare descriptions. Possible description:* Anne est une femme mince et jolie. Elle a les cheveux longs et raides, le visage carré, le nez droit et les lèvres minces. Elle a l'air éveillé, et ses amis la trouvent sensible, agréable et énergique. Elle porte toujours des vêtements chic et propres. Elle passe son temps à...

B. 1. franc 2. discret 3. dur 4. paresseux 5. insensible 6. doux 7. éveillé 8. débrouillard

C. Follow-up: *For each photo have two groups of 2–3 students present their descriptions and have the class discuss differences.*

C. Comment sont-ils? Faites une description physique détaillée de chacune des personnes dans les quatre photos, en vous référant si nécessaire aux listes A et C du vocabulaire.

1.

2.

3.

4.

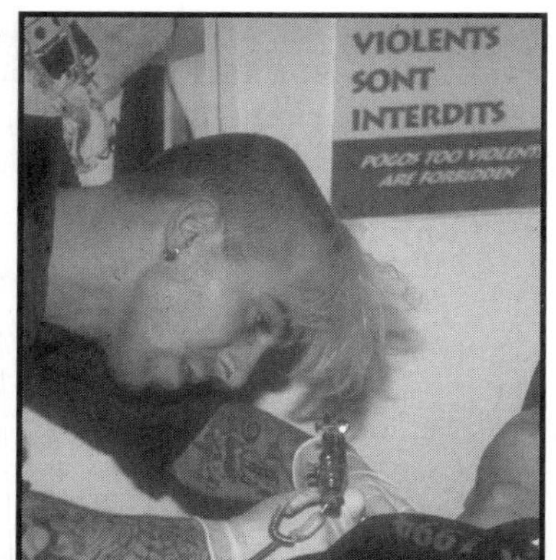

D. Comment es-tu? Choisissez trois adjectifs des listes A et B du vocabulaire pour vous décrire — deux qui sont vrais, et un qui ne l'est pas. Utilisez ces trois adjectifs pour vous décrire à vos camarades de classe, et demandez-leur de deviner l'intrus (*the one that doesn't fit*).

Each student describes himself or herself and class finds the adjective that doesn't fit. Student who has given the false description chooses someone who must try to correct the mistake.

E. Les stars. Choisissez une des stars de la liste ci-dessous et décrivez-la. Utilisez au moins trois adjectifs qui décrivent l'apparence et/ou le caractère de cette personne.

1. Julia Roberts
2. Robin Williams
3. Tom Cruise
4. Gwyneth Paltrow
5. Will Smith
6. Catherine Deneuve
7. Gérard Depardieu
8. Tom Hanks

Saviez-vous que... ?

Si vous êtes Français(e) et que vous avez 18 ans, vous êtes majeur(e). Vous pouvez faire les études de votre choix (vos notes vous sont remises), voter, vous marier, créer une entreprise ou un commerce, acheter ou vendre des biens, signer des contrats, devenir maire...

Phosphore: L'indispensable des 15–25 ans, Numéro 30, septembre–octobre 1999, p. 31

Question: Les jeunes de 18 ans ont-ils les mêmes droits en France et aux Etats-Unis? Expliquez.

F. Les portraits

1. Mettez-vous avec un(e) camarade de classe.
   a. Faites chacun(e) par écrit une description physique détaillée de la personne devant vous en vous référant si nécessaire aux listes A et C du vocabulaire.
   b. Essayez de deviner le caractère de votre partenaire d'après son apparence (vocabulaire B).
   c. Lisez-vous vos descriptions, puis discutez de vos réactions. Est-ce que la description faite par votre partenaire est bonne ou mauvaise? Pourquoi?

Go over the model with the class.

Follow-up: *Select pairs to read their descriptions.*

Modèle: portrait de l'homme sur la photo

a. VOUS:
Vous êtes jeune. Vous avez probablement entre vingt-cinq et trente-cinq ans. Vous êtes grand et fort, mais pas gros. Vous avez les cheveux bruns, courts et fins, le visage ovale, le nez droit et les lèvres minces. Vous êtes très bronzé.

b. VOUS:
Vous êtes probablement sympathique, décontracté et débrouillard.

c. L'HOMME SUR LA PHOTO:
Vous avez plutôt raison. J'ai vingt-sept ans. Je suis grand, mais pas très fort. Je suis blond, en fait, mais j'ai les cheveux teints. On me trouve sympathique et débrouillard, mais je ne suis pas du tout décontracté!

Follow-up: *Select students to read descriptions. This exercise may also be used as out-of-class writing assignment.*

Préparation grammaticale

Avant de continuer, révisez le comparatif et le superlatif de l'adjectif qualificatif, p. 156.

Saviez-vous que... ?

● Les femmes en France ne comptent pas uniquement sur un corps svelte pour séduire les hommes. La silhouette n'arrive pour elles qu'en quatrième position des atouts *(avantages)* de séduction (23%), derrière un caractère sympathique (60%), le sens de l'humour (50%) et l'intelligence (33%). ●

Francoscopie 1999, p. 58

Question: Est-ce que les femmes que vous connaissez seraient d'accord avec les Françaises sur ce que les hommes trouvent séduisant chez les femmes?

2. De temps en temps, nous voyons ou rencontrons des gens qui nous semblent bien différents de nous, ou même bizarres. Prenez quelques minutes pour réfléchir à la personne la plus «différente» ou bizarre que vous ayez jamais vue. Faites-en une description, en répondant aux questions suivantes:

a. Où était cette personne?
b. Que portait-elle?
c. Comment était cette personne, physiquement?
d. Du point de vue du caractère, comment vous imaginez-vous cette personne?
e. Que faisait cette personne?

L'idéal de beauté

Entrons en matière

Blaise Pascal, un philosophe français du 17e siècle, a dit:

«La mode même et les pays règlent ce que l'on appelle beauté.» Est-ce toujours le cas aujourd'hui? Donnez des exemples pour justifier votre argument.

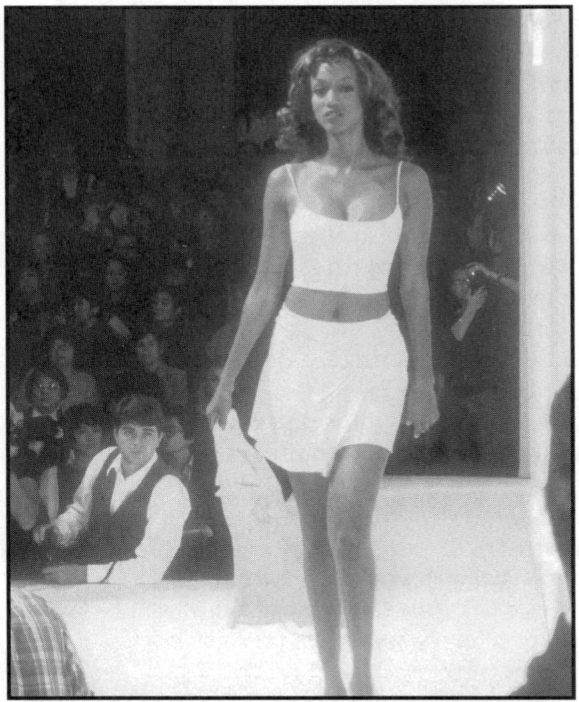

Avant de lire

Le texte que vous allez lire est en réalité la transcription des paroles d'une chanson du célèbre rappeur français, MC Solaar. Mais la chanson par définition existe pour être entendue, pas pour être lue. Alors, avant de passer à la lecture, faites un petit exercice d'écoute. En écoutant cette chanson, notez sur une feuille de papier tous les mots que vous reconnaissez comme vocabulaire lié à l'image du corps.

Lecture

«Victime de la mode»

Clap, prise 1, vision panoramique
Une caméra avance, gros plan° sur Dominique
Seule devant la glace°, elle ausculte son corps
Puis crie machinalement encore quelques efforts
Tous les régimes° sur elle furent testés
Toutes les tentatives ont été des échecs complets
Mais elle persévère et pour plaire à son homme
Dominique a décidé de suivre la norme
Elle emmagasine des magazines
Dans lesquels elle pense trouver le recours ultime
Maso° à l'assaut de ses formes rondelettes
Elle était occupée à couper du PQ° car on lui piquait les fesses[2]

Victime de la mode tel est son nom de code

Lumière, scène II, l'As de trèfle° lui propose
Une toute nouvelle donne° et en voici la cause
Tellement d'efforts et pour quel résultat
Elle perd de l'oseille° au lieu de perdre du poids°
Dominique réplique et très vite m'explique qu'elle
veut être
la réplique d'une créature de clip°
ainsi font, font, font[3] les petites filles coquettes
Elles suivent un modèle qui leur fait perdre la tête
From London to Washington, Kingston, Charenton
ou Carcassonne
Quand le téléphone sonne, elle nous répond sans cesse
Qu'elle était occupée à couper du pécul car on lui
piquait les fesses

Victime de la mode tel est son nom de code

Donc, en guise de conclusion
A l'analyse logique de cette situation
Le régime, le jogging, la liposuccion
Sont à tester mais il faut faire attention
Espérons que vous aurez compris
Les bases très claires de ce code de déontologie°
Prendre ou perdre quelques kilos
L'essentiel est d'être vraiment bien dans sa peau
Ma tactique attaque tous tes tics avec tact
Dominique pas de panique, écoute bien ce funky beat
La quête de l'image la laisse dans le stress

gros... : *close-up*
miroir
diets
(fam.) masochiste
toilet paper (slang)
As... : *ace of clubs*
hand (card game)
perd... : perd de l'argent/**perdre...** : *to lose weight*
video clip
the ethics of duty

---

[2]**Elle était occupée à couper du PQ car on lui piquait les fesses**: The idea here is that she was busy nursing her bruised derrière, which was always being poked with needles (to remove cellulite, etc.).
[3]**Ainsi font, font, font**... is an allusion to a popular French song for children: **Ainsi font**, **font**, **font les petites marionnettes**, ...

Elle était occupée à couper du PQ car on lui piquait les fesses
Victime de la mode tel est son nom de code

«Victime de la mode», paroles et musique de MC Solaar, interprétée par MC Solaar, Polydor (2, rue Cavalotti — 75018 Paris), Ed. Fair & Square/BMG Music Publishing—517 422-2

Comprenez-vous?

1. De quelle mode Dominique est-elle victime?
2. Quelle est la première raison que Dominique donne pour vouloir perdre du poids? Et la deuxième?
3. Selon MC Solaar, qu'est-ce qui est plus important que la mode?

1. la minceur 2. plaire à son homme / ressembler à une créature de clip 3. être bien dans sa peau

Allez plus loin

Quelle image MC Solaar veut-il créer par les paroles du premier vers du premier couplet («Clap, prise 1,... »)? Et par le premier vers du deuxième couplet («Lumière, scène II,... »)?

Il veut donner l'impression que l'on tourne un film / Il vent donner l'impression qu'il s'agit d'une pièce de théâtre.

A discuter

Est-ce que l'apparence est une préoccupation uniquement féminine? Les hommes pourraient-ils aussi être victimes de la mode?

Groups can present their conclusions to the class. Students should determine if differences of opinion break down along gender lines.

Préparation grammaticale

Avant de continuer, révisez les formes interrogatives, pp. 157–161.

Applications

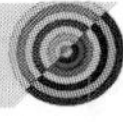

A. Vous et les autres. Comparez-vous aux autres, selon les indications données.

> **Modèle: sensible: vous / votre meilleur(e) ami(e)**
> ***Je suis (plus/moins/aussi) sensible que mon (ma) meilleur(e) ami(e).***

Answers will vary. Students must focus on gender agreement and on comparative construction.

1. sportif: vous / votre meilleur(e) ami(e)
2. discret: vous / Monica Lewinsky
3. paresseux: vous / votre professeur de français
4. impoli: vous / votre grand-mère
5. décontracté: vous / vos parents
6. rouspéteur: vous à l'heure actuelle / vous à 5 h du matin
7. conservateur: vous / le Président des Etats-Unis
8. travailleur: vous / votre camarade de chambre
9. intelligent: vous / Albert Einstein
10. riche: vous / Bill Gates

B. Quelle curiosité! Un jeune Français va passer les vacances d'été chez vous, et il veut vous connaître un peu mieux avant d'arriver. Il vous pose énormément de questions! Voici vos réponses. Quelles sont ses questions?

Answers may vary. 1. Comment es-tu? 2. Où habites-tu? 3. Comment est ta maison? 4. Combien de personnes y a-t-il dans ta famille?

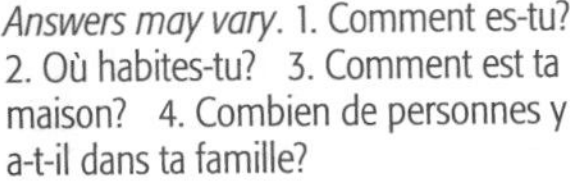

1. Je suis grand et mince, avec les yeux marron et le nez droit. J'ai la tête rasée.
2. J'habite tout près de la ville de San Francisco.
3. Ma maison est très spacieuse, avec beaucoup de lumière.
4. Il y a quatre personnes dans ma famille.

5. Ces quatre personnes sont ma mère, mon père, mon frère et moi.
6. Ma mère s'appelle Alice, mon père s'appelle Tom et mon frère s'appelle Bob.
7. Mes sports préférés sont le tennis et la natation.
8. Nous partirons à la plage une semaine après ton arrivée.
9. Le soir je vais souvent au cinéma.
10. Nous t'invitons parce que nous aimons faire la connaissance d'étrangers.

5. Qui sont ces quatre personnnes? 6. Comment s'appellent-ils? 7. Quels sont tes sports préférés? 8. Quand partirons-nous à la plage? 9. Que fais-tu le soir? 10. Pourquoi est-ce que vous m'invitez chez vous?

C. L'interrogation continue! Le jeune Français de l'exercice B est arrivé chez vous, et il continue à vous poser des questions — sur vos amis, vos études, vos passe-temps, etc. Avec un(e) camarade de classe, jouez cette situation. Pour commencer, une personne jouera «le Français» et posera trois questions en utilisant des mots ou expressions interrogatifs indiqués, et l'autre personne donnera des réponses vraies ou inventées. Puis, vous changerez de rôle pour poser trois dernières questions et y répondre.

As follow-up, have students report back on one or two responses of their partners.

Mots et expressions interrogatifs:

qu'est-ce qui	lequel (laquelle, etc.)	comment
quand	pourquoi	que

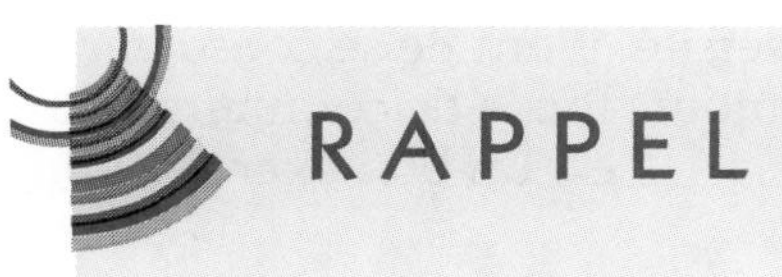

Tout functions as both an *adjective* and a *pronoun*. When used as a pronoun in the singular, tout is always *invariable*. This is because it has only one meaning: *everything*. For more details, see p. 157.

D. Le magazine *Phosphore* — tout pour les jeunes. Voici quelques précisions sur le contenu de cette publication. Remplissez les blancs avec les formes de **tout** qui conviennent.

1. *Phosphore* sort __________ les mois et coûte 3,81 euros.
2. Ce magazine parle de __________ l'actualité des 15–25 ans.
3. Selon le bulletin d'abonnement, vous devez lire *Phosphore* «pour être dans le coup __________ l'année... *Phosphore* aborde __________ les aspects de votre vie».
4. Si on s'abonnait à *Phosphore* avant le 30/06/2000 et que l'on autorisait le prélèvement automatique *(automatic withdrawal)*, on recevrait «un superbe agenda électronique multifonctions [qui] sait __________ faire».
5. Vous trouverez les réponses à «__________ vos questions sur les études et l'orientation» sur le site www.phosphore.com.
6. Parmi les articles on y trouve: «Fiches orientation: __________ les filières à la loupe» (sept. 1999), «Dossier gestion du temps: __________ ce qu'il faut savoir pour travailler efficacement» (oct. 1999), «La fidélité, __________ le monde en rêve» (fév. 2000), et «Garçons-filles: __________ féministes! (mars 2000)», «En avant le MP3!... pour __________ savoir sur ce format qui révolutionne l'édition musicale» (www.phosphore.com, 1er juin 2000).

1. tous 2. toute 3. toute, tous 4. tout 5. toutes 6. toutes, tout, tout, tous, tout

This activity can be done as pair or group work, with each group writing 3–4 statements.

E. Généralisation ou vérité? Quand on parle de groupes de personnes (comment ils sont, ce qu'ils font, etc.), on a tendance à ignorer des différences subtiles mais importantes. Faites un commentaire sur un des groupes suivants, en utilisant une forme de **tout** et le vocabulaire du chapitre dans votre phrase. Puis, demandez à la classe de juger la justesse *(accuracy)* de votre observation.

les étudiants de votre âge	les parents
la nouvelle classe de français	les chanteurs de rap
les professeurs	les Américain(e)s
le groupe d'étudiants	les Français(es)
les garçons de 8–10 ans	les filles de 16 ans

F. Qui est MC Solaar? Ce petit paragraphe parle du chanteur de «Victime de la mode» (pp. 27–28).

1. *Whole class completes the paragraph:* C' / il / il / C' / Il / c' 2. *Depending on size of class, have each pair put one or two of their sentences on the board.*

1. Complétez ce texte en remplissant les blancs par **il est** ou **c'est**.

   MC Solaar? ________ est un rappeur français connu. Bien que je n'aime pas beaucoup le rap, ________ est agréable d'écouter les disques de Solaar parce que (qu') ________ est très influencé dans son travail par les jeux de mots, l'allitération, l'ancien français, etc. ________ est un homme intelligent qui a réussi son bac et puis a fait des études à l'université avant de se consacrer à la musique. ________ n'est pas toujours facile de comprendre les paroles de ses chansons, mais ________ est un bon exercice pour les étudiants de français.

2. Continuez cet exercice avec un partenaire. En vous référant à la chanson pp. 27–28, créez ensemble au moins deux autres phrases avec **il/elle est** et deux avec **c'est**.

Saviez-vous que... ?

Selon Louis Arquié, un ingénieur français qui vit depuis quinze ans en Californie, dans la Silicon Valley, le credo des Américains est optimisme, autonomie, efficacité et maîtrise de soi. Quelques analyses et quelques conseils pour ses compatriotes: «Si nous voulons communiquer efficacement avec les Américains, il nous faut emprunter leurs lunettes roses. Ainsi, tournez vos phrases de manière positive. Montrez-vous confiant, tolérant. Débrouille-toi toi-même, n'attends pas l'aide de l'administration. Trouver la meilleure manière de faire de l'argent est un sport national. Les signes extérieurs de richesse sont très importants. Evitez de bousculer *(to be rude to)* le petit jeune en jeans dans le couloir, c'est peut-être le président de la compagnie! Les vêtements, les attitudes sont moins souvent que chez nous des signes distinctifs des supérieurs hiérarchiques.»

Louis Arquié, «Fiches pour parler l'américain», *Phosphore*, numéro 224, février 2000, pp. XII–XIII

Question: A votre avis, cette description des Américains faite par Arquié est-elle juste? Expliquez.

«Sympas, les Français, mais un peu sérieux!»

L'été 1999, le magazine *Phosphore* a fait une enquête sur ce que des jeunes étrangers en vacances en France pensaient des jeunes Français. Vous allez découvrir dans les extraits de cette enquête ci-dessous quelques-unes de leurs impressions. Chaque jeune étranger a répondu à trois questions: (1) Qu'avez-vous pensé des jeunes Français? (2) Qu'est-ce qui vous a choqué en France? (3) Reviendrez-vous?

Entrons en matière

Si vous avez déjà visité la France, comment avez-vous trouvé les jeunes Français? Si vous n'avez jamais fait la connaissance d'un(e) Français(e) de votre âge, comment l'imaginez-vous? Est-ce que les jeunes en France ressemblent beaucoup ou peu aux jeunes aux Etats-Unis?

Lecture

Première partie: *«Qu'avez-vous pensé des jeunes Français?»*

«Je trouve qu'ils sont très sérieux. On dirait qu'ils ne pensent qu'à l'école.» (Nathan, 19 ans, américain)

«J'imaginais qu'ils étaient snobs et surtout intellectuels et cultivés. En fait, ils sont plutôt sympas, et pas si intellectuels que ça!» (Carolina, 18 ans, brésilienne)

«Ils ne font pas d'efforts pour parler anglais. Si nous ne parlons pas bien le français, ils préfèrent ne pas nous adresser la parole.» (Sami, 25 ans, finlandais)

«Au premier abord, ils sont polis et souriants, mais quand on discute un peu avec eux, ils deviennent assez formels et conservateurs.» (Réjane, 24 ans, brésilienne)

«Je fais un tour d'Europe et je trouve que tous les jeunes Européens se ressemblent. Pour moi, les Français sont pareils que les Italiens ou les Anglais.» (Thomas, 19 ans, chinois)

«Ils ont l'air plus ouverts que chez nous. Quand ils disent bonjour, ils sourient et ils nous indiquent notre chemin.» (Ann-Marie, 20 ans, américaine)

«Eh bien! Ils sont assez sympas, mais c'est dommage, ils sont tous habillés en noir. C'est triste!» (Jillian, 18 ans, anglaise)

«Ils s'habillent mieux que les Américains. Ils sont très à la mode. Par contre, ils fument beaucoup et partout.» (Sarah, 21 ans, américaine)

Comprenez-vous?

1. Qu'est-ce qui peut expliquer la différence entre l'opinion de Sami et celle d'Ann-Marie?
2. Commentez les opinions de Thomas et de Jillian.
3. Etes-vous surpris(e) qu'il n'y ait qu'une seule personne qui remarque le nombre de fumeurs parmi ces jeunes Français? Pourquoi?
4. Voyez-vous une contradiction dans les opinions de Sarah et de Jillian? Expliquez.
5. Est-ce qu'une de ces opinions confirme ce que vous pensiez déjà des Français? Expliquez.

Answers will vary somewhat. 1. Il est possible qu'Ann-Marie parle mieux français que Sami. 2. Thomas n'est pas européen et donc ne voit pas leurs différences. Etant anglaise, Jillian comprend très bien comment elle est différente des Français, des Italiens, etc. 3. Non. Les Américains sont peut-être plus conscients des dangers de fumer que les jeunes d'autres pays. 4. Il n'y a pas de contradiction si Sarah considère le noir comme une couleur à la mode. 5. *Réponse personnelle.*

Deuxième partie: *«Qu'est-ce qui vous a choqué en France?»*

«Je suis agréablement surpris par la manière de vivre. Ici, tout a l'air facile, simple. Tout est beaucoup plus accessible que chez nous.» (Peter, 25 ans, polonais)

«Les SDF° dans la rue. Paris est une ville dans laquelle il y a beaucoup de belles choses à voir, mais on laisse les pauvres mendier° dehors.» (Rachel, 22 ans, canadienne)

SDF: sans domicile fixe *(homeless person)*
mendier: *beg*

«Les gens conduisent n'importe comment. Les routes sont dangereuses et les conducteurs ne se respectent pas entre eux.» (Sami, 25 ans, finlandais)

«Je trouve que la manière de vivre est arriérée°, même à Paris. Les magasins ferment le week-end et aux vacances.... Au Brésil, tout reste ouvert 24 heures sur 24.» (Réjane, 24 ans, brésilienne)

arriérée: *behind the times*

«La facilité avec laquelle les jeunes font grève dans leur lycée. Chez nous, dès qu'un élève proteste, il est viré°!» (Nathan, 19 ans, américain)

«Le nombre de jeunes qui fument. J'ai passé deux mois dans un lycée. Dans ma classe, 70% fumaient et 50% fumaient du shit°.» (Carlos, 18 ans, brésilien)

«La bouffe°! La cuisine française est réputée pour être excellente, mais en réalité, pour bien manger, il faut payer très cher. Sinon, c'est dégueulasse°.» (Jillian, 18 ans, anglaise)

«Les grèves. J'ai trouvé des musées fermés. La dernière fois, il n'y avait ni métro ni bus. C'est incroyable! A Hong-Kong, il y a toujours des choses qui continuent de marcher.» (Thomas, 19 ans, chinois)

«Le service public, parce qu'il est mieux organisé que chez nous, surtout le bus. A Mexico, il n'y a pas d'arrêts, on monte quand on peut.» (Israel, 20 ans, mexicain)

«Les policiers qui portent des armes dans la rue. Aux Etats-Unis, même s'il y a parfois de la violence, les policiers ne portent jamais leur arme aussi ouvertement.» (Ann-Marie, 20 ans, américaine)

kicked out

marijuana

nourriture

disgusting

Comprenez-vous?

1. Est-ce que Peter et Rachel sont d'accord sur leur façon de voir la vie en France? Expliquez.
2. A votre avis, quelles opinions de ces étrangers sont des critiques négatives de la société française (au lieu d'être de simples observations des différences entre leur propre pays et la France, ou entre ce qu'ils voient et ce qu'ils s'attendaient à voir)?
3. Quels étrangers sont «choqués» par la même chose?
4. Quel commentaire vous surprend le plus? Pourquoi?
5. Quel(s) commentaire(s) confirme(nt) votre propre opinion ou vos propres idées?

1. Non, ils ne sont pas d'accord. Peter a une opinion très positive, tandis que Rachel note un problème social qu'elle trouve triste. 2. Sami (la façon de conduire), Réjane (manière de vivre arriérée), Carlos (le nombre de jeunes qui fument), Thomas (les grèves), Ann-Marie (les policiers armés). 3. Nathan et Thomas sont choqués par les grèves. 4. *Réponse personnelle*. 5. *Réponse personnelle*.

Troisième partie: *«Reviendrez-vous?»*

«Oui, l'an prochain, si j'arrive à obtenir une bourse à l'ambassade.» (Carolina, 18 ans, brésilienne)

«Pour la bouffe et... mon fiancé (français!).» (Réjane, 24 ans, brésilienne)

«Oui, j'aimerais bien rester plusieurs mois ici et donner des cours d'anglais.» (Rachel, 22 ans, canadienne)

«Pour le pain. Chez nous, on en trouve, mais il est plus cher et moins bon.» (Ann-Marie, 20 ans, américaine)

«Oui mais la prochaine fois, j'irai sur la Côte d'Azur.» (Peter, 25 ans, polonais)

«Oui, j'aimerais faire une partie de mes études d'ingénieur à Strasbourg ou à Poitiers.» (Carlos, 18 ans, brésilien)

«Oui, j'aimerais vivre un peu ici. Ça a l'air de bien bouger.» (Jillian, 18 ans, anglaise)

«Oui, pour ma lune de miel.» (Israel, 20 ans, mexicain)

«Je ne sais pas.» (Thomas, 19 ans, chinois)

Béatrice Girard, «Sympas, les Français, mais un peu sérieux!», *Phosphore* septembre 1999, pp. 54–55.

Comprenez-vous?

1. Lesquels de ces étrangers veulent revenir en France pour les mêmes raisons? (Qui sont ces personnes, et quelles sont leurs raisons?)
2. Lesquelles de ces raisons sont les plus sérieuses, à votre avis?
3. Voulez-vous aller ou retourner en France pour une de ces mêmes raisons? Expliquez.
4. Qu'est-ce qui peut expliquer le fait que Thomas est le seul à ne pas être sûr qu'il reviendra en France?

1. Carolina et Carlos veulent revenir faire des études; Réjane et Ann-Marie veulent revenir pour manger; Peter et Israel veulent revenir surtout pour des vacances. 2. *Réponse personnelle*. 3. *Réponse personnelle*. 4. *Il y a plusieurs possibilités:* La Chine est très loin de la France; ce n'est pas sa première visite; il ne semble pas apprécier les différences culturelles autant que les autres.

A discuter

Est-il possible de comprendre les gens et la culture d'un pays si on n'y passe que quelques semaines de vacances? Quel est le danger de tirer des conclusions sur tout un peuple si on ne visite qu'une seule ville ou une seule région du pays?

Activités d'expansion

A. Se faire remarquer

1. Est-ce qu'il y a des «looks» particuliers que l'on adopte sur votre campus? Lesquels? Avec un(e) partenaire, choisissez un «look» que vous avez tous (toutes) les deux remarqué. Est-ce que vous avez réagi à ce look de la même façon que votre partenaire? Comparez vos réactions, et essayez de les analyser.

2. Il y a des gens qui veulent se faire remarquer *(make a statement)* par leur façon de s'habiller, de se coiffer, de se maquiller, etc. Trouvez un(e) partenaire et discutez des gens que vous connaissez qui veulent se faire remarquer. Qui sont-ils? Que font-ils pour se distinguer des autres? Pourquoi, à votre avis, veulent-ils être «différents»?

B. «Etre jeune» — qu'est-ce que cela veut dire?

Est-ce qu'on est jeune par son âge ou par son attitude? Connaissez-vous des adultes (35+) qui ont l'air très jeune, ou des jeunes (16 à 22) qui semblent déjà vieux? Si oui, qu'est-ce qu'il y a dans la conduite ou dans l'apparence de cette personne qui la rajeunit/vieillit?

C. Qu'en pensez-vous?

Que pensez-vous de la publicité intitulée «Elle est où la différence?» faite par le Ministère de la Jeunesse et des Sports? Pourquoi est-il nécessaire d'annoncer que tous les jeunes sont «égaux en droits»? Selon votre propre expérience, les jeunes qui s'habillent (se coiffent, se maquillent, etc.) de façon provocante ou choquante sont-ils victimes de la discrimination? Les professeurs, les marchands, les policiers, etc., réagissent-ils à ces jeunes-là de la même façon qu'ils réagissent aux jeunes dont l'apparence est plus «normale»?

For lesson plans, cultural notes, warm-ups, and homework assignments, please go to: *http://slv.heinle.com*.

Chapitre 3 Les immigrés

A. Présent ou passé?

Pour parler du présent	Pour parler du passé
aujourd'hui	autrefois
à notre époque	il y a … heure(s)
de nos jours	… jour(s)
actuellement	… an(s)
à l'heure actuelle	à cette époque-là
maintenant	en ce temps-là[1]

B. L'immigration

Mots apparentés: l'immigré(e), immigrer, l'intégration *f.*, s'intégrer (à, dans), le passeport, le visa, le (la) réfugié(e), ethnique, la colonie, coloniser, le colon

accueillir	*to welcome, to greet*
l'accueil *m.*	*welcome, reception*[2]
accueillant(e)	*welcoming*
la carte de séjour	*residence permit*
les papiers *m.*	*identity papers*
la carte d'identité	*identity card*
le sans-papiers	*illegal immigrant (person without proper identity papers)*
l'ethnie *f.*	*ethnic group*

[1]Either **à cette époque-là** *or* **en ce temps-là** may be used to refer to a previously stated past time.
[2]**Accueil** means how someone or something is received. To say: *Welcome!* as a greeting: **Soyez le (la) bienvenu(e)**.

C. Questions sociales

Mots apparentés: la tolérance, tolérant(e), l'inégalité *f.*, les inégalités sociales, le racisme, le (la) raciste, la pauvreté, le (la) pauvre, la richesse, le (la) riche, la bourgeoisie, le (la) bourgeois(e), le (la) propriétaire

le chômage	*unemployment*
être au chômage	*to be unemployed*
le chômeur, la chômeuse	*unemployed person*
le (la) sans-abri, le (la) s.d.f.[3]	*homeless person*
mendier	*to beg*
le (la) mendiante	*the beggar*
le préjugé	*prejudice*

D. La vie active

Quoi?

faire une demande, poser sa candidature	*to apply (for a job)*
le formulaire	*form, application*
remplir un formulaire	*to fill out a form*
la lettre de candidature de motivation	*cover letter, application letter*
le C.V.	*curriculum vitae, job resumé*
l'entretien *m.*	*interview*
passer un entretien d'embauche	*to be interviewed (for a job)*
le poste	*position, job*
le métier	*trade, job*
les travaux domestiques *m. pl.*	*domestic work*
embaucher	*to hire*
gagner sa vie	*to earn one's living*
le salaire	*salary*
travailler	*to work*
à plein temps	*full-time*
à mi-temps	*half-time*
à temps partiel	*part-time*
comme bénévole	*as a volunteer*
faire grève	*to go on strike*
faire de l'intérim	*to temp*
une agence d'intérim	*temp agency*
faire un stage	*to do an internship*
le (la) stagiaire	*intern*
licencier, renvoyer	*to dismiss, to fire, to lay off*

Qui?

Mots apparentés: l'employé(e), l'employeur *m.*

le (la) salarié(e)	*wage-earner*
l'ouvrier(-ère)	*blue-collar worker*
… saisonnier(-ère)	*seasonal worker*
le (la) patron(ne)	*boss*
le P.D.G. (Président directeur général)	*CEO*
le (la) bénévole	*volunteer*
faire du bénévolat	*to do volunteer work*
l'association caritative *f.*	*charitable organization*

Où?

l'usine *f.*	*factory*
le chantier	*construction site*
l'atelier *m.*	*workshop*
… textile	*textile mill*
… d'artiste	*artist's studio*
le bureau	*office*
le champ	*field*
l'entreprise *f.*	*business, company*

[3]s.d.f.: sans domicile fixe *(invariable in plural)*

Saviez-vous que... ?

● Beaucoup d'étrangers sont arrivés en France pendant les années 60, période de prospérité économique, pour occuper des postes généralement délaissés *(given up)* par les Français. Leur nombre a continué d'augmenter sous l'effet des nouvelles vagues d'immigration, mais il s'est stabilisé depuis une vingtaine d'années. Au recensement *(census)* de 1990, le nombre total d'étrangers en France était de 3,6 millions, soit 6,3% de la population. Les étrangers occupent les postes les moins qualifiés et les moins bien rémunérés: 49% sont ouvriers, 24% employés. ●

Francoscopie 1999, p. 208

Question: Quelle sorte de travail font la plupart des immigrés? Pourquoi?

Vocabulaire

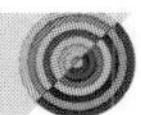

Chapter warm up: Que savez-vous sur l'immigration aux Etats-Unis? Quels sont les pays d'origine des premiers immigrés? Et des plus récents? Pour quelles raisons choisit-on de quitter son propre pays?

Vocabulary warm-ups:
1. Pour trouver un travail, qu'est-ce qu'on doit faire? Quelles sont les étapes à suivre? 2. Passé ou présent? *(books closed!)* de nos jours/à cette époque-là/autrefois/actuellement/il y a deux siècles/à notre époque/en ce temps-là.

1. un P.D.G. 2. embaucher 3. licencier 4. un bénévole 5. un entretien 6. un formulaire 7. un bureau 8. un ouvrier saisonnier 9. un stage 10. faire de l'intérim

A. Réactions personnelles. Choisissez un mot de la liste B ou C du vocabulaire. Circulez dans la classe et demandez à trois camarades de classe ce qu'ils associent avec le mot que vous avez choisi. Puis partagez ces associations de pensée avec le reste de la classe.

Modèle: A quoi penses-tu quand je dis «chômage»?
Réponses possibles: ***Je pense à la pauvreté, au travail, au malheur...***

B. Trouvez le mot. Voici des définitions de dix mots de la liste D du vocabulaire. Trouvez les mots définis.

1. chef d'une entreprise industrielle ou commerciale
2. engager des salariés
3. renvoyer des employés pour des raisons économiques
4. une personne qui fait un travail gratuitement
5. rendez-vous entre une personne qui cherche des employés et une personne qui cherche du travail
6. feuille sur laquelle se trouvent des questions auxquelles il faut répondre
7. lieu de travail des employés d'une administration, d'une entreprise
8. personne qui travaille pendant une période limitée puis repart
9. travail de durée limitée pour acquérir de l'expérience professionnelle, souvent sans salaire
10. faire le travail de quelqu'un d'autre pendant une période de temps limité

C. Le contraire. Trouvez l'antonyme (le contraire) des mots ou expressions dans la liste ci-dessous:

1. avoir un emploi
2. l'intolérance
3. une personne qui a une maison, un appartement
4. l'égalité
5. une personne avec une carte de séjour
6. embaucher
7. un poste permanent

1. être au chomage. 2. la tolérance
3. un sans-abri, un s.d.f. 4. l'inégalité
5. un sans-papiers 6. licencier
7. un stage, de l'intérim

D. Positive ou négative? Dans la liste de vocabulaire, choisissez cinq mots à connotation positive et cinq mots à connotation négative. Comparez votre liste avec celle d'un(e) camarade de classe et échangez vos points de vue.

E. Un reportage. Un groupe d'étudiants travaille ensemble et prépare cinq questions pour un reportage sur un des thèmes d'actualité ci-dessous. Choisissez le sujet qui vous intéresse le plus.

Modèle: l'immigration: ***D'où viennent la plupart des immigrés?***

1. l'immigration
2. le racisme
3. l'inégalité
4. le chômage

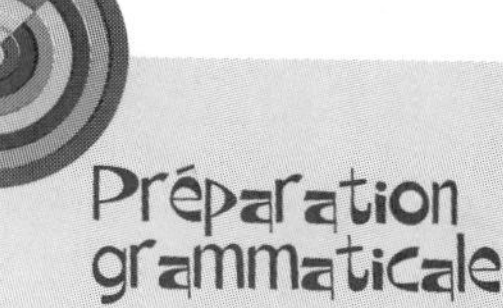

Préparation grammaticale

Avant de continuer, révisez la formation et l'usage du passé composé et de l'imparfait, pp. 162–167.

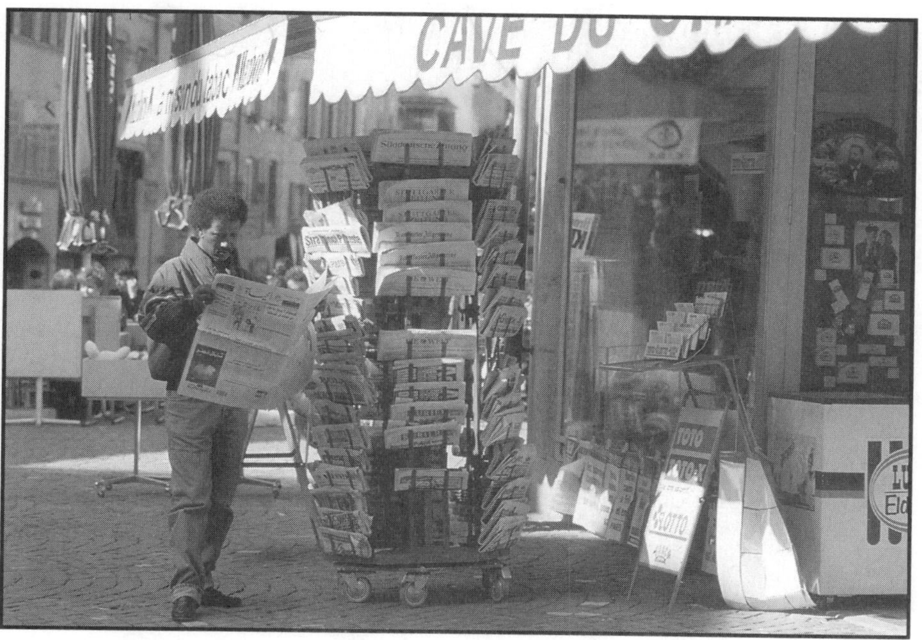

Saviez-vous que... ?

23% des étrangers étaient au chômage en mars 1998, contre 12% des Français. Le taux de chômage *(unemployment rate)* diffère largement selon la nationalité: il est relativement faible chez les Portugais, très élevé chez les Algériens.

Francoscopie 1999, p. 259

Question: Parmi les immigrés, quelle nationalité a le plus de chômeurs? Et laquelle le moins?

Warm-up: Quelles sont les difficultés auxquelles doit faire face un immigré dans un nouveau pays?

A la recherche d'un travail

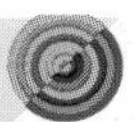

Dans ce texte sans titre, Francis Bebey (né en 1929), écrivain et musicien du Cameroun, présente les sentiments d'un homme qui doit quitter sa patrie pour chercher du travail en France.

Pour mieux comprendre

Lisez la première strophe. Qui parle? De quoi s'agit-il?

Play the CD while students read silently.

Lecture

Je suis venu chercher du travail
J'espère qu'il y en aura
Je suis venu de mon lointain° pays
Pour travailler chez vous

J'ai tout laissé, ma femme, mes amis
Au pays tout là-bas
J'espère les retrouver tous en vie
Le jour de mon retour

Ma pauvre mère était bien désolée
En me voyant° partir
Je lui ai dit qu'un jour je reviendrai
Mettre fin à sa misère

J'ai parcouru° de longs jours de voyage
Pour venir jusqu'ici
Ne m'a-t-on pas assuré d'un accueil°
Qui vaudrait bien cette peine°

Regardez-moi, je suis fatigué
D'aller par les chemins
Voici des jours que je n'ai rien mangé
Auriez-vous un peu de pain?

Mon pantalon est tout déchiré°
Mais je n'en ai pas d'autre
Ne criez pas, ce n'est pas un scandale
Je suis seulement pauvre

Je suis venu chercher du travail
J'espère qu'il y en aura
Je suis venu de mon lointain pays
Pour travailler chez vous.

lointain: à une grande distance
En... : Quand elle m'a vu
parcouru: fait
accueil: réception
vaudrait... : *would be worth so much trouble*
déchiré: *torn*

Francis Bebey, dans: *Anthologie africaine d'expression française, II* (Paris: Hatier, 1988), p. 114.

Comprenez-vous ?

1. Qu'est-ce que vous apprenez sur le pays du narrateur?
2. Comment sa famille a-t-elle réagi quand il a décidé de partir?
3. Est-ce que le narrateur a l'intention de rester en France? Justifiez votre réponse.
4. Décrivez l'apparence et les émotions du narrateur.
5. Comment les gens qui le voient ou à qui il parle réagissent-ils? Justifiez votre réponse.
6. Comparez la première strophe à la dernière. Selon vous, pourquoi le poète a-t-il choisi cette structure?

1. C'est un pays lointain. Il y a probablement du chômage. Il n'y a pas de travail. 2. Sa famille était triste. Sa mère était désolée. Elle a probablement pleuré. 3. Il a l'intention de retourner dans son pays. Il parle du jour de son retour. Il a dit à sa mère qu'il reviendrait. 4. Il est seul, pauvre, fatigué, son pantalon est déchiré, il a faim. 5. Ils crient et ne veulent pas l'aider. 6. Il répète les mêmes vers pour montrer ce qu'il veut, pour se faire comprendre.

Et le titre?

Puisque le poète n'a pas donné de titre à son poème, trouvez-lui-en un. Ne citez pas un des vers mot à mot.

Passé composé warm-up: Vos amis ont déjà fait tout ce que vous voulez faire. Ils répondent à vos projets au passé composé. *Modèle: Je vais quitter ma famille. Nous avons déjà quitté notre famille.* Je veux travailler en Europe. J'ai l'intention de vivre en France. Je vais m'amuser là-bas. Je vais aller à Lyon. Je vais poser ma candidature à Elf-Aquitaine. On va m'embaucher. Après deux ans, je vais revenir aux Etats-Unis.

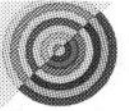

There are two major tenses for talking about the past in French. The passé composé tells *what happened* in the past, the *imperfect* (l'imparfait) describes *how things were*, i.e., the conditions, in the past. For more details, see pp. 162–167.

A. Un sans-papiers. Sema, un jeune Malien, est revenu dans son village au Mali et parle de son séjour difficile en France. Mettez les infinitifs au **passé composé** ou à l'**imparfait**, selon le cas.

> Quand je /arriver/ en France, je /vivre/ dans un foyer à Paris où je /connaître/ beaucoup d'autres jeunes immigrés. La plupart d'entre eux /envoyer/ au pays la plus grande partie de leurs revenus pour aider leurs familles et leur village. Moi aussi, je /vouloir/ le faire mais je /ne pas pouvoir/ parce que je /avoir/ beaucoup de mal à trouver un boulot. Les autres sans-papiers et moi, nous /se cacher/ de la police. Nous /passer/ notre temps à chercher des petits travaux et évidemment nous /ne pas gagner/ beaucoup. Un jour, je /décider/ de participer à une manifestation contre les lois sur l'immigration. Malheureusement, des policiers /me demander/ mes papiers. Puisque je n'en avais pas, ils /m'expulser/ de France. Je /devoir/ rentrer chez moi. Il n'y a pas de travail ici, alors je ne sais pas ce que je vais faire.

Student secretary can write the verbs on board: je suis arrivé/j'ai vécu (je vivais)/j'ai connu/envoyaient/je voulais (j'ai voulu)/je ne pouvais pas/(je n'ai pas pu)/j'avais (j'ai eu)/nous nous sommes cachés (nous nous cachions)/nous avons passé (nous passions)/n'avons pas gagné (ne gagnions pas)/j'ai décidé/m'ont demandé/ils m'ont expulsé/J'ai dû

Avant de continuer, révisez l'usage de l'infinitif passé avec **après**, p. 169.

Imperfect warm-up: Vous avez un nouveau poste mais vous n'êtes pas content(e) puisque rien n'a changé. Mettez les phrases à l'imparfait: Moi, je n'aime pas mon travail./Mon patron est méchant./Tout le monde fume dans le bureau./Mes collègues et moi, nous devons trop travailler./Nous ne nous entendons pas./Nous n'avons pas assez de temps libre./Nous ne gagnons pas assez./Je ne fais rien d'intéressant.

B Autrefois: Students can prepare in groups, then verbs can be put on board: je vivais/nous n'étions pas/nous nous entendions/travaillait/restait/étaient/était/allait/voulait/lisait/apprenait/je n'aimais pas/je suivais/allait/jouions/ racontait/m'encourageait/j'avais/commençait/je ne voulais pas/Il y avait/je savais/je devais

B. Autrefois. Khaled décrit son enfance en Algérie. Mettez sa description à l'**imparfait**.

Pendant mon enfance je vis dans un petit village avec mes parents et ma sœur. Nous ne sommes pas riches mais nous nous entendons bien. Mon père travaille dans une petite usine, ma mère reste à la maison mais mes parents sont très ouverts, très modernes. Ma sœur, qui est ambitieuse, va au lycée et veut devenir médecin. Elle lit beaucoup et apprend l'anglais et le français. Moi, je n'aime pas l'école. L'après-midi je suis ma mère quand elle va au marché ou, mes petits copains et moi, nous jouons dans les champs. Le soir, après le dîner, mon père me raconte des histoires et m'encourage à travailler plus dur à l'école. Quand j'ai seize ans, cette vie tranquille commence à m'ennuyer et je ne veux pas devenir ouvrier comme mon père. Il y a beaucoup de chômeurs dans la région, alors je sais que je dois partir à l'étranger chercher du travail.

C. La famille curieuse. Imaginez que vous êtes un des membres de la famille de Khaled (voir exercice B). Il est rentré en Algérie pour les vacances. Vous ne l'avez pas vu depuis cinq ans. Posez-lui des questions sur ce qu'il a fait en France pour trouver du travail et un logement (à l'**imparfait** et au **passé composé**).

Modèle: ***Qu'est-ce que tu as fait quand tu es arrivé à Paris? Pourquoi? Pourquoi voulais-tu aller en France?***

D. Ce n'est pas facile quand on est jeune. On parle de la vie de Rkia. Récrivez les phrases ci-dessous en utilisant **après** + *l'infinitif passé*. Faites tous les changements nécessaires.

Après avoir reçu son diplôme, elle a travaillé comme bénévole en Afrique. Après être rentrée en France, elle a cherché un stage. Après avoir fait un stage, elle a fait de l'intérim. Après avoir fait de l'intérim, elle a trouvé un poste permanent. Après avoir travaillé pendant deux ans, elle a gagné assez pour quitter la maison de ses parents. Après avoir lu les petites annonces, elle s'est installée dans un studio. Après avoir vécu seule, elle s'est mariée. Après s'être mariée, elle a eu des enfants.

Modèle: J'ai fini mes études avant de partir en France.
Après avoir fini mes études, je suis parti(e) en France.

Elle a reçu son diplôme avant de travailler comme bénévole en Afrique. Elle est rentrée en France avant de chercher un stage. Elle a fait un stage avant de faire de l'intérim. Elle a fait de l'intérim avant de trouver un poste permanent. Elle a travaillé pendant deux ans avant de gagner assez pour quitter la maison de ses parents. Elle a lu les petites annonces avant de s'installer dans un studio. Elle a vécu seule avant de se marier. Elle s'est mariée avant d'avoir des enfants.

RAPPEL

To say you miss something or someone, use the verb manquer (à). *What* or *whom* you *miss* is the *subject*, and you are the *indirect object*. To say that something makes you feel a certain way, use the verb rendre + an *adjective*. The person who misses someone or who is made to feel something is often expressed as an indirect object. **For more details, see pp. 169–170.**

E. **De retour.** Vous rentrez chez vous après avoir travaillé à l'étranger pendant un an. Vous racontez à votre famille ce qui vous a manqué, ce qui vous a rendu(e) heureux(-euse), etc. pendant votre séjour à l'étranger.

> **Modèle: la bonne cuisine de maman / le froid → *malade***
> ***La bonne cuisine de maman m'a manqué. Le froid m'a rendu(e) malade.***

1. mes amis / mon travail → riche
2. mon lit / être seul → triste
3. mon chien / ne pas bien parler la langue → anxieux
4. parler anglais / voyager → heureux

Continuez avec vos propres exemples.

1. Mes amis m'ont manqué. Mon travail m'a rendu riche. 2. Mon lit m'a manqué. Etre seul m'a rendu triste. 3. Mon chien m'a manqué. Ne pas bien parler la langue m'a rendu anxieux. 4. Parler anglais m'a manqué. Voyager m'a rendu heureux.

F. **Mon tout premier boulot.** Avec un partenaire, posez-vous des questions sur votre premier emploi.

1. Pourquoi voulais-tu travailler?
2. Est-ce qu'il a été difficile de trouver un emploi?
3. Qu'est-ce que tu as fait pour trouver un job?
4. Quelle sorte de travail faisais-tu?
5. Quand travaillais-tu? De quelle heure à quelle heure?
6. Tu étais content(e) de ton salaire?
7. Est-ce que le travail était intéressant? Explique.

Students work in pair or small groups, then compare: Qui a eu le travail le plus intéressant? le plus ennuyeux? le moins bien/le mieux payé, etc.

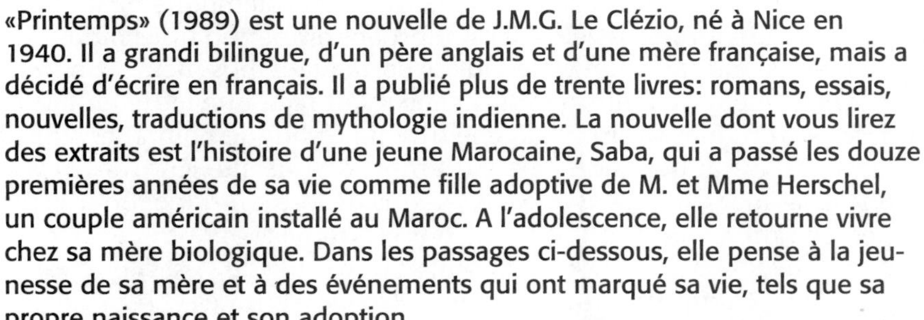

Printemps

«Printemps» (1989) est une nouvelle de J.M.G. Le Clézio, né à Nice en 1940. Il a grandi bilingue, d'un père anglais et d'une mère française, mais a décidé d'écrire en français. Il a publié plus de trente livres: romans, essais, nouvelles, traductions de mythologie indienne. La nouvelle dont vous lirez des extraits est l'histoire d'une jeune Marocaine, Saba, qui a passé les douze premières années de sa vie comme fille adoptive de M. et Mme Herschel, un couple américain installé au Maroc. A l'adolescence, elle retourne vivre chez sa mère biologique. Dans les passages ci-dessous, elle pense à la jeunesse de sa mère et à des événements qui ont marqué sa vie, tels que sa propre naissance et son adoption.

Saviez-vous que... ?

● La part des différentes nationalités dans la population immigrée s'est beaucoup modifiée depuis les années 50. Ce sont les Maghrébins (de l'Afrique du Nord) qui ont fourni l'essentiel des nouveaux arrivants, alors que le nombre d'étrangers en provenance des pays d'Europe diminuait. La France compte aujourd'hui environ un million de beurs (Français nés de parents maghrébins). ●

Francoscopie 1999, p. 210

Question: Que veut dire «beurs»?

■ Entrons en matière

Quelles sont les difficultés que rencontre un père (ou une mère) quand il (elle) doit élever son enfant seul(e)?

Pour mieux comprendre

On peut mieux comprendre un texte si on sait qui en est le narrateur (la narratrice) et de quelles personnes il (elle) parle. Lisez les deux premières phrases du passage qui suit. Qui parle? De qui parle-t-on? Puis continuez à lire en cherchant le pronom sujet qui apparaît le plus souvent dans les phrases qui suivent. A qui ce pronom personnel se réfère-t-il? Et quel pronom apparaît le plus souvent dans les trois dernières phrases du paragraphe? A qui ce pronom personnel se réfère-t-il?

Lecture

C'est la nuit quand Saba commence son récit. Sa mère dort près d'elle pendant qu'elle se souvient de son histoire.

Première partie

J'entends le bruit de la respiration de ma mère. Elle aussi, elle est partie de chez elle, une nuit, et elle n'est jamais revenue. Peut-être qu'on voulait la marier de force, ou bien elle a suivi un homme de passage°. Elle a quitté le village des Zayane,[4] dans la montagne, elle a marché jusqu'à la mer. Son père était un guerrier°, un fils du grand Moha ou Hammou[5] qui avait fait la guerre aux Français, à Khénifra.[6] Quand ma mère a quitté la montagne, elle avait mon âge, et déjà elle me portait dans son ventre°. Elle a voyagé seule dans toutes ces villes qu'elle ne connaissait pas, elle a travaillé dans les fondoucs°, sur les marchés. Celui qui était mon père avait pris le bateau, il est allé travailler de l'autre côté de la mer, en France, en Allemagne peut-être. Mais, il n'est jamais revenu. Il est mort en tombant d'un échafaudage°, ou bien de maladie. Il n'a rien laissé derrière lui, pas même son image°.

Ma mère m'a dit un jour qu'elle avait reçu une lettre en français, et le patron du restaurant où elle travaillait l'a lue pour elle. Dans la lettre, on disait que mon père était mort à Marseille. Ensuite, mes oncles et mes tantes Zayane sont venus de la montagne, pour ramener° ma mère, parce qu'ils voulaient lui trouver un autre mari, et me garder avec eux. Ma mère a dit oui, et une nuit elle s'est échappée°, elle s'est cachée dans un fondouc jusqu'à ce que ses frères et ses sœurs se lassent° de la chercher et retournent dans la montagne. Alors, elle a décidé de partir, elle aussi. Elle m'a mise dans une boîte de carton°, et elle a voyagé en camion° et en autocar. Dans les marchés, elle s'asseyait° par terre, avec la boîte à côté d'elle, et elle attendait qu'on lui

homme... : qui passait dans la région, mais n'y habitait pas
qui faisait la guerre

me... : *was pregnant with me*

establishments for merchants in Arab countries

scaffolding

ici: photo

prendre, retourner avec

s'est... : est partie sans être vue

se... : se fatiguent

boîte... : *cardboard box*

truck

would sit

---

[4]The family name of her father. The Zaane, or Zaian, was also a confederation of tribes in Morocco.

[5]Moha ou Hammou became the chief of the Zaian confederation of tribes in 1877, at the age of twenty.

[6]A town in the mountains of Morocco. The Zaians, led by Moha ou Hammou, gave the French their worst defeat in Morocco, at Khénifra, in the fall of 1914 during the French colonial period.

donne à manger. Et un jour, elle est arrivée à Nightingale,[7] et elle a déposé° le carton sur le sol° de la cuisine, elle a pris les billets de banque du Colonel,[8] et elle est partie.

a mis/*floor*

Comprenez-vous?

Globalement

1. Où cette histoire a-t-elle lieu? Quelles en sont les indications?
2. Qui sont les personnages? Qu'est-ce que vous apprenez sur eux?
3. A quelles difficultés la mère a-t-elle dû faire face?
4. Qu'est-ce qui s'est passé à Nightingale quand la mère y est allée avec son bébé?

1. L'histoire a lieu au Maroc. Il y a des mots qui ne sont pas français: on parle d'un village des Zayanes, du grand Moha ou Hammou, d'une guerre contre les Français à Khénifra, des fondoucs. 2. Il y a la mère qui est jeune, enceinte, seule, qui doit travailler. Le père est parti, c'était un homme de passage, il est allé en Europe. Saba est le bébé. 3. Elle était mère célibataire, elle n'avait pas d'argent, le père du bébé est mort, sa famille voulait la marier à quelqu'un d'autre. 4. La mère a laissé Saba dans la cuisine, elle a pris l'argent du Colonel et elle est partie.

2, 7, 1, 4, 3, 9, 6, 8, 5. *Note: 4 can also follow 3, it is not clear in the text.*

Les événements. En vous référant à la première partie, mettez les événements dans la vie de la mère de Saba dans l'ordre correct.

1. Elle a quitté le village dans la montagne.
2. Elle a rencontré un homme.
3. Le père de Saba a pris un bateau pour aller travailler en Europe.
4. Elle a voyagé et elle a travaillé.
5. Elle a laissé son bébé chez les Herschel à Nightingale.
6. Les oncles et les tantes voulaient ramener Saba et sa mère chez eux.
7. Elle était enceinte.
8. Elle s'est cachée de sa famille et a mendié.
9. Elle a reçu une lettre qui annonçait la mort du père de Saba en France.

Allez plus loin

1. Pourquoi, à votre avis, Saba dit-elle «aussi» dans la deuxième phrase du premier paragraphe?
2. Décrivez la mère de Saba. Comment était-elle? (courageuse, timide, jeune, vieille, heureuse...) Justifiez votre description.

Lecture

Dans cette partie, Saba ajoute des détails à son histoire. En lisant, pensez à ce que vous apprenez de nouveau.

Deuxième partie

Tout ça, c'est mon histoire, mais je peux y penser maintenant comme si c'était vraiment arrivé à quelqu'un d'autre. Je peux penser à mon père inconnu, qui est mort à Marseille au moment où je commençais à vivre à Khénifra. Je peux imaginer ma mère, elle n'avait que seize ans, elle était si fragile, avec ses yeux de biche°, ses cheveux

yeux... : *doe-like eyes*

[7]The Herschel plantation where Saba lived during her childhood
[8]The name Saba uses to refer to Mr. Herschel.

coiffés en nattes°, et pourtant elle était si audacieuse, si forte. Un jour le Colonel m'a parlé d'elle, quand il l'a rencontrée pour la première fois, elle portait ce tout petit enfant sur la hanche°. Il y avait quelque chose qui troublait son regard°, comme des larmes. Il la revoyait toujours, cette jeune femme au visage d'enfant, l'allure° sauvage et décidée, et le bébé qu'elle tenait contre elle et qui suçait° son lait. Lui qui était si riche, si puissant, qui avait commandé aux hommes pendant la guerre,[9] le malheur et la jeunesse de ma mère le subjuguaient°, le rendaient timide et dérisoire°. Ce qui l'émouvait lui, le soldat de l'armée américaine, c'était le secret sombre et âpre° dans les yeux de cette femme, un secret semblable au pays des Zayane, les montagnes et les forêts de rouvres°, la lumière dure dans ses yeux, la méchanceté° de l'enfance interrompue.

Elle respire lentement, à côté de moi, dans l'alcôve. Je pense à ce qu'elle m'a fait. Je pense qu'elle errait° sur les routes blanches de poussière°, devant son ombre°, et j'étais serrée° contre sa hanche dans les plis° de sa robe, je suçais le lait de sa poitrine. Je pense qu'elle m'a laissée dans la maison des Herschel, endormie dans le carton, et Amie[10] m'a prise et m'a posée doucement dans le lit blanc qu'elle avait préparé à côté du sien, dans sa chambre. Je pense aux billets de banque roulés et liés par un élastique, qu'elle avait cachés dans les pans de sa robe° serrée par une ceinture, entre ses seins°. Je pense à la route vide devant elle, personne ne l'attendait, personne ne l'aimait. Le bateau qu'elle a pris pour Marseille, le pont inférieur° chargé d'émigrants, et le voyage à travers ce pays inconnu, où personne ne parlait sa langue, où personne ne lui ressemblait. Je pense aux endroits où elle a vécu, à Marseille, en Allemagne, à Hambourg, le travail, l'eau qui fait gercer° les mains, les ateliers où on se brûle les yeux. Peut-être qu'elle roulait déjà les billets de banque avec un élastique et qu'elle les cachait dans sa chambre, dans un carton à chaussures, comme elle fait encore maintenant?

J.M.G. Le Clézio, *Printemps et autres saisons* (Paris: Gallimard, 1989), pp. 63–65.

coiffés... : *braided*
hip
expression
apparence générale
buvait
captivaient
insignifiant
dur, pénible
sorte d'arbre/misère
marchait sans but
dust/shadow/held tightly
folds
pans... : *top of her dress/ breasts*
pont... : *lower deck*
to chap

■ Comprenez-vous ?

Faites une liste de ce que vous avez appris dans cette partie sur:

1. la mère: son âge, son apparence, son caractère
2. le Colonel: sa profession, son caractère, sa réaction face à la mère
3. la vie de Saba à Nightingale: quel détail dans le deuxième paragraphe symbolise la meilleure vie qu'aura le bébé?
4. la décision de la mère: quels mots dans le deuxième paragraphe soulignent sa solitude? Où va-t-elle? Comment voyage-t-elle?

Comparez votre liste à celles de vos camarades de classe pour vous aider à comprendre cette partie de l'histoire.

1. 16 ans, fragile, sauvage, courageuse, audacieuse, forte; les yeux de biche, des cheveux en nattes. 2. ancien officier, américain, riche, puissant; la mère l'intimide; il la respecte. 3. Amie la met dans un petit lit blanc. Sa vie sera plus facile, plus agréable, plus confortable. 4. personne, vide, inconnu. Elle va en Europe, en Allemagne, en France. Elle prend un bateau.

[9] Mr. Herschel, a former colonel in the American army, probably came to Morocco with the Allied forces during World War II.

[10] The name Saba uses to refer to Mrs. Herschel; her real name was «Aimée».

Allez plus loin

Les temps du passé. Choisissez un des paragraphes de «Printemps», dans l'une des deux parties, au choix. Faites une liste de tous les verbes au passé, classez-les par temps et expliquez ensuite pourquoi Le Clézio les a choisis.

Activités d'expansion

A. Votre réaction

Que pensez-vous de ce que la mère de Saba a fait? Imaginez une autre fin pour cette histoire.

B. La lettre

Ecrivez la lettre que la mère a reçue à la mort du père de Saba. Commencez par:

Madame,

J'ai le regret de vous annoncer...

A la fin, mettez:

Veuillez recevoir, Madame, mes sincères condoléances.

C. Mère et fille se retrouvent

Quand Saba a douze ans, sa mère vient la reprendre de chez M. et Mme Herschel. Avec un(e) partenaire, jouez le rôle de la mère et de la fille en vous posant des questions sur les douze années passées.

Saviez-vous que... ?

● Les immigrés ne sont pas que des ouvriers. Il y a aussi le phénomène qui s'appelle «la fuite des cerveaux» où des scientifiques, informaticiens, médecins, professeurs, ingénieurs, etc. s'établissent dans un nouveau pays. Grâce à l'éducation, certains enfants d'immigrés montent l'échelle sociale et assument des postes importants.●

Question: Expliquez le sens de l'expression «la fuite des cerveaux».

D. Ouvriers immigrés aux Etats-Unis

Aux Etats-Unis, il y a aussi des ouvriers immigrés. Qu'est-ce que vous savez d'eux?

1. D'où viennent les ouvriers immigrés?
2. Quelle(s) langue(s) parlent-ils?
3. Où habitent-ils?
4. Pourquoi veulent-ils travailler aux Etats-Unis?
5. Quelles sortes de travail font-ils? Dans quels secteurs économiques les trouve-t-on?
6. Quels avantages notre pays tire-t-il de leur travail?
7. Est-ce qu'on les accepte dans la société? Expliquez votre réponse.
8. Connaissez-vous ou avez-vous déjà fait la connaissance d'ouvriers immigrés? Racontez ce qu'ils vous ont appris.

De Cézanne à Matisse
Chefs-d'œuvre de la Fondation
Barnes
Musée d'Orsay
2 janvier 1994

INTERLUDE 1

For lesson plans, cultural notes, warm-ups, and homework assignments, please go to: *http://slv.heinle.com*.

QUESTIONS SUR LES PHOTOS: Qu'est-ce que vous voyez sur les photos? Qu'est-ce qui se passe?

«Je crois que ça va pas être possible» de Zebda[1]

Voici les paroles d'une chanson à grand succès, enregistrée en 1998, par Zebda, un groupe de sept musiciens, tous de Toulouse[2] mais d'origines différentes.[3] Ces musiciens parlent de problèmes sociaux avec humour. Ils veulent distraire les gens, mais les paroles de leurs chansons ont souvent un fond politique. Zebda s'inscrit dans le courant des années 1980–1990 où les groupes dits de rock, reflètent de multiples influences. Il y a une part de musique orientale, arabe notamment, un maximum de musique noire américaine, de rock anglais et de chanson française. Un des musiciens explique: «La musique, on ne l'a pas vraiment choisie. On a grandi avec celle de nos parents. On se sert de tout ce qu'on a entendu à la maison pour faire notre propre cuisine. Zebda c'est pas vraiment du rap. Même si ça y ressemble. Pas vraiment du reggae non plus, même s'il en prend le rythme. Disons plutôt que c'est un gros mélange.»

Ecoutez une première fois la chanson. Comment trouvez-vous la musique? Quelle expression est répétée?

«Je crois que ça va pas être possible.»

Entrons en matière

Dans quelles situations une personne d'une minorité raciale rencontre-t-elle des difficultés?

Voici... ce que je vous propose comme entrée°
Je fais des fixations° devant les portes d'entrée
Pas n'importe lesquelles, surtout les bien gardées°
Avec 100 kilos de muscles à la clef[4]

Devant trop de barbaque°, c'est vrai je fais des rejets°
Et je peux dire que je maîtrise° le sujet
Les portes je connais, j'en ouvre tous les jours
Mais j'en ai vu claquer° plus souvent qu'à mon tour

Je vous fais un topo° sur l'accueil
A l'entrée des boîtes

«Veuillez entrer monsieur, votre présence nous flatte»
Non je plaisante, car ça se passe pas ainsi
Devant les boîtes, moi je suis toujours à la merci
D'un imbécile à qui je sers de cible° et qui me dit:

Je crois que ça va pas être possible
Pas être possible, pas être possible

first course

Je fais des... : **je suis obsédé par**

(par un videur *[bouncer]*)

muscles/**je fais...** : *I can't stand the sight so I leave*
je maîtrise: *I am an expert*

slam

Je vous fais... : *I give you a rundown*

target

[1]«Zebda» est le mot arabe pour «beurre». Le groupe Zebda fait un jeu de mots avec son nom et le mot «beur» qui veut dire «Arabe» en verlan *(slang)*.
[2]Quatrième ville de France, Toulouse se trouve au sud-ouest, à 100 km des Pyrénées, et à mi-chemin entre l'océan Atlantique et la Méditerranée.
[3]Les membres du groupe: Magyd Cherfi, Hakim Amokrane, Mustapha Amokrane, Joël Saurin, Pascal Cabero, Vincent Sauvage, Rémi Sanchez
[4]*Allusion to the bouncer* (**videur** *in French*) *at a nightclub*

1. Il se trouve devant la porte d'une boîte de nuit. 2. Un grand homme musclé (un videur) garde l'entrée. Le chanteur dit «un imbécile». 3. Entrer dans la boîte ne va pas être possible.

Comprenez-vous?

1. Devant quelle porte se trouve le protagoniste?
2. Qui garde l'entrée à cet endroit?
3. Qu'est-ce qui ne va pas être possible?[5]

plat... : *main course*
tout... : tout le monde/salaire
histoire... : *so I can live*
prettied up
En prime: *As a bonus*
feuilles... : *pay slips*

J'ai pas fini, voici mon plat de résistance°
Comme tout un chacun° j'ai bossé pour ma pitance°
Et histoire de vivre° convenablement
Je me suis mis à la recherche d'un appartement

J'ai bichonné° un excellent curriculum vitæ
Couleur et Macintosh enfin toute la qualité
En prime°; irréprochable situation morale
Et même quelques feuilles de salaire°: la totale

Vas-y Dieudo, fais leur le proprio[6]
«C'est un honneur pour moi, je vais vous montrer le patio»
Non, je plaisante car ça s'est pas passé ainsi
Quand il m'a vu, j'ai vu que tout s'est assombri
A-t-il senti que je ne lisais pas la Bible et il m'a dit

Je crois que ça va pas être possible
Pas être possible, pas être possible

1. Il cherche un appartement. 2. Il présente un CV bien préparé sur son Macintosh, imprimé en couleur, avec des feuilles de salaire. 3. Le protagoniste n'est pas chrétien. C'est un musulman. 4. Il change d'avis quand il voit le protagoniste et se rend compte qu'il n'est pas d'origine française (ou européenne). 5. Le propriétaire de l'appartement le dit.

Comprenez-vous?

1. Que cherche le protagoniste?
2. Que présente-t-il pour avoir ce qu'il veut?
3. Que suggère la ligne 29: «je ne lisais pas la Bible»?
4. Quand et pourquoi le propriétaire change-t-il d'avis?
5. Qui dit «ça va pas être possible» cette fois-ci?

placé... : *invested some money*
nest
téléphoné/*loan*
grosses têtes: *big shots*
payments
Mettre... : *Consolidate and pay your debts*

Le bonheur étant toujours pour demain
J'ai placé quelques thunes° pour un petit jardin
Un petit nid° et balcon sur «la prairie des filtres»[7]
Avec piscine au bord de la Garonne,[8] si j'insiste!

Mais ce putain de bonheur n'est jamais dans le pré[9]
J'ai appelé° «le bon sens près de chez vous»[10] pour un prêt°
Mais les banques, c'est les banques!
Comment vous dire..., eh bien, les mots me manquent

Enfin je vous fais le topo des grosses têtes°
«Il vous manque des points pour compléter votre retraite[11]
Vous devriez me semble-t-il pour assurer les traites°
Mettre à jour et un terme à l'ensemble de vos dettes°.»
Et puis, il a souri en me disant «c'est terrible mais...

Je crois que ça va pas être possible
Je crois que ça va pas être possible

[5]*Notice that in casual spoken French the* **ne** *of the negation often disappears.*
[6]*The singer asks an actor named Dieudo (Dieudonné) to play the role of the landlord.*
[7]*A big field in the center of Toulouse that is next to the Garonne.*
[8]*River in Toulouse*
[9]*Allusion to a film* **(Le bonheur est dans le pré)** *in which the hero finds happiness living the simple life in the country. (***pré** *= meadow, field)*
[10]*Ad slogan for a bank*
[11]*Not paid enough for retirement*

Comprenez-vous?

1. Que fait le protagoniste maintenant pour avoir un logement?
2. Comment justifie-t-on le refus cette fois-ci?
3. Qui dit maintenant «ça va pas être possible»?

1. Il décide d'emprunter de l'argent pour pouvoir acheter un appartement. 2. On le refuse parce qu'il n'a pas assez d'argent pour sa retraite et qu'il a encore des dettes. 3. C'est le banquier qui dit cela.

Mais je lâcherai pas l'affaire°, cousins, cousines
J'ai la patate° à faire peur à la pile alcaline[12]
Et je ferai pas comme celui qui
Va prendre un billet dans... La chaleur de la nuit°

Et je sais tous les noms d'oiseaux dont on nous traite
Et un jour je sais bien que c'est nous qu'on fera la fête
A tous ces gens qui vivent dans les autres sphères
Je vais les inviter à mon joyeux anniversaire

Et là plus de «qu'est-ce qu'y fait? Qu'est-ce qu'il a?»
De rebelote° «qui c'est celui-là?»[13]

Et à toutes ces taches° qui vous jugent à la figure
Je leur ferai une justice avec mes chaussures
Quand ils voudront sortir, là! ce sera terrible
Je leur dirai

Je crois que ça va pas être possible
Pas être possible, pas être possible

Zebda, *Essence ordinaire*, Barclay, 1998

lâcherai... : *will not give up the matter*

punch

Va... : *Run away without a fight*

répète

jerks

La vengeance

A la fin, le protagoniste veut se venger en invitant tous ceux «qui le jugent à la figure». Une fois à sa fête, il propose de leur donner des coups de pieds («leur faire une justice avec mes chaussures»). Qu'est-ce qu'il va leur dire quand ils veulent partir?

Ecoutez la chanson une deuxième fois et lisez les paroles en même temps.

Résumons

Racontez les épisodes de cette chanson au passé, dans un petit récit. Qui étaient les personnages? Comment étaient-ils? Qu'est-ce qu'ils ont fait?

Allez plus loin

Magyd Cherfi, un des chanteurs de Zebda explique: «La musique est une arme contre l'ignorance, l'intolérance et le racisme. Et nous, on fait la guerre... on a la volonté de faire une musique qui mélange un peu toutes les cultures.» Quel est le message politique ou social de cette chanson? Contre qui ou quoi Zebda est-il «en guerre»?

---

[12]*More determination than the Energizer bunny* **(la pile alcaline)**
[13]*Questions that guests at his "birthday party" will no longer ask*

For lesson plans, cultural notes, warm-ups, and homework assignments, please go to: *http://slv.heinle.com*.

Chapitre 4

En route!

A. Les moyens de transport

Mots apparentés: l'automobile *f.* (l'auto), le train, la motocyclette (la moto), la bicyclette, le taxi, le train

la voiture...	...*car*
neuve	*new*
d'occasion	*used*
le camion	*truck*
le monospace	*minivan*
le break	*station wagon*
le 4 x 4 (quatre-quatre)	*four-wheel drive*
la décapotable	*convertible*
l'autobus *m.* (le bus)	*city bus*
l'autocar *m.* (le car)	*commercial bus line*
le métro	*subway*
le vélo	*bicycle*
le VTT (vélo tout terrain)	*mountain bike*
les rollers *m.*	*roller blades*
les transports en commun *m.*	*public transportation*
la marche	*walking*

B. Les gens qui se déplacent

l'automobiliste *m./f.*	*car driver*
le conducteur (la conductrice)	*driver*
le chauffeur	*driver (taxi, bus)*
le covoitureur	*person who carpools*
le (la) cycliste	*bicycle rider*
le (la) motocycliste	*motocycle rider*
le (la) piéton(ne)	*walker, pedestrian*
le (la) passager(-ère)	*passenger (car, city bus, plane)*
le (la) voyageur(-euse)	*passenger (train, commercial bus)*

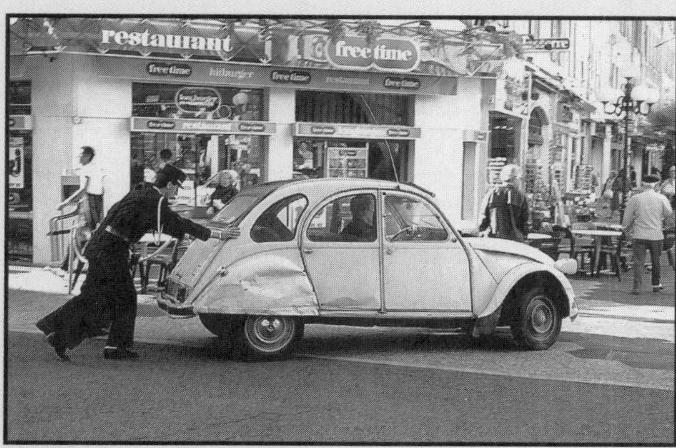

C. Le déplacement

le permis de conduire	*driver's license*
la vitesse maximum	*speed limit*
la circulation	*traffic*
l'essence *f.*	*gas*
la station-service	*service station*
le parking	*parking lot*
le stationnement	*parking*
...sur la chaussée	*(on the) street parking*
l'assurance automobile *f.*	*car insurance*
le covoiturage	*carpooling*
le casque	*helmet*
l'antivol *m.*	*lock*
la voie cyclable	*bike lane*
la piste cyclable	*bike path*

D. Activités

monter (dans la voiture, dans l'autobus)	*to get (into a car, on a bus)*
descendre de (la voiture, l'autobus)	*to get out of, off (the car, the bus)*
démarrer	*to start off*
conduire	*to drive*
se promener en voiture	*to go for a car ride*
emmener quelqu'un en voiture	*to give someone a ride*
accélérer	*to accelerate*
rouler	*to go (a car, a bike, etc.)*
doubler, dépasser	*to pass*
freiner	*to brake*
garer (la voiture)	*to park (the car)*
se garer, stationner	*to park*
faire du vélo	*to bike*
prendre...	*to take…*
le bus, le train, le métro	*the bus, the train, the subway*

E. Problèmes/Solutions

le bouchon	*traffic jam*
l'embouteillage *m.*	*traffic jam*
l'heure de pointe *f.*	*rush hour*
tomber en panne (d'essence)	*to break down (to run out of gas)*
marcher	*to work*
La radio marche bien.	*The radio works well.*
le pneu crevé	*flat tire*
la roue de secours	*spare tire*
la batterie à plat	*dead battery*
rentrer dans	*to run into*
écraser	*to run over*
déraper	*to skid*
le garage	*garage*
le garagiste	*car mechanic*
dépanner, réparer	*to repair*
la dépanneuse	*tow truck*
remorquer	*to tow*
la contravention	*ticket*
attraper une contravention	*to get a ticket*
l'amende *f.*	*fine*
le feu (rouge, orange, vert)	*traffic light (red, orange, green)*
la police	*the police*
le poste, le commissariat de police	*police station*
le policier	*policeman*

Chapter warm-up: Que savez-vous des moyens de transport à Paris? Sont-ils plus ou moins les mêmes que ceux qu'on trouve dans les grandes villes aux Etats-Unis?

Vocabulary warm-up: Quel moyen de transport préférez-vous? Quel est, à votre avis, le moyen de transport le plus économique? le plus pratique? le moins polluant? Aimeriez-vous avoir une voiture électrique? Pourquoi?

Saviez-vous que... ?

● 62% des Français souhaiteraient pouvoir se procurer en l'an 2000 une voiture électrique que l'on recharge pendant la nuit en la branchant dans son garage ou sa maison (34% ne le souhaitent pas). ●

Francoscopie 1999, p. 192

Question: Pourquoi, à votre avis, est-ce que tant de Français souhaiteraient avoir une voiture électrique?

Possible answers: 1. un monospace/un break 2. un bus 3. un métro 4. un vélo/les rollers 5. la marche/une décapotable 6. une voiture/un break 7. le train 8. le bus 9. un taxi 10. un vélo

Préparation grammaticale

Avant de continuer, révisez les articles, pp. 171–174.

Each word can be assigned to 2 student groups, with each group charged with the task of finding as many logical associations as possible. Groups that have the same word compare answers.

Order may vary slightly. 1. monter dans 2. démarrer 3. rouler 4. accélérer 5. doubler 6. freiner 7. se garer 8. descendre de

Vocabulaire

A. Comment se déplacer? A votre avis, quel serait le moyen de transport choisi par chacun des Français décrits ci-dessous? Justifiez votre choix.

1. Une mère de quatre enfants qui les emmène chez les grands-parents.
2. Un retraité *(retired person)* qui veut traverser Paris et a beaucoup de temps.
3. Un homme d'affaires qui doit traverser Paris à l'heure de pointe.
4. Un adolescent qui va chez un copain le samedi après-midi.
5. Un couple qui veut profiter du beau temps le dimanche.
6. Une femme qui habite en banlieue et qui emmène son fils malade chez le docteur.
7. Une étudiante qui descend sur la Côte d'Azur au mois d'août avec des copines.
8. Des touristes à Paris qui veulent voir les monuments de la capitale.
9. Une femme qui arrive en avion et veut se rendre au centre-ville.
10. Un enfant de banlieue qui joue dans son jardin.

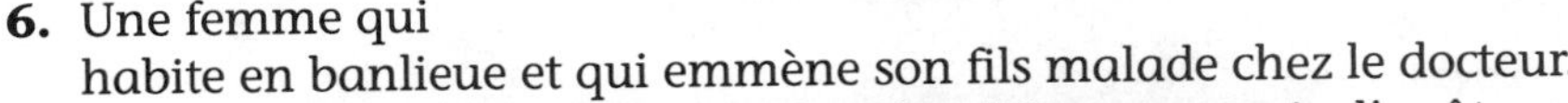

B. Les associations. Quels mots des listes B et C associez-vous avec chacun de ces moyens de transport? *Attention! Certains mots peuvent être associés à plus d'un moyen.*

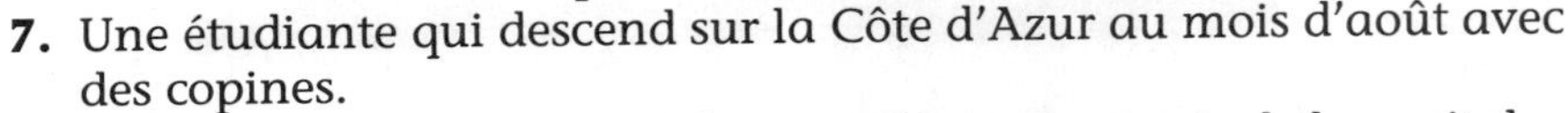

1. le monospace
2. le vélo
3. la décapotable
4. les rollers

C. Comment conduire? D'abord, mettez les verbes suivants dans l'ordre logique pour expliquer les actions d'un automobiliste.

se garer	démarrer	1. ______	5. ______
monter dans	freiner	2. ______	6. ______
accélérer	doubler	3. ______	7. ______
descendre de	rouler	4. ______	8. ______

Ensuite, imaginez que cet automobiliste est un jeune homme qui s'appelle Alain. Expliquez par des phrases complètes ce qu'Alain a fait quand il a pris la voiture de son père hier après-midi. Ajoutez des détails pour rendre le récit plus intéressant.

D'abord, Alain est monté dans la voiture. ....

D. Finissez la phrase. Cherchez dans la liste E du vocabulaire un mot ou une expression qui vous aide à bien finir chaque phrase.

1. Il y a des embouteillages parce que c'est...
2. Si je ne trouve pas de station-service, je vais...
3. La voiture dérape et...
4. Elle attend la dépanneuse parce que...
5. Quand on ne s'arrête pas au feu rouge, on risque de...
6. Je demande au garagiste de...
7. Si la voiture ne marche pas, il faut...
8. Une roue de secours est très utile quand on...

Answers may vary. 1. l'heure de pointe 2. tomber en panne 3. rentre dans un arbre 4. elle a la batterie à plat 5. attraper une contravention 6. dépanner ma voiture 7. la réparer 8. a un pneu crevé

Une piste cyclable aménagée en site propre.

Saviez-vous que... ?

En 1996 le Conseil de Paris a adopté la «charte *(charter)* du vélo», un document qui vise à rendre l'usage du vélo sûr et attractif comme moyen de déplacement. La charte s'adresse à tous les usagers de la voie publique *(public roadway)*. Certaines voies dans la capitale sont fermées à la circulation automobile le dimanche de 10h à 17h toute l'année; d'autres sont entièrement réservées aux piétons et cyclistes d'avril à novembre seulement. Par ailleurs, la Ville de Paris organise, le premier dimanche de printemps, une «Journée du vélo et du piéton» qui propose diverses manifestations et circuits à travers la ville.

http://www.paris-org/parisweb/fr/vivre/velo2.htm, 20/1/2000

Question: Quels droits ont les cyclistes de votre ville? Y a-t-il des voies ou des pistes cyclables?

Préparation grammaticale

Avant de continuer, révisez les pronoms d'object direct, indirect, y et en, pp. 174–178.

«Stationnement abusif»

Le texte que vous allez lire vient du site Web «Vivre à Vélo en Ville», créé par l'Association de cyclistes urbains de Montreuil, en banlieue parisienne. Cette association fait partie de la FUBicy (Fédération Française des Usagers de la Bicyclette), dont l'objectif est d'encourager l'usage de la bicyclette en tant que moyen de transport non polluant, non gaspilleur *(non-wasteful)* d'énergie, silencieux et générateur de bien-être physique.

Entrons en matière

A votre avis, est-ce que la majorité des automobilistes fait attention aux cyclistes avec qui ils partagent la route? Pourquoi? Comment l'automobiliste peut-il rendre le déplacement difficile même pour les cyclistes qui prennent les voies cyclables?

La FUBicy souhaite peut-être que le lecteur ait l'impression qu'on lui parle en tant qu'ami, et, par conséquent, qu'il y ait plus de personnes qui visitent leur site.

■ Pour mieux comprendre

Comme on vous l'explique dans l'introduction, l'objectif de la FUBicy est d'encourager les Français à accepter le vélo comme meilleur moyen de transport que la voiture. Lisez la première phrase du texte. Pourquoi, à votre avis, ce texte commence-t-il par le pronom sujet «je» et parle-t-il d'une expérience personnelle?

Lecture

police bus

windshield

Je sais bien qu'il faut rester calme, mais quand il m'arrive de compter 12 véhicules en stationnement sur la piste cyclable entre la Bastille et l'Hôtel de Ville (dont un car de flics°), je vois rouge.

Dans le cadre «ne nous énervons ☺ pas», la FUBicy a édité des fausses amendes de stationnement, à mettre sur les pare-brise° des voitures en stationnement. Je ne sais pas si c'est utile, mais ça calme un peu le cycliste qui les dépose. Les piétons peuvent aussi l'utiliser sur les voitures garées sur les trottoirs, les passages piétons...

Notez que je n'ai jamais vu quelqu'un ni s'excuser, ni quitter un stationnement parce que la remarque qu'il gênait les piétons ou les cyclistes lui avait été faite. La seule chose qui les retienne (et encore) ce sont les vraies amendes. Mais la police ne semble pas y attacher beaucoup d'importance. J'ai vu, il y a une semaine, des policiers arrêter des voitures rue du Renard pour des contrôles surprises. Devant eux, en plein sur la piste cyclable, une auto s'est garée. Ils n'ont pas réagi! Leur réponse à ma question a été: «on n'est pas là pour ça». Ben voyons!

Est-ce que les automobilistes ne se transforment jamais en piétons? Ou bien la place de la voiture en ville est-elle acceptée comme primordiale par tout le monde?

Enfin, voici l'amende en question. Si vous voulez l'imprimer, la photocopier et l'utiliser, n'hésitez pas. Sinon, vous pouvez aussi contacter la FUBicy pour en recevoir.

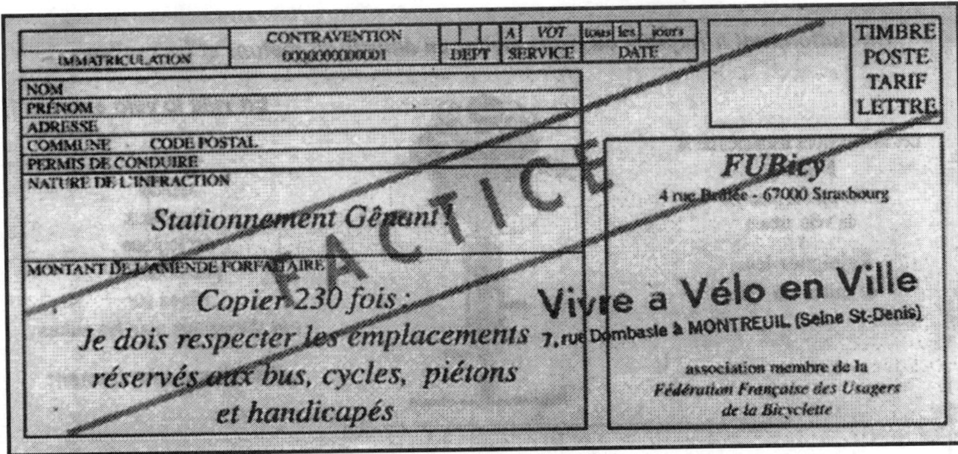

IMMATRICULATION | CONTRAVENTION 000000000001 | DEPT | A VOT SERVICE | tous les jours DATE

TIMBRE POSTE TARIF LETTRE

NOM
PRÉNOM
ADRESSE
COMMUNE CODE POSTAL
PERMIS DE CONDUIRE
NATURE DE L'INFRACTION

Stationnement Gênant !

MONTANT DE L'AMENDE FORFAITAIRE

Copier 230 fois :
Je dois respecter les emplacements réservés aux bus, cycles, piétons et handicapés

FACTICE

FUBicy
4 rue Brûlée - 67000 Strasbourg

Vivre à Vélo en Ville
7, rue Dombasle à MONTREUIL (Seine St-Denis)

association membre de la
Fédération Française des Usagers de la Bicyclette

recto

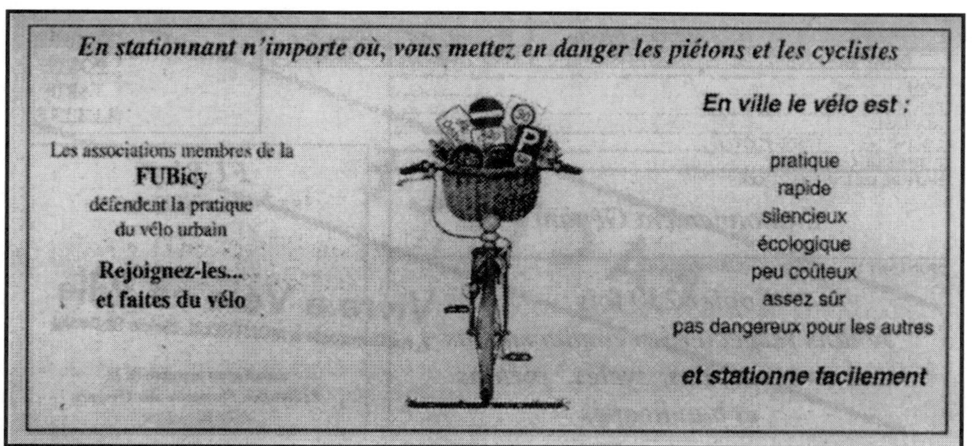

verso

Comprenez-vous?

1. Pourquoi est-il recommandé qu'un cycliste «reste calme»? (ligne 1)
2. Expliquez en d'autres termes «je vois rouge». (ligne 3)
3. Quel recours ce site offre-t-il aux cyclistes qui trouvent des voitures stationnées sur une piste cyclable?
4. Selon l'expérience personnelle de l'auteur, comment les automobilistes réagissent-ils quand on leur fait remarquer qu'ils se garent sur une piste cyclable?
5. Quels deux incidents mentionnés par l'auteur semblent révéler une attitude d'indifférence de la part de la police vis-à-vis des droits des cyclistes à Paris?
6. Selon la contravention factice (fausse), comment l'automobiliste coupable de stationnement abusif est-il pénalisé?
7. Quels sont les avantages du déplacement en vélo indiqués au verso de la contravention factice?
8. Quel autre moyen de transport ce site soutient-il?

1. pour ne pas avoir d'accident 2. «je suis enragé» 3. des fausses amendes qu'on peut mettre sur les pare-brise 4. ne s'excusent pas et ne quittent pas le stationnement 5. (a) un car de police garé sur une piste cyclable (b) un policier qui n'a pas mis d'amende sur le pare-brise d'une voiture sur une piste cyclable. 6. doit copier 230 fois: «Je dois respecter les emplacements réservés aux bus, cycles, piétons et handicapés.» 7. pratique, rapide, silencieux, écologique, peu coûteux, assez sûr, pas dangereux pour les autres, stationne facilement 8. la marche (les piétons)

A discuter

Les automobilistes devraient-ils respecter les droits des cyclistes? La police devrait-elle donner de vraies contraventions à ceux qui ne respectent pas ces droits? Expliquez votre point de vue.

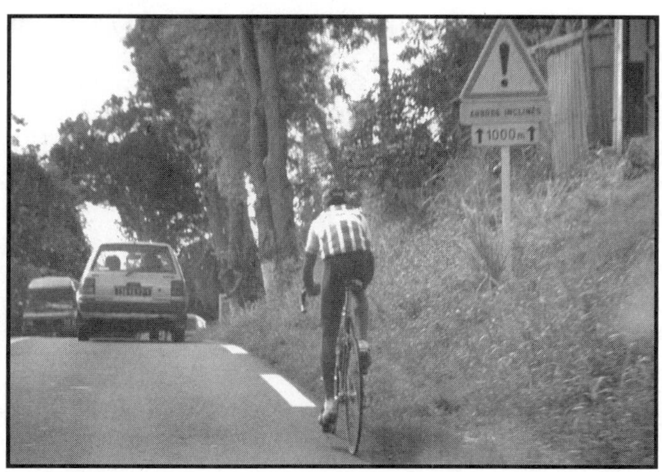

Saviez-vous que... ?

Depuis 1992, on organise des manifestations à vélo et rollers tous les premiers samedis du mois à 14h00, place de la Bastille à Paris. On y manifeste pour «lutter contre la pollution de l'air, contre la politique du tout-automobile des élus de la capitale et mettre en place un «Réseau Vert» à travers tout Paris (vraies pistes cyclables, rues piétonnes, développement des transports en commun...).

http://www.multimania.com/toma/pvelo.htm, 20/2/2000

Questions: Quels changements peut-on faire pour rendre une ville moins dangereuse pour les cyclistes? Ces changements amènent-ils d'autres avantages?

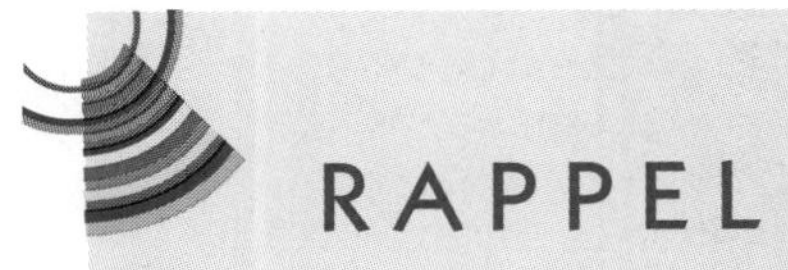

RAPPEL

The *definite article* in French (le, la, l', les) is the equivalent of "the" in English. The *indefinite article* (un, une, des) is the equivalent of "a" or "an." The *partitive article* (du, de la, de l', des) is the equivalent of "some." There are several differences in the use of these articles in the two languages. For more details, see pp. 171–174.

Applications

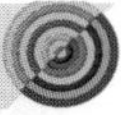

1. la / aux / aux 2. les 3. les / les / des / la 4. la / la / les / les 5. la / des / des 6. la / l' 7. la / au 8. le

A. Le code de conduite en VTT.[1] L'association des Amis du Vélo de Montagne affiche leur «code de conduite en VTT» sur son site Web. Quelques-unes des règles de ce code sont indiquées ci-dessous. Identifiez dans chaque règle les articles définis ou contractés (avec les prépositions **à** ou **de**), et les articles indéfinis.

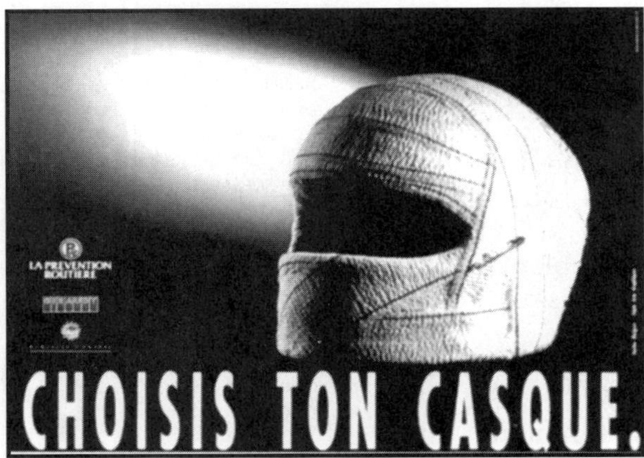

1. Accorder la priorité aux marcheurs et aux cavaliers *(horseback riders)*, ne pas les gêner ni les effrayer.
2. Ne pas effrayer les animaux sauvages ou domestiques.
3. Refermer les portails et les barrières; tenir compte des interdictions et de la signalisation routière et forestière.
4. Respecter la faune, la flore, les cultures et les pâturages.
5. Ne pas s'écarter, dans la forêt, des chemins et des sentiers.
6. Participer à la sauvegarde de l'environnement.
7. Pour la sécurité de chacun, veiller au bon fonctionnement de votre vélo.
8. Porter le casque en toute circonstance.

1. Les Français font rarement du covoiturage. 2. Prendre le bus à Paris offre la possibilité de voir les monuments. 3. Le métro est plus pratique pour les gens qui n'ont pas beaucoup de temps. 4. Le/Un cycliste en ville doit avoir du courage et de la patience. 5. Les rollers sont le moyen de transport que les jeunes préfèrent. 6. L'essence coûte plus cher en France qu'aux Etats-Unis. 7. Pour éviter les problèmes de stationnement, on peut faire du covoiturage. 8. Il y a moins de bouchons tôt le matin. 9. Si on a une panne d'essence, il faut trouver une station-service. 10. Vous risquez de recevoir une amende si vous brûlez un feu rouge.

B. Se déplacer. Mettez des articles entre les mots donnés, où il en faut, pour faire des phrases correctes. Ajoutez des prépositions, si nécessaire. Attention! Les mots sont dans l'ordre correct.

1. Français / font / rarement / covoiturage.
2. prendre / bus / à Paris / offre / possibilité / de / voir / monuments.
3. métro / est / plus / pratique / pour / gens / qui / n'ont pas / beaucoup / temps.
4. cycliste / en ville / doit / avoir / courage / et / patience.
5. rollers / sont / moyen de transport / que / jeunes / préfèrent.
6. essence / coûte / plus / cher / en / France / qu'à / Etats-Unis.
7. pour / éviter / problèmes / de / stationnement / on / peut / faire / de / covoiturage.
8. il y a / moins / bouchons / tôt / matin.
9. si / on / a / panne / de / essence / il/faut / trouver / station-service.
10. vous / risquez / de / recevoir / amende / si / vous / brûlez / feu rouge *(to run a red light)*.

---

[1] *http://www.lyoba.ch/bike/code.htm*, 26/2/2000

Direct object pronouns replace nouns that are acted on directly by the verb; ***indirect object pronouns*** replace the preposition **à** + *a person*; **y** replaces the preposition **à** + *a thing* or *a place*; **en** replaces **de** + *a thing* or *a place*. For more details, see pp. 174–178.

C. Assez de questions! M. et Mme Dupont et leur fille Alice sont en route vers la mer. Alice, qui n'a que quatre ans, est très curieuse. Elle pose des questions sur tout! Pour aider ses pauvres parents, trouvez une réponse logique à chacune des questions d'Alice. Dans votre réponse, remplacez les mots soulignés dans la question par le(s) pronom(s) approprié(s).

Answers will vary; correct pronouns are: 1. J'en ai... 2. Il faut la respecter... 3. On y achète... 4. On lui téléphone... 5. ...s'y arrêter 6. Nous voulons l'éviter... 7. Nous n'en avons pas... 8. Tu peux en descendre...

Alice: Papa, pourquoi as-tu besoin d'<u>un permis de conduire</u>?
M. Dupont:
Alice: Maman, pourquoi faut-il respecter <u>la vitesse maximum</u>?
Mme Dupont:
Alice: Qu'est-ce qu'on achète <u>dans une station-service</u>?
Mme Dupont:
Alice: Quand est-ce qu'on téléphone <u>au garagiste</u>?
M. Dupont:
Alice: Pourquoi faut-il s'arrêter <u>au feu rouge</u>?
Mme Dupont:
Alice: Pourquoi voulons-nous éviter <u>l'heure de pointe</u>?
Mme Dupont:
Alice: Pourquoi est-ce que nous n'avons pas <u>de décapotable</u>?
Mme Dupont:
Alice: Quand est-ce que je peux descendre <u>de la voiture</u>?
M. Dupont:

Préparation grammaticale

Avant de continuer, révisez l'ordre des pronoms, pp. 177–178.

D. Jouez le prof! Mettez-vous à deux ou trois pour jouer le rôle d'un prof d'un cours intermédiaire de français. Un de vos étudiants vient de vous rendre un paragraphe au sujet d'un incident de voiture. Pour l'aider à éliminer les répétitions de noms, insérez les pronoms nécessaires (d'objet direct, d'objet indirect, **y**, et **en**) dans son paragraphe. Après avoir corrigé le paragraphe, comparez-le aux paragraphes des autres «profs» de votre classe.

> Un soir je devais emmener mon amie au cinéma dans la voiture de mon père. D'abord je n'arrivais pas à trouver les clés. Enfin j'ai trouvé les clés sous le siège de la voiture. J'ai aussi trouvé sous le siège de la voiture un billet de vingt dollars. J'ai demandé à mon père s'il avait perdu ce billet de vingt dollars. Il a dit non, et il a donné ce billet de vingt dollars à moi. Puis, j'ai remarqué qu'il n'y avait pas assez d'essence. Quel dommage! J'allais être obligé de dépenser cet argent pour acheter de l'essence. Je suis parti tout de suite à la station-service. Quand je suis arrivé à la station-service, j'ai découvert que j'avais aussi un pneu crevé! Après avoir payé l'essence et la réparation du pneu, je n'avais plus d'argent. Enfin j'ai téléphoné à mon amie pour dire à mon amie que je ne pouvais plus emmener mon amie au cinéma. Quand j'ai raconté à mon amie cette histoire de panne d'essence et de pneu crevé, elle a dit à moi que j'avais inventé cette histoire!

Réponse possible: Un soir je devais emmener mon amie au cinéma dans la voiture de mon père. D'abord je n'arrivais pas à trouver les clés. Enfin je les ai trouvées sous le siège de la voiture. J'y ai aussi trouvé un billet de vingt dollars. J'ai demandé à mon père s'il l'avait perdu. Il a dit non, et il me l'a donné. Puis, j'ai remarqué qu'il n'y avait pas assez d'essence. Quel dommage! J'allais être obligé de dépenser cet argent pour en acheter. Je suis parti tout de suite à la station-service. Quand j'y suis arrivé, j'ai découvert que j'avais aussi un pneu crevé! Après avoir payé l'essence et la réparation du pneu, je n'avais plus d'argent. Enfin j'ai téléphoné à mon amie pour lui dire que je ne pouvais plus l'emmener au cinéma. Quand je lui ai raconté cette histoire de panne d'essence et de pneu crevé, elle m'a dit que je l'avais inventée!

The word order for pronouns in affirmative commands is different from the regular word order. To review this imperative pronoun word order, see the chart on p. 178.

1. Demande-lui s'il les a. 2. Ne l'oublie pas! 3. Va en acheter! 4. Mettons-les-y! 5. Dites-leur...

E. Avant le départ. Les Martin préparent leur départ en vacances. Madame Martin donne des ordres à tout le monde. Sa mère (85 ans), qui veut l'aider, répète tout ce qu'elle dit! Créez les ordres de la grand-mère, en remplaçant tous les mots soulignés par des pronoms.

> **Modèle:** ***Mme Martin:*** **Robert, mets tes rollers dans ton sac!**
> ***Grand-mère:*** **Oui, *mets-les-y*!**

Mme Martin: Cécile, demande à ton père s'il a les billets!
Grand-mère: Oui, ____________________!

Mme Martin: Max, n'oublie pas ton casque!
Grand-mère: Non, ____________________!

Mme Martin: Roger, va acheter de l'essence.
Grand-mère: Oui, ____________________!

Mme Martin: Mettons les valises dans la voiture!
Grand-mère: Oui, ____________________!

Mme Martin: Dites aux voisins que nous partons!
Grand-mère: Oui, ____________________!

Continuez cet exercice avec un(e) partenaire...

Préparation grammaticale

Avant de continuer, révisez les pronoms disjoints, pp. 178–179.

F. Des incidents de route (de plus en plus graves!) Créez, avec un(e) partenaire, un dialogue entre deux amis qui se revoient après des vacances. Vous avez, tous (toutes) les deux, un «incident de route» à raconter, et chacun de vous pense que ce qui vous est arrivé était plus grave (et plus intéressant) que l'incident de l'autre. Utilisez la liste E du vocabulaire (au début du chapitre) et autant de pronoms disjoints que possible.

> **Modèle:** ***Moi, j'ai un incident de route incroyable à raconter... Mes parents, eux, n'etaient pas du tout contents...***

«La 2 CV de ma soeur» 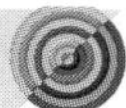

Fernand Raynaud (1926–1973) est l'un des comédiens français les plus connus. Apprécié aussi par des étrangers, Raynaud a reçu un télégramme de Charlie Chaplin en 1960 annonçant son intention de venir assister à son premier grand spectacle. Ses sketchs, improvisés et présentés sur scène au fil des ans, ont été mis par écrit beaucoup plus tard quand Raynaud les a dictés à sa secrétaire. Le public français d'aujourd'hui continue à rire en lisant les histoires drôles de ce comédien, et plusieurs fois par an on trouve ses sketchs diffusés à la télévision.

■ Entrons en matière

Dans le livre *Francoscopie 1999* on trouve cette statistique: «Entre 18 et 30 ans, les femmes ont beaucoup moins d'accidents que les hommes. A partir de la trentaine, la situation s'inverse. Les hommes causent moins d'accidents que les femmes. [...] Mais le coût des accidents causés par les femmes, tous âges confondus, est inférieur de 17% à celui des hommes.»[2] Que pensez-vous de cette statistique? Pourquoi, à votre avis, les femmes en France âgées de plus de 30 ans ont-elles plus d'accidents que les hommes? Pourquoi les accidents des hommes sont-ils plus chers? Est-ce que la situation est la même aux Etats-Unis?

■ Pour mieux comprendre

Souvent les histoires comiques nous semblent encore plus comiques si nous comprenons le caractère du protagoniste (ou de la «victime»). Un bon comédien sait donc bien décrire ses personnages. Parcourez le deuxième paragraphe de ce sketch de Fernand Raynaud où le narrateur décrit sa sœur. Qu'est-ce que nous y apprenons sur cette femme? Quelle est l'attitude du narrateur envers son personnage?

During the discussion, make a list on the board of the students' ideas about the sister, so that they have a clear picture of the main character before beginning the reading assignment.

Lecture

Première partie

Si un jour une de vos amies vous dit: «Veux-tu que je te parle franchement?» répondez-lui: «Non! Non! Non! Continue à me parler comme avant.» Donc, avec ma sœur... Ne soyez pas sincère, c'est-à-dire, soyez diplomate, ne lui demandez pas pourquoi sa 2 CV n'est plus peinte en rouge!

---

[2] *Francoscopie 1999*, p. 87

Ah! Oui, il lui est arrivé un incident—j'ai pas dit accident mais incident. Parce que ma sœur est très prudente. Elle ne dépasse jamais le vingt-cinq à l'heure° et elle roule toujours au milieu de la route, et elle dit: «Si tout le monde était comme moi, y'aurait pas souvent d'accident!» Elle en est à son seizième mort, parce que, y'a des gens qui veulent doubler, des imbéciles, des artistes! C'est nuisible° à la société!

L'autre jour, ma sœur roulait avec sa 2 CV et il y avait un convoi du cirque° Tantini. Comme le convoi roulait à vingt-cinq à l'heure, ma sœur dit: «J'y va-t-y, j'y va-t-y pas°? Allez, je me paye le culot°, je double le convoi!»

Elle l'a fait, et v'là qu'après avoir doublé trois roulottes°, cinq camions, deux caravanes, un gros camion s'était arrêté pour laisser prendre aux éléphants leurs ébats°—parce que tous les quarante kilomètres il faut s'arrêter pour laisser descendre les éléphants, afin qu'ils puissent se détendre, s'ébrouer°, enfin, tout ce que les éléphants ont besoin de faire lorsqu'ils sortent d'un camion… Ma sœur a donc été obligée de stopper avec sa 2 CV rouge, et quelle n'a pas été sa stupeur de voir arriver lentement vers elle, alors qu'elle était assise dans sa 2 CV, un gros pachyderme, qui se tourne vers elle, lui fait voir son arrière-train, lève la queue et crac! Il s'assoit sur le devant de la 2 CV!

Ma sœur, ça lui a fait comme un coup. Elle se croyait en pleine nuit, elle s'est trouvée mal°. Le cornac° est arrivé précipitamment, a fait lever l'éléphant, a ranimé ma sœur à grands coups de gifles. Le directeur est arrivé en courant: «Rassurez-vous, nous sommes assurés°, on vous paiera les réparations! Je vais vous expliquer pourquoi l'éléphant s'est assis sur la 2 CV. C'est parce que, chaque soir, au cours de son numéro, au milieu de la piste°, il s'assoit sur un tonneau° qui est rouge comme votre voiture!»

Ma sœur était tellement suffoquée que le directeur du cirque Tantini l'a emmenée dans un petit café, lui a fait prendre un cognac, puis un deuxième, puis un troisième. Le cornac a payé sa tournée, ma sœur n'a pas voulu être en reste°, elle a payé la sienne… Et elle est repartie en fredonnant° «Cerisiers roses et pommiers blancs».

le vingt-cinq… : 25 km à l'heure *(approx. 16 mph)*

qui fait du mal

convoi… : véhicules qui transportent les animaux

j'y… : *(fam.)* j'y vais, je n'y vais pas?/**me paye**… : *(fam.)* me permets de faire une chose inhabituelle/

maisons roulantes

laisser… *let the elephants move about*

s'agiter vivement

s'est… : s'est évanouie *(fainted)*/*trainer*

insured

circus ring/barrel

être… : *to be indebted to*

humming

Comprenez-vous?

1. Qu'est-ce qu'on apprend au sujet de la voiture de la sœur du narrateur dans le premier paragraphe?
2. Comment conduit la sœur, et quel est le résultat de sa façon de conduire?
3. Pourquoi la sœur a-t-elle été obligée d'arrêter sa voiture sur la route?
4. Pourquoi la sœur s'est-elle trouvée mal?
5. Pourquoi l'éléphant a-t-il agi ainsi?
6. Combien de verres de cognac la sœur a-t-elle bus au café?

1. Autrefois sa voiture était peinte en rouge. 2. Elle conduit très lentement; le résultat est que les gens se tuent en essayant de la doubler. 3. Elle se trouvait derrière un convoi de cirque qui s'est arrêté pour laisser descendre les éléphants. 4. Un éléphant s'est assis sur le devant de sa voiture. 5. Chaque soir, au cours de son numéro, l'éléphant s'assied sur un tonneau rouge (qui ressemble à la 2 CV). 6. Elle en a bu neuf (trois payés par le directeur, trois payés par le cornac, et trois payés par la sœur elle-même).

Pour mieux comprendre

La première partie de ce texte de Fernand Raynaud est une narration. Dans la deuxième partie, que vous allez lire maintenant, il s'agit plutôt d'un dialogue. Parcourez le texte pour découvrir qui parle.

Have students work individually on this skimming exercise, then compare answers.

Lecture

Deuxième partie

Elle a réussi quand même à doubler le cirque mais v'là qu'au bout de trois kilomètres, elle dit: «Pourvu que ma direction° n'en ait pas pris un coup! Vérifions s'il n'y a rien. Montons sur le petit talus° à droite, ça a l'air d'aller... Voyons le petit talus à gauche...»

On entend des coups de sifflet. Deux motards° arrivent: «Rangez-vous° à droite, non mais dites donc, ça va pas vous? Vous êtes un danger public, mademoiselle! Vous allez à droite, vous allez à gauche... Mais dites donc! Vous avez eu un accident?

—Non, non! C'est un éléphant qui s'est assis sur ma voiture!

—Ah... Oui, oui, je vois très bien ce que c'est! Marcel! Viens voir! Y'a un éléphant qui s'est assis sur le devant de la voiture de Madame!

—Mademoiselle s'il vous plaît!

—J'vais vous en donner moi, du mademoiselle!

—Oui! Je vous assure Monsieur l'agent! C'est un éléphant qui s'est assis sur le devant de ma voiture!

—Mais vous puez° le cognac, vous?

—Mais, monsieur...

—Y'a pas de «Mais, monsieur». Vous allez à droite, vous allez à gauche, vous sentez le cognac et vous nous dites qu'un éléphant s'est assis sur votre voiture? Vous nous prenez pour des enfants de chœur°? Suivez-nous au poste!»

Ils ont fait une prise de sang à ma sœur et, comme il y avait évidemment de l'alcool, ils l'ont gardée quarante-huit heures. Elle hurlait: «Oui, oui, oui! C'est vrai! Un éléphant s'est assis sur mon auto! Je le vois arriver, je vois un éléphant... Ouh! Le gros n'éléphant!»[3]

steering

embankment

motocyclistes de la gendarmerie

Rangez... : Arrêtez-vous

reek

enfants... : garçons qui aident le prêtre à l'église (personnes très naïves)

[3]The use of **n'** before a noun beginning with a vowel comes from child's speech; since French children must learn to make the liaison between the final consonant **n** of one word and the initial vowel of the following noun (**un éléphant**) they often assume that the noun actually begins with the consonant.

mettre à l'hôpital psychiatrique
remise en liberté

Ils voulaient l'interner°, il a fallu que le directeur du cirque vienne témoigner que les faits étaient exacts. Ils l'ont relâchée°.

Elle a fait repeindre sa voiture en vert et, si vous la rencontrez, surtout ne lui dites pas: «Pourquoi votre 2 CV est-elle verte maintenant, expliquez-moi ça?»

Surtout ne lui dites pas, car elle verrait rouge.

Fernand Raynaud, «La 2 CV de ma sœur», *Heureux!* (Paris: Editions de Provence, 1975), pp. 95-98.

1. Elle voulait vérifier que sa voiture n'avait pas été endommagée par l'éléphant. 2. Elle sentait l'alcool. 3. Elle avait de l'alcool dans le sang. 4. Le directeur. 5. Quand elle pense à cet incident, elle «voit rouge». NOTE: «voir rouge» = avoir un accès de colère qui incite au meurtre (donc: voir du sang)

Comprenez-vous?

1. Pourquoi la sœur commençait-elle à zigzaguer d'un côté à l'autre de la route?
2. Pourquoi les gendarmes ne croyaient-ils pas l'explication de cette femme?
3. Quelle raison la police avait-elle de garder la sœur pendant quarante-huit heures?
4. Qui a convaincu la police de relâcher cette femme?
5. Pourquoi des questions à la sœur sur le changement de couleur de sa voiture sont-elles dangereuses?

Allez plus loin NOTE: *Play the recording of the sketch before having students work on the questions; this will help them focus on the oral/aural aspect of the work. Play the sketch twice; first students listen without looking at the text, then follow along in the text the second time.* **Follow up** *Conduct a brief discussion of the differences between the oral and written text.*

Question 1
Réponses possibles Il est plus drôle d'entendre les différentes voix./L'histoire est plus vivante./L'histoire est plus facile à suivre.

Question 2
Follow-up *Have groups compare findings.* NOTE: *The most effective technique is the use of spoken language vs. written language. Some indications that this text was prepared for oral delivery are: the use of direct discourse; the use of conversational French* **(«J'ai pas dit», «y'a des gens», «j'y va-t-y», «v'là»);** and the use of repetition.

Allez plus loin

1. Quelles sont les raisons possibles pour lesquelles Fernand Raynaud a décidé de faire parler les personnages de la deuxième partie de son histoire (sous forme de dialogue) au lieu de raconter (sous forme de narration) leurs actions?
2. Quelle(s) technique(s) le comédien utilise-t-il dans son sketch pour attirer l'attention du public qui l'écoute? Trouvez-en des exemples dans «La 2 CV de ma sœur».

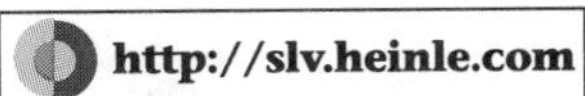

Activités d'expansion

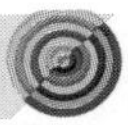

Groups choose their most economical car and write a short defense of their choice to present to their classmates.

Follow-up *Groups discuss their choices and argue for or against those of their classmates, using the expressions suggested.*

A. La voiture la plus économique. Essayez, avec trois ou quatre de vos camarades de classe, de vous mettre d'accord sur la voiture la plus économique du monde. Il faut trouver une voiture qui est économique du point de vue du prix *et* de l'usage. Quels sont les avantages de cette voiture? Quels en sont les inconvénients? Voici des mots et des expressions qui pourront vous aider dans la discussion.

Pour décrire la voiture:

agile *(not sluggish)*, confortable, maniable *(easy to handle)*, puissante *(powerful)*, sûre *(reliable)*
consomme peu d'essence *(uses little gas)*
ne coûte pas cher, est bon marché *(cheap)*
a une bonne tenue de route *(holds the road well)*
à deux (quatre) portes, avec traction avant *(front-wheel drive)*, à boîte automatique *(automatic transmission)*, à boîte manuelle

Pour exprimer votre opinion:

Moi, je pense que…	Il me semble que…
A mon avis…	Je trouve que…
Pour ma part…	Je crois que…

Pour exprimer votre accord:

Je suis (tout à fait) d'accord.
Je suis de ton (votre) avis.
C'est juste.
Tu as (Vous avez) raison.
Bien sûr!
Absolument!
Sans aucun doute!

Pour exprimer votre désaccord:

Je ne suis pas d'accord.
Au contraire!
Par contre…
Pas du tout!
Absolument pas!
Tu as (Vous avez) tort.
Pourtant; Cependant

B. Débat: les conducteurs les plus dangereux? Il y a des gens qui pensent que les conducteurs les plus dangereux sur la route sont ceux qui conduisent trop vite. D'autres pensent le contraire: que ceux qui conduisent trop lentement sont plus dangereux. Qu'en pensez-vous et pourquoi? Si possible, donnez des exemples pour soutenir votre opinion.

Divide the class into two teams to debate the question. Refer students to the section above for expressions that will help them articulate their opinions.

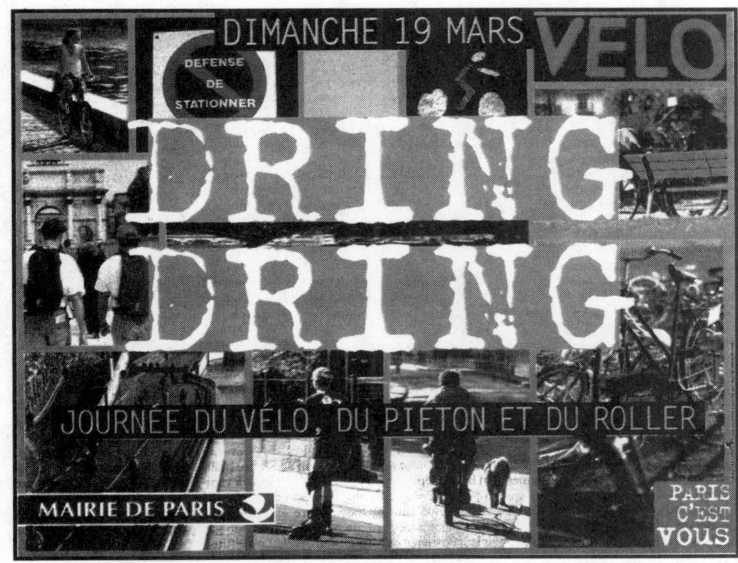

C. Le vélo — un meilleur moyen de transport? Si on vend sa voiture et qu'on décide de se déplacer uniquement en vélo, est-ce qu'il y aura autant d'avantages que d'inconvénients? Discutez-en.

D. La voiture: malheur du monde? La plupart des gens aux Etats-Unis et en Europe considèrent la voiture comme un objet absolument indispensable, mais on ne nie pas que sa prolifération dans le monde entraîne des conséquences très graves (pollution, embouteillages, gaspillage d'énergie, etc.). Qu'est-ce que vous en pensez? La voiture est-elle vraiment essentielle à la vie? Quelle(s) solution(s) voyez-vous à ce problème?

For lesson plans, cultural notes, warm-ups, and homework assignments, please go to: *http://slv.heinle.com*.

Chapitre 5

Les voyages

A. Pourquoi?

s'amuser (à)	*to amuse oneself, to enjoy, to have fun*
se cultiver	*to improve one's mind*
découvrir	*to discover*
se détendre	*to relax, to unwind*

B. Comment?

faire du stop	*to hitchhike*
prendre le car, le train, etc.	*to take the bus, the train, etc.*
voyager en avion, en car, en train, en voiture, à pied	*to travel by plane, bus, train, car, on foot*

C. Où?

l'auberge de jeunesse *f.*	*youth hostel*
la caravane	*camping trailer*
le chalet	*small vacation house (in the mountains)*
la colonie de vacances	*summer camp (for children)*
coucher… sous la tente, à la belle étoile, en plein air	*to sleep… in a tent, out in the open, outdoors*
la tente	*tent*
le terrain de camping	*campground*
le sac de couchage	*sleeping bag*
la maison de campagne	*country house*
la mer	*ocean*
la montagne	*mountain*
la plage	*beach*
la station balnéaire	*seaside resort*
la station de sports d'hiver	*winter (sports) resort*

D. Quoi?

faire la grasse matinée	*to sleep in, to sleep late*
faire une croisière	*to go on a cruise*
bronzer	*to tan, to get a tan*
le coup de soleil	*sunburn*
prendre un coup de soleil	*to get a sunburn*
faire du bateau	*to go boating*
du canoë	*canoeing*
de la planche à voile	*windsurfing*
de la voile	*sailing*
du rafting	*white-water rafting*
du scooter des mers	*jet-skiing*
du ski nautique	*waterskiing*
du surf	*surfing*
de la plongée	*diving, scuba diving*
se baigner	*to go swimming*
aller à la pêche	*to go fishing*
aller à la chasse	*to go hunting*
faire de l'alpinisme *m.*	*to go mountain climbing*
de l'escalade *f.*	*rock climbing*
du parapente	*hang-gliding*
de la randonnée	*hiking, backpacking*
faire du ski alpin	*to go downhill skiing*
du ski de fond	*cross-country skiing*
du surf des neiges	*snowboarding*
de la motoneige	*snowmobiling*
la planche (des neiges)	*snowboard*
la raquette	*snowshoe*
faire de l'équitation	*to go horseback riding*
une promenade à cheval	*for a horseback ride*
un pique-nique	*on a picnic*
du VTT	*mountainbiking*
faire une promenade…	*to go…*
en bateau	*for a boat ride*
à vélo	*bike riding*
en voiture	*for a (car) ride*

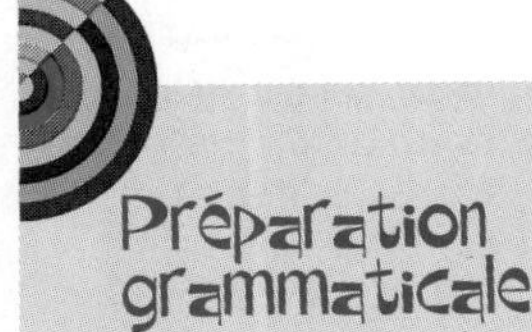

Préparation grammaticale

Avant de commencer ce chapitre, révisez l'usage des pronoms avec des lieux géographiques, pp. 182–183.

Saviez-vous que... ?

● Depuis 1982, les salariés français ont droit à cinq semaines de vacances. 28% des actifs disposent de plus de cinq semaines de congés payés annuels. De sorte que la France arrive en première position en Europe (et peut-être dans le monde) pour la durée des vacances. ●

Francoscopie 1999, p. 47

Question: Depuis combien de temps les Français ont-ils les vacances les plus longues d'Europe?

Vocabulary warm-ups:
1. Comment sont les vacances typiques des Amerericains? Où vont-ils? Comment voyagent-ils? Où logent-ils? Quelles activités font-ils? Et les vacances typiques des étudiants? 2. Comment seront les vacances d'une personne qui a besoin de se reposer? et d'une personne qui aime l'aventure?

Serre, «Les vacances» (Grenoble: Editions Glénat, 1984).

Qui sont les personnages sur ce dessin? Où sont-ils? Qu'est-ce qui est arrivé? Que font-ils?

Vocabulaire

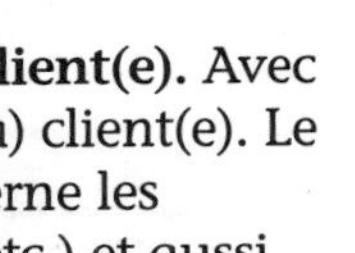

A. Dans une agence de voyages. L'employé(e) et son (sa) client(e). Avec un partenaire, jouez les rôles de l'agent de voyages et de son (sa) client(e). Le (La) client(e) se décrit et parle de ses préférences en ce qui concerne les vacances (saison, type de logement préféré, activités favorites, etc.) et aussi ses moyens (combien il [elle] pense dépenser). L'agent de voyages propose un voyage en donnant beaucoup de détails. Puis changez de rôle.

B. Qui ferait cela? Quelle sorte de personne aimerait les activités suivantes? Indiquez leur sexe et leur âge, puis décrivez leur caractère. Si possible, donnez aussi une profession.

> **Modèle: faire du rafting**
> ***Un garçon de 16 ans, lycéen, courageux, qui nage bien et qui cherche l'aventure, aimerait faire du rafting.***

1. faire une croisière
2. faire du stop
3. faire de la randonnée
4. aller à la chasse
5. faire de l'équitation
6. faire de l'alpinisme
7. coucher à la belle étoile
8. descendre dans une auberge de jeunesse

***Prepositions* used with place names vary according to the type of place (city (à), region, country, continent) and, in the case of countries, regions, or continents, depend on whether they are feminine (en) or masculine *(à + article)*. For more details, see pp. 182–183.**

C. Les vacances idéales. Imaginez des vacances idéales pour chacune des personnes suivantes. Où iront-elles? (Donnez une destination précise.) Comment voyageront-elles? Où logeront-elles? Que feront-elles? Mentionnez aux moins trois activités.

1. un étudiant sportif qui adore l'eau mais qui n'a pas beaucoup d'argent (en juin)
2. votre professeur de français (en mai)
3. le Président des Etats-Unis (en juillet)
4. une mère de famille nombreuse[1] après Noël
5. deux Françaises de 19 ans qui viennent de réussir leur bac (en août)
6. un homme d'affaires de 60 ans qui vient de divorcer (en décembre)
7. l'ancienne femme de cet homme d'affaires (en décembre)
8. trois étudiantes américaines dont les grands-parents leur offrent des vacances (en été)
9. un adolescent de 16 ans qui est obligé de partir avec sa famille (en février)

Preposition warm-up: Répondez à la question en disant si les personnes indiquées sont déjà allées à la destination nommée. *Modèle: Vous connaissez la France? Oui, je suis déjà allé(e) en France. Et Lyon? Non, je ne suis pas encore allé(e) à Lyon.* Tes parents connaissent le Canada? et Montréal? Le prof connaît la Suisse? et Genève? Ta copine connaît l'Angleterre? et Londres? Vous connaissez l'Allemagne? et Berlin? Ton frère connaît le Brésil? et Rio? Ta famille connaît l'Italie? et Rome?

D. Ennuyeuses ou passionnantes? Chaque membre de votre groupe croit n'avoir jamais passé de vacances aussi ennuyeuses ou au contraire aussi passionnantes. Décrivez vos vacances imaginaires en donnant beaucoup de détails et en exagérant tant que vous pouvez. Choisissez les meilleures descriptions de votre groupe pour les présenter à la classe.

E. Devinettes. Choisissez un mot ou une expression des catégories C et D de la liste de vocabulaire. Décrivez-le ou expliquez-le en français pour que vos camarades de classe devinent ce que vous avez choisi.

Modèle: C'est un sport d'hiver que les jeunes préfèrent au ski. On l'apprend plus vite que le ski. On utilise une planche.
C'est le surf des neiges.

Saviez-vous que... ?

Un Français sur deux pratique un sport au cours des vacances, pour s'initier ou se perfectionner. En bord de mer, les sports de glisse (scooter des mers, fun board,* speed-sails*) font de plus en plus d'adeptes et complètent les sports plus traditionnels comme le ski nautique ou la planche à voile. A la campagne ou à la montagne, l'escalade, le parapente, le VTT et surtout la randonnée se développent.

Francoscopie 1999, p. 426.
*petite planche à voile
*planche à roulettes et à voile

Question: Quels nouveaux sports attirent de plus en plus de vacanciers?

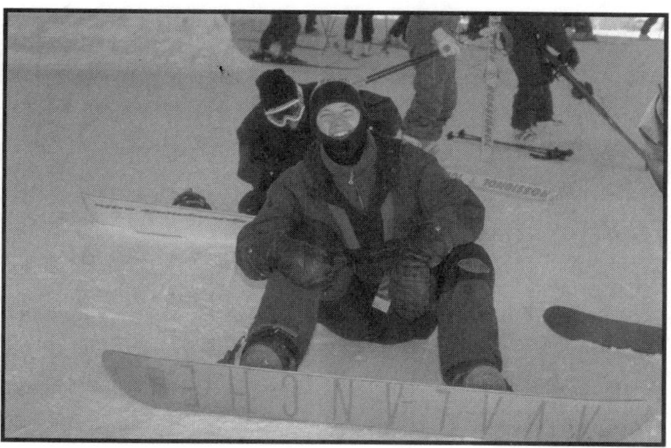

Avant de continuer, révisez l'usage du futur et du conditionnel, pp. 183–187.

[1] mère d'au moins trois enfants

Deux cent quarante-trois cartes postales en couleurs véritables

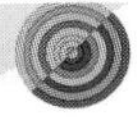

En voyage à Londres, en promenade à Beaubourg ou en traversant la rue de sa petite enfance, Georges Perec (1936–1982) décrit ce qu'il voit. *Les choses* (1965) et *La vie, mode d'emploi* (1982) sont ses œuvres les plus connues. Voici des extraits tirés d'une œuvre posthume, *Deux cent quarante-trois cartes postales en couleurs véritables* (1989). C'est une collection de cartes postales typiques, écrites par diverses personnes inventées par Perec, et envoyées de leurs vacances à des amis ou à leur famille.

Entrons en matière

Pourquoi écrit-on des cartes postales? Comment les choisit-on? Qu'est-ce qu'on écrit sur les cartes? A qui en envoie-t-on?

Lecture

Nous campons près d'Ajaccio.[2] Il fait très beau. On mange bien. J'ai pris un coup de soleil. Bons baisers.[3]

On est à l'hôtel Alcazar. On bronze. Ah ce qu'on est bien! Je me suis fait un tas de potes°. On rentre le 7.

Nous naviguons dans les environs de l'Ile-Rousse.[4] On se laisse bronzer. On mange admirablement. J'ai pris un de ces coups de soleil! Baisers et tout.

On vient de faire le Dahomey.[5] Nuits superbes. Baignades sensas°. Balades à dos de chameau°. Nous serons à Paris le 15.

potes: amis (argot)
sensas: sensationnelles
chameau: *camel*

[2]ville principale de Corse
[3]Attention: Ce mot ne peut être utilisé que comme nom.
[4]station balnéaire en Haute-Corse
[5]ancien nom de la République du Bénin, pays d'Afrique de l'Ouest

Nous avons fini par atterrir à Nice. Farniente° et dodo°. Ah qu'on est bien (malgré les coups de soleil). Baisers.

On est à l'hôtel Les Jonquilles. Temps merveilleux. On va à la plage. Avons fait connaissance avec tout plein de gens charmants. On vous embrasse.

Nous campons près de Wood's Hole. On se dore au soleil. Homards° à tous les repas. J'ai pêché un saumon. Mille pensées.

Meilleurs souvenirs de Hongrie. On s'est bronzé sur le lac Balaton et on est monté à cheval. Pensées amicales.

Nous croisons au large° du Yucatan. Temps idéal. Tout est au poil°. J'ai pris un petit requin° de 30 kg! Baisers.

En vacances en Ulster. Très belles plages. Les Irlandais sont merveilleux. Pensons être à Strasbourg le 4.

Un grand bonjour de Biarritz.[6] Ah que c'est bon de se laisser dorer au soleil. Ai fait un peu de voile. Baisers.

On a atterri à Deauville.[7] Je me repose bien mais les repas sont trop copieux. Les clients de l'hôtel sont très sympathiques. Mille pensées.

On est au Hilton. Farniente au soleil au bord de la piscine. Baisers à tous.

On est au Louis-XIV. Très sélect°. En plus, il fait très beau. Je fais du cheval pour garder la ligne. Baisers.

Un petit mot d'Ars-en-Ré.[8] C'est très beau. On va à la plage. J'ai joué au tennis. Bons baisers.

On arpente° l'Oregon. Sites admirables. Nourriture de trappeurs. Les Amerloques° sont des gens au poil°. Baisers.

Une lettre de Nouméa.[9] On bronze et on bouffe°, on rebronze et même on cuit°. On pense rentrer le 2.

On revient des Ardennes.[10] Il a fait très beau. C'était parfait. On a fait beaucoup de cheval. Serons à Paris ce dimanche.

On sillonne les Everglades. Vaut le voyage. C'est sublime. Je deviens champion de ski nautique.

En visitant le Var.[11] Beaucoup de bon repos et de bons repas et un peu de marche à pied. Mille baisers.

Un grand salut de Minorque.[12] On bronze sur la plage. Je skie nautiquement. On rentrera le plus tard possible!

On traverse Haïti. Temps idéal. Tout est parfait. Les gens sont très accueillants°. Baisers.

Nous faisons le Sénégal. Fatigués mais enthousiastes. Le seul problème, c'est la bouffe°.

Avons visité une plantation de bananes. On sera à Paris le 30.

Nous traversons Quiberon.[13] Douce inaction. On mange très bien. Je prends un peu de ventre. Baisers à vous.

Georges Perec, «Deux cent quarante-trois cartes postales en couleurs véritables» *L'infra-ordinaire* (Paris, Editions du Seuil, 1989), pp. 33–66.

ne rien faire (mot italien)/sommeil
Lobsters
off the coast of
magnifique (argot)/*shark*
sélectif
traverse
Américains (argot)/*super* (argot)
mange (argot)
burns (cooks)
welcoming
cuisine (argot)

---

[6]ville du Pays basque, sur la côte Atlantique, près de l'Espagne
[7]station balnéaire en Normandie sur la Manche *(English Channel)*
[8]station d'été sur l'Ile de Ré, au large de la Rochelle, dans l'Atlantique
[9]ville principale de la Nouvelle-Calédonie, territoire français dans le Pacifique
[10]chaîne de montagnes en Belgique, au Luxembourg et dans le nord de la France
[11]Provence-Côte d'Azur, destination favorite des vacanciers
[12]île espagnole dans la mer Méditerranée
[13]presqu'île située dans le sud de la Bretagne

Group work will save time. 1. Ils passent leurs vacances en France, au Bénin, aux Etats-Unis, en Hongrie, au Mexique, en Irlande, en Nouvelle-Calédonie, en Espagne, à Haïti, au Sénégal, etc. 2. Le bronzage est mentionné le plus souvent. (et manger). 3. Manger semble être important. 4. Les voyageurs bronzent, dorment, vont à la pêche, font de la voile, du ski nautique, du cheval, ils jouent au tennis, etc. 5. Le sujet et le verbe sont souvent éliminés. 6. Bon baisers, Baisers, On vous embrasse, Milles pensées, Pensées amicales, Baisers à tous, etc.

Saviez-vous que... ?

Parmi les vacanciers français qui partent à l'étranger, sept sur dix restent en Europe. L'Espagne est leur destination favorite (30% des séjours), devant la Grande Bretagne, l'Italie, la Belgique, et l'Allemagne. Hors de l'Europe, ils se rendent principalement en Afrique du Nord.

Francoscopie 1999, p. 425

Question: Dans quelle région les Français préfèrent-ils passer leurs vacances quand ils quittent l'Europe?

Comprenez-vous?

1. Dans quels pays ces voyageurs passent-ils leurs vacances?
2. Quelle «activité» est mentionnée le plus souvent?
3. A part le temps, qu'est-ce qui semble être le plus important pour ces voyageurs?
4. Quels sports font ceux qui écrivent ces cartes?
5. Puisqu'il n'y a pas beaucoup de place sur une carte postale, quelle partie de la phrase est parfois éliminée?
6. Quelles sont les expressions utilisées pour conclure les messages de ces cartes postales? En connaissez-vous d'autres?

Allez plus loin

1. En imitant le style des cartes ci-dessus, écrivez votre propre carte postale d'un endroit que vous aimeriez visiter.
2. Choisissez une des cartes: Qui est (sont) ce(s) voyageur(s)? Imaginez une journée typique de leurs vacances.
3. Choisissez un des endroits mentionnés et faites des recherches (sur le Web, dans des guides touristiques, etc.) pour avoir plus de renseignements. Présentez votre rapport à la classe.

Applications

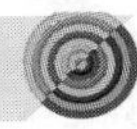

RAPPEL

The *future tense,* whose stem is based on the infinitive, is used to talk about what will happen in the future. When one event is expected to happen before another in the future, the earlier one is expressed in the *future perfect* (futur antérieur). For more details, see pp. 183–188.

Future tense warm-up: Dans l'avenir vos voyages ne seront plus comme vos voyages aujourd'hui. Indiquez que vos amis et vous ne ferez plus ce que vous faites aujourd'hui. *Modele: Aujourd'hui je voyage en voiture. Dans l'avenir je ne voyagerai plus en voiture.* Aujourd'hui nous allons à la plage. Dans l'avenir... /Aujourd'hui je fais du camping. Dans l'avenir... / Aujourd'hui ma famille se détend à la mer. Dans l'avenir... /Aujourd'hui mes amis s'amusent à la montagne. Dans l'avenir... /Aujourd'hui mon prof va en Tunisie. Dans l'avenir... /Aujourd'hui je prends le car. Dans l'avenir...

A. Tout le monde voyagera. Décrivez, au futur, les voyages que feront les personnes indiquées. La raison de leur voyage est indiquée pour vous guider. Où iront-elles? Comment voyageront-elles? Où logeront-elles? Que feront-elles? Donnez beaucoup de détails. Attention au sujet.

1. Vous et vos amis, pour vous amuser à la fin du semestre (Nous...)
2. Votre professeur, pour se cultiver (Vous...)
3. Vos parents, pour se reposer (Eux, ils...)
4. Un copain ou une copine, pour se divertir (Lui, il/Elle, elle...)
5. Vous seul(e), pour une raison au choix (Moi, je...)

B. Des entretiens imaginaires. Un(e) étudiant(e) est journaliste et l'autre joue le rôle d'un personnage célèbre au choix (une vedette de cinéma, un chanteur, un personnage de série télévisée, le Président des Etats-Unis, etc.). Le (La) journaliste pose des questions sur les projets de vacances et l'autre répond, au futur bien sûr.

NOTEZ BIEN: Il y a dans ce genre de situation un certain protocole. Attention aux formes interrogatives et utilisez **vous** dans les questions.

Modèle: *Où irez-vous en vacances?*

C. Une chaîne d'événements. Avec vos camarades, faites des projets pour l'avenir en suivant le modèle. Une première personne complète la phrase donnée. Les personnes suivantes enchaînent en formant des phrases contenant les mêmes conjonctions et les mêmes temps que dans le modèle qui suit.

Modèle: Après avoir reçu mon diplôme, je...
Après avoir reçu *mon diplôme,* ***j'ai l'intention de*** *trouver un poste.*
Dès que j'aurai trouvé *un poste,* ***je gagnerai*** *beaucoup d'argent.*
Lorsque j'aurai gagné *beaucoup d'argent,* ***je me marierai.***
Aussitôt que je me serai marié(e), ma femme (mon mari) et moi achèterons *une belle maison.*
Et finalement, nous aurons *beaucoup d'enfants et* ***nous serons*** *très heureux.*

1. Après avoir gagné le gros lot *(grand prize)* à la loterie, je...
2. Après avoir pris leur retraite, mes parents...
3. Après avoir fini nos examens à la fin du semestre, mes amis et moi, nous...
4. Après être allé(e) au Sénégal, mon (ma) prof de français...
5. Et moi, après...

The *conditional form* uses the same stem as the future tense, but it has different endings. It is used to express hypotheses (what would or could happen if certain conditions occurred). **For more details, see pp. 183–187.**

D. Un rêve. Aimeriez-vous habiter un endroit ou un pays tout à fait différent de celui où vous vous trouvez actuellement? Où iriez-vous? Imaginez votre vie dans cette nouvelle région ou dans cet autre pays: votre logement, votre travail, vos amis, vos distractions, etc. Utilisez le conditionnel pour comparer votre rêve à celui d'un ou deux camarades de classe.

E. Les parents se font du souci. Quand leurs enfants partent en voyage, les parents veulent savoir s'ils sauront se débrouiller en cas de problèmes. Un étudiant pose la question de la mère/du père et l'autre trouve une réponse rassurante, au conditionnel.

Modèle: Parent: perdre / ton passeport?
Parent: *Qu'est-ce que tu ferais si tu perdais ton passeport?*
Enfant: *J'irais au consulat américain.*

1. Parent: manquer / l'avion?
   Parent:
   Enfant:
2. Parent: tes valises / ne pas arriver?
   Parent:
   Enfant:
3. Parent: ne pas trouver / de chambre d'hôtel?
   Parent:
   Enfant:
4. Parent: on / voler / ton portefeuille?
   Parent:
   Enfant:

Conditional warm-up: Rien ne serait différent. Votre famille, vos copains et vous êtes très contents de votre vie. Indiquez que rien ne changerait même si vous étiez devenus très riches tout d'un coup. *Modèle: Mes amis passent leurs vacances à la plage. Ils passeraient toujours leurs vacances à la plage.* Ma mère se détend en vacances. Mon père va à la pêche. Moi, je fais de la randonnée. Ma sœur fait la grasse matinée. Nous nous amusons ensemble. En hiver mes copains partent à la montagne. Ils voyagent en voiture. Nous faisons du ski alpin. Je suis content de les accompagner.

Avant de continuer, révisez les phrases avec **si**, pp. 187–189.

5. Parent: ne plus avoir / d'argent?
Parent:
Enfant:
6. Parent: les copains avec qui tu voyages / se faire arrêter par la police?
Parent:
Enfant:
7. Parent: tomber malade?
Parent:
Enfant:
8. Parent: nous / ne pas pouvoir venir te chercher à l'aéroport à ton retour
Parent:
Enfant:
9. *Continuez le dialogue.*

RAPPEL

The tense used to express a condition determines the tense used to express the result.

If I am not working (present), *I will go* (future) *to the mountains this weekend.*

If I were not in school (imperfect), *I would have* (present conditional) *more time.*

If I had learned (pluperfect) *to ski, I would have gone* (past conditional) *to the mountains this weekend.*

Saviez-vous que... ?

● Les Français sortent moins des frontières que les habitants des autres pays européens. 80% des vacanciers restent en France. Plus de 40% des journées de vacances passées en France se déroulent sur la côte atlantique ou méditerranéenne. ●

Francoscopie 1999, p. 424

Question: Dans quelle sorte de région les Français préfèrent-ils passer leurs vacances?

F. Des conditions nécessaires. Finissez la phrase en indiquant les conditions nécessaires. Attention au temps du verbe!

1. Je ferais le tour du monde si...
2. Mon père jouerait tout le temps au golf si...
3. Il y aurait plus de touristes français aux Etats-Unis si...
4. Nous nous amuserons davantage à la plage si...
5. Mon professeur de français serait allé au Togo l'été dernier si...
6. Mes amis m'accompagneraient à Tahiti si...
7. Nous, les Américains, nous parlerions plusieurs langues si...

G. Tout serait différent. Décrivez les résultats possibles ou probables dans chaque cas suggéré. Comparez vos idées à celles de vos camarades de classe. Attention au temps des verbes!

1. Si tous les Américains avaient cinq semaines de congés payés...
2. Si mes copains avaient appris à faire de l'escalade...
3. Si nous pouvions partir à Tahiti...
4. Si mon professeur de français voulait se cultiver en vacances...
5. S'il n'y avait pas de tunnel sous la Manche...
6. Si ma mère me payait mon billet d'avion ...
7. Si j'avais passé l'été à faire du stop...

«Il se pourrait bien que les arbres voyagent»

Roch Carrier est né en 1937 à Sainte-Justine, au Québec. Il fait ses études au Canada puis en France où il obtient un doctorat en littérature. Tout jeune il publie des poèmes mais par la suite son œuvre s'oriente vers le roman. *La Guerre, yes Sir!* (1968) est son roman le plus connu. *Les enfants du bonhomme dans la lune* (1980), d'où est tirée l'histoire que vous lirez, est un recueil d'une vingtaine de contes. C'est un hommage à l'enfance qui présente les personnages du Québec, avec leurs aspirations, leurs rêves et leurs illusions.

NOTE SUR LA LANGUE: Le français parlé au Canada se distingue du français parlé en France avant tout par son vocabulaire et sa prononciation. Certaines expressions sont des archaïsmes, c'est-à-dire de vieux mots apportés de France au dix-septième siècle *(poudrerie = tempête de neige)*. D'autres ont évolué sur le continent américain, sous l'influence de l'anglais *(avoir du fun, un chum)*. La prononciation varie selon la classe sociale. Roch Carrier reproduit surtout la façon de parler à la campagne: moé = moi, i' = il, j' = je, r' = re-, pu = plus, sus = suis, son = tous les adjectifs possessifs.

Entrons en matière

Quelles sortes de personnes voyagent beaucoup? Quelles sortes de personnes ne voyagent presque jamais?

Pour mieux comprendre

Lisez le premier paragraphe à la page 76 pour trouver des réponses aux questions suivantes.

1. Qu'est-ce qui est réaliste dans ces premières lignes?
2. Qu'est-ce qui est fantaisiste?
3. Quelle opposition le narrateur établit-il dans le premier paragraphe?
4. D'après l'introduction que vous venez de lire, est-ce que ce conte est destiné aux enfants, aux adultes ou à tous les deux? Justifiez votre réponse.

Lecture

Première partie

Il y avait ceux qui avaient voyagé comme des oiseaux migrateurs et ceux qui avaient vécu, attachés à la terre, comme les arbres. Certains étaient allés très loin. Je me souviens d'avoir entendu le récit d'un homme qui était allé jusqu'au point où le ciel rencontre la terre: l'homme avait dû se pencher pour ne pas heurter° le ciel de sa tête. L'homme s'était tout à coup senti seul et il avait écrit à sa femme. Son timbre lui avait coûté mille dollars. Quelques-uns étaient allés à New York; un autre était allé visiter un frère au Montana; mon grand-père avait navigué sur la mer Atlantique; une famille avait émigré en Saskatchewan; et des hommes allaient couper du bois dans les forêts du Maine ou de l'Abitibi.[14] Quand ces gens revenaient, dans leurs vêtements neufs, même les arbres de la rue principale enviaient un peu ceux qui avaient voyagé.

Il y avait ceux, donc, qui n'étaient jamais partis... Comme le vieil Herménégilde. Il était si vieux qu'il avait vu construire la première maison de notre village. Il était vieux et pourtant sa moustache était toute noire. C'était une moustache énorme qui lui cachait le nez, la bouche et le menton. Je vois encore la moustache du vieil Herménégilde comme un gros nuage noir au-dessus de notre village. Nos parents disaient de lui qu'il avait une santé de bois franc°; toutes les tempêtes de la vie n'avaient pas réussi à courber° sa droite et solide fierté. Au bout d'une vie, il ne possédait rien d'autre qu'une petite maison de bois. Ses enfants étaient tous partis. Le vieil Herménégilde, lui, avait vécu toute sa vie sans jamais franchir° la frontière du village. Il était d'ailleurs très fier d'avoir vécu ainsi, enraciné° à la terre de notre village. Pour donner toute la mesure de sa fierté, il disait:

— Moé°, j'ai vécu toute ma vie sans jamais avoir eu besoin des étrangers!

Le vieil Herménégilde n'était jamais allé courir les forêts lointaines, il n'était jamais allé dans les villages voisins acheter ou vendre des animaux; sa femme, il l'avait trouvée dans le village. Le vieil Herménégilde disait:

— L'bon Yeu° nous a tout donné c'qu'i nous faut pour vivre dans notre village! Pourquoi c'est qu'i' faudrait aller courir ailleurs, là iousque° c'é pas mieux.

Dans sa vieille tête, revenait un proverbe qu'avait écrit un très ancien poète français et qu'il répétait à sa façon:

— L'harbe° des voisins paraît toujours ben plus varte° que la nôtre...

Le vieil Herménégilde n'était jamais monté dans une automobile:

— J'veux pas aller vers la mort trop vite, disait-il, j'veux y aller en marchant au pas d'un homme.

to bump

solide

to bend

passer

rooted

Moi (québécois)

le bon Dieu (québécois)

où ce que

l'herbe/verte

[14]nom indien d'une région du Canada

Comprenez-vous?

1. Faites le portrait physique et moral du vieil Herménégilde.
2. Pourquoi n'a-t-il jamais quitté son village?
3. Pourquoi l'auteur le compare-t-il à un arbre?

1. Il est très âgé, il a une grande moustache noire qui lui cache le nez, la bouche et le menton. Il a probablement des cheveux noirs aussi. Il est en bonne santé. Il est très fier, il vit seul, il n'a jamais quitté son village. 2. Il dit qu'il a tout ce qu'il lui faut dans le village. Il n'a jamais eu besoin de le quitter. Il y a même trouvé sa femme. 3. Les arbres sont forts, solides, enracinés dans la terre, ne voyagent pas et n'ont pas besoin de voyager.

Lecture

Deuxième partie

Un matin, une voiture noire, plus longue que celle de M. Cassidy, l'embaumeur°, s'arrêta, dans un bond, devant la maison du vieil Herménégilde. Un fils qu'il n'avait pas vu depuis bien des années sortit de la voiture, tout habillé de noir, comme avait l'habitude de l'être M. Cassidy.

«Mon garçon, viens-tu à mon enterrement° demanda le vieil Herménégilde?

—Non, dit le fils, J'sus v'nu vous emmener en voyage.»

De métier° en métier, de travail en travail, le fils était devenu chauffeur particulier d'un homme d'affaires de Montréal; avant d'avoir pu se demander ce qui se passait, le vieil Herménégilde, qui n'était jamais monté dans une automobile, fut poussé dans le fauteuil de cuir d'une Cadillac qui piaffait° comme un cheval.

«*Son*° père, dit le fils, vous pouvez pas mourir avant d'avoir vu un peu le monde.

—J'ai tout vu ce qu'un homme a besoin de voir, » dit le vieil Herménégilde.

undertaker

Passé simple: Ask students to identify the tense of the verbs in the first and third paragraphs and give the infinitive. They can be written on the board.

burial

profession

pawed the ground

Mon (usage québécois populaire)

La longue voiture noire du fils l'enleva à une vitesse qu'il n'avait jamais éprouvée°. Pour ne pas voir qu'il traversait la limite du village, le vieil Herménégilde ferma les yeux. Et, les yeux fermés, le vieil homme ne vit pas qu'il traversait le village voisin où plusieurs étaient allés chercher leur femme; il ne vit pas le mont Orignal°, la plus haute montagne de la région; il ne vit pas les dix villages que la voiture noire traversait à une vitesse que n'avait atteint aucun cheval emballé°. Tobie, son garçon, parlait mais il ne voulait pas l'entendre.

— Moé, votre garçon, j'vois ben qu' vous avez passé votre vie comme en prison. Faut voir le monde avant de mourir. C'est moé qui vas vous sortir de votre prison. Aujourd'hui, y a pus de distance. Mon boss, i' s' lève à Montréal, i' s' réveille à Toronto, i' va déjeuner à New York, pis° i' r' vient s' coucher à Montréal. C'est vivre, ça! Faut vivre avec son temps. On sait que la terre tourne. Faut tourner avec la terre. Moé, j'arrête pas de voyager. J' connais le monde. J' connais la vie. Mais vous, vous n'avez jamais vécu dans les temps modernes. Faut voir ça.

— Un homme peut aller aussi loin qu'i' veut, dit le vieil Herménégilde, mais i' reste toujours dans ses bottines°...

— J' sus pas c' qu'on appelle un bon fils, dit Tobie, mais c'est moé qui vous aurai montré le monde. J'aurai fait ça de bon dans ma vie.

Alors le vieil Herménégilde comprit qu'il n'avait plus le droit de tenir les yeux fermés. Ils étaient entrés dans Québec. Le vieil homme aperçut, d'un seul coup, des maisons plus hautes que l'église, des gens dans la rue plus nombreux que pour une procession religieuse, et des automobiles qui grouillaient° partout comme des fourmis. Son fils l'amena devant un immense château, un vrai château dont il avait entendu le nom quand on parlait des riches, le Château Frontenac; ensuite il lui montra quelque chose de beaucoup plus vieux que lui, même plus vieux que son défunt père°, les maisons que les premiers Français avaient construites.

L'automobile noire s'arrêta devant un grand jardin; Tobie fit descendre son père.

— I' s'ra pas dit que vous allez mourir avant d'avoir marché su' les Plaines d'Abraham:[15] c'est icitte° qu'on a perdu not' pays...

Et ce fut l'heure du retour. Dans la voiture, le fils remarqua que le vieil Herménégilde tenait les yeux fermés.

— Son père, fermez pas les yeux, r'gardez le monde.

— J'en ai trop vu, dit le vieil homme, tu m'as montré trop de choses aujourd'hui.

Dès qu'il eut déposé le vieil Herménégilde chez lui, le fils s'empressa de repartir, dans la longue voiture noire, appelé par d'autres voyages dans le vaste monde moderne.

Pendant de longs mois, derrière sa grosse moustache noire et les yeux fermés, le vieil Herménégilde attendit le retour de la longue voiture noire.

Roch Carrier, «Il se pourrait bien que les arbres voyagent... » *Les enfants du bonhomme dans la lune* (Québec: Stanké, 1998), pp. 123–127.

experienced
Moose
runaway horse
puis
chaussures
swarmed
père mort
ici (québécois)

[15] bataille qui régla le sort de la Nouvelle-France, en 1759. Les Anglais, sous le général Wolfe, vainquirent les Français, sous le général Montcalm.

Comprenez-vous ?

1. Pourquoi le fils revient-il au village?
2. Que fait le père une fois installé dans la voiture? Pourquoi?
3. Comparez l'attitude du père et celle du fils en ce qui concerne les voyages.
4. Quels sont les arguments de Tobie qui réussissent à changer l'attitude du père?
5. Qu'est-ce que le vieil Herménégilde voit à Québec? Qu'est-ce que son fils lui montre?
6. Pourquoi le père tient-il les yeux fermés au retour?
7. D'après la fin, est-ce que le vieil Herménégilde veut encore voyager? Expliquez.

1. Il veut emmener son père en voyage. 2. Il ferme les yeux pour ne pas voir qu'il quitte le village. Il ne veut pas voir où ils vont. Peut-être qu'il a peur. 3. Le fils croit qu'il faut voyager pour vivre, qu'on doit connaître le monde pour être moderne. Le père pense que voyager ne sert à rien, que l'homme ne change pas quand il voyage. 4. Tobie explique qu'il connaît le monde et la vie parce qu'il voyage. Alors il veut être un bon fils et montrer tout cela à son père. 5. Il voit de très grandes maisons, beaucoup de gens et de voitures. Tobie lui montre le Château Frontenac, les premières maisons des Français à Québec et les Plaines d'Abraham. 6. Il a vu trop de choses. 7. Il veut encore voyager puisqu'il attend le retour de la longue voiture noire.

Résumez

Racontez les événements de cette histoire 1) du point de vue de Tobie, et 2) du point de vue du vieil Herménégilde. Ajoutez des détails si vous voulez pour montrer le caractère de ces deux personnages.

Allez plus loin

1. Que veut dire le titre de ce conte?
2. Dans le conte, il y a deux proverbes: «L'herbe des voisins paraît toujours plus verte que la nôtre» (Première partie, ligne 38) et «Un homme peut aller aussi loin qu'il veut, mais il reste toujours dans ses bottines.» (Deuxième partie, lignes 76–77) Quelles sont les leçons exprimées par ces proverbes?
3. La langue: Roch Carrier essaie de reproduire la façon de parler de certains Québécois dans ce conte. Trouvez-en des exemples et réécrivez-les en français «standard». Qu'est-ce qui caractérise cette façon de parler?

le Château Frontenac

Activités d'expansion

Sondage

***Question:* Quelles sont les trois conditions à remplir, parmi les suivantes, pour que vos vacances soient pleinement réussies?**

Réponses:	%
Avoir du beau temps	81
Ne pas avoir d'horaires	37
Passer du temps en famille	30
Se dépayser	29
Visiter des musées, des expositions	19
Rencontrer de nouveaux amis	18
Faire du sport	15
Bien manger, bien boire...	14
S'occuper de soi, bronzer, maigrir	13
Dormir	11
Faire l'amour	9
Lire	7
Tomber amoureux	5
S'occuper de sa maison, bricoler	5
Ne se prononcent pas	2

Sondage Ipsos/*Ça m'intéresse* réalisé du 8 au 11 avril 1994 sur 1000 personnes constituant un échantillon national représentatif de la population française âgée de 15 ans et plus (méthode des quotas)

Students can compare what is most important for them to have a successful vacation.

A. L'essentiel. Et pour vous, quelles sont les conditions les plus importantes? Y a-t-il des conditions qui ne se trouvent pas dans la liste?

Students can prepare their individual roles at home and then play the scene in class.

B. En famille. Il n'est pas toujours facile de se mettre d'accord pour décider où on veut aller en vacances. La situation se complique s'il y a plusieurs enfants ou même des grands-parents qui partent ensemble. Formez un groupe de quatre ou cinq et jouez la scène où une famille essaie de se mettre d'accord.

1. D'abord, choisissez votre rôle: mère, père, grand-parent, enfant (de quel âge?).
2. Ensuite, pendant quelques minutes, travaillez seul et pensez à ce que votre personnage voudrait faire en vacances. Où désire-t-il aller? Avec qui?, etc.
3. Enfin, remettez-vous en groupe et discutez. Il faut trouver une solution qui convienne à tout le monde, et que vous expliquerez plus tard à la classe.

Si vous voulez interrompre:

Patiemment	**Impatiemment**
Une minute.	Attends! Attendez!
Pardon,... ; Excusez-moi,...	Mais attention,...
J'aimerais dire une chose,...	Mais enfin,...
	Non! Mais écoute!...
	Alors là,...

C. Débats. Choisissez une des phrases ci-dessous.

1. Les voyages ne nous apprennent plus rien puisqu'Internet rend le monde accessible chez nous.
2. Voyager tient une place essentielle dans l'éducation de chaque individu.

La classe est divisée en deux groupes: l'un trouve que l'idée exprimée est vraie, l'autre, qu'elle est fausse. Chaque membre du groupe prépare individuellement des arguments pour soutenir son point de vue. Puis on se met ensemble par groupe pour choisir les meilleures raisons et chaque groupe présente ses idées à la classe et les autres réagissent.

Si vous êtes d'accord, vous pourriez dire:
Oui, c'est vrai...
Moi aussi, je pense que...
C'est une bonne idée de...
Tu as raison de dire que...
C'est génial, ce que tu dis, parce que...
Je suis entièrement d'accord avec toi car...

Si vous n'êtes pas d'accord, vous pourriez répondre:
Non, je ne le crois pas...
Je crois que tu te trompes...
Je regrette, mais tu as tort de dire que...
A mon avis...
Moi, je ne suis pas d'accord parce que...
Au contraire...
Je ne partage pas ton point de vue à ce sujet car...

Pour conclure: Quelle est l'opinion de la plupart des étudiants?

For lesson plans, cultural notes, warm-ups, and homework assignments, please go to: *http://slv.heinle.com*.

Chapitre 6 Ciné et télé

A. Le cinéma

Mots apparentés: le cinéma; la salle de cinéma; le film: musical, comique, d'aventures, de science-fiction, d'horreur, historique, politique, érotique, pornographique; la comédie musicale; le drame psychologique; le western; le documentaire

le film policier	*detective movie*
le film d'espionnage	*spy movie*
le film de guerre	*war movie*
le film d'épouvante	*horror movie*
le film fantastique	*fantasy movie (science fiction, etc.)*
le (grand) classique	*classic*
le dessin animé	*cartoon*
la bande annonce	*preview*
en couleurs	*in color*
en noir et blanc	*in black and white*
en version originale (en v.o.)	*original version*
doublé	*dubbed*
sous-titré	*subtitled*
l'écran *m.*[1]	*screen*
le réalisateur (la réalisatrice)	*director*
l'acteur (l'actrice)	*actor (actress)*
la vedette, la star	*star*
le personnage (principal)	*(main) character*
le (la) cinéphile	*movie buff*
l'intrigue *f.*	*plot*
le dénouement	*ending, conclusion*
le décor	*set*
les effets spéciaux *m.*	*special effects*
jouer, interpréter un rôle	*to play a role*
tourner un film	*to make a movie*

B. La télévision

le poste de télévision, le téléviseur	*TV set*
le téléspectateur (la téléspectatrice)	*television viewer*
la chaîne	*channel*
la télévision câblée	*cable television*
l'antenne satellite *f.*	*satellite dish*
la programmation	*programming*
l'émission *f.*	*program*
les informations *f.*	*the news*
le journal (télévisé)	*the news*
le mélodrame, le mélo *(fam.)*, le feuilleton	*soap opera*
la série	*serial*
le téléfilm	*TV movie*
la publicité, la pub *(fam.)*	*ads, commercials*
la télécommande	*remote control*
zapper	*to channel surf*
le zapping	*channel surfing*
le caméscope	*video camera*
le magnétoscope	*VCR*
la cassette vidéo (la vidéo)	*videocassette*
enregistrer	*to tape*
rembobiner	*to rewind*

[1]*The French refer to the movie screen as* **le grand écran** *and to the TV as* **le petit écran**.

Préparation grammaticale

Avant de commencer ce chapitre, révisez la négation, pp. 194–197.

Qu'est-ce que vous voyez dans le dessin humoristique ci-dessus? Qu'est-ce qu'il y a de comique? Le trouvez-vous réaliste? Pourquoi? A votre avis, la télévision a-t-elle une influence positive ou négative sur les enfants? Et sur les adultes?

Chapter warm-up: Avez-vous une opinion sur le cinéma français? Expliquez.

1. l'intrigue 2. le réalisateur/la réalisatrice 3. l'acteur/l'actrice 4. le/la cinéphile 5. la vedette/la star 6. doublé 7. le dénouement 8. la bande annonce

Saviez-vous que... ?

En 1997, les films, téléfilms, séries et feuilletons ont représenté 35% de l'audience des chaînes de télévision en France et 28% de leur temps de programmation. En moyenne, les Français ont passé 85 heures dans l'année à regarder des films sur le petit écran. Ils n'ont consacré qu'environ 5 heures au cinéma en salle (2,6 séances par personne en 1997).

Francoscopie 1999, p. 375

Question: Regardez-vous plus de films à la maison ou dans une salle de cinéma? Vous trouvez-vous typique à cet égard?

Vocabulaire

A. Les films que je préfère... Quel est le titre de votre film préféré dans chaque catégorie suivante?

film de science-fiction | grand classique | dessin animé
film d'épouvante | film français

Après avoir choisi vos titres, circulez parmi vos camarades de classe pour trouver une personne qui a mis au moins deux des mêmes titres que vous, et comparez les raisons de vos choix.

B. Comment dit-on? Trouvez le mot de la catégorie A de la liste de vocabulaire qui s'accorde le mieux avec chaque explication suivante.

1. Ensemble des événements qui forment le nœud d'un film.
2. Personne qui dirige toutes les opérations de préparation et de réalisation d'un film.
3. Artiste dont la profession est de jouer un rôle à la scène ou à l'écran.
4. Amateur et connaisseur en matière de cinéma.
5. Personne qui jouit d'une grande renommée dans le monde du spectacle.
6. Film dont la bande sonore originale a été remplacée par une bande sonore en langue étrangère.
7. Ce qui termine une intrigue.
8. Extrait d'un film qu'on projette avant le debut du film principal.

Préparation grammaticale

Avant de continuer, révisez les pronoms relatifs, pp. 197–200.

C. Devinettes. Choisissez un mot de la liste B du vocabulaire et expliquez-le en français pour que vos camarades de classe devinent ce que vous avez choisi.

Modèle: *Ce qu'il faut faire après avoir regardé une cassette vidéo.* (rembobiner)

D. Qu'est-ce qu'on regarde? Vous et trois amis décidez de regarder la télévision ce soir, mais vous voulez tous regarder quelque chose de différent: **le journal télévisé, un jeu télévisé, un feuilleton** et **un téléfilm**. Mettez-vous en groupes de quatre et choisissez votre émission «préférée» (parmi les quatre proposées). Chacun de vous, à tour de rôle, essaie de convaincre les trois autres que l'émission que vous voulez regarder sera la meilleure.

PROGRAMMES

TÉLÉVISION

TF 1

18.25 **Exclusif.**
19.05 **Le Bigdil.**
19.50 **Hyper Net.**
20.00 **Journal, Météo.**
20.55 **Un homme en colère.** Un amour sans limite.
22.40 **Y a pas photo !** Les histoires étonnantes et drôles des animaux.
0.10 **Football.** Magazine.
0.45 **TF 1 nuit.**
0.58 **Météo.**
1.05 **Très chasse.** Mieux tirer, mieux chasser.
1.50 **Reportages.**

FRANCE 2

17.55 **Nash Bridges.**
18.45 **Friends.**
19.15 **Qui est qui ?**
19.50 **Un gars, une fille.**
20.00 **Journal.**
20.35 **Météo 2.**
20.50 **Victoire ou la douleur des femmes.** Téléfilm. Nadine Trintignant [3/3] O.
22.35 **Mots croisés.** Peut-on baisser les impôts ?
0.15 **Journal, Météo.**
0.35 **Musiques au cœur.** Concert « Pour la vie ».

FRANCE 3

18.20 **Questions pour un champion.**
18.48 **Un livre, un jour.**
18.50 **Le 19-20 de l'information, Météo.**
20.05 **Fa si la classique.**
20.35 **Tout le sport.**
20.55 **Inspecteur Lavardin** ■ ■ Film. Claude Chabrol.
22.35 **Météo, Soir 3.**
23.10 **Les Dossiers de l'Histoire.**
0.05 **Strip-tease.**

CANAL +

▶ En clair jusqu'à 20.40
18.20 **Nulle part ailleurs.**
20.30 **Le Journal du cinéma.**
20.40 **L'Arme fatale 4** Film. Richard Donner O.
22.39 **Le Monde selon Glup.**
22.40 **Louise (Take 2)** ■ Film. Siegfried O.
0.35 **Surprises.**
0.45 **Boxe hebdo.**

ARTE

19.00 **Nature.**
19.45 **Arte info, Météo.**
20.15 **Reportage.** La Frontière de la honte.
20.45 **Smoke** ■ Film. W. Wang (v.o.) O.
22.35 et 0.05 **Court-circuit.** *Joyeuse crémation.* Steffen Volz. *Elle grandit si vite.* Anne Théron.
22.45 **Brooklyn Boogie** ■ Film. Wayne Wang et Paul Auster (v.o.) O.
0.30 **L'Aventure humaine.** Sur la piste de l'homme sauvage.

M 6

18.30 **Sliders, les mondes parallèles.**
19.15 **Cosby Show.**
19.50 **I-minute.**
19.54 **Le Six Minutes, Météo.**
20.05 **Notre belle famille.**
20.40 **Décrochages info, Cinésix.**
20.50 **Secrets d'actualité.**
22.55 **Absolom 2022** Film. Martin Campbell O.
1.00 **Jazz 6.** Stan Laferriere Tentet à Nice.

RADIO

FRANCE-CULTURE

20.30 **Décibels.**
22.10 **Multipistes.**
22.30 **Surpris par la Nuit.** Philippe Sollers.

FRANCE-MUSIQUES

20.00 **Concert.** Par l'Orchestre philharmonique de Vienne, dir. Seiji Ozawa : Œuvres de Brahms.
22.30 **Jazz, suivez le thème.**
23.00 **Le Conversatoire.**

RADIO CLASSIQUE

20.04 **Le Cercle des économistes.** L'actuelle politique monétaire européenne et américaine pénalise-t-elle la croissance économique ?
Classique affaires soir.
20.15 **Les Soirées.** Œuvres de Boccherini, par l'Academia Montis Regalis, dir. L. Mangiocavallo. **20.40** Igor Borodine. Œuvres de Balakirev, Rimsky-Korsakov, R. Schumann, Saint-Pétersbourg, Borodine.
22.37 **Les Soirées (suite).** Œuvres de Bach, Schoenberg, Webern, Dallapiccola, Denisov, Pärt, Kagel.

Saviez-vous que... ?

Les Français ont consacré en moyenne 1 001 heures de leur temps à la télévision en 1997. Au cours de leur vie, ils passent plus de temps devant le petit écran qu'au travail: environ 9 années, contre 6 années. Les enfants scolarisés consacrent autant de temps au petit écran qu'à l'école (environ 800 heures par an). La durée moyenne d'écoute par personne, plus de 3 heures par jour, représente l'essentiel du temps libre.

Francoscopie 1999, p. 362

Question: Comment passez-vous votre temps libre chaque jour?

La télévision

Jean-Philippe Toussaint est un romancier et scénariste contemporain dont les œuvres reflètent l'influence du Nouveau Roman des années 50. Dans ces romans il n'y a pas de vraie intrigue ni de personnages dans le sens classique du terme. Toussaint s'explique ainsi: «[...], c'est vrai que je n'ai jamais eu le désir ou l'envie de raconter une histoire. Ce n'est pas ce qui m'intéresse dans le fait d'écrire. C'est plutôt quelque chose qui m'ennuie un peu.»[2] L'intérêt vient de l'écriture même, ce que Toussaint compare à la peinture dans l'art abstrait. Il aime parler de choses actuelles, comme il fait dans son roman *La télévision*, dont vous avez ici un extrait.

[2]Interview de Jean-Philippe Toussaint, le 19 janvier 1998, Institut franco-japonais de Tokyo, par Laurent Hanson.

Entrons en matière

Que pensez-vous de la télévision? La regardez-vous souvent? Combien d'heures par jour, en général? Faites-vous constamment du zapping, ou préférez-vous regarder une émission d'un bout à l'autre avant de changer de chaîne? Regardez-vous les pubs? Si oui, pourquoi? Sinon, qu'est-ce que vous faites pendant ce temps?

Pour mieux comprendre

Dans les deux premiers paragraphes du texte que vous allez lire, le narrateur parle de ses habitudes de téléspectateur. C'est dans le troisième paragraphe de cet extrait qu'il parle de façon générale de la télévision.

Positive: en éveil, petites stimulations, alerté, réflexion, s'épanouir, richesse/*Négative:* abuser, relâcher, vagabondage passif, anesthésie, peu stimulé, indifférent, interdit.

Cherchez dans ce troisième paragraphe au moins deux verbes, adjectifs, ou expressions qui ont une connotation positive, et deux qui ont une connotation négative. Selon vos découvertes, le narrateur pense-t-il que la télévision exerce une influence positive ou négative sur le téléspectateur?

Lecture

[...], je demeurais tous les soirs pendant des heures immobile devant l'écran, les yeux fixes dans la lueur° discontinue des changements de plans, envahi peu à peu par ce flux° d'images qui éclairaient mon visage, toutes ces images dirigées aveuglément sur tout le monde en même temps et adressées à personne en particulier,... Sans pouvoir réagir, j'avais conscience d'être en train de m'avilir° en continuant à rester ainsi devant l'écran, la télécommande à la main que je ne pouvais lâcher°, à changer de chaîne machinalement, frénétiquement,...

Partout c'était les mêmes images indifférenciées, sans marges et sans en-têtes°, sans explications, brutes, incompréhensibles, bruyantes et colorées, laides, tristes, agressives et joviales, syncopées, équivalentes, c'était des séries américaines stéréotypées, c'était des clips°, c'était des chansons en anglais, c'était des jeux télévisés, c'était des documentaires, [...], c'était des informations, c'était la publicité, c'était des voitures neuves qui serpentaient° lentement au flanc de routes idylliques au coucher du soleil, c'était un concert de hard-rock, c'était des séries télévisées,... C'était fini. C'était fini, j'avais éteint le téléviseur et je ne bougeais plus dans le canapé.

Une des principales caractéristiques de la télévision quand elle est allumée est de nous tenir continûment en éveil° de façon artificielle. Elle émet° en effet en permanence des signaux en direction de notre esprit, des petites stimulations de toutes sortes, visuelles et sonores, qui éveillent notre attention et maintiennent notre esprit aux aguets°. Mais, à peine notre esprit, alerté par ces signaux, a-t-il rassemblé ses forces en vue de la réflexion, que la télévision est déjà passée à autre chose, à la suite, à de nouvelles stimulations, à de nouveaux signaux tout aussi stridents que les précédents, si bien qu'à la longue°, plutôt que d'être tenu en éveil par cette succession sans fin de signaux qui l'abusent, notre esprit, [...], anticipe désormais° la nature réelle des signaux qu'il reçoit, et, au lieu de mobiliser de nouveau ses forces en vue de° la réflexion, les relâche au contraire et se laisse aller à un vagabondage passif... Ainsi notre esprit, comme anesthésié

lumière faible
abondance
me corrompre, me dégrader
laisser tomber
headings
music videos
meandered
tenir... : **maintenir notre attention**
envoie
watchful
à... : **après beaucoup de temps**
henceforth
en... : **pour**

d'être aussi peu stimulé en même temps qu'autant sollicité, demeure-t-il essentiellement passif en face de la télévision. De plus en plus indifférent aux images qu'il reçoit, il finit d'ailleurs par ne plus réagir du tout lorsque de nouveaux signaux lui sont proposés, et, quand bien même réagirait-il encore, il se laisserait de nouveau abuser par la télévision, car, non seulement la télévision est fluide, qui ne laisse pas le temps à la réflexion de s'épanouir° du fait de sa permanente fuite en avant, mais elle est également étanche°, en cela qu'elle interdit tout échange de richesse entre notre esprit et ses matières.

ici, se développer

imperméable

Jean-Philippe Toussaint, *La télévision* (Paris: Les Editions de Minuit, 1997), pp. 21–26.

■ Comprenez-vous?

1. Décrivez, en vos propres mots, les actions du narrateur décrites dans le premier paragraphe.
2. A votre avis, quel adjectif décrit le mieux l'état d'esprit *(state of mind)* du narrateur dans ce premier paragraphe?
3. Qu'est-ce que le narrateur est en train de faire dans le deuxième paragraphe? (un mot) Comment l'auteur indique-t-il cette action dans le texte?
4. Dans l'exercice «Pour mieux comprendre» vous avez analysé la description de la télé faite par le narrateur dans le troisième paragraphe. Après avoir lu tout l'extrait, pensez-vous que votre conclusion basée sur cette analyse soit juste? Pourquoi?

Answers will vary. 1. regarde la télé tous les soirs/zappe 2. drogué 3. zapper; par la liste de ce qu'il voit.

■ Allez plus loin

Dans le premier paragraphe le narrateur parle de «toutes ces images dirigées aveuglément sur tout le monde en même temps et adressées à personne en particulier.» Expliquez l'opposition «tout le monde / personne».

C'est un média impersonnel.

■ A discuter

Etes-vous d'accord avec le narrateur sur l'influence de la télévision? Expliquez votre point de vue.

Saviez-vous que... ?

● Paris est, avec New York, l'une des villes au monde où s'est déroulé le plus grand nombre de tournages de films. Actuellement, y sont tournés, en partie ou dans leur totalité, 300 films en moyenne chaque année. En 1994, 50 longs métrages *(full-length films)* de cinéma, 97 téléfilms, 94 publicités et 140 courts métrages ont choisi Paris pour décor.●

Paris en chiffres (Paris: Direction Générale de l'Information et de la Communication de la Mairie de Paris, 1996), p. 119

Question: A votre avis, qu'est-ce qui attire les réalisateurs à tourner leurs films à New York et à Paris plus que dans les autres grandes villes du monde?

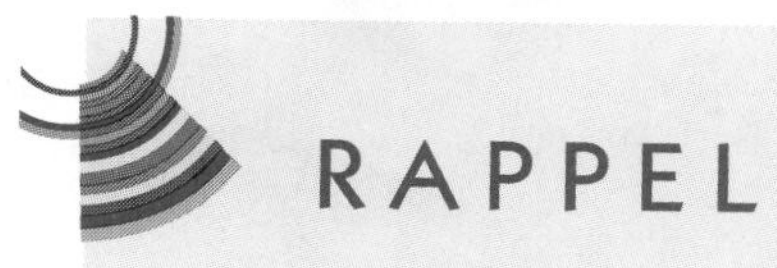

The *negative construction* in French consists of two parts: ne + pas (jamais, personne, rien, etc.). The first part of the negative (ne) directly precedes the verb; the second part generally follows the verb, but certain expressions require a different placement within the sentence. **For more details, see pp. 194–197.**

Applications 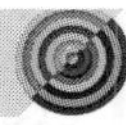

A. A la recherche de l'argent. Vous rêvez de devenir scénariste et vous avez choisi le dessin animé comme point de départ dans cette nouvelle carrière. Imaginez que vous vous trouvez maintenant en réunion avec le directeur de productions *(producer)* chez Walt Disney Studios qui vient de rejeter votre premier scénario. Complétez le dialogue en utilisant des expressions négatives variées.

Modèle: VOUS: Mais Monsieur, tout le monde aimerait ce dessin animé.
LE DIRECTEUR: *Non. Personne n'aimerait ce dessin animé.*

1. Il n'y a rien de nouveau dans votre film. 2. L'intrigue n'est pas du tout intéressante. 3. Aucun des personnages n'est fascinant. 4. Le dénouement n'est ni heureux ni romantique. 5. Les critiques n'aiment jamais cette sorte de dénouement. 6. Je n'ai pas encore lu tout le manuscrit.

1. VOUS: Il y a quelque chose de nouveau dans mon film.
LE DIRECTEUR:
2. VOUS: L'intrigue est très intéressante.
LE DIRECTEUR:
3. VOUS: Tous les personnages sont fascinants.
LE DIRECTEUR:
4. VOUS: Le dénouement est heureux et romantique.
LE DIRECTEUR:
5. VOUS: Les critiques aiment toujours cette sorte de dénouement.
LE DIRECTEUR:
6. VOUS: Avez-vous déjà lu tout le manuscrit?
LE DIRECTEUR:

Continuez ce dialogue avec un partenaire...

B. Vive la télé! Contrairement à beaucoup de gens (y compris le narrateur du roman *La télévision*), vous aimez regarder la télé et trouvez qu'elle a une influence très positive sur les adultes aussi bien que sur les enfants. Prenez la défense de la télévision en mettant toutes les phrases suivantes à l'affirmatif.

1. Toutes les émissions sont bonnes. 2. La pub est toujours intéressante. 3. Tout le monde regarde les téléfilms. 4. Le journal télévisé est déjà aussi bon que le journal imprimé. 5. Les enfants trouvent tout ce qu'ils aiment à la télé. 6. L'antenne satellite et la télévision câblée valent toutes les deux ce qu'elles coûtent. 7. La télévision aide les enfants à développer leur imagination. 8. Je connais beaucoup de gens qui aiment les feuilletons. 9. Tout est logique dans la programmation. 10. La plupart des téléspectateurs sont toujours contents.

1. Aucune émission n'est bonne.
2. La pub n'est jamais intéressante.
3. Personne ne regarde les téléfilms.
4. Le journal télévisé n'est pas encore aussi bon que le journal imprimé.
5. Les enfants ne trouvent rien qu'ils aiment à la télé.
6. Ni l'antenne satellite ni la télévision câblée ne valent ce qu'elles coûtent.
7. La télévision n'aide pas du tout les enfants à développer leur imagination.
8. Je ne connais personne qui aime les feuilletons.
9. Rien n'est logique dans la programmation.
10. La plupart des téléspectateurs ne sont jamais contents.

C. Le positif et le négatif. Pierre et Norbert sont frères, mais ils n'ont pas du tout le même caractère ni les mêmes intérêts. Pierre est toujours positif et Norbert est toujours négatif! Voici une petite histoire de Pierre. Refaites la même histoire pour Norbert, en mettant les phrases à la forme négative.

1. Pierre était très content d'aller au cinéma.
2. Il a beaucoup aimé le film qu'il a vu.
3. Il avait déjà vu d'autres films du même réalisateur.
4. Tout était intéressant dans l'intrigue.
5. Tous les acteurs étaient très bons.
6. Il a été impressionné par le décor et par les effets spéciaux.
7. Il a parlé avec beaucoup de gens qui ont aimé ce film.
8. Il est rentré très satisfait de sa soirée.
9. Ses amis lui ont demandé comment il a trouvé ce film.
10. Pierre a toujours préféré le grand au petit écran.

1. N. n'était pas du tout content... 2. Il n'a pas du tout aimé... 3. Il n'avait pas encore vu... 4. Rien n'était intéressant... 5. Aucun acteur n'était bon. 6. Il n'a été impressionné ni par le décor ni par les effets spéciaux. 7. Il n'a parlé avec personne qui a aimé ce film. 8. Il n'est pas rentré... 9. Personne ne lui a demandé... 10. N. n'a jamais préféré...

In French, as in English, *relative pronouns* allow you to qualify something you are saying by attaching a second clause. In this second clause (called relative, or subordinate, clause) the relative pronoun can function as the subject, the direct object, or the object of a preposition. For more details, see pp. 197–200.

D. Un grand classique. Remplissez les blancs dans les phrases suivantes par les pronoms relatifs qui conviennent.

1. *The African Queen* est un grand classique ________ on parle souvent.
2. C'est un film ________ j'ai déjà vu au moins cinq fois.
3. C'est l'histoire d'une femme ________ tombe amoureuse d'un homme ________ elle n'aime pas du tout au début du film.
4. Ce couple est obligé de descendre en bateau un fleuve ________ ils font face à beaucoup de dangers.
5. Le vieux bateau dans ________ se déroule la plupart de l'action n'offre pas d'abri contre les moustiques de la jungle.

1. dont 2. que 3. qui / qu' 4. où 5. lequel

E. Donnez un coup de main! Un ami doit écrire un paragraphe sur son film préféré pour son professeur de français. Le professeur a dit qu'il fallait utiliser autant de pronoms relatifs que possible, afin de rendre le style plus sophistiqué, et votre ami ne sait pas le faire. Aidez-le à lier ses phrases simples avec des pronoms relatifs variés. Attention! Vous pouvez aussi changer des nom sujets en pronoms sujets, si nécessaire.

Je vais parler de *Titanic*. *Titanic* est mon film préféré. Les personnages principaux de cette histoire sont une jeune femme et un jeune homme. La jeune femme voyage avec son fiancé riche. Le jeune homme est très pauvre. Le fiancé n'est pas gentil. La jeune femme a un peu peur de lui. Le jeune homme fait un dessin de la jeune femme nue. Le fiancé découvre le dessin. La jeune femme tombe amoureuse du jeune homme. Le fiancé est déjà jaloux de la jeune femme. Quand le bateau commence à couler *(sink)*, le fiancé prend une place dans un canot de sauvetage *(lifeboat)*. Cette action réduit le nombre de places disponibles pour les femmes et les enfants. La jeune femme refuse de quitter le bateau sans le jeune homme. Je trouve cela très romantique! Le jeune

Réponses possibles: Je vais parler de *Titanic*, qui est mon film préféré. Les personnages principaux de cette histoire sont une jeune femme qui voyage avec son fiancé, et un jeune homme qui est très pauvre. Le fiancé, dont la jeune femme a un peu peur, n'est pas gentil. Le jeune homme fait un dessin de la jeune femme nue que le fiancé découvre. La jeune femme, dont le fiancé est déjà jaloux, tombe amoureuse du jeune homme. Quand le bateau commence à couler, le fiancé prend une place dans un canot de sauvetage. Cette action réduit le nombre de places disponibles pour les femmes et les enfants. La jeune femme refuse de quitter le bateau sans le jeune homme, ce que je trouve très romantique! Le jeune homme, qui reste trop longtemps dans l'eau dont la température est très basse, meurt. La jeune femme se rend compte de cela quand elle se réveille. Elle est sauvée par des gens qui entendent le bruit de son sifflet. L'acteur Leonardo DiCaprio, qui interprète le rôle du jeune homme, est maintenant le héros de toutes adolescentes. La chanson leitmotiv du film, dont beaucoup de gens ont acheté l'enregistrement, est chantée par Céline Dion.

homme reste trop longtemps dans l'eau. La température de l'eau est très froide. Le jeune homme meurt dans l'eau froide. La jeune femme se rend compte de cela quand elle se réveille. La jeune femme est sauvée par des gens. Ces gens entendent le bruit de son sifflet *(whistle)*. L'acteur Leonardo DiCaprio est maintenant le héros de toutes les adolescentes. Leonardo DiCaprio interprète le rôle du jeune homme. La chanson leitmotiv *(theme song)* du film est chantée par Céline Dion. Beaucoup de gens ont acheté l'enregistrement de cette chanson.

F. Vous et la télé. Créez des phrases originales en utilisant les éléments donnés.

1. la chaîne câblée / que
2. le journal télévisé / qui
3. un jeu télévisé / dont
4. un feuilleton / dans lequel
5. un mélo / où

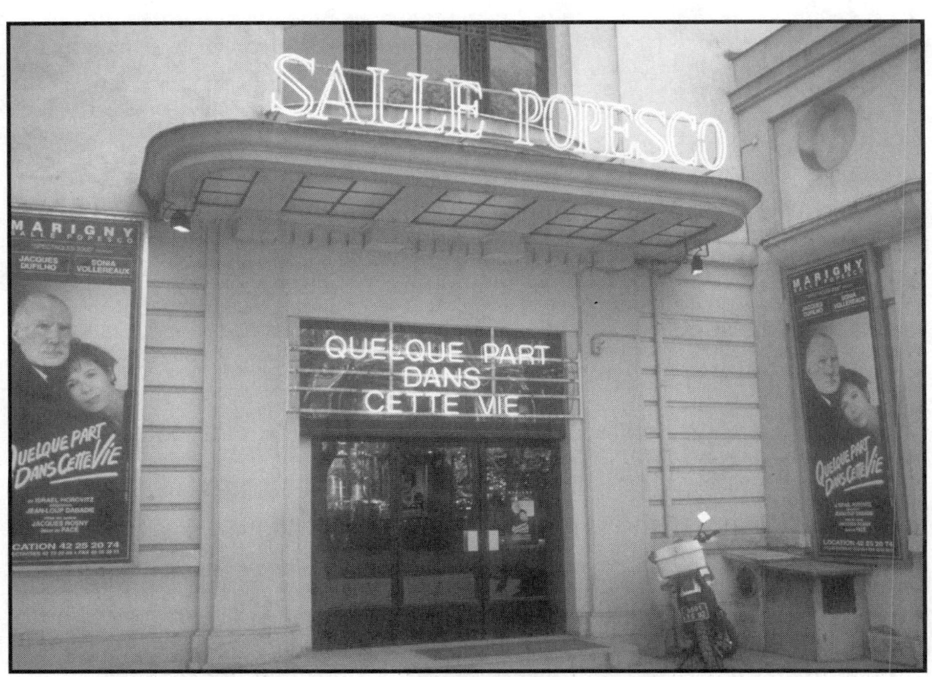

Le premier homme 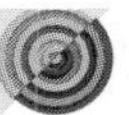

Albert Camus (1913–60) est né en Algérie et a passé la plupart de sa vie adulte en France. Ses œuvres les plus connues sont les romans *L'étranger* (1942) et *La peste* (1947), les pièces de théâtre *Caligula* (1938) et *Le malentendu* (1945), et les essais philosophiques *Le mythe de Sisyphe* (1942) et *L'homme révolté* (1951). Camus est mort dans un accident de voiture en 1960, trois ans après qu'on lui ait attribué le Prix Nobel. Au moment de sa mort il préparait une nouvelle œuvre à laquelle il avait donné le titre provisoire *Le premier homme*. Le texte que vous allez lire est tiré de ce manuscrit inachevé, publié chez Gallimard en 1994.

Entrons en matière

Avez-vous déjà vu un film muet (*silent*)? Si oui, quelle a été votre réaction à cette expérience? Sinon, pourquoi pas? Pensez-vous qu'un spectateur d'un film muet regarde le film de la même façon qu'il le fait pour un film «parlant»? Quelles pourraient être les différences?

Pour mieux comprendre

Aujourd'hui, avant le début d'un film, on projette souvent des annonces publicitaires ou des bandes annonces. Parcourez les premières lignes du texte de Camus pour découvrir ce qu'on projetait au cinéma décrit par le narrateur.

des actualités, un court film comique, le grand film et un film à épisodes

Lecture

Première partie

Les séances de cinéma réservaient d'autres plaisirs à l'enfant... [...] Jacques escortait sa grand-mère qui, pour l'occasion, avait lissé ses cheveux blancs et fermé son éternelle robe noire d'une broche d'argent. [...] Le cinéma projetait alors des films muets, des actualités° d'abord, un court film comique, le grand film et pour finir un film à épisodes, à raison d'un bref épisode par semaine. La grand-mère aimait particulièrement ces films en tranches dont chaque épisode se terminait en suspens. Par exemple le héros musclé portant dans ses bras la jeune fille blonde et blessée s'engageait sur un pont de lianes° au-dessus d'un cañon° torrentueux. Et la dernière image de l'épisode hebdomadaire° montrait une main tatouée qui, armée d'un couteau primitif, tranchait les lianes du ponton°. Le héros continuait de cheminer superbement malgré les avertissements vociférés des spectateurs des «bancs»°. La question alors n'était pas de savoir si le couple s'en tirerait°, le doute à cet égard n'étant pas permis, mais seulement de savoir comment il s'en tirerait, ce qui expliquait que tant de spectateurs, arabes et français,[3] revinssent° la semaine d'après pour voir les amoureux arrêtés dans leur chute mortelle par un arbre providentiel. Le spectacle était accompagné tout au long au piano par une vieille demoiselle qui opposait aux lazzis° des «bancs» la sérénité immobile d'un maigre dos en bouteille d'eau minérale capsulée d'un col de dentelle°. Jacques considérait alors comme une marque de distinction que l'impressionnante demoiselle gardât des mitaines° par les chaleurs les plus torrides. Son rôle d'ailleurs n'était pas aussi facile qu'on eût pu le croire. Le commentaire musical des actualités, en particulier, l'obligeait à changer de mélodie selon le caractère de l'événement projeté. Elle passait ainsi sans transition d'un gai quadrille° destiné à accompagner la présentation des modes de printemps à la marche funèbre de Chopin à l'occasion d'une inondation° en Chine ou des funérailles d'un personnage important dans la vie nationale ou internationale. Quel que soit le morceau, en tout cas, l'exécution était imperturbable, ... C'était elle en tout cas qui arrêtait d'un coup le vacarme° assourdissant en attaquant à pleines pédales le prélude qui était censé créer l'atmosphère de la matinée. Un énorme vrombissement° annonçait que l'appareil de projection se mettait en marche, le calvaire° de Jacques commençait alors.

informations
vines/canyon
toutes les semaines
floating bridge
les places bon marché
échapperait
revenir (imparfait du subjonctif)
jeers, hooting
col... : *lace collar*
gants
air de danse
flood
grand bruit fait par les spectateurs
humming
suffering

[3]Cette histoire se passe en Afrique du Nord.

1. Le film à épisodes. 2. Non, il y a la musique du piano et le bruit des spectateurs. 3. Il l'admirait; elle s'habillait bien, portait des gants et avait l'air sereine. 4. Elle devait changer constamment de mélodie selon ce qu'on projetait. 5. Ils faisaient beaucoup de bruit. 6. L'imparfait. Cela suggère que Jacques et sa grand-mère allaient régulièrement au cinéma.

Comprenez-vous?

1. Qu'est-ce qui assurait le retour des spectateurs chaque semaine?
2. Est-ce que la salle était silencieuse pendant la projection du film muet? Expliquez.
3. Que pensait Jacques de la femme qui jouait du piano? Comment est-ce que l'apparence physique de cette femme aide à créer cette impression?
4. Selon Jacques, pourquoi le travail de cette femme n'était-il pas facile?
5. Comment agissaient les autres spectateurs dans la salle?
6. Notez quel temps du verbe prédomine dans cette description. Qu'est-ce que ce temps suggère au sujet de l'importance du cinéma dans la vie de Jacques et sa grand-mère?

Lecture

Deuxième partie

Les films, étant muets, comportaient en effet de nombreuses projections de texte écrit qui visaient° à éclairer l'action. Comme la grand-mère ne savait pas lire, le rôle de Jacques consistait à les lui lire. Malgré son âge, la grand-mère n'était nullement sourde°. Mais il fallait d'abord dominer le bruit du piano et celui de la salle, dont les réactions étaient généreuses. De plus, malgré l'extrême simplicité de ces textes, beaucoup des mots qu'ils comportaient n'étaient pas familiers à la grand-mère et certains même lui étaient étrangers. Jacques, de son côté, désireux d'une part de ne pas gêner les voisins et soucieux surtout de ne pas annoncer à la salle entière que la grand-mère ne savait pas lire (elle-même parfois, prise de pudeur, lui disait à haute voix, au début de la séance: «tu me liras, j'ai oublié mes lunettes»), Jacques donc ne lisait pas les textes aussi fort qu'il eût pu° le faire. Le résultat était que la grand-mère ne comprenait qu'à moitié, exigeait qu'il répète le texte et qu'il le répète plus fort. Jacques tentait de parler plus fort, des «chut»° le jetaient alors dans une vilaine honte, il bafouillait°, la grand-mère le grondait° et bientôt le texte suivant arrivait, plus obscur encore pour la pauvre vieille qui n'avait pas compris le précédent. La confusion augmentait alors jusqu'à ce que Jacques retrouve assez de présence d'esprit pour résumer en deux mots un moment crucial du *Signe de Zorro* par exemple, avec Douglas Fairbanks père. «Le vilain veut lui enlever la jeune fille», articulait fermement Jacques en profitant d'une pause du piano ou de la salle. Tout s'éclairait, le film continuait et l'enfant respirait. En général, les ennuis s'arrêtaient là. Mais certains films du genre *Les deux orphelines* étaient vraiment trop compliqués, et, coincé° entre les exigences de la grand-mère et les remontrances de plus en plus irritées de ses voisins, Jacques finissait par rester coi°. Il gardait encore le souvenir d'une de ces séances où la grand-mère, hors d'elle, avait fini par sortir, pendant qu'il la suivait en pleurant, bouleversé à l'idée qu'il avait gâché° l'un des rares plaisirs de la malheureuse et le pauvre argent dont il avait fallu le payer.

Albert Camus, *Le premier homme* (Paris: Editions Gallimard, 1994), pp. 90–93

aimed

deaf

pouvoir (passé du conditionnel, deuxième forme)

"hush"

parlait d'une façon incohérente/*scolded*

caught

muet

spoiled

■ Comprenez-vous?

1. Qu'est-ce qu'il y avait dans les films muets qui aidait les spectateurs à comprendre l'action?
2. Qu'est-ce que Jacques et sa grand-mère voulaient cacher aux autres spectateurs?
3. Que faisait Jacques pour aider sa grand-mère à comprendre?
4. Pourquoi est-ce que Jacques ne réussissait pas toujours à aider sa grand-mère?
5. Expliquez le comportement de Jacques à la fin de ce passage.

1. Des projections de texte. 2. Qu'elle ne savait pas lire. 3. Il lisait les textes projetés à haute voix. 4. Les autres spectateurs lui disaient de ne pas parler. 5. Il ne voulait pas fâcher les autres spectateurs en faisant trop de bruit, mais il était très triste d'avoir fâché sa grand-mère.

■ Allez plus loin

En quoi l'effort des spectateurs des films muets décrits par Jacques ressemble-t-il à celui du spectateur d'un film sous-titré?

Ils doivent tous les deux essayer de regarder les images en même temps qu'ils lisent le texte projeté.

Activités d'expansion

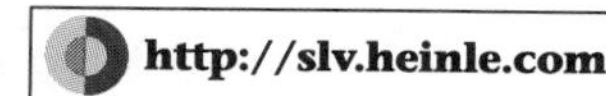

A. Les films étrangers

Que pensez-vous des films étrangers? Les préférez-vous aux films américains? Préférez-vous les films étrangers sous-titrés ou doublés? Pourquoi? Quel est votre film étranger favori? Quel est le plus mauvais film étranger que vous ayez jamais vu?

B. Chez soi?

Préférez-vous voir un film dans une salle de cinéma, à la télévision ou sur cassette vidéo? Quels sont les avantages de chaque média? Et les inconvénients?

C. Débat: La technologie: bonne ou mauvaise influence sur les enfants?

La classe est divisée en trois pour débattre la bonne/mauvaise influence de la télévision, des jeux vidéo et d'Internet sur les enfants. Les membres de chaque groupe préparent individuellement une liste des raisons pour lesquelles «sa» technologie exerce la meilleure influence sur les enfants. Ensuite, les membres de chaque groupe comparent leurs listes et choisissent les cinq meilleurs arguments. Pour pouvoir bien développer votre argument, référez-vous aux «Expressions utiles», page 65. Enfin, les groupes se présentent et débattent ces arguments.

INTERLUDE 2

For lesson plans, cultural notes, warm-ups, and homework assignments, please go to: *http://slv.heinle.com*.

Questions sur les photos:
Qu'est-ce que vous voyez sur ces photos?
Trouvez-vous ces scènes typiques?

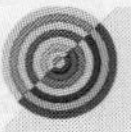

«France Télécom» de Tryo

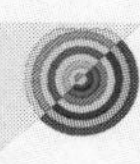

Voici les paroles d'une chanson du premier album de Tryo, un groupe de «reggae akoustik» né dans la banlieue de Paris vers 1995. Les cinq (pas 3!) membres du groupe sont les trois chanteurs-guitaristes Manu Eveno, Christophe Mali et Cyril Célestin (dit «Guizmo»), l'ingénieur du son Sébastien Pujol (dit «Bibou»), et le percussionniste Daniel Bravo. «Mamagubida», le titre de leur premier album, n'est rien d'autre qu'un «mot» créé à partir des deux premières lettres de chacun de leurs noms: Manu, Mali, Guizmo, Bibou, Daniel! Sorti en 1998, cet album contient 15 chansons, toutes enregistrées en public à des concerts à Fresnes (banlieue de Paris) et en Bretagne.

Entrons en matière

Les trois premiers mots de cette chanson sont «Merci France Télécom». Pour quelle(s) raison(s) remercierait-on France Télécom, le quatrième opérateur mondial de télécommunications? Avez-vous parfois envie d'envoyer des remerciements à AT&T, par exemple? Pourquoi?

Avant d'écouter

Lisez les paroles de cette chanson, puis répondez aux questions qui suivent.

Saviez-vous que… ?

En mai 1999, 28% des ménages résidant en France *(households in France)* possédaient au moins un téléphone portable, contre seulement la moitié deux ans auparavant. Quels Français sont les mieux équipés en téléphones portables? Les ménages avec enfants, les artisans, commerçants et chefs d'entreprises, et les habitants de l'Ile-de-France *(region that surrounds Paris)*.

Céline Rouquette, «La percée du téléphone portable et d'Internet», *Insee première*, N° 700, février 2000 (http://www.insee.fr).

Question: Pourquoi, à votre avis, les ménages avec enfants ont-ils plus de téléphones portables que les ménages sans enfants? Et les habitants de l'Ile-de-France par rapport aux habitants d'autres régions de France?

Merci France Télécom
D'avoir pu permettre à nos hommes
D'ajouter aux bruits de la ville et des klaxons°
La douce sonnerie du téléphone

Combien sont-ils?
Combien sont-ils nos abonnés°?
Branchés° du soir au matin
Les mains accrochées au combiné°
Allo madame Tryo voudrait bien vous parler
Ok je prends le bip° et je te rappelle après
Signal d'appel° ou option conférence
Facture détaillée° Minitel[1] et interférence
Entends-tu la cohue des ondes° au beau milieu des airs?
Ta voix s'accroche° au satellite retombera-t-elle sur la terre?

Merci France Télécom
D'avoir pu permettre à nos hommes
D'ajouter aux bruits de la ville et des klaxons
La douce sonnerie du téléphone

klaxons: *horns*
abonnés: *telephone customers*
Branchés: *connected*
combiné: *receiver (handset)*
bip: le son qui indique qu'il y a un message sur le répondeur ou le pager
Signal d'appel: *call waiting*
Facture détaillée: *itemized phone bill*
la cohue des ondes: *crowded airwaves*
s'accroche: *clings to*

[1]Le Minitel, développé en France par France Télécom à partir de 1980, est un petit terminal mis à la disposition des abonnés du téléphone qui remplace l'annuaire téléphonique papier et donne accès à un nombre de services (réservations de billets, virements bancaires, etc.). L'utilisation du Minitel est pourtant limitée à la France.

take out of holder (case, holster)

événements imprévisibles

J'ai le Bi-Bop[2] accroché à ma ceinture
Je le dégaine° au coin de la rue dans ma voiture
Impossible de fuir plus de prétextes pour échapper
Aux durs aléas° de la vie d'un financier
Etre ici en une seconde être là-bas
Avec le boss le patron et direct avec toi
Je t'appellerai CNN en direct des Balkans
Pour commenter la bombe qui descend lentement
Pour s'écraser sur les fils électriques
Plonger des millions de foyers dans le silence électronique
L'économie plonge les finances paniquent
Le téléphone est devenu bien plus que pratique

Merci France Télécom
D'avoir pu permettre à nos hommes
D'ajouter aux bruits de la ville et des klaxons
La douce sonnerie du téléphone

surpasses

Car défiant les lois de l'espace et du temps
Branché sur Internet internationalement
Désir d'être partout de contrôler à la fois
Ce qui te dépasse° et ce que tu peux toucher du bout des doigts

Merci France Télécom
D'avoir pu permettre à nos hommes
D'ajouter aux bruits de la ville et des klaxons
La douce sonnerie du...

Comprenez-vous?

1. Les quatre premières lignes du texte («Merci...). Non, Tryo n'est pas sincère. Cet adjectif ajoute au sarcasme de la chanson. 2. Non, le téléphone portable n'améliore pas la vie. Exemples: «impossible de fuir», «plus de prétextes pour échapper», «en une seconde être [...] avec le boss, le patron, etc.». 3. Pendant des années le téléphone était pratique, donc utile. Ce n'est plus simplement une question d'être pratique; si on est privé de ce moyen de communication, c'est le chaos (l'économie plonge, les finances paniquent, etc.). 4. L'homme veut contrôler l'espace et le temps, et il essaie de le faire en étant aussi «branché» que possible.

1. Identifiez le refrain et analysez-le. Diriez-vous que Tryo est sincère dans son remerciement? Pourquoi le groupe emploie-t-il l'adjectif «douce» en parlant de la sonnerie du téléphone?
2. Selon Tryo, le téléphone mobile améliore-t-il la vie? Justifiez votre réponse par des exemples précis du texte.
3. Pourquoi le groupe Tryo dit-il que «le téléphone est devenu bien plus que pratique»? Etes-vous d'accord? Pourquoi?
4. Qu'est-ce que l'homme veut contrôler qui le «dépasse» (lignes 37–38)? Comment l'homme essaie-t-il d'exercer ce contrôle, selon Tryo?

---

[2]Le Bi-Bop est un téléphone mobile que France Télécom a vendu entre 1993 et 1998. C'était un des premiers téléphones «de poche» à prix modeste en France, mais son usage était limité à quelques grandes villes, et il n'était pas utilisable en voiture.

Ecoutons!

Ecoutez maintenant l'enregistrement de «France Télécom». Puis, mettez-vous en groupes pour comparer vos idées sur cette chanson. Commencez votre discussion en répondant à ces questions: Que pensez-vous de la musique? Est-ce que la musique change vos idées sur le texte ou vous aide à mieux le comprendre? Expliquez. Est-ce qu'il y a d'autres aspects de l'enregistrement qui vous aident à mieux comprendre la chanson?

Follow-up: *Have groups compare their reactions.*

Et vous?

Avez-vous un téléphone portable? Si oui, comment vous en servez-vous? Sinon, pourquoi pas?

Le téléphone (insup)portable

Quels sont les avantages et les inconvénients du portable pour celui/celle qui l'utilise? Et pour le public en général?

Make a list on the board of all advantages and disadvantages suggested by the class. This exercise can be expanded into a debate.

Trouvez-vous cette conversation drôle? réaliste? Pourquoi?

For lesson plans, cultural notes, warm-ups, and homework assignments, please go to: *http://slv.heinle.com*.

Traditions

A. Les personnages

le héros (l'héroïne)	*hero (heroine)*
le roi (la reine)	*king (queen)*
le prince (la princesse)	*prince (princess)*
le chevalier	*knight*
la dame	*lady*
la demoiselle	*young lady*
la fée, la bonne fée	*fairy, fairy godmother*
la marâtre	*wicked stepmother*
le diable	*devil*
le magicien (la magicienne)	*magician*
le sorcier (la sorcière)	*wizard, sorcerer, witch*
le spectre, le fantôme, le revenant	*ghost*
le nain (la naine)	*dwarf*
le lutin	*elf*
le géant	*giant*
l'ogre (l'ogresse)	*ogre*
le monstre	*monster*
le loup-garou (les loups-garous)	*werewolf (werewolves)*
le vampire	*vampire*
la licorne	*unicorn*
le dragon	*dragon*

rêver (à, de)	*to dream*
le rêve	*dream*
le cauchemar	*nightmare*
rêvasser	*to daydream*
bâtir des châteaux en Espagne	*to build castles in the air*
enchanter	*to enchant*
le merveilleux	*the supernatural*
ensorceler, jeter un sort (à)	*to cast a spell (on)*
hanter	*to haunt*
le charme, le sortilège	*magic spell*
rompre le charme	*to break the spell*
la magie (noire)	*magic (black magic)*
la malédiction	*curse*
maudire	*to curse (someone or something)*
craindre	*to fear, to be afraid of*
faire...	
la cour (à)	*to court, to woo*
peur (à)	*to frighten*
semblant (de)	*to pretend*

B. Les contes

Il était une fois...	*Once upon a time there was/were ...*
Ils vécurent heureux et eurent beaucoup d'enfants.[1]	*They lived happily ever after ...*
raconter	*to tell (a story, a tale)*
le conte de fées	*fairy tale*
le bien	*good*
le mal	*evil*
le conte à dormir debout	*tall tale*
imaginer, s'imaginer	*to imagine, to imagine oneself (doing or being)*

[1] *The ending of traditional French fairy tales.*

1

2

3

4

sempé

Que fait ce couple? A quoi rêve-t-il? A quoi rêvez-vous?

Sempé, *Tout se complique* (Paris: Denoël, 1962).

Sempé, *Tout se complique* (Paris: Denoël, 1962)

Que fait ce couple? A quoi rêve-t-il? A quoi rêvez-vous?

Préparation grammaticale

Avant de commencer ce chapitre, révisez la formation du subjonctif, pp. 201–205

Vocabulary warm-up:
Regardez la liste A du vocabulaire—Les personnages. Qui sont les bons? Qui sont les méchants? Les animaux mythiques?

Vocabulaire

A. Devinettes. Choisissez un mot ou une expression de la liste du vocabulaire. Décrivez-le ou expliquez-le en français pour que vos camarades de classe devinent ce que vous avez choisi.

Modèle: ***Ce sont de grands bâtiments élégants, souvent avec des tours, où habitent un roi et une reine. On en trouve beaucoup dans la vallée de la Loire en France.***

Ce sont des châteaux.

B. Transformations. Si vous pouviez vous transformer en l'un des personnages de la liste A du vocabulaire, lequel choisiriez-vous? Faites votre choix, puis circulez dans la classe pour trouver d'autres étudiants qui ont choisi le même personnage. Ensemble, discutez des raisons de votre choix pour pouvoir les présenter à la classe.

C. Associations. Quels mots de la liste B du vocabulaire associez-vous aux personnages de la liste A? Choisissez quatre mots et expliquez vos associations à la classe.

> **Modèle:** ***le bien: le héros, la princesse, le chevalier, le prince. Ces personnages sont souvent des héros de contes.***

D. Vos réactions. Quand vous étiez petit et qu'on vous lisait ou qu'on vous racontait des contes de fées (ou quand vous regardiez des dessins animés ou des films pour enfants), quelle était votre réaction face aux personnages de la liste ci-dessous? Expliquez vos réactions.

Vocabulaire utile: effrayer, amuser, intéresser, ennuyer, faire peur, faire rire, rendre heureux(-se)/content(e)/triste, etc.

> **Modèle: les loups-garous:** ***Ils me faisaient rire parce que je les trouvais ridicules.***
> **le chevalier:** ***Il m'intéressait parce qu'il avait toujours un cheval et j'adorais les chevaux.***

1. les vampires
2. la licorne
3. la sorcière
4. la bonne fée
5. le géant
6. la marâtre
7. les nains
8. le dragon
9. les fantômes
10. les monstres

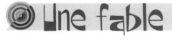

Saviez-vous que... ?

En 1697 Charles Perrault (1628–1703) publie *les Contes de ma mère l'Oye ou Histoires et contes du temps passé*, un recueil de huit contes merveilleux. Parmi ces contes se trouvent *Cendrillon*, *Le Petit Chaperon rouge* et *La belle au bois dormant*. Issus du *(stemming from)* folklore populaire français pour la plupart, les contes adaptés littéralement par Perrault appartiennent à la littérature orale, mouvante, destinée aux adultes des communautés villageoises, faits pour être lus le soir, à la veillée (réunion).

Adapté de Microsoft Encarta

Question: Quelle est l'origine des contes de Perrault?

Une fable

Entrons en matière

Vous connaissez certainement quelques fables (d'Esope, par exemple). Quelles en sont les caractéristiques? Qui sont les «personnages» de la fable? Quels adjectifs associez-vous avec les personnages possibles? A qui s'adressent les fables? Quel est le but *(purpose)* de la fable?

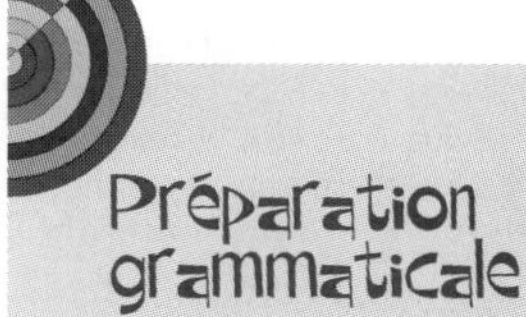

Préparation grammaticale

Avant de continuer, révisez l'usage du subjonctif, **pp. 205–209**

Avant de lire

Une image ou une illustration peut vous donner une idée du sujet, du thème, des personnages et même de l'intrigue d'un texte. Avant de lire la fable, regardez bien l'illustration à la page 102. Qu'est-ce que vous y voyez? Comment sont ces deux animaux? Que font-ils?

Lecture

Les fables françaises les plus connues sont celles de Jean de La Fontaine (1621–1695). Bien qu'il imite les fables de l'Antiquité (d'Esope, par exemple), il les adapte aussi pour plaire à ses contemporains. Très appréciées de Louis XIV, de l'aristocratie et de la bourgeoisie du XVIIe siècle, ses fables ne s'adressent pas seulement aux enfants, bien que les enfants aiment les lire encore aujourd'hui. On continue à les apprendre par cœur à l'école en France.

La Cigale et la Fourmi

La Cigale, ayant chanté
Tout l'été,
Se trouva fort dépourvue°
Quand la bise° fut venue:
Pas un seul petit morceau
De mouche ou de vermisseau°.
Elle alla crier famine
Chez la Fourmi sa voisine
La priant de lui prêter
Quelque grain pour subsister
Jusqu'à la saison nouvelle.
«Je vous paierai, lui dit-elle,
Avant l'Oût°, foi d'animal,
Intérêt et principal.»
La Fourmi n'est pas prêteuse:
C'est là son moindre défaut.
Que faisiez-vous au temps chaud?
Dit-elle à cette emprunteuse.
—Nuit et jour à tout venant
Je chantais, ne vous déplaise.
—Vous chantiez? j'en suis fort aise°,
Eh bien! dansez maintenant.

Jean de La Fontaine, *Fables*

without resources
vent froid d'hiver
small worm
août
contente

■ Comprenez-vous?

1. Comment la Cigale passe-t-elle l'été?
2. Qu'est-ce qui en résulte?
3. Pourquoi va-t-elle chez la Fourmi?
4. Comment la Fourmi passe-t-elle l'été, selon vous?
5. Expliquez la fin de la fable.

1. Elle chante. 2. Elle n'a rien à manger pour l'hiver. 3. La Fourmi a beaucoup travaillé alors elle a de la nourriture. 4. Elle travaille; elle ramasse des choses à manger. 5. La Fourmi ne donne rien à la Cigale, alors la Cigale va mourir de faim.

■ Allez plus loin

1. Comment La Fontaine caractérise-t-il les animaux dans cette fable? Quel est le rapport entre la manière dont il les présente et les caractéristiques de ces animaux dans la nature?
2. Trouvez tous les mots qui sont en rapport avec l'argent dans cette fable. En quoi contribuent-ils à «l'intrigue»?
3. La Fontaine n'a pas donné de morale explicite dans cette fable. Selon vous, quelle en est la leçon? Y a-t-il plusieurs possibilités?
4. Pour lequel de ces deux animaux La Fontaine montre-t-il de la sympathie? Justifiez votre réponse.
5. Etes-vous du même avis que La Fontaine?

Applications

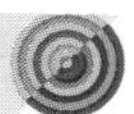

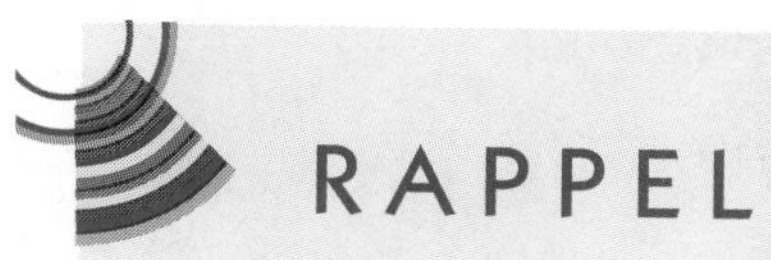

RAPPEL

The *subjunctive* is a verb form that appears in a subordinate clause when the verb in the main clause expresses *emotion, opinion, desire*, or *will*. The subjunctive suggests *subjectivity* or *possibility* rather than fact. When the subject of both clauses is the same, an infinitive replaces the subjunctive. For more details, see pp. 201–209.

A. Réactions. Quelles sont les réactions des personnages de la fable de La Fontaine que vous venez de lire? Complétez les phrases en choisissant entre l'infinitif et le subjonctif.

1. En été la Cigale est contente de…
2. Mais en automne, elle a peur que…
3. Pour survivre, elle veut que la Fourmi…
4. La Cigale promet de…
5. Selon la Fourmi, il faut…

Et vous, qu'en pensez-vous?

6. Je suis surpris(e) que…
7. Il est triste que…
8. Il vaudrait mieux que…

Subjunctive practice: La Fourmi exprime ses opinions à la Cigale. *Modèle: La Cigale: Je ne veux pas travailler. La Fourmi: Mais il faut que… vous travailliez.* C: Mes chansons sont si belles. F: Je doute que…/ C: Tous les animaux m'écoutent. F: Je suis étonnée que…/ C: Je chante pour vous? F: Je ne veux pas que…/ C: Nous sommes amies. F: Il n'est pas vrai que…/ C: J'ai faim. F: Je suis désolée que… /C: Je vais chez votre cousine. F: Il est impossible que…

Subjunctive practice: Transformez les phrases en commençant par les expressions indiquées: Nous lisons des contes de fées. (Il est vrai que/Il est bon que/Nous voulons /Il est essentiel de)/ Ces contes font peur aux enfants. (Il est possible que/Il est probable que/Certains psychologues croient que/Je doute que) La fin est toujours heureuse. (Il n'est pas vrai que/Nous espérons que/Il est impossible que/ Je ne pense pas que)

B. Les contes de fées et les enfants: une débat. Certaines personnes pensent que les contes de fées sont trop violents pour être lus aux enfants, tandis que d'autres les trouvent importants pour leur éducation. Complétez le dialogue suivant pour exprimer ces points de vue. Attention aux formes des verbes.

Contre: Il vaut mieux que…
Pour: Il faut que les parents…
Contre: Je doute que…
Pour: Il est essentiel de…
Contre: Je regrette que…
Pour: Il est important…
Contre: Je préfère…
Pour: Mes enfants veulent…

Mettez en scène votre débat pour la classe. Qui a les meilleurs arguments?

RAPPEL

Verbs or expressions that indicate certainty are followed by the indicative rather than the subjunctive. For more details, see pp. 205–209.

C. La reine et le marchand de potions magiques.
Il était une fois une reine veuve, mère de trois enfants, un fils de 17 ans et deux filles de 15 et 20 ans. Elle s'entendait bien avec sa famille, son peuple l'aimait, mais pendant les longues soirées d'hiver, elle s'ennuyait et se sentait seule. Un soir (c'était le mois de janvier, il y avait une tempête de neige), quelqu'un a frappé à la porte de son palais. Puisque ses demoiselles d'honneur *(ladies in waiting)* s'étaient déjà couchées, elle a ouvert la porte elle-même. Devant elle se trouvait un jeune homme d'une vingtaine d'années qui voulait lui vendre des potions magiques. Elle l'a prié d'entrer, ils se sont parlé toute la nuit, et le lendemain matin, la reine s'est dit «Je suis amoureuse de lui et je vais l'épouser».

Comment ont réagi ses demoiselles d'honneur et ses enfants? Imaginez leurs réactions lorsque la reine leur a appris sa décision.

Saviez-vous que… ?

Le psychanalyste Bruno Bettelheim explique le message que les contes de fées délivrent aux enfants: que la lutte contre les graves difficultés de la vie est inévitable et fait partie intrinsèque de l'existence humaine, mais que si, au lieu de se dérober *(to run away from)*, on affronte fermement les épreuves *(tests, trials)* inattendues et souvent injustes, on vient à bout de tous les obstacles et on finit par remporter la victoire.

Question: Comment est la vie, selon les contes de fées?

Modèle: LA REINE: **Je peux me marier avec lui.**
LES DEMOISELLES: **Il n'est pas évident que *vous puissiez vous marier avec lui.***

Give students a few minutes to read the directions and prepare answers individually to the first part. Select students to give their sentences. Final section can be done in groups of three in class, or assigned as written homework.

LA REINE: C'est le plus beau garçon du monde.
LES DEMOISELLES: Nous doutons que…
LA REINE: Il m'aime à la folie.
LES DEMOISELLES: Il est possible que…
LA REINE: Nous voulons nous marier immédiatement.
LES DEMOISELLES: Il est ridicule de…
LA REINE: Il ne connaît pas mes enfants.
LES DEMOISELLES: Mais il faut que…
LA REINE: Nous leur en parlerons demain.
LES DEMOISELLES: Nous espérons que…

Saviez-vous que… ?

La pantoufle de «verre» qui joue un rôle si important dans *Cendrillon* est, à l'origine, une pantoufle de «vair», une fourrure grise, venant d'un animal qui ressemble à un écureuil. C'est Perrault qui la transforme en «verre».

Question: Pourquoi, selon vous, Perrault préfère-t-il «verre» pour la pantoufle?

L'histoire continue. Le couple se retrouve avec les enfants de la reine. Comment réagissent les enfants? Complétez leurs phrases.

LA FILLE DE 15 ANS: Je veux…
LE FILS: J'insiste…
LA FILLE DE 20 ANS: Il est probable…
TOUS LES ENFANTS: Il est évident…

Maintenant, travaillez à trois pour trouvez une fin à cette histoire. Quel groupe a la fin la plus amusante? la plus réaliste? la plus romantique? la plus tragique?

D. Une question de points de vue. Vous connaissez certainement le conte du Petit Chaperon rouge qui apporte un gâteau à sa grand-mère et se fait manger par le loup. (Dans la version américaine, il y a un bûcheron *[woodcutter]* qui la sauve à la fin. Dans la version française, elle meurt.) Mettez-vous à la place des personnages (colonne A) ci-dessous et donnez votre réaction (colonne B) face aux événements (colonne C). Faites les changements nécessaires selon le personnage qui parle. N'hésitez pas à ajouter des expressions.

Modèle: LE PETIT CHAPERON ROUGE: ***Je regrette que ma grand-mère soit malade.***
LE LOUP: ***Je suis content qu'elle soit malade.***

A. Personnages

LA MÈRE
LE PETIT CHAPERON ROUGE
LA GRAND-MÈRE
LE LOUP
LE BÛCHERON

B. Réactions

être content
avoir peur
regretter
vouloir
être vrai
être dommage
croire
Il faut
? ?

C. Evénements

La grand-mère est malade.
La mère envoie sa fille chez elle.
Le Petit Chaperon rouge rend visite à sa grand-mère.
Le loup a faim.
Il va vite chez la grand-mère.
Il la dévore.
Il met ses vêtements.
Le Petit Chaperon rouge ne comprend pas.
Elle s'approche du lit.
Le bûcheron peut la sauver.

E. Que de complications! Voici des extraits de l'histoire d'une belle princesse et d'un beau chevalier qui s'aiment. Lisez-les, puis, avec un(e) partenaire, finissez les phrases pour créer un conte (amusant/tragique/heureux... comme vous voulez).

1. Une jeune et jolie princesse aime un beau chevalier quoique...
2. Son père, le roi, leur permet de se marier à condition que...
3. Le triste chevalier part pour...
4. Il voyage pendant un an avant de...
5. Il demande à un nain de l'aider afin de...
6. Mais le nain refuse, jusqu'à ce que...
7. Heureusement, le chevalier réussit, sans...
8. *(Inventez la fin vous-même.)*

F. Réactions/expériences personnelles. Travaillez en groupes de trois (étudiants A, B, et C) et posez-vous les questions suivantes sur les contes de fées, le merveilleux, les films d'épouvante, etc. **A** pose la première question; **B** et **C** répondent; puis **B** pose la deuxième question aux deux autres, etc.

Follow-up: *Select a different group to give an answer to each question.*

1. Quel est le pire cauchemar que vous puissiez imaginer?
2. Quel est le plus beau rêve que vous puissiez faire?
3. Croyez-vous au merveilleux? Expliquez votre opinion.
4. Croyez-vous à la magie noire? Où est-ce qu'on y croit?
5. Quel est votre conte de fées favori? Pourquoi?
6. Connaissez-vous des contes à dormir debout? Lesquels?
7. Aimez-vous les films d'épouvante? Pourquoi ou pourquoi pas?

Ask students for their reactions to the drawings. What do they suggest about the reading?

Entrons en matière

Quelles qualités doit posséder la personne avec qui vous aimeriez passer le reste de votre vie?

Pour mieux comprendre

Vous allez lire un conte. Qu'attendez-vous de ce genre? Quelles en sont les caractéristiques? Après avoir lu le conte qui suit, comparez ses traits avec ceux que vous aviez indiqués avant de l'avoir lu.

Lecture

L'histoire que vous allez lire a ses origines en Corse, une île située à moins de 200 km au sud-est de Nice, dans la Méditerranée. Cette «île de beauté», où est né Napoléon, est française depuis 1768 mais elle s'est toujours sentie différente du continent. La moitié de ses habitants continuent à parler corse (parallèlement au français), une langue qui ressemble beaucoup à l'italien. C'est pourtant en français qu'un ancien berger° de quatre-vingt-dix ans a raconté ce conte qu'il avait appris au cours d'une veillée° quand il avait vingt ans.

shepherd

réunion le soir

Première partie

Une volta era... une fois il y avait[2] trois jeunes gens. Ils fréquentaient tous les trois la même jeune fille dans l'espoir de l'avoir en mariage. Depuis longtemps ils lui faisaient la cour de la sorte; alors, le plus jeune des trois garçons a dit:

—Mes camarades, il faut le dire! Nous ne pouvons pas continuer cette vie. Il faut qu'elle nous dise celui qu'elle veut, de nous trois.

Alors, les voilà qui vont trouver la jeune fille, et lui demandent lequel d'entre eux elle souhaiterait avoir pour mari.

Elle a répondu:

—Partez tous les trois pendant un an; au bout de l'an, vous reviendrez me voir: celui qui m'apportera le plus joli cadeau sera mon mari.

Un beau matin, ils sont donc partis tous les trois. Le soir, ils arrivent devant une maison, où ils restent pour coucher, la nuit. Le lendemain, de bonne heure, ils se sont quittés, après s'être dit:

—Au bout de l'an, nous nous retrouverons ici. Le premier arrivé attendra les autres.

Et puis, là-dessus, ils sont partis, chacun suivant son chemin.

Le premier est arrivé dans un endroit où on ne voyait que des fleurs. Il voit une femme qui proposait° une boîte bien fermée, à vendre. C'était une boîte contenant des fleurs. Il lui demande:

offrait

—Madame, combien cette boîte?

—Mille francs.

Alors le jeune homme lui dit:

—Mais pourquoi est-ce si cher?

Elle lui répond:

[2]*Une volta era...* une fois il y avait (corse): Il était une fois

—Vous ouvrirez la boîte. Il y a dedans une fleur: si vous vous trouvez en face d'un mort, en lui frottant° la fleur sur le visage, vous verrez qu'il vivra, et il ne mourra plus.

rubbing

Le jeune homme a donné mille francs à la femme, et il a emporté la boîte avec lui. Puis il a repris le chemin de la maison où ils devaient se retrouver tous les trois.

Quant au° second des jeunes gens, il est arrivé dans un pays où il voit un homme tenant par la bride° un beau cheval. Tout de suite, il lui demande:

quant... : en ce qui concerne

bridle

—Combien en voulez-vous?

—Trois mille francs.

—C'est cher!

—Mais c'est un cheval qui fait en une heure le chemin qu'on fait en un an!

Alors, le jeune homme lui achète le cheval, et l'emmène avec lui jusqu'au lieu fixé pour le rendez-vous.

Le troisième, lui, arrive dans un endroit où il y avait des miroirs à vendre. Il demande à un monsieur, qui en avait un dans une boîte:

—Bonjour, Monsieur! Vous vendez des miroirs?

—Oui.

—Combien celui-là?

—Quatre mille francs!

—C'était joliment cher! Pourquoi le faites-vous ce prix-là?

—Parce que, dans ce miroir, vous voyez la personne que vous demandez à voir, au moment où vous le désirez.

Le jeune homme achète le miroir, et s'en retourne à la maison, où il devait retrouver les deux autres. Et là, dans la maison où ils s'étaient quittés tous les trois, ils se retrouvent tous les trois, avec chacun un cadeau pour la jeune fille qu'ils aimaient.

Mais ils n'étaient pas encore arrivés au village de leur fiancée! Ah, il leur faudrait bien un an pour y aller![3]

Comprenez-vous?

1. Pourquoi les trois jeunes gens ne sont-ils pas contents?
2. Comment la jeune fille va-t-elle décider qui épouser?
3. Qu'est-ce que le premier jeune homme achète? Et le deuxième? Et le troisième?
4. Pourquoi les objets achetés sont-ils si chers?
5. Quand les trois hommes se retrouvent, sont-ils près ou loin de leur bien-aimée? Comment le savez-vous?

1. Ils veulent tous épouser la jeune fille mais elle ne veut pas choisir entre eux. 2. Elle se mariera avec le jeune homme qui lui apportera le plus joli cadeau. 3. Le premier achète une fleur, le deuxième un cheval, le troisième un miroir. 4. Les objets sont si chers parce qu'ils ont des pouvoirs magiques. 5. Ils sont loin de la fille parce qu'on dit qu'il leur faudrait bien un an pour aller chez elle.

Des prédictions

Avec un(e) ou deux camarades de classe, imaginez maintenant avec quel jeune homme la jeune fille se mariera. Justifiez votre choix.

---

[3]Le temps qui passe dans cette première partie est un peu ambigu. Il faut un jour aux jeunes gens pour aller de chez eux à la maison d'où ils partent. La durée de leurs voyages pour chercher des cadeaux n'est pas précisée. A la fin, on dit qu'il leur faudra un an pour retourner chez leur fiancée.

Lecture

Deuxième partie

encore une fois

Enfin, ils font de nouveau° route ensemble. Le troisième, qui avait le miroir, le regardait sans cesse, pour y voir les traits de la jeune fille. Un beau jour, en le regardant, il se met à pleurer. Les deux autres lui demandent ce qu'il a, mais il ne voulait pas le dire.

—Mais pourquoi pleures-tu?

—Notre fiancée est morte! dit-il.

Alors, le premier, qui avait la boîte avec la fleur, dit aux autres:

—Si seulement nous pouvions y arriver avant son enterrement!

Son camarade voyait la jeune fille dans son miroir, mais lui pouvait la faire revivre avec sa fleur.

—Oh! dit celui qui avait le miroir, comment ferions-nous? Il y a un an à marcher avant d'arriver chez elle!

—On peut y arriver quand même, dit le second, qui avait le cheval.

—Comment? dirent les autres.

Lui, il avait un cheval qui faisait en une heure le chemin qu'on fait en un an!

Alors, comme le cheval était prêt à partir, tous les trois montent dessus, et les voilà en route. Il y avait un an à marcher, mais au bout d'une heure les voilà arrivés!

Tous les trois, ils montent dans la maison de leur fiancée. Les parents et toute la famille de la jeune fille étaient réunis là, en train de pleurer.

Alors, le premier, qui avait la fleur, leur a dit:

—Retirez-vous tous, et laissez-moi seul avec la jeune fille.

Tous se retirent de la chambre où elle reposait.

Lui prend la fleur, dans sa boîte, et la passe sur la figure de sa fiancée. Et voilà qu'elle vit!

Alors, les gens rentrent dans la chambre, et la voient debout!

près

Maintenant, quant à savoir lequel des trois jeunes gens sera son mari, cherchez donc! L'un avait la fleur, qui l'a fait vivre, mais l'autre avait le cheval, qui les a fait arriver auprès° d'elle, et le troisième, le miroir, où il l'avait vue!

Geneviève Massignon, ed., *Contes corses* (Gap: Edition Ophrys, 1963), pp. 139–140.

1. Il pleure parce qu'il voit que sa fiancée est morte quand il regarde dans le miroir. 2. Ils montent tous sur le cheval magique. 3. Leur voyage dure une heure. 4. Il passe la fleur sur la figure de la jeune fille. (Il lui touche le visage avec la fleur.) 5. Elle vit. (Elle est réanimée.) 6. C'est à trois qu'ils ont sauvé la vie de la jeune fille: c'est grâce au miroir qu'ils ont su qu'elle était morte, grâce au cheval qu'ils ont pu rentrer à temps et grâce à la fleur qu'ils l'ont réanimée. Aucun des trois n'a l'avantage, alors la situation est la même qu'au début.

Comprenez-vous?

1. Pourquoi le jeune homme au miroir se met-il à pleurer?
2. Qu'est-ce qu'ils font pour arriver vite chez «leur fiancée»?
3. Combien de temps dure leur voyage?
4. Que fait le jeune homme avec la fleur?
5. Quel est le résultat de cette action?
6. Quel est le dilemme à la fin du conte? Comparez-le à la situation du début.

Votre solution?

Avec qui la jeune fille doit-elle se marier à la fin? Donnez votre opinion et justifiez-la en trois ou quatre phrases.

■ Questions de style

1. **La répétition.** Cette histoire, racontée par un vieux berger, fait partie de la tradition orale. La répétition est un trait typique de la littérature orale. Soulignez les répétitions que vous avez remarquées en lisant. Selon vous, pourquoi y a-t-il des répétitions dans un texte oral?
2. **Le merveilleux.** Vous avez certainement remarqué que ce qui se passe dans ce conte ne correspond pas à la réalité. Soulignez les éléments du merveilleux que vous avez remarqués. Pourquoi veut-on s'échapper de la réalité?

Activités d'expansion

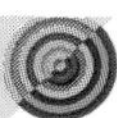

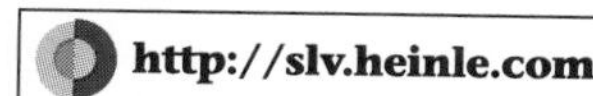

A. Les conseils de la famille

Mettez-vous par cinq et jouez le rôle de la jeune fille et de sa famille à la fin du conte: la mère, le père, le frère, la sœur, la grand-mère, etc. Les membres de la famille lui expliquent ce qu'elle doit faire maintenant; la jeune fille répond aux conseils. Attention à l'usage de l'infinitif, du subjonctif, de l'indicatif.

Pour exprimer votre opinion:

Je crois… Je ne crois pas…
Il faut… Il est nécessaire…
Il vaut mieux… Il est préférable…
Je refuse… Je veux… Je souhaite…

B. Le courrier du cœur

1. **La lettre.** Mettez-vous à la place d'un des trois jeunes gens. Ecrivez une lettre au courrier du cœur (**Chère Françoise**) dans laquelle vous expliquez votre dilemme: ce que vous avez fait et ce qui est arrivé. Demandez des conseils.
2. **La réponse.** Mettez-vous à la place de «Françoise» et répondez à la lettre.

Follow-up: *In class or as homework, students can write answers to each other's "Dear Abby" letter.*

C. Mon conte favori

Voici les noms français de quelques contes célèbres: Blanche-Neige, Cendrillon, Le Petit Chaperon rouge, La Belle au bois dormant, Barbe-Bleue, Le Chat botté, La Belle et la Bête. Les reconnaissez-vous? Racontez brièvement un de ces contes (ou un autre conte très connu de votre choix) à deux camarades qui vont deviner auquel vous faites allusion. Puis celui qui a deviné commence un autre conte, etc.

D. Une tradition qui a disparu?

Depuis l'invention de la radio et de la télévision, on ne raconte plus guère d'histoires. Voyez-vous une différence entre l'enfant qui écoute son père ou sa mère lui raconter (ou lire) une histoire et un enfant qui écoute sa cassette favorite avant de se coucher? Qu'est-ce qu'on a perdu ou gagné?

This activity can be prepared at home and then presented in class for a debate or discussion. Variant *Ask students if they were read to as children and if they read/plan to read to their children.*

Chapitre

8 En famille?

For lesson plans, cultural notes, warm-ups, and homework assignments, please go to: *http://slv.heinle.com*.

A. La famille moderne

les parents *m.*	*relatives, parents*
le beau-père	*step-father, father-in-law*
la belle-mère	*step-mother, mother-in-law*
le père (la mère) célibataire	*unwed father (mother)*
le demi-frère	*step-brother*
la demi-sœur	*step-sister*
aîné(e) *adj.*	*older, oldest (brother/sister/child)*
cadet(-te) *adj.*	*younger, youngest (brother/sister)*
l'enfant adopté *m./f.*	*adopted child*
le fils adoptif	*adopted son*
la fille adoptive	*adopted daughter*
l'enfant unique *m./f.*	*only child*
le fils unique	*only son*
la fille unique	*only daughter*
la famille...	
éclatée	*broken family*
monoparentale	*single-parent family*
nombreuse[1]	*family with many children*
recomposée	*blended family*
la femme au foyer	*housewife, woman who does not work outside the home*
le foyer, le ménage	*household*
l'union libre *f.*	*living together without being married*
vivre ensemble	*to live together*
vivre en concubinage	*to live together without being married*

[1]In France today, a family with three or more children is called **une famille nombreuse** and is eligible for special benefits.

B. Les amis

le copain (la copine), mon copain, ma copine	*friend, buddy, chum* *my boyfriend, my girlfriend*
le petit ami, la petite amie[2]	*boyfriend, girlfriend*

C. Les rapports

(s')aimer, (s')aimer bien	*to love (each other), to like (each other)*
(se) détester	*to dislike, to hate (each other)*
(s')entendre (bien/mal)	*to get along (well/badly)*
(se) comprendre	*to understand (each other)*
crier	*to yell, to shout*
se disputer (avec)	*to argue, to disagree, to fight (with)*
fâcher (quelqu'un)	*to anger (someone)*
se fâcher (avec)	*to get angry (with)*
en vouloir à	*to be mad at*
Ma sœur m'en veut.	*My sister is mad at me.*
gronder	*to scold (parent/child)*
(s')engueuler (*fam.*)	*to yell (at each other)*
s'inquiéter (de), se faire du souci	*to worry (about)*
se calmer	*to calm down*
(s')embrasser	*to kiss (each other)*
faire confiance (à)	*to trust (in)*
s'habituer (à)	*to get used to*
se marier avec	*to get married to*
divorcer	*to get divorced*
verser une pension alimentaire	*to pay alimony*
se sentir à l'aise/mal à l'aise	*to feel (be) comfortable/uncomfortable*
soutenir	*to support, to stand by*
Mes parents me soutiennent (moralement/financièrement).	*My parents support me (emotionally/financially).*
supporter	*to put up with, to stand*
Je ne peux pas le supporter.	*I can't stand him (it).*

D. Des traits de caractère

autoritaire	*authoritarian*
juste, équitable	*fair*
être de bonne/mauvaise humeur	*to be in a good/bad mood*
être facile/difficile à vivre	*to be easy/hard to get along with*
super, génial	*neat, great, terrific*
sympathique (sympa)	*very nice*

E. Au foyer

la vie privée	*private life*
déménager	*to move*
s'installer, emménager	*to set up, to move in*
louer	*to rent*
le loyer	*the rent*
la location	*rental*
les charges *f.*	*utilities, maintenance or service costs*
la facture	*bill (phone, electric, etc.)*
les frais *m.*	*expenses*
le (la) colocataire	*person with whom an apartment or house is shared*
ma/mon coloc (*fam.*)	*roommate, housemate*
s'occuper (de)	*to take care (of)*
faire…	
les tâches ménagères	*to do (one's) chores*
les courses	*to go shopping, to run errands*
la cuisine	*to cook*
la lessive	*to do (the) laundry*
le ménage	*to do (the) housework, to clean*
la vaisselle	*to do (the) dishes*
passer l'aspirateur	*to vacuum*
ranger	*to pick up, to straighten up (house, room)*
repasser	*to iron*
sortir les poubelles	*to take out the trash*
tondre le gazon	*to mow the lawn*

[2]Both **mon copain (ma copine)** and **le (la) petit(e) ami(e)** are used for *boyfriend (girlfriend)* but **copain** is becoming more common today.

Vocabulaire

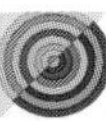

Préparation grammaticale

Avant de commencer ce chapitre, révisez la formation et l'usage des adverbes, pp. 211–213.

Saviez vous que... ?

En France le mariage n'est plus considéré par la société comme la seule façon acceptable de vivre en couple et de fonder un foyer. L'acceptation des naissances hors *(outside of)* mariage s'est considérablement accrue *(increased)*. On observe la même tolérance envers les familles monoparentales, les couples qui décident de ne pas avoir d'enfants ou ceux qui divorcent.

Francoscopie 1999, p. 130

Question: Donnez quelques exemples de tolérance dans la société française actuelle.

B. *Answers can vary; students should be free to express their ideas but asked to justify them. Some possibilities:* 1. se comprendre, s'aimer 2. verser une pension alimentaire, la famille éclatée 3. faire confiance à, s'entendre 4. crier, gronder 5. l'union libre, vivre ensemble 6. les frais, la facture 7. la famille recomposée, crier 8. en vouloir à, la famille nombreuse 9. s'installer, louer 10. se faire du souci, être de mauvaise humeur

Saviez-vous que... ?

Quand on leur propose d'exprimer librement ce qu'évoque pour eux le mot «famille», les Français parlent d'amour et d'affection, de joie et de bien-être, de complicité *(bond, emotional ties)* et d'entraide

L'Express, 5/6/99 p. 36

Question: Quelles émotions le mot «famille» provoque-t-elle chez les Français ?

A. Devinettes. Choisissez un des mots de la liste de vocabulaire. Donnez-en une définition ou une description pour que vos camarades de classe puissent deviner quel mot vous avez choisi.

Modèle: *—C'est une famille où les parents ne vivent plus ensemble et ils ne se parlent plus.*
—C'est une famille éclatée.

B. Associations. Quels autres mots ou expressions de la liste de vocabulaire associez-vous aux mots suivants? Trouvez-en au moins deux pour chaque mot et justifiez votre choix.

1. s'entendre bien
2. divorcer
3. soutenir
4. autoritaire
5. vivre en concubinage
6. les charges
7. la famille nombreuse
8. crier
9. un colocataire
10. s'inquiéter

C. Positive/négative? Chaque personne du groupe fait deux listes d'au moins cinq mots tirés des mots du vocabulaire: (1) des mots ou expressions à connotation positive (2) des mots ou expressions à connotation négative. Comparez vos listes avec celles des membres de votre groupe. Si vous n'avez pas les mêmes mots, échangez vos points de vue.

D. Des portraits. Faites deux descriptions détaillées de chaque foyer de la liste ci-dessous: un portrait très positif et l'autre très négatif. N'hésitez pas à exagérer. Inventez les membres de chaque famille (âge, sexe, profession, etc.) Que fait chaque personne? Comment sont leurs rapports?

1. une famille monoparentale
2. une famille nombreuse
3. deux jeunes gens vivant ensemble
4. une famille recomposée
5. une famille éclatée

Au chaud, à la maison

En mai 1999, le magazine *l'Express* publie un article relatant l'état de la famille en France; l'article s'intitule «Le nouvel esprit de famille». La discussion montre combien les Français aiment encore la famille. Elle ne leur pèse pas, elle les rassure. Les jeunes hésitent à la quitter, comme vous le verrez dans l'extrait ci-dessous.

Préparation grammaticale

Avant de continuer, révisez la comparaison des adverbes et des noms, pp. 213–214.

Entrons en matière

Pour quelles raisons un jeune adulte continuerait-il à vivre chez ses parents?

Pour mieux comprendre

Que vous dit le début? Lisez la citation qui commence le passage et la phrase qui suit. Qu'est-ce qu'on va comparer dans ce texte?

Adverb warm-up: Donnez l'adverbe pour chaque adjectif: bon, heureux, lent, gentil, impatient, méchant, mauvais, final, moral, bref. *Students can write these on the board.*

Lecture

«Ma mère à mon âge, était mariée, enceinte. Elle travaillait depuis ses 16 ans et a quitté le domicile familial à 21 ans.» Deux époques, deux styles de vie. A 25 ans, Claire connaît des amours décousues°, court de mission d'intérim° en CDD[3], et habite encore chez papa-maman. «J'ai cherché un appartement, mais les prix de location m'ont refroidie.» Selon une étude de l'INSEE[4], près de 20% des 25–29 ans jouent, comme Claire, des prolongations sous le toit familial. Même les filles, hier plus pressées de partir, s'attardent. Etudes longues, report° de l'entrée dans la vie active°, instabilité professionnelle et affective°... autant de raisons de repousser le moment du grand départ. Les parents s'adaptent, impatients de voir leur progéniture s'assumer°, mais heureux de la conserver auprès d'eux. On assure toujours l'intendance°, mais on évite d'imposer des couvre-feu°. On demande de l'aide pour les tâches ménagères et on met la main à la poche pour financer les sorties. Un nouveau mode de relation a vu le jour. Plus permissif mais tout de même pesant°: «Je n'étais pas étouffée, mais disons trop entourée» témoigne Virginie Najduc, 23 ans, qui, un mois après avoir décroché son emploi d'assistante sociale, a pris un logement indépendant.

Le sacro-saint CDI[5], sésame d'entrée dans le monde adulte, n'est pas toujours synonyme de contrat d'envol° immédiat. Marc, 27 ans, chargé de communication, a attendu près de six mois entre son embauche et son départ du nid° familial. «Sans mes parents, je n'aurais pas pu aller jusqu'en DEA[6]. Je me vois mal leur dire: maintenant j'ai un job, alors ciao et merci pour tout.» Difficile aussi de quitter un logement confortable en pension complète pour un studio cage à lapins.° «Entre indépendance et qualité de vie, le choix est cornélien°» confesse Eric Vogler. A 31 ans, ce professeur de sport vit toujours avec sa mère dans une maison avec jardin, mais s'est offert des voyages dans une trentaine de pays. «Parfois ce sont les parents qui craquent, explique le sociologue Olivier Galland. Ils financent le départ des enfants.»

Vincent Monnier, *L'Express*, 6 mai 1999

disjointed
temporaire
postponement
du travail/*emotional*
grow up
nourriture, logement, etc.
curfew
burdensome
flight, **ici:** indépendance
nest
très petit *(rabbit cage)*
extrêmement difficile

[3] Contrat à durée déterminée: *employment for a specified, limited period of time*
[4] INSEE: Institut national de la statistique et des études économiques
[5] CDI: contrat à durée indéterminée: *permanent position*
[6] DEA: Diplôme d'études approfondies (première année avant la thèse)

1. De longues études, le prix des appartements, difficultés à trouver du travail 2. Les parents l'acceptent parce qu'ils aiment bien avoir leurs enfants à la maison, mais ils voudraient aussi voir plus d'indépendance chez leurs enfants. 3. Les parents soutiennent les enfants financièrement mais leur laissent beaucoup de liberté (pas de couvre-feu). Les enfants aident à la maison. 4. La plupart du temps les enfants partent quand ils trouvent un emploi permanent. 5. La vie chez les parents est plus confortable, la maison est plus grande, on peut faire des économies. 6. Les parents ne supportent plus d'avoir les enfants chez eux et leur donnent ce qu'il faut pour un logement indépendant.

Comprenez-vous?

1. Selon l'article, pour quelles raisons tant de jeunes Français continuent-ils à vivre chez leurs parents?
2. Que pensent les parents de cette situation? Pourquoi?
3. Comment est-ce que parents et enfants s'adaptent afin de pouvoir faire face à *(to handle)* cette situation?
4. A quel moment est-ce que la plupart des jeunes déménagent?
5. Qu'est-ce qui rend la décision de partir si difficile?
6. Expliquez le sens de la dernière phrase du passage (lignes 29–30).

Allez plus loin

Comparez cette situation à celle des jeunes Américains du même âge. Identifiez les aspects économiques et sociaux qui rendent les situations différentes.

Applications

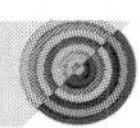

RAPPEL

Many adverbs are made by adding -ment to a form of the adjective (usually feminine). Most adverbs *immediately follow the verb* they modify. Certain adverbs (for instance, adverbs of time and place) can take other positions in the sentence. For more details, see pp. 211–213.

A. Les tâches ménagères. En utilisant des adverbes variés, créez des phrases qui expliquent comment ou quand les personnes indiquées font les activités suivantes.

> **Modèle: repasser: votre mère / votre frère / vous**
> ***Ma mère repasse constamment. Mon frère repasse mal. Moi, je repasse rarement.***

1. tondre le gazon: vous / votre mère / votre grand-père
2. passer l'aspirateur: vos colocataires / votre petit(e) frère (sœur) / vous
3. faire la lessive: votre professeur / un étudiant de première année à la fac / vous
4. sortir les poubelles: vous / votre père / vos colocataires
5. faire la vaisselle: vos parents / le président des Etats-Unis / vous

Adverb comparison warm-up: Choisissez quelqu'un que vous connaissez bien (frère, sœur, mère, copain, etc.) et comparez la façon dont vous faites les activités mentionnées. *Modèle*: courir: *Je me compare à mon mari: Il court plus vite que moi.* faire le ménage, tondre le gazon, faire la cuisine, jouer au tennis, conduire, nager, etc. *Students continue with their own choice of activities.*

B. Les rapports. Trouvez trois adverbes pour modifier les verbes ci-dessous. Puis faites trois phrases, la première au présent, la deuxième au passé et la troisième au futur en utilisant le verbe donné et vos adverbes. Variez les sujets et ajoutez des détails pour rendre les phrases plus intéressantes.

> **Modèle: crier: fort, tout le temps, jamais**
> ***Mon petit frère crie très fort quand on lui refuse quelque chose. Quand j'étais petit(e), je criais tout le temps quand je me mettais en colère. Nous ne crierons jamais quand nous aurons des enfants.***

1. se fâcher avec quelqu'un
2. soutenir
3. être de bonne humeur
4. faire confiance (à)
5. s'habituer (à)
6. s'embrasser
7. divorcer

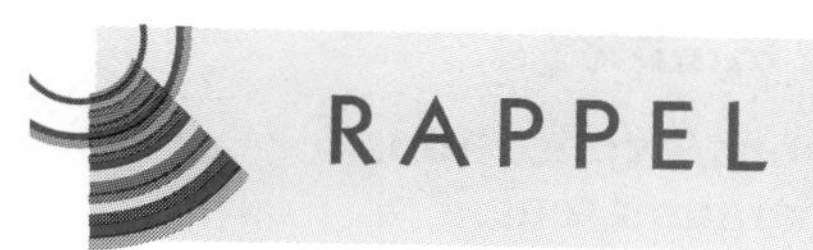

To *compare* how something is done, one uses plus/aussi/moins + adverb + que. To make a superlative statement, le plus or le moins is used with the adverb. For more details, see p. 213.

C. Qui chante le mieux? Présentez votre famille (parents, frères, sœurs, oncles, tantes, cousins, grands-parents, etc.) en les comparant. Suivez les indications données. Exagérez, si vous voulez. Si personne de votre famille ne fait l'activité mentionnée, remplacez-la par une autre activité qui vous semble plus appropriée.

Modèle: chanter
Dans ma famille, mon père chante mieux que ma mère, mais c'est ma cousine qui chante le mieux.

1. faire du vélo
2. regarder la télé
3. jouer de la guitare
4. parler français
5. faire du ski
6. travailler
7. dormir
8. *au choix*

Noun comparison warm-up: Vous en avez plus, moins ou autant que moi? Comparez. Moi, j'ai 10 cousins. Et vous? J'ai deux oncles/trois voitures/un vélo/deux paires de skis/350 livres/peu de temps libre/cinq cours

To compare nouns, one uses autant de/plus de/moins de + a noun + que. To make a superlative statement, one uses le plus de/le moins de + noun + de. For more details, see p. 214.

D. Ce n'est pas pareil. En utilisant les éléments donnés, comparez la vie d'une jeune personne qui habite chez ses parents à celle d'une personne qui vit seule dans son propre appartement. Utilisez le verbe indiqué.

Modèle: le loyer
On paie moins de loyer quand on vit chez ses parents que lorsque'on vit seul.

1. les tâches ménagères (faire)
2. les factures (payer)
3. la liberté (avoir)
4. les fêtes (organiser)
5. l'argent (dépenser)
6. le temps libre (avoir)
7. les repas (préparer)
8. les courses (faire)

Avant de continuer, révisez les pronoms démonstratifs, pp. 214–215.

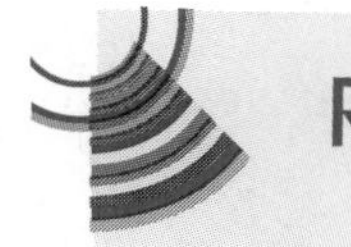

One way to avoid repetition in French is to use *demonstrative pronouns* (celui/ceux, celle/celles). These are often combined with relative pronouns (qui, que, dont) to define or explain, or followed by de + *noun phrase*. See pp. 214–215 for more details.

E. Qui est-ce? Vous trouverez à la page 116 deux listes: une liste de personnes, et une liste de définitions/d'explications. Créez des phrases logiques en associant chaque personne avec la définition/l'explication qui convient. Employez un pronom démonstratif + le pronom relatif qui convient pour relier les deux parties.

Modèle: ***Le fils aîné / se querelle parfois avec ses sœurs***
Dans une famille, le fils aîné est celui qui se querelle parfois avec ses sœurs.

Demonstrative pronouns warm-up: Substituez un pronom démonstratif pour éviter la répétition. On parle de sa famille et la compare à celle de ses copains. Ma grand-mère est plus gentille que la grand-mère de mon copain. Mon oncle est moins rouspéteur que l'oncle de mon mari. Ma sœur cadette est plus embêtante que la sœur cadette de mon prof. Ma mère m'embrasse plus souvent que la mère de ma copine. Mes parents sont aussi sympas que les parents de ma fiancée. Mes frères sont plus faciles à vivre que les frères de mon colocataire.

1. Dans une famille, une belle-mère est celle qui est présentée de manière stéréotypée. 2. Dans une famille, un père célibataire est celui qui élève son enfant seul. 3. Dans une famille, de bons parents sont ceux qui soutiennent leurs enfants. 4. Dans une famille, une mère compréhensive est celle qui écoute ses enfants. 5. Dans une famille, un enfant unique est celui qui sait s'amuser seul. 6. Dans une famille, un grand-père rouspéteur est celui dont les enfants ont peur.

Commencez chaque phrase par: **Dans une famille...**

Personnes	**Définitions/explications**
une belle-mère	savoir s'amuser seul
un père célibataire	les enfants ont peur (de)
de bons parents	être présenté(e) de manière stéréotypée
une mère compréhensive	soutenir leurs enfants
un enfant unique	écouter ses enfants
un grand-père rouspéteur	élever son enfant seul

F. Leurs rôles. Trouvez deux comparaisons pour le rôle des membres de chaque type de famille, en utilisant des adverbes et des pronoms démonstratifs.

Modèle: la mère: une famille nombreuse / une famille nucléaire
La mère d'une famille nombreuse dort moins que celle d'une famille nucléaire.
La mère d'une famille nombreuse s'énerve plus souvent que celle d'une famille nucléaire.

1. le père: une famille traditionnelle / une famille égalitaire
2. les (demi-)frères et sœurs: une famille recomposée / une famille nombreuse
3. la grand-mère: une famille monoparentale / une famille traditionnelle
4. l'homme: une union libre / une famille monoparentale
5. l'enfant unique: une famille monoparentale / une famille traditionnelle
6. les filles: une famille traditionnelle / une famille égalitaire

G. Parlons de nos familles et de nos amis. Avec un(e) camarade de classe, posez-vous des questions sur vos rapports avec vos amis et votre famille.

1. Est-ce que tu t'entends bien avec tous les membres de ta famille? Est-ce qu'il y a quelqu'un avec qui tu te disputes de temps en temps?
2. Qu'est-ce qui provoque des disputes chez toi? et avec tes amis?
3. De quoi est-ce que tu parles avec tes parents? De quoi est-ce que tu ne leur parles pas?
4. Est-ce que tu demandes des conseils à tes parents? sur quoi? et à tes amis? Est-ce que tu suis leurs conseils?
5. Est-ce que tes parents connaissent tes amis? Comment les trouvent-ils? Et que pensent tes amis de tes parents?

Mémoires d'une jeune fille rangée°

° sérieuse, sage

Les passages suivants sont extraits d'une œuvre autobiographique de Simone de Beauvoir (1908–1986). Romancière et philosophe, ses œuvres les plus connues sont *Le deuxième sexe* (1949), devenu l'ouvrage de référence du mouvement féministe mondial, son roman, *Les mandarins* (1954) qui a gagné le Prix Goncourt, et sa série autobiographique, *Mémoires d'une jeune fille rangée, La force de l'âge* et *La force des choses*. Elle rencontre Jean-Paul Sartre (1905–1980) à la Sorbonne en 1929 et reste associée avec lui et son cercle jusqu'à sa mort.

La première partie de la lecture vous présente le début de ses mémoires. Dans la deuxième partie, elle parle de son adolescence.

Entrons en matière

Qu'est-ce que vous voyez sur la photo ci-dessous? Décrivez les personnes et imaginez leurs rapports. Selon vous, de quand date cette photo?

Pour mieux comprendre

Faites des prédictions avant de lire les passages qui suivent. Vous savez que vous allez lire le début des mémoires de Simone de Beauvoir. D'habitude, avec quoi commence-t-on une autobiographie? A quel moment commence-t-on? De qui parle-t-on? Maintenant, lisez les premières phrases de chaque paragraphe. Vos prédictions sont-elles bonnes?

Lecture

Première partie

Je suis née à quatre heures du matin, le 9 janvier 1908, dans une chambre aux meubles laqués° de blanc qui donnait sur le boulevard Raspail[7]. Sur les photos de famille prises l'été suivant, on voit de jeunes dames en robes longues, aux chapeaux empanachés de plumes d'autruche°, des messieurs coiffés de canotiers° et de panamas qui sourient à un bébé: ce sont mes parents, mon grand-père, des oncles, des tantes, et c'est moi. Mon père avait trente ans, ma mère vingt-et-un, et j'étais leur premier enfant. Je tourne une page de l'album; maman tient dans ses bras un bébé qui n'est pas moi; je porte une jupe plissée°, un béret, j'ai deux ans et demi, et ma sœur vient de naître. Je fus, paraît-il, jalouse, mais pendant peu de temps. Aussi loin que je me souvienne, j'étais fière d'être l'aînée: la première. Déguisée en chaperon rouge, portant dans mon panier galette et pot de beurre, je me sentais plus intéressante qu'un nourrisson° cloué dans son berceau.° J'avais une petite sœur: ce poupon° ne m'avait pas...

laquered

ostrich feathers/boaters (hats)

pleated

tout petit bébé/*stuck in her crib*

petit bébé

[7]Nom d'une rue à Paris

Ma mère m'inspirait des sentiments amoureux; je m'installais sur ses genoux, dans la douceur parfumée de ses bras, je couvrais de baisers sa peau de jeune femme; elle apparaissait parfois la nuit, près de mon lit, belle comme une image, dans sa robe de verdure mousseuse° ornée° d'une fleur mauve, dans sa scintillante robe de jais° noir. Quand elle était fâchée, elle me «faisait les gros yeux»; je redoutais° cet éclair orageux° qui enlaidissait son visage; j'avais besoin de son sourire.

Quant à mon père, je le voyais peu. Il partait chaque matin pour «le Palais»[8], portant sous son bras une serviette° pleine de choses intouchables qu'on appelait des dossiers°. Il n'avait ni barbe ni moustache, ses yeux étaient bleus et gais. Quand il rentrait le soir, il apportait à maman des violettes de Parme. Papa riait aussi avec moi; il me faisait chanter; il m'ébahissait° en cueillant au bout de mon nez des pièces de cent sous[9]. Il m'amusait et j'étais contente quand il s'occupait de moi, mais il n'avait pas dans ma vie de rôle bien défini.

soft/décorée
jet-black
craignais
stormy flash
briefcase
files
amazed me

Comprenez-vous?

1. Que voit l'auteur sur la première photo? Qu'est-ce qui a changé sur la deuxième photo?
2. Quelle a été la réaction de Simone à la naissance de sa petite sœur? Pourquoi ce sentiment n'a-t-il pas duré longtemps?
3. Décrivez ses rapports avec sa mère et comparez-les à ceux qu'elle avait avec son père.

1. Elle voit sa famille, sa mère, son père, des oncles, des tantes, son grand-père. Elle se voit aussi, comme bébé. Sur la deuxième photo, elle est plus âgée (elle a deux ans et demi) et sa sœur est dans les bras de sa mère. Elle vient de naître. 2. Au début elle était jalouse de sa sœur, mais elle a vite compris qu'elle était l'aînée, la première. Elle était plus intéressante, pouvait faire ce qu'un bébé ne pouvait pas. Elle était la grande sœur. 3. Elle aimait beaucoup sa mère, la trouvait très belle, ne voulait pas qu'elle se fâche avec elle. Elle ne voyait son père que le soir. Il la faisait rire et l'amusait mais il n'était pas très important dans sa vie.

Allez plus loin

D'après les trois paragraphes de la première partie de la lecture, avez-vous l'impression que Simone de Beauvoir a eu une enfance heureuse? Justifiez votre réponse avec des exemples tirés du texte.

Simone de Beauvoir en 1947

[8]Palais de Justice
[9]Magic trick, when coins, here franc pieces, appear at the tip of the nose.

Dans l'extrait qui suit, Simone de Beauvoir décrit ses rapports avec ses parents, surtout avec sa mère, à l'âge de 13 ans.

Pour mieux comprendre

Comment l'attitude d'un enfant envers ses parents change-t-elle à l'adolescence? Pourquoi y a-t-il un tel changement?

Lecture

Deuxième partie

J'avais perdu la sécurité de l'enfance; en échange je n'avais rien gagné. L'autorité de mes parents n'avait pas fléchi° et comme mon esprit critique s'éveillait°, je la supportais de plus en plus impatiemment. Visites, déjeuners de famille, toutes ces corvées° que mes parents tenaient pour obligatoires, je n'en voyais pas l'utilité. Les réponses: «Ça se doit. Ça ne se fait pas» ne me satisfaisaient plus du tout. La sollicitude de ma mère me pesait°. Elle avait «ses idées» qu'elle ne se souciait pas de justifier, aussi ses décisions me paraissaient-elles souvent arbitraires. Nous nous disputâmes violemment à propos d'un missel° que j'offris à ma sœur pour sa communion solennelle: je le voulais relié de cuir fauve° comme celui que possédait la plupart de mes camarades; maman estimait qu'une couverture de toile° bleue serait bien assez belle; je protestai que l'argent de ma tire-lire° m'appartenait; elle répondit qu'on ne doit pas dépenser vingt francs pour un objet qui peut n'en coûter que quatorze. Pendant que nous achetions du pain chez le boulanger, tout au long de l'escalier et de retour à la maison, je lui tins tête°. Je dus céder°, la rage au cœur, me promettant de ne jamais lui pardonner ce que je considérais comme un abus de pouvoir. Si elle m'avait souvent contrariée, je crois qu'elle m'eût précipitée dans la révolte°. Mais dans les choses importantes — mes études, le choix de mes amies — elle intervenait peu; elle respectait mon travail et même mes loisirs, ne me demandant que de menus° services: moudre° le café, descendre la caisse à ordures.° J'avais l'habitude de la docilité, et je croyais que, en gros, Dieu l'exigeait de moi; le conflit qui m'opposait à ma mère n'éclata pas; mais j'en avais sûrement conscience. Son éducation, son milieu l'avaient convaincue que pour une femme la maternité est le plus beau des rôles: elle ne pouvait le jouer que si je tenais le mien°, mais je refusais... d'entrer dans la comédie des adultes. [...] Ma mère devinait en moi des réticences qui lui donnaient de l'humeur°, et elle me grondait souvent. Je lui en voulais de me maintenir dans la dépendance et d'affirmer sur moi des droits. En outre, j'étais jalouse de la place qu'elle occupait dans le cœur de mon père car ma passion pour lui n'avait fait que grandir.

Simone de Beauvoir, *Mémoires d'une jeune fille rangée*, Paris: Gallimard, 1958

weakened
was awakening
chores
weighed me down
livre de prières de la messe
fawn-colored leather
canvas
piggy bank
I stood up to her/give in
qu'elle... : *she would have made me rebel*
petits/*grind*/poubelle
si... : *if I played my role*
lui... : *put her in a bad mood*

Comprenez-vous?

1. Qu'est-ce que l'auteur a du mal à accepter quand elle arrive à l'adolescence?
2. Que pense-t-elle maintenant des «obligations» de famille?
3. Pourquoi se dispute-t-elle avec sa mère à propos d'un cadeau pour sa sœur?
4. Diriez-vous que Simone de Beauvoir était têtue *(stubborn)*? Pourquoi?
5. Quelles tâches ménagères devait-elle faire à l'époque?
6. Pourquoi ne se révolte-t-elle pas ouvertement contre sa mère?
7. Quel est le rôle le plus important pour une femme, selon la mère? Qu'en pense la fille?
8. Qu'est-ce qui suggère que la mère se rend compte des opinions de sa fille?

1. Elle n'accepte plus l'autorité de ses parents. Elle ne veut plus faire ce qu'ils veulent: faire des visites, aller aux déjeuners de famille 2. Elle les trouve inutiles, stupides. 3. Elle veut lui acheter un beau missel mais sa mère le trouve extravagant et ne lui permet pas de dépenser son argent comme elle veut. 4. Elle était têtue parce qu'elle se disputait avec sa mère et refusait pendant longtemps de céder. Elle s'est promis de ne jamais lui pardonner. 5. Elle devait moudre le café et sortir les poubelles. 6. Sa mère n'intervient pas dans les choses vraiment importantes et elle respecte son travail et le choix de ses amies. 7. Pour la mère, le rôle le plus important c'est d'être mère. La fille n'est pas d'accord. 8. Sa mère «devine» ses opinions, ce qui la met de mauvaise humeur, et elle gronde souvent sa fille.

Allez plus loin

Qu'est-ce que nous apprenons dans la dernière phrase de cet extrait? Est-ce une réaction assez typique pour une jeune fille de cet âge? Expliquez votre réponse.

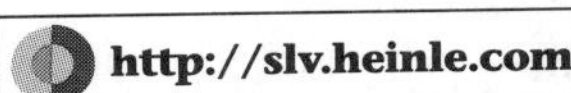

Activités d'expansion

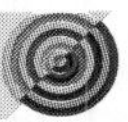

Quelles sont toutes les choses qui vous plaisent quand vous pensez à la famille?

	Ensemble (%)*
Les fêtes/la convivialité/les réunions de famille	51
Les sources de satisfaction liées aux enfants	24
Le partage de moments/d'activités tous ensemble	17
La joie d'être en famille	17
La solidarité/le soutien	17
Le dialogue/lé'ecoute	14
L'appartenace à un groupe	11
La bonne entente/la simplicité des relations	9
Les sources de satisfaction personnelle	8
L'affection des siens	8
Les événements heureux	6
La tradition, la transmission des valeurs	1
Autres	3
Rien	1
Ne se prononcent pas	5

A. Et vous? Qu'est-ce qui vous plaît quand vous pensez à la famille?

Quelles sont toutes les choses qui vous déplaisent quand vous pensez à la famille?

	Ensemble (%)*
Les disputes	21
Les histoires de famille	19
Les contraintes, les obligations familiales	11
Les événements tristes	11
Les craintes pour les enfants	7
L'immixtion dans la vie privée	7
Les différends financiers	6
L'éloignement trop important	5
Les divorces/les séparations	5
L'hypocrisie	5
Les réunions familiales/les repas de famille	4
Autres	2
Rien	24
Ne se prononcent pas	8

Et vous? Qu'est-ce qui vous déplaît quand vous pensez à la famille?

B. L'indépendance. En France, entre 20 et 24 ans, 60% des hommes et 49% des femmes vivent encore chez leurs parents. A votre avis, que se passe-t-il quand l'enfant annonce son départ à ses parents? Et son retour?

1. A trois (père, mère, fils/fille), jouez la scène de la jeune personne de dix-huit ans qui veut quitter le foyer familial. Les parents ne sont pas d'accord, alors leur enfant essaie de les convaincre. Quels sont les arguments des parents? de l'adolescent(e)?
2. La situation a maintenant changé. Après avoir fini ses études, le fils (la fille) décide de revenir habiter chez ses parents. Mais cette fois-ci, les parents préfèrent que leur enfant cherche son propre appartement. A trois, jouez la scène où chacun explique ce qu'il (elle) veut.

C. Le débat: rester ou partir? La classe est divisée en deux. Les membres du premier groupe préparent individuellement des raisons pour rester chez leurs parents; ceux de l'autre groupe pensent à des raisons pour quitter la maison familiale. Les membres de chaque groupe se mettent alors par trois pour partager leurs idées et sélectionner les cinq meilleures. Ensuite, chaque groupe de trois présente ses idées à la classe et les autres réagissent.

N'oubliez pas les expressions qui peuvent vous être utiles dans un débat (Chapitre 1, pp. 20–21).

Pour conclure:
Quelle est l'opinion de la majorité des étudiants?

For lesson plans, cultural notes, warm-ups, and homework assignments, please go to: *http://slv.heinle.com*.

Chapitre 9

Sans frontières

A. Les relations internationales

Mots apparentés: la nation, le nationalisme, la diplomatie, le (la) diplomate, négocier, la négociation, le gouvernement, neutre, l'économie *f.* , la politique, le parti politique, le consulat, l'ambassade *f.* , le passeport, le visa, le (la) réfugié(e), le pacifisme, le (la) pacifiste

le but	*aim, goal, objective*
atteindre (un but)	*to reach (a goal)*
la frontière	*border*
la patrie	*native country*
le (la) citoyen(-ne)	*citizen*
l'homme (la femme) politique	*politician*
les affaires étrangères *f.*	*foreign affairs*
l'UE (l'Union européenne) *f.*	*E.U. (European Union)*
l'ONU (l'Organisation des Nations Unies) *f.*	*U.N. (United Nations)*
l'OTAN (l'Organisation du Traité de l'Atlantique Nord)	*NATO (North Atlantic Treaty Organization)*
l'asile politique *m.*	*political asylum*
l'aide humanitaire *f.*	*humanitarian aid*
l'ONG (l'Organisation non-gouvernementale)	*NGO (non-governmental organization)*
le (la) bénévole	*volunteer*
le tiers-monde	*third world*
le pays en voie de développement	*developing country*

B. La guerre (civile/mondiale) — war (civil/world)

Mots apparentés: l'officier *m.*, l'armée *f.*, la bombe (atomique), le combat

le civil	*civilian*
l'allié *m.*	*ally*
le soldat	*soldier*
l'arme *f.*	*...weapon*
nucléaire	*nuclear*
chimique	*chemical*
biologique	*biological*
le conflit	*conflict*
l'ennemi *m.*	*enemy*
se battre	*to fight*
vaincre	*to defeat*
la défaite	*defeat*
gagner	*to win*
la victoire	*victory*

C. La paix — peace

en paix	*at peace, peaceful*
le traité	*treaty*
l'accord *m.*	*agreement*
se mettre d'accord	*to agree*
signer un accord/un traité	*to sign an agreement/a treaty*
les forces de maintien de la paix *f.*	*peace-keeping forces*
convaincre	*to convince*

Warm-up: *With books closed, ask students to name the countries that are members of the European Union. Ask students about the meaning of the title of the chapter.*

Saviez-vous que… ?

L'Union européenne a des dimensions géographiques modestes. C'est un petit continent qui rassemble à peine *(scarcely)* plus de 5% de la population de la planète sur 3,2 millions de km^2. L'Inde, sur la même surface, compte presque trois fois plus d'habitants! Mais l'Europe est riche. Les quinze pays de l'Union forment la première puissance commerciale du monde (60% de leurs échanges se font entre eux et 40% avec les autres pays).

http://www.devise-europe.org (Site de France Télécom)

Question: Comparez l'Europe et l'Inde.

Pays qui ne sont pas membres: la Suisse, la Norvège; *Pays qui cherchent à devenir membres*: la Turquie, la Pologne, la Hongrie, la République tchèque

Vocabulaire

Quels pays européens ne sont pas membres de l'Union? Quels pays voudraient devenir membres?

A. Les antonymes. Quel mot du vocabulaire est le contraire de chaque mot de la liste?

1. l'allié
2. la défaite
3. la paix
4. le civil
5. le sans-papier
6. le désaccord
7. un pays industrialisé
8. l'accord

1. l'ennemi 2. la victoire 3. la guerre 4. le soldat 5. le citoyen 6. l'accord 7. un pays en voie de développement 8. le conflit

B. Des familles de mots. Voici quelques mots qui appartiennent aussi au vocabulaire des relations internationales. Ils font partie de la même «famille». Trouvez le mot apparenté dans le vocabulaire. Essayez de deviner le sens du nouveau mot.

1. le vainqueur
2. diplomatique
3. combattre
4. le politicien
5. la bataille
6. s'accorder
7. s'armer
8. la neutralité
9. victorieux
10. frontalier
11. le guerrier

1. vaincre 2. la diplomatie/le diplomate 3. se battre 4. la politique 5. se battre 6. l'accord 7. l'arme/l'armée 8. neutre 9. la victoire 10. la frontière 11. la guerre

C. Que font-ils? Expliquez brièvement les buts des personnes ou des organismes de la liste ci-dessous et ce qu'ils font pour les atteindre.

1. un homme politique
2. un diplomate
3. l'ONU
4. une ambassade
5. une armée
6. l'Union européenne
7. une ONG

D. Trouvez le mot. Voici dix définitions qui correspondent à dix mots tirés des listes de vocabulaire. Quel est le mot défini?

1. conflit armé entre groupes sociaux ou entre Etats
2. ce que cherche une personne en danger pour des raisons politiques
3. pays auquel on est attaché par naissance
4. attachement passionné à la nation à laquelle on appartient
5. une personne qui n'est pas dans l'armée
6. réussir à battre un ennemi
7. absence de trouble, de violence
8. état d'une nation qui ne participe pas à une guerre
9. établir un accord entre deux groupes
10. persuader

1. la guerre 2. l'asile 3. la patrie 4. le nationalisme 5. un civil 6. vaincre 7. la paix 8. neutre 9. négocier 10. convaincre

Saviez-vous que... ?

Des euros dans le porte-monnaie en 2002. Les pièces et billets en euros ne seront distribués que le 1er janvier 2002. Quelques semaines de répit *(grace period)*, probablement deux mois, seront laissés aux francs qui circuleront en parallèle pour faciliter l'échange. Puis ils ne seront plus acceptés et devront être échangés. Il y aura sept billets de 5, 10, 20, 50, 100, 200 et 500 euros qui seront les mêmes dans tous les pays, illustrés de portails et de ponts, symboles de l'ouverture et de la coopération entre les pays d'Europe. Il y aura huit pièces de 1, 2, 5, 10, 20, 50 cents et de 1 et 2 euros qui auront une face commune décorée des étoiles (symbole de l'Europe) et une face nationale. En France, la face nationale portera la mention «RF»: République française. Adaptations françaises: le cent est appelé centime, euro et cent doivent, en français, prendre la marque du pluriel.

Sources d'Europe, Centre d'Information sur l'Europe, Mis à jour le 31 mai 1999. www.info-europe.fr

Question: Expliquez les symboles sur les pièces et les billets de la nouvelle monnaie européenne.

RAPPEL **Interrogative forms allow you to *request information*. Review question formation, Chapitre 2 Structures, pp. 157–160.**

E. A Strasbourg. Vous avez l'occasion d'interviewer un représentant belge au Parlement européen. Avec un(e) ou deux camarades de classe, préparez des questions à lui poser sur l'Union européenne ou sur l'euro en commençant par l'expression interrogative donnée. (Attention: il faut dire «vous».)

Students select one of the two topics on which to prepare questions.

1. Combien
2. Depuis quand
3. Que
4. Avec qui
5. Pourquoi
6. De quoi
7. Qui
8. Quel(le)(s)
9. Où

Assign topics or allow students to choose as long as all are covered for review of tenses.

F. Une ronde d'experts. Avec un(e) partenaire, préparez cinq questions que vous pourriez poser à la personne indiquée sur un des sujets ci-dessous.

1. un historien: la Deuxième Guerre mondiale (au passé)
2. un soldat des forces de l'OTAN: la guerre aux Balkans
3. un diplomate retraité: la Guerre froide (au passé)
4. un employé de la Banque de France: la monnaie unique (l'euro) (au futur)
5. un ancien volontaire du Peace Corps: le travail des associations humanitaires

La Journée de l'Europe

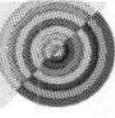

Entrons en matière

Chaque pays a sa fête nationale. Celle-ci est célébrée de différentes façons selon le pays et l'objet de la commémoration. Quelles fêtes nationales connaissez-vous? Comment les fête-t-on? Qu'est-ce qu'elles commémorent?

Pour mieux comprendre

Le texte que vous allez lire vient du site Internet de l'Union européenne. Quelles sortes de renseignements vous attendez-vous à y trouver sur la Journée de l'Europe?

Lecture

Première partie

La Journée de l'Europe — Qu'est-ce que c'est?

Le 9 mai est la Journée de l'Europe. Elle concerne tous les citoyens de l'Union européenne, car elle rappelle un certain 9 mai 1950…

Ce jour-là, la presse fut invitée dans le Salon de l'Horloge du ministère français des Affaires étrangères, au Quai d'Orsay, pour une communication de la plus haute importance.

Les premières lignes de la déclaration du 9 mai 1950, rédigée conjointement par Robert Schuman, Ministre français des Affaires étrangères, et son conseiller et ami Jean Monnet, appellent la France, l'Allemagne et d'autres pays européens à mettre en commun leur production de charbon° et d'acier° pour jeter les premières bases concrètes d'une Fédération européenne.[1]

coal/steel

Ce projet prévoyait° donc de créer une institution européenne supranationale chargée de gérer les matières premières° qui étaient à l'époque la base de toute puissance militaire, le charbon et l'acier. Pour les pays concernés, il impliquait de renoncer à la propriété—jusque-là purement nationale—du «nerf de la guerre». Et cela alors même que ces pays venaient à peine de se déchirer° dans un conflit épouvantable°, laissant derrière lui d'innombrables ruines matérielles et morales, avec leur lot° de haines, de rancunes° et de préjugés.

projetait
raw materials
tear each other apart
horrible
share/grudges

La proposition emporta l'adhésion°, et le 9 mai 1950 fut ainsi à l'origine de la construction européenne, ce que les chefs d'Etat ou de gouvernement, lors du Conseil européen de Milan en 1985, ont convenu de commémorer chaque année par une «Journée de l'Europe», qui s'adresse à tous les citoyens de l'Union européenne.

emporta… réussit

En effet, cette journée ne concerne pas seulement les citoyens des pays fondateurs, mais ceux de l'ensemble des Etats membres, puisque chaque pays qui choisit démocratiquement d'adhérer à l'Union européenne s'engage à respecter les objectifs de paix, de progrès social, de développement économique et de solidarité proposés par la déclaration du 9 mai 1950 dans le vieux rêve d'unir le continent européen.

Certes l'Europe—ensemble de peuples conscients d'appartenir à une même entité, de partager certaines valeurs et des cultures proches ou complémentaires—existe depuis des siècles. Mais elle s'était développée jusqu'alors sans règles ni institutions, sans dépasser la simple et fragile coopération entre les Etats. Et la conscience de cette unité fondamentale n'avait jamais évité les désastres. Aujourd'hui encore, certains pays qui appartiennent au continent européen mais pas à l'Union européenne ne sont pas à l'abri° de tragédies.

safe from

Par ailleurs, ce qui dans les siècles ou les millénaires passés pouvait ressembler à une tentative d'union n'était en réalité que le fruit d'une victoire des uns sur les autres, que le «fédérateur» s'appelât Jules César, Charlemagne ou Napoléon. Leurs constructions ne pouvaient durer, car les vaincus n'avaient qu'une aspiration: recouvrer° leur autonomie.

recover

---

[1]«La paix mondiale ne saurait être sauvegardée sans des efforts créateurs à la mesure des dangers qui la menacent.» Robert Schuman

L'ambition est aujourd'hui toute autre. Cependant, comme toute œuvre humaine d'envergure°, l'intégration de l'Europe ne peut se construire en un jour ni même en quelques décennies°. D'autant que° l'entreprise amorcée° au lendemain de la Seconde Guerre mondiale est sans précédent dans l'histoire. Il s'agit, en effet, de bâtir une Europe qui respecte la liberté et l'identité de chacun des peuples qui la composent, tout en appliquant le principe selon lequel ce qui peut être mieux fait en commun doit l'être. Car seule l'union des peuples peut garantir à l'Europe la maîtrise° de son destin et son rayonnement° dans le monde.

ambitieuse
decades/All the more so since
commencée
mastery
influence

Comprenez-vous?

1. Pourquoi a-t-on choisi le 9 mai pour la Journée de l'Europe?
2. Comment s'appellent les «pères» de l'Union européenne?
3. Quelle a été la première étape dans la création de l'Union européenne? Que faisait la «première institution européenne»?
4. Relisez le quatrième (ligne 12) et le sixième (ligne 25) paragraphes. Relevez dans le premier des mots à connotation négative et dans le second les mots à connotation positive. Quel contraste est établi?
5. D'après le passage, qu'est-ce que les peuples européens ont en commun?
6. Comment l'ambition actuelle d'unir l'Europe est-elle différente de celle qu'avaient Jules César, Charlemagne ou Napoléon?
7. Pourquoi la construction de l'Europe prend-elle si longtemps?

1. Le 9 mai 1950, Schuman et Monnet ont fait une déclaration pour établir la coopération entre la France, l'Allemagne et d'autres pays européens dans la production du charbon et de l'acier. Ils ont créé la première institution européenne. 2. Schuman et Monnet 3. La première étape a été de gérer en commun la production du charbon et de l'acier. 4. se déchirer, un conflit épouvantable, d'innombrables ruines matérielles et morales, haines, rancunes, préjugés/démocratiquement, respecter les objectifs de paix, de progrès social, de développement économique et de solidarité. On contraste les effets de la Deuxième Guerre mondiale avec les buts de l'Union européenne. 5. Ils partagent certaines valeurs et des cultures proches ou complémentaires. 6. César, Charlemagne et Napoléon étaient des conquérants qui voulaient vaincre tous les pays d'Europe, en leur enlevant leur autonomie et leur indépendance. L'Union européenne est démocratique, elle respecte la liberté et l'identité de chaque peuple. 7. C'est un projet ambitieux et difficile, sans précédent.

Lecture

Deuxième partie

La célébration du 9 mai

La célébration du 9 mai n'est pas exclusivement réservée aux institutions de l'Union européenne; tout organisme est invité à profiter de la Journée de l'Europe pour organiser ses propres activités qui visent° à rapprocher l'Europe des citoyens, qu'il s'agisse d'organismes publics au niveau national, régional ou local ou d'associations ou institutions privées. Le 9 mai offre à un grand nombre d'organismes une occasion d'ajouter une dimension européenne à leurs activités et intérêts particuliers à travers:

aim

Les rencontres entre citoyens

Toutes les expériences d'échanges et de jumelages[2] l'attestent°: rien de tel que des contacts directs pour permettre aux citoyens des

montrent

[2] *Programs for partner cities, when a city in one country or region pairs with one from another area. Exchanges in areas of government, business, education, service organizations, etc. are organized so that the citizens of one city become acquainted with those of another.*

différents pays de se comprendre et de s'enrichir de leurs différences. C'est pourquoi la Journée de l'Europe est conçue comme journée de fête populaire et de rencontre entre les personnes et les cultures des différents pays et régions de l'Europe: visites d'échanges et correspondance de toute nature, événements festifs et culturels qui illustrent la proximité et la fraternité des peuples européens, etc.

■ **La mise en valeur des symboles de l'Europe**

Pour que les Européens puissent se retrouver dans des symboles communs, l'Union européenne a adopté le drapeau européen composé de 12 étoiles d'or sur fond bleu ainsi que l'hymne européen (prélude de « l'Ode à la Joie » de la IXème Symphonie de Beethoven).

http://www.europa.eu.int/5.5.00/

■ Vos prédictions

Avez-vous trouvé les renseignements que vous avez prévus avant de lire le passage? Lesquels n'avez-vous pas trouvés?

■ Comprenez-vous?

1. Quels mots ou expressions dans le premier paragraphe de la deuxième partie soulignent l'idée que la Journée de l'Europe doit être fêtée par les citoyens et pas seulement les institutions?
2. Selon le texte, qu'est-ce qu'on peut faire pour que les citoyens des pays différents de l'UE se connaissent et se comprennent?
3. Quels sont les symboles de l'Union européenne? Et les couleurs?

1. tout organisme, propres activités, rapprocher, citoyens, national, régional, local, associations, institutions privées, intérêts particuliers. 2. Les meilleures activités sont des contacts directs, des rencontres, des jumelages. Il est important que les citoyens de différents pays se comprennent et s'enrichissent de leurs différences. 3. Le drapeau composé de douze étoiles et l'hymne basé sur la IXème Symphonie de Beethoven. Les couleurs: bleu et or (jaune)

■ Allez plus loin

1. Pour quelles raisons historiques et géographiques la France et l'Allemagne (avec la Belgique et le Luxembourg) sont-elles les pays fondateurs de l'UE? Pourquoi l'Angleterre n'a-t-elle pas joué un rôle important au début?
2. Expliquez comment le charbon et l'acier étaient la base de toute puissance militaire, «le nerf de la guerre» à l'époque. De quelle époque parle-t-on?
3. A quels pays ou à quelles régions qui «ne sont pas à l'abri de tragédies» fait-on allusion dans le septième paragraphe (ligne 38)? (Notez la date du texte.)
4. Dirait-on que l'intégration européenne a des bases plutôt économiques ou plutôt culturelles? Expliquez.

1. La plupart des combats ont lieu dans ces pays. 2. Le charbon et l'acier étaient utilisés pour fabriquer des armes. La Deuxième guerre mondiale. 3. Aux Balkans. 4. Economique

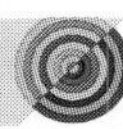

Applications

RAPPEL

To make *hypotheses*, that is, to suggest what might happen or how things would be or how they could have been, use the *conditional* mood in French. See Chapitre 5 Structures, pp. 183–187.

A. La Journée de l'Europe. Imaginez que deux camarades de classe et vous travaillez pour l'Union européenne. On veut vous envoyer à Montpellier, ville de 350 000 habitants près de la Méditerranée, jumelée avec Heidelberg (en Allemagne) et Barcelone (en Espagne) pour organiser des activités pour fêter la Journée de l'Europe. Qu'est-ce que vous proposeriez? Utilisez le conditionnel et développez des idées pour les catégories indiquées. Comparez votre fête à celles de vos camarades de classe.

Modèle: les participants

Nous demanderions de l'aide à la mairie de Montpellier. Les élèves pourraient préparer des spectacles et décoreraient leurs écoles. Les associations nous aideraient à loger les visiteurs étrangers. Les musiciens donneraient des concerts gratuits.

1. les invités
2. les activités pendant la journée (pour adultes et enfants)
3. les activités le soir (pour adultes et enfants)
4. les repas
5. le financement

B. Un tout autre monde. Décrivez les résultats probables ou possibles dans chaque cas suggéré. Comparez vos idées à celles de vos camarades de classe.

1. S'il n'y avait plus d'armées dans le monde…
2. Si le Mur de Berlin n'était pas tombé en 1989…
3. Si l'UE n'existait pas…
4. Si l'euro ne réussit pas…
5. Si on n'avait pas construit un tunnel sous la Manche…
6. S'il n'y avait pas eu de guerres dans les Balkans…
7. Si la frontière entre le Mexique et les Etats-Unis n'existait plus…
8. Si les Etats-Unis n'avaient pas déclaré la guerre au Japon en 1941…
9. Si les Etats-Unis envahissaient le Canada…
10. Si une femme était élue présidente des Etats-Unis…

RAPPEL

To *describe* people, places, events, review *adjectives* and *comparisons*, Chapitre 2 Structures, pp. 151–156, *adverbs*, Chapitre 8 Structures, pp. 211–213 and *relative pronouns*, Chapitre 6 Structures, pp. 197–200.

C. Optimiste ou pessimiste? Décrivez, au futur, comment vous imaginez l'avenir. Utilisez les thèmes indiqués ou d'autres de votre choix. Echangez vos idées.

Divide the class into optimists and pessimists. Each student prepares a description accordingly.

Modèle: la guerre

Pessimiste: ***La guerre sera encore plus atroce parce qu'on utilisera des armes biologiques qui tueront encore plus de personnes et détruiront l'environnement pour ceux qui restent en vie. Les hommes seront encore plus méchants.***

Optimiste: ***Il n'y aura plus de guerre parce que nous nous comprendrons mieux. Les hommes seront plus paisibles et ne voudront plus se battre. Il y aura un seul gouvernement mondial, et on sera tous des citoyens du monde.***

1. les affaires étrangères
2. le statut de la femme
3. le statut des groupes minoritaires
4. la technologie
5. l'économie
6. les médias
7. les armées

D. La France et les Etats-Unis. Décrivez et comparez les deux pays et leurs habitants en utilisant les catégories indiquées.

Students work in groups, one topic per group, to prepare several sentences.

Modèle: l'immigration

L'immigration est un aussi gros problème en France qu'aux Etats-Unis. En Amérique les immigrés trouvent assez facilement du travail mais en France, où le taux de chômage est assez élevé, c'est plus difficile. En France, la plupart des immigrés qui sont francophones viennent d'Afrique. Aux Etats-Unis, ceux qui parlent espagnol viennent d'Amérique centrale et ceux qui travaillent dans l'informatique viennent d'Inde. Dans les deux pays, on n'accepte pas toujours les immigrés, surtout ceux qui ne parlent pas la langue, et ils ont parfois du mal à s'intégrer.

1. les langues étrangères
2. les écoles et les universités
3. les jeunes
4. les voitures
5. les vacances
6. le cinéma ou la télévision
7. la famille

RAPPEL

To express *opinions*, certain verbs or expressions followed by the *subjunctive*, *indicative* or *infinitive* can be used (review Chapitre 7 Structures, pp. 201–209), as well as *negative constructions* when you disagree (review Chapitre 6 Structures, pp. 194–197).

1. qu'elles soient encore ennemies (qu'elles le soient encore). 2. d'en avoir un. 3. qu'ils veuillent tous le parler. 4. qu'ils en sachent beaucoup. 5. que nous ne nous y intéressions pas. 6. qu'ils l'aient accepté. 7. qu'elle s'y établisse rapidement. 8. que nous en avons besoin. 9. que nous en parlions beaucoup. 10. que tu apprennes à en parler plusieurs. 11. d'y répondre.

E. C'est vrai? Votre sœur, qui a 12 ans, s'intéresse au monde mais pose des questions fort curieuses. Utilisez les expressions données pour lui répondre (et des pronoms quand c'est possible pour éviter la répétition).

1. Est-ce que la France et l'Allemagne sont encore ennemies? VOUS: Il n'est pas vrai que…
2. Si on est citoyen français, faut-il avoir un passeport pour aller en Italie? VOUS: Si on est français, il n'est pas nécessaire de…
3. Est-ce que les Européens veulent tous parler anglais? VOUS: Je doute que…
4. Les Européens savent beaucoup de choses sur l'Amérique? VOUS: Il est possible que…
5. Et nous, les Américains, est-ce que nous nous intéressons à l'Europe? VOUS: Pas beaucoup. Il est dommage que…
6. Les Russes ont-ils accepté le capitalisme? VOUS: Je ne crois pas que…
7. Est-ce que la prospérité s'établit rapidement en Russie? VOUS: Il est peu probable que…
8. Avons-nous encore besoin d'armées? VOUS: Oui, je crois que…
9. Nous les Américains, nous parlons beaucoup de langues, n'est-ce pas? VOUS: Je ne pense pas que…
10. Et moi, je dois apprendre à parler plusieurs langues? VOUS: Oui, il faut que…
11. Tu aimes répondre à mes questions? VOUS: Bien sûr, je suis content(e) de…

F. Des images stéréotypées? Préparez une description détaillée, du point de vue indiqué, des personnes ou groupes de la liste. Votre partenaire croit que vous exagérez et vous contredit en faisant le portrait contraire.

Modèle: les hommes politiques (portrait négatif)
A. Moi, je crois que tous les hommes politiques sont corrompus. Ils veulent tous avoir du pouvoir et de l'argent. Ils mentent pour être élus et ne pensent jamais au bien des citoyens. B. Je ne suis pas d'accord. Il est vrai que certains hommes politiques sont corrompus mais je ne crois pas qu'ils soient tous corrompus. Ils ne cherchent qu'à aider les citoyens, ce qui n'est pas toujours facile.

1. les réfugiés politiques (portrait positif)
2. les forces de maintien de la paix (portrait négatif)
3. les partis politiques (portrait positif)
4. l'Union européenne (portrait négatif)
5. l'aide humanitaire (portrait positif)

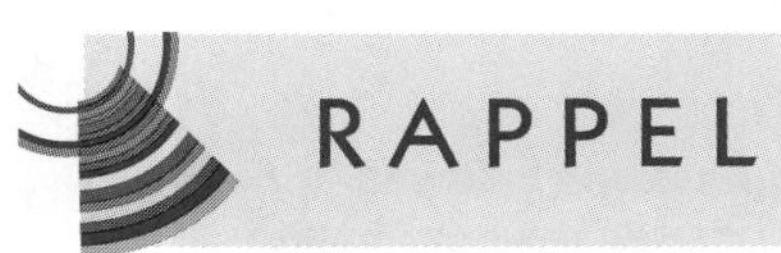

To *narrate in the past*, review the uses of the *imperfect*, *passé composé*, and *pluperfect* (review Chapitre 3 Structures, pp. 162–169).

G. Tout le monde exagère! Avec un(e) partenaire, imaginez que vous avez eu la chance (bonne ou mauvaise) de vous trouver dans une des situations de la liste à la page 133. Racontez (en trois ou quatre phrases) ce qui s'est passé en exagérant beaucoup. Comparez votre récit à ceux de vos camarades de classe.

1. A Paris: vous avez dîné au Palais de l'Elysée avec le président de la République française
2. A Moscou: vous avez servi d'interprète au président des Etats-Unis
3. En Turquie: vous visitiez le pays quand il y a eu un tremblement de terre
4. Au Rwanda: vous avez travaillé dans un camp de réfugiés
5. A Washington: le sénateur de votre état vous a invité à visiter la ville
6. A Londres: vous êtes allé(e) au théâtre et un des membres de la famille royale était assis à côté de vous
7. En France: vous avez participé au Tour de France
8. En Chine: vous avez participé à une manifestation et on n'a pas voulu vous laisser quitter le pays

H. Leurs rêves de jeunesse. Imaginez les rêves et les activités des personnes de la liste quand elles avaient l'âge indiqué.

Modèle: Napoléon à sept ans
Il voulait être officier et commander beaucoup d'hommes. Il n'obéissait plus à ses parents mais voulait que ses amis le suivent. Il montait souvent à cheval et jouait avec des petits soldats de plomb.

1. Nelson Mandela à quatorze ans
2. Einstein à douze ans
3. le Pape Jean-Paul II à quinze ans
4. Jeanne d'Arc à dix ans
5. Gustave Eiffel[3] à sept ans
6. Martin Luther King Jr. à neuf ans
7. Fidel Castro à dix ans
8. vous à treize ans
9. votre professeur de français à quinze ans

ONG cherchent vrais pros°

° professionnels

Médecins sans frontières

Le prix Nobel de la paix 1999 a été remis le 10 décembre à Oslo à l'organisation non-gouvernementale française Médecins sans frontières (MSF), pour avoir mis, depuis 28 ans, la «planète dans sa salle d'attente°». L'organisation, fondée en décembre 1971 à Paris par une poignée° de médecins et qui a depuis soigné° dans l'urgence°, sans discrimination et en toute indépendance, partout où l'on souffrait, a été distinguée par le comité Nobel norvégien pour son « aide humanitaire sur plusieurs continents.»

waiting room
handful/treated
emergency

Entrons en matière

Quels sont les buts d'une organisation non-gouvernementale telle que Médecins sans frontières? Que fait-elle pour les atteindre?

Pour mieux comprendre

Selon vous, quelles qualités devraient avoir ceux qui voudraient travailler pour une organisation telle que Médecins sans frontières? Lisez le premier paragraphe pour trouver une réponse à cette question.

[3] L'ingénieur qui a construit la tour Eiffel

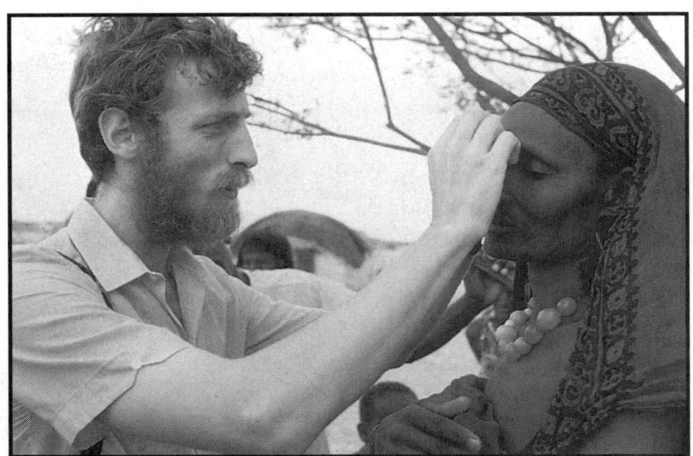

Lecture

Première partie

Les candidats à l'engagement humanitaire sont nombreux. Mais la bonne volonté, le désir d'aider son prochain° ne suffisent pas. Encore faut-il être qualifié et expérimenté° pour partir. Récit d'une séance d'information très édifiante...

La plupart des personnes qui s'installent dans la salle de conférence en sont persuadées: cette réunion d'information au siège° parisien de Médecins sans frontières, c'est leur «premier pas avant de partir en mission.» Dès l'arrivée du chargé de recrutement, première surprise: Stéphane n'a pas «le look baroudeur»°. Il fait plutôt penser à un «G.O. du Club Med»,[4] comme on le murmure dans la salle. Pendant deux heures, muni° d'un rétroprojecteur°, il va parler de MSF (Médecins sans frontières), des grandes heures de l'association, son développement, ses «coups» médiatiques°...

Les infos défilent, l'exposé est dense mais le discours plutôt convenu. Infirmier de formation°, Stéphane a «fait du terrain»°. Mais il n'est visiblement pas là pour faire partager sa passion du métier. Il est vrai que les réunions d'information n'ont lieu que les premier et troisième mardis du mois et que le nombre de candidats est impressionnant. Aujourd'hui, ils sont une bonne soixantaine. Pas le temps de parler de soi. On ne connaîtra bien souvent de son voisin que ce qu'il aura indiqué en levant la main, à l'annonce des spécialités déclinées° par Stéphane. La majorité des présents sont infirmiers et médecins. Normal quand on postule° chez Médecins sans frontières. Des personnes souvent expérimentées, peu de jeunes de moins de 25 ans. Ça tombe bien°, «on demande des gens qualifiés» prévient très vite Stéphane. Le décor est planté°. Abrupt mais réaliste.

- **voisin**
- **qui a de l'expérience**
- *headquarters*
- **aventurier**
- *equipped/overhead projector*
- *media stunts*
- **Infirmier... :** *nurse by training*/**a de l'expérience**
- **énumérées**
- *applies*
- **Ça... :** *That's good news.*
- **Le décor... :** *The scene is set.*

[4]Gentil organisateur: *activities organizer, leader for the Club Mediterranée*

Comprenez-vous?

1. Expliquez l'image «avoir mis la planète dans sa salle d'attente», dans l'introduction à la lecture.
2. Y a-t-il généralement beaucoup ou peu de personnes qui voudraient partir avec MSF? Justifiez votre réponse.
3. Quelles formations ont la plupart de ceux qui assistent à la séance?
4. Quels renseignements présente Stéphane? Comment est son discours?

1. On trouve des salles d'attente chez les médecins et c'est une organisation de médecins qui aide partout dans le monde. 2. Il y en a beaucoup: les candidats sont nombreux, une bonne soixantaine. Il y a des séances d'information deux fois par mois. 3. Ils sont infirmiers et médecins. 4. Il parle de l'histoire de MSF, de ses succès avec les médias. Son discours est convenu, loin d'être nouveau, à la fois abrupt et réaliste.

Lecture

Deuxième partie

David, 26 ans, diplômé de Sciences-Po, se rend compte qu'il n'a «pas le profil étudié pour». Comme d'autres, il est là parce qu'il a «envie d'agir ailleurs que dans les manifs° pendant la guerre en Bosnie.» Il rêve encore un instant en regardant le film MSF, un documentaire de dix minutes sur les missions proposées par l'association. Comme David, beaucoup sont rattrapés° par la réalité des critères de sélection: une solide formation adaptée à chaque spécialité et une expérience professionnelle de deux ans.

Cassine aussi sait désormais° à quoi s'en tenir°. A 22 ans, elle a déjà beaucoup voyagé avec ses parents, ce qui l'a «sensibilisée° très tôt à la misère.» Titulaire d'une maîtrise de psycho°, elle se donne trois ans pour réaliser son rêve: apporter un soutien moral aux enfants des pays en guerre. «DESS,[5] deux ans de boulot et je pars», planifie-t-elle°, pas du tout découragée par les propos de Stéphane: «On ne fait pas ça ici.» «Quels sont les besoins alors, dans les mois qui viennent?», demande un participant. La salle pouffe de rire°. «Comme s'il y avait un programme des festivités», ironise son voisin. En fait, les besoins sont toujours les mêmes...

Un seul chiffre: 900 personnes—dont 27% ont moins de 30 ans—partent avec MSF chaque année. Durée de mission: six mois minimum, «un premier mois pour comprendre la situation, un second pour s'adapter aux habitudes culturelles du pays traité, un troisième pour acquérir des automatismes°. Il reste trois mois pour être efficace.°» explique Patrick, logisticien° arrivé en renfort° de Stéphane.

«C'est possible de partir un mois?» demande-t-on quand même dans les rangs de devant°. Eclats de rire dans le fond de la salle. «Et pourquoi pas un week-end avec hôtel trois étoiles», s'exclame dans son coin Marie-Hélène, étudiante en fin de cursus de médecine. «Il faut partir plusieurs mois, sinon on a l'impression d'être inutile. Sans compter le temps d'adaptation à l'équipe.» Marie-Hélène sait de quoi elle parle. Elle est déjà partie «quelques trop courtes semaines» au Mali avec une ONG de Rennes.[6] Une expérience insuffisante. Toutefois, ses années d'internat° devraient lui ouvrir les portes de MSF.

A ses côtés, Capucine écoute, amère. Elle ne regrette «pas encore» son parcours°, mais à 27 ans, avec son DEA[7] Droits de l'homme en

demonstrations

caught

*from now on/***à quoi...** *: where she stands*

made her aware of

psychologie

she plans

bursts out laughing

reflexes/effective

expert in logistics/as back-up

front rows

hospital internship

career path

---

[5]Diplôme d'études supérieures spécialisées, après la maîtrise et avant le doctorat
[6]Ville dans l'ouest de la France, en Bretagne
[7]Diplôme d'études approfondies, après la maîtrise et avant le doctorat

poche, elle sait qu'elle n'a «pas beaucoup de chances de partir.» En affichant° ses deux années de bénévolat à Amnesty International, elle espère quand même faire partie de cette petite moitié de l'assistance° qui sera convoqué pour un entretien individuel. Et des 80% de candidats retenus au final. Et puis, Stéphane a été si rassurant: «On n'est pas des psy°, ce n'est pas un entretien d'embauche.» Même si «ça y ressemble», d'après ceux qui l'ont passé. De fait, comme l'avoue l'ex-président de MSF, Rony Brauman, «MSF est passé de l'artisanat à l'industrie». Et ça se sent.

«ONG cherchent vrais pros», *Phosphore,* juillet 1999, pp. 38–39.

displaying

those present

psychologues ou psychiatres

Comprenez-vous?

1. Expliquez les critères de sélection chez MSF.
2. Pourquoi y a-t-il relativement peu de jeunes qui partent avec MSF?
3. Pourquoi David se porte-t-il volontaire?
4. Pourquoi Cassine a-t-elle peu de chances de partir?
5. Pourquoi la durée de mission est-elle assez longue?
6. Pour quelles raisons Marie-Hélène a-t-elle des chances d'être acceptée? Et pourquoi Capucine aura-t-elle peut-être un entretien bien qu'elle n'ait pas une des formations que l'on recherche?

1. On cherche des gens qui ont de l'expérience (qui sont expérimentés) (deux ans d'expérience professionnelle) et qui ont une formation adaptée à la spécialité. 2. Il faut avoir de l'expérience et une formation, ce qui prend du temps. 3. Il veut faire quelque chose, pas seulement manifester. 4. Elle a fait des études de psychologie et on n'a pas besoin de psychologues. 5. Il faut s'adapter, s'habituer à la vie et à l'équipe, apprendre la culture et le travail qu'on fait. 6. Elle a fait des études de médecine et a fait son internat. Capucine, qui a un diplôme de droit, a fait du bénévolat pour Amnesty International.

Allez plus loin

Expliquez la dernière phrase de l'article. Comment l'article illustre-t-il ce changement?

Doctors Without Borders has gone from being small-scale, craft-like **(artisanat)** *and has become a well-organized, large organization* **(industrie)**.

Personnellement

Voudriez-vous partir avec une telle organisation? Pourquoi ou pourquoi pas?

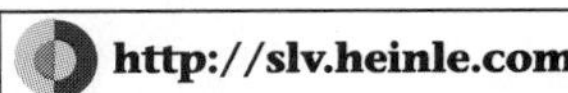

Activités d'expansion

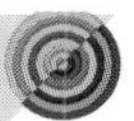

A. Des entretiens d'embauche. Avec un(e) partenaire, choisissez une des situations ci-dessous et jouez la scène de l'entretien d'embauche. Un(e) étudiant(e) est le (la) candidat(e) et l'autre fait passer l'entretien.

1. Un poste à l'UE
2. Un poste à l'ONU à Genève
3. Un poste avec Médecins sans frontières
4. Un poste avec le Peace Corps

B. Je veux partir. On vous a offert un poste (de la liste ci-dessous). Maintenant vous devez expliquer aux personnes indiquées que vous allez partir et pourquoi, mais ces personnes n'acceptent pas facilement votre décision.

1. Six mois au Bangladesh avec Médecins sans frontières (vos parents)
2. Deux ans à Bruxelles avec l'UE (votre copain/votre copine)
3. Un an à Genève avec la Croix-Rouge (vos amis)
4. Six mois au Guatemala avec Habitat for Humanity (vos grands-parents)
5. Deux ans avec le Peace Corps au Togo (votre employeur)

C. Un monde sans frontières. Quels sont les avantages et les inconvénients d'un monde sans frontières? Mettez-vous avec deux ou trois autres étudiants et préparez un argument pour ou contre. Que pensent la majorité des étudiants?

POSTLUDE

For lesson plans, cultural notes, warm-ups, and homework assignments, please go to: *http://slv.heinle.com*.

Les Cajuns

Que font ces personnes? Selon vous, quelle est leur nationalité? Reconnaissez-vous leurs instruments? A votre avis, quelle sorte de musique joue ce groupe?

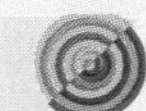

«Disco et fais do-do»

Avant de lire et d'écouter

Dans quelles régions de l'Amérique essaie-t-on de conserver l'héritage français? Quels aspects de cet héritage veut-on garder?

Réponses possibles: Au Canada, en Louisiane. On veut garder les traditions, la langue, la cuisine, le folklore, la musique.

Possible questions: D'où vient le mot «cajun»? Pourquoi les Cajuns se trouvent-ils en Louisiane? Comment essaie-t-on de conserver l'héritage français en Louisiane? Quelles traditions influencent la musique cajun?

Que veut dire «cajun»?

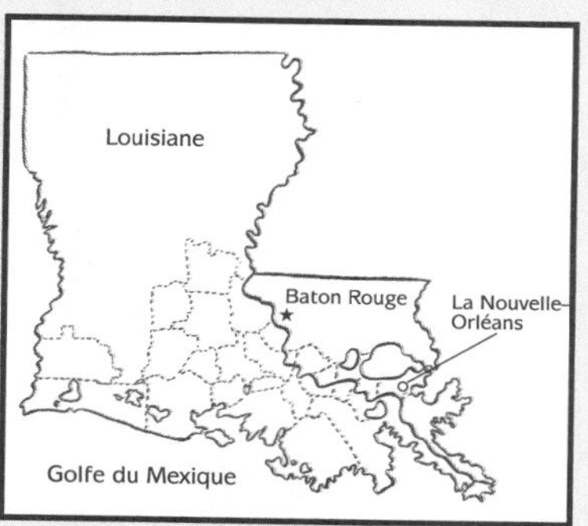

Le mot «cajun» est une corruption linguistique du terme «Acadien». Vers 1755, les Anglais ont chassé les Français de l'Acadie (la Nouvelle Ecosse et le Nouveau Brunswick au Canada) pour des raisons politiques. Beaucoup d'entre eux se sont réfugiés en Louisiane, où il y avait des Français (qui s'appelaient «créoles») depuis 1604. En 1968 la Louisiane s'est déclarée officiellement bilingue et s'est dotée d'un[1] ensemble de lois destinées à promouvoir le français comme langue seconde de tout l'état. Les Cajuns de nos jours font des efforts pour conserver leur héritage français à travers la langue, la cuisine et la musique.

[1]**s'est dotée d'un** = a créé un

La musique cajun est un mélange de traditions variées. A la base il y a surtout la France (la Normandie, la Bretagne, le Poitou et la Picardie), le Québec et le Nouveau-Brunswick (influences anglaises, écossaises et irlandaises). Les Noirs et les Espagnols des Antilles ont apporté leur propre accent et ont créé la variation qui s'appelle le zydeco. Les instruments typiques de la musique cajun sont l'harmonica, le violon, la guitare, l'accordéon, le triangle, les cuillères et quelquefois «le frottoir» *(washboard)*.

Voici les paroles d'une chanson cajun, écrite et chantée par Bruce Daigrepont, un musicien de La Nouvelle-Orléans. Cette chanson exprime la nostalgie que ressent le chanteur pour son «pays». En lisant, essayez d'imaginer la musique qui accompagnera les paroles.

je pouvais... : j'étais impatient

A peu près cinq ans passés, je pouvais pas espérer°
Pour quitter la belle Louisiane;
Quitter ma famille, quitter mon village,
Sortir de la belle Louisiane.
J'aimais pas l'accordéon, j'aimais pas le violon.
Je voulais pas parler le français.
A cette heure, je suis ici dans la Californie.
J'ai changé mon idée.
Je dis: «Hé yaie yaie. Je manque la langue Cadjin.
C'est juste en anglais parmi les Américains.
J'ai manqué Mardi Gras. Je mange pas du gombo.
Et je va au disco, mais je manque le fais do-do°.
J'avais l'habitude de changer la station
Quand j'entendais les chansons Cadjins.
Moi, je voulais entendre la même musique
Pareil comme les Américains.
A cette heure, je m'ennuie de les vieux Cadjins.
C'est souvent je joue leurs disques.
Et moi, je donnerais à peu près deux cents piastres
Pour une livre° des écrevisses.
Je dis: «Hé yaie yaie. Je manque la langue Cadjin.
C'est juste en anglais parmi les Américains.
J'ai manqué Mardi Gras. Je mange pas du gombo.
Et je va au disco, mais je manque le fais do-do.
(bis)

fais... : *community dance*

a pound

Bruce Daigrepont, *Stir up the Roux*, 1987, Rounder Record Corporation (1 Camp St., Cambridge, MA 02140).

Comprenez-vous?

1. Depuis combien de temps le chanteur n'habite-t-il plus en Louisiane?
2. Pourquoi a-t-il quitté son «pays»?
3. Qu'est-ce qui lui manque?
4. Quelle sorte de musique aimait-il écouter quand il était encore en Louisiane?
5. Quelle sorte de musique aime-t-il écouter en Californie?
6. Pour quel plat payerait-il $200.00?
7. Dans la chanson, qu'est-ce qui montre qu'il ne se sent pas tout à fait «américain»?

1. Il n'y habite plus depuis 5 ans. 2. Il l'a quitté parce qu'il n'aimait pas la musique cajun et il ne voulait pas parler français. 3. Mardi Gras, la cuisine, le fais do-do et la musique lui manquent. 4. Il aimait la musique américaine. 5. En Californie il écoute de la musique cajun. 6. Il payerait $200 pour un plat d'écrevisses. 7. Toutes ses traditions lui manquent; il écoute souvent des disques de musique cajun.

Questions de langue

Vous avez certainement remarqué que le français de cette chanson ne ressemble pas tout à fait au français «standard». Réécrivez les phrases ou propositions suivantes comme si vous étiez professeur de français.

1. A peu près cinq ans passés…
2. Je manque la langue Cadjin.
3. Je mange pas du gombo.
4. Je va au disco…
5. Pour une livre des écrevisses…
6. … dans la Californie

1. Il y a cinq ans 2. La langue cajun me manque. 3. Je ne mange pas de gombo. 4. Je vais à la discothèque. 5. Pour une livre d'écrevisses 6. en Californie

Et la musique?

Selon vous, comment sera la musique de cette chanson? Maintenant, écoutez-la. Comment réagissez-vous à cette musique?

Structures

TOPICS: **I. Verb review: *payer, s'ennuyer***
II. Present indicative
III. Infinitives
IV. Imperatives
V. *Faire* causatif

I. Verb review

A. Payer and other verbs that end in **-ayer** can be conjugated two ways: They can retain the **-y** throughout, or the **-y** can change to **-i** before a mute **-e** (found in the endings **-e**, **-es**, **-ent**, and all forms of the future and conditional). A mute **-e** is one that is not pronounced.

Present		*Subjunctive*	
je paye (paie)	nous payons	je paye (paie)	nous payions
tu payes (paies)	vous payez	tu payes (paies)	vous payiez
il/elle paye (paie)	ils/elles payent (paient)	il/elle paye (paie)	ils/elles payent (paient)
Future		*Conditional*	
je payerai (paierai)	nous payerons (paierons)	je payerais (paierais)	nous payerions (paierions)
tu payeras (paieras)	vous payerez (paierez)	tu payerais (paierais)	vous payeriez (paieriez)
il/elle payera (paiera)	ils/elles payeront (paieront)	il/elle payerait (paierait)	ils/elles payeraient (paieraient)

B. S'ennuyer and other verbs that end in **-uyer** *always* change the **-y** to **-i** before a mute **-e** (found in the endings **-e**, **-es**, **-ent**, and all forms of the future and conditional).

Present		*Subjunctive*	
je m'ennuie	nous nous ennuyons	je m'ennuie	nous nous ennuyions
tu t'ennuies	vous vous ennuyez	tu t'ennuies	vous vous ennuyiez
il/elle s'ennuie	ils/elles s'ennuient	il/elle s'ennuie	ils/elles s'ennuient

▶ **SELF-CHECK** *Cahier*, Exercise I, p. 5

II. Present indicative

A. Usage

The *present tense* of the indicative is used to:

- tell about what is happening now

  Maintenant, vous **étudiez** le français.
  Le professeur **explique** la grammaire.
  Chaque étudiant **prend** son livre et **lit**.

- make generalizations or speak about habitual actions

  Ces étudiants **sont** tous intelligents.
  Les élèves **aiment** les vacances.
  Ils **ont** toujours beaucoup de devoirs.

- indicate what is going to happen in the near future

  Ce soir, nous **avons** une fête chez le professeur.
  Demain, il y **a** un contrôle de vocabulaire.
  J'**obtiens** mon diplôme à la fin de l'année.

- indicate what is going to happen in the near future using **aller** + *infinitive*

  Elle **va étudier** en France l'année prochaine.
  Nous **allons rendre** nos devoirs à la fin de l'heure.
  Les professeurs **vont demander** de meilleures conditions de travail.

- indicate what has just happened using **venir de** + *infinitive*

  Ses parents **viennent de recevoir** son relevé de notes.
  Le cancre **vient de se réveiller** d'une petite sieste.
  Vous **venez de voir** votre prof de chimie dans la rue.

- indicate that an action that started in the past is continuing into the present using **depuis**.

  Depuis cinq ans, je **rêve** de parler russe sans accent.
  Ce jeune Français **fait** ses études en Californie **depuis** six mois.
  Je **travaille** sur ma thèse **depuis** deux ans.

B. Formation

General observations: While reviewing, pay special attention to the forms **nous**, **ils**, and the infinitive because other tenses use these forms as their base.

1. The three major groups of regular verbs

a. Verbs with infinitive ending in **-er**:

assister, **passer**, **étudier**, **discuter**, **aimer**, etc.

To conjugate these verbs, drop the **-er** and add **-e**, **-es**, **-e**, **-ons**, **-ez**, **-ent**.

j'étudi**e**	nous étudi**ons**
tu étudi**es**	vous étudi**ez**
il/elle/on étudi**e**	ils/elles étudi**ent**

A large group of **-er** verbs undergo spelling changes for pronunciation consistency.

- Verbs whose stem ends in **-g** (**partager**) add **-eons** in the **nous** form: **partag*eons***
- Verbs whose stem ends in **-c** (**commencer**) change the **c** to **ç** in the **nous** form: **commençons**.

Some verbs have two different stems, one for the **je**, **tu**, **il**, and **ils** forms and another for the **nous** and **vous** forms.

■ Verbs like **appeler** and **jeter** double the **l** or the **t** in the stem for all but the **nous** and **vous** forms:

j'appe**ll**e	nous appelons
tu appe**ll**es	vous appelez
il/elle/on appe**ll**e	ils/elles appe**ll**ent

■ Verbs like **acheter** and **modeler** change the **e** to **è** in the stem for all but the **nous** and **vous** forms:

j'ach**è**te	nous achetons
tu ach**è**tes	vous achetez
il/elle/on ach**è**te	ils/elles ach**è**tent

■ Verbs like **préférer** and **sécher** change the **é** to **è** in the stem for all but the **nous** and **vous** forms:

je préf**è**re	nous préférons
tu préf**è**res	vous préférez
il/elle/on préf**è**re	ils/elles préf**è**rent

b. Regular verbs with infinitives ending in **-ir**:

réussir, **choisir**, **agir**, **finir**, etc.

These verbs are conjugated by dropping the **-r** from the infinitive and adding **-s**, **-s**, **-t**, **-ssons**, **-ssez**, **-ssent**.

je réussi**s**	nous réussi**ssons**
tu réussi**s**	vous réussi**ssez**
il/elle/on réussi**t**	ils/elles réussi**ssent**

Commonly used **-ir** verbs that have some irregularities in their formation are: **partir**, **sortir**, **sentir**, **dormir**. To get the stem for the singular forms, *drop the last three letters of the infinitive* and add **-s**, **-s**, **-t** (the regular ending for **-ir** verbs). For the plural forms, drop the **-ir** from the infinitive and add **-ons**, **-ez**, **-ent**. Note that there is no **-i** in the stem.

je dor**s**	nous dorm**ons**
tu dor**s**	vous dorm**ez**
il/elle/on dor**t**	ils/elles dorm**ent**

Note that certain **-ir** verbs such as **offrir**, **ouvrir**, **couvrir**, and **souffrir** are conjugated like **-er** verbs:

j'offr**e**	nous offr**ons**
tu offr**es**	vous offr**ez**
il/elle/on offr**e**	ils/elles offr**ent**

See Appendix C for more examples of irregular verb conjugations.

c. Regular verbs with infinitives ending in **-re**:

rendre, **répondre**, **entendre**, etc.

To conjugate, drop the **-re** and add **-s**, **-s**, –, **-ons**, **-ez**, **-ent**.

je rend**s**	nous rend**ons**
tu rend**s**	vous rend**ez**
il/elle/on rend	ils/elles rend**ent**

2. Pronominal verbs

Pronominal or reflexive verbs are conjugated like nonreflexive verbs, but are accompanied by reflexive pronouns (**me**, **te**, **se**, **nous**, **vous**, **se**), which refer back to the subject.

Je m'inscris dans ce cours.
Le professeur se fâche facilement.

There are three categories of pronominal verbs.

a. *Reciprocal verbs* express the idea that the *subject* and the *object* are doing something to each other.

Les étudiants **se** parlent.
*The students are talking **to each other**.*

Nous **nous** aidons dans ce cours.
*We help **each other** in this course.*

Many verbs that take direct or indirect objects can be turned into reciprocal verbs by adding a reflexive pronoun.

Je vois mon prof dans la rue. → Nous **nous** voyons dans la rue.
Il téléphone à son copain. → Ils **se** téléphonent.

b. *Reflexive verbs* express the idea that the subject is doing something to himself or herself.

Les enfants **se** calment.
*The children calm (**themselves**) down.*

L'étudiant **se** réveille.
*The student wakes (**himself**) up.*

c. *Idiomatic pronominal verbs* appear with a reflexive pronoun, but the reflexive pronoun may not be translatable into English.

Cet étudiant **se débrouille** bien quand il parle français.
*This student **gets along** well when he speaks French.*

Ils ne **s'intéressent** qu'à mes résultats scolaires.
*They **are** only **interested** in how I do at school.*

Elle **s'inquiète** de ses notes.
*She **worries** about her grades.*

III. Infinitives

A. Usage

Infinitives are used in a variety of ways.

■ When two verbs follow each other, with no conjunction (like **que**) between them, the first verb is conjugated and the second verb remains an infinitive.

Je **veux suivre** ce cours.
Il **espère réussir** à cet examen.
Nous **n'aimons pas faire** les devoirs.

NOTE: Pay attention to the difference between the above construction (a conjugated verb + an infinitive) and the *passé composé* construction (a conjugated auxiliary verb + a past participle).

Il **a séché** son cours de maths hier.
Elle **est arrivée** en retard à l'examen.

■ When pronominal (reflexive) verbs are used as infinitives following a conjugated verb, the reflexive pronoun changes to agree with the subject of the main verb.

> **Nous** espérons **nous** inscrire sans problèmes.
> ***We*** *hope to register without problems.*
>
> Est-ce que **tu** peux **te** débrouiller en français?
> *Can* ***you*** *get along in French?*

■ A verb appears in its infinitive form following a preposition (except **en**; see Appendix B).

> Il travaille dur **afin d'avoir** de bonnes notes à la fin de l'année.
> *He's working hard* ***in order to have*** *good grades at the end of the year.*
>
> On n'obtient pas un diplôme **sans avoir** assez d'U.V.
> *One doesn't graduate* ***without having*** *enough credits.*

■ After the preposition **après**, the past infinitive must be used. (For formation of the past infinitive, see section B below).

> **Après avoir fini** ses études, elle est retournée chez ses parents.
> ***After having finished*** *her studies, she went back to her parents' (house).*

■ An infinitive can be the subject of a sentence.

> **Bachoter** la veille d'un examen n'est pas toujours une bonne idée.
> ***Cramming*** *the night before an exam is not always a good idea.*

B. Formation

There are two kinds of infinitives: present and past. The past infinitive is formed with the infinitive **avoir** or **être** + the *past participle of the main verb.*

Present Infinitive	*Past Infinitive*
étudier	avoir étudié
rendre	avoir rendu
rentrer	être rentré(e)(s)
s'inscrire	s'être inscrit(e)(s)

> **Après avoir étudié** tout l'après-midi, il est sorti avec ses copains.
> ***After studying*** *all afternoon, he went out with his friends.*

NOTE: The agreement rules that apply to the *passé composé* also apply to the past infinitive. In verbs conjugated with the auxiliary **être**, the past participle agrees with the subject of the sentence.

> **Après être rentrée** de vacances, elle a recommencé à travailler sur sa thèse.
> ***After returning*** *from vacation, she started working again on her dissertation.*

To negate an infinitive, both the **ne** and the **pas** (or other negative form) are placed *in front of* the infinitive.

Je bachote toute la nuit pour **ne pas échouer** à l'examen.
*I am cramming all night so I **won't fail** the exam.*

Ne pas redoubler une année est préférable.
***Not repeating** a year is preferable.*

▶ **SELF-CHECK** *Cahier*, Exercises II/III A–F, pp. 6–8

IV. Imperatives

A. Usage

The imperative forms are used to give *commands, orders*, or even *invitations*.

Choisis les cours qui t'intéressent.
Rendez vos devoirs à la fin de l'heure.
Etudions ce soir à la bibliothèque.

You can soften the command by using **s'il te plaît** (with familiar commands) or **s'il vous plaît** (with formal commands).

Explique-moi les devoirs, **s'il te plaît**.
Répétez la question, **s'il vous plaît**.

If you wish to be less direct or abrupt in expressing a command, you can phrase your request as a question.

Tu peux m'expliquer les devoirs?
Pourriez-vous répéter la question?

B. Formation

There are three different imperative forms you can use, depending on whom you are addressing.

1. The second person singular form (based on the **tu** form of the present): for commands given to someone you know well.

Réponds!
Finis tes études!
Fais tes devoirs!

a. **-er** verbs (and those verbs conjugated like **-er** verbs) drop the **-s** of the **tu** form:

Ne **parle** pas!
Ecoute bien!

NOTE: An exception for ease of pronunciation is **aller + y**: **Vas-y**!

b. Pronominal verbs keep the reflexive pronoun, which changes from **te** to **toi** when it follows the affirmative imperative.

Débrouille-toi!
Rappelle-toi les devoirs!

2. The first person plural form (based on the **nous** form of the present): for commands in which the speaker is including himself or herself.

> **Assistons** à cette conférence!
> **Remercions** le prof!

3. The second person plural form (based on the **vous** form of the present): for commands to more than one person or to someone you do not know well.

> **Ecoutez**!
> **Taisez-vous**!

Three verbs frequently used in the imperative are irregular: their imperative forms are based on the subjunctive.

avoir:	Aie! Ayons! Ayez!	**Ayez** confiance!
être:	Sois! Soyons! Soyez!	**Soyons** attentifs!
savoir:	Sache! Sachons! Sachez!	**Sache** que le prof est fâché!

When the imperative is negative, the **ne** precedes the verb, and the **pas** (or other negative form) follows. If there is a reflexive pronoun it will appear after the **ne**, in front of the verb.

> Ne **vous disputez** pas!
> Ne **sèche** pas ce cours!
> N'**oublions** pas la date de l'examen!

▶ **SELF-CHECK** *Cahier*, Exercises IV A, B, pp. 10–11

V. *Faire* causatif

To indicate that the subject of the sentence is having something done (and not doing it himself or herself) use the verb **faire** plus an infinitive.

> Quand je m'endors en classe, le prof me **fait écrire** des phrases au tableau.
> *When I go to sleep in class, the professor **makes** me **write** sentences on the board.*

> Mes parents me **font finir** mes devoirs avant de me laisser regarder la télé.
> *My parents **make** me **finish** my homework before letting me watch TV.*

> Ce prof est très exigeant. Il nous **fait** beaucoup **travailler**.
> *This professor is very demanding. He **makes** us **work** a lot.*

▶ **SELF-CHECK** *Cahier*, Exercise V, pp. 12–13

Structures

TOPICS: I. Verb review: ***décrire, s'asseoir***
II. Descriptive adjectives
III. Comparative and superlative of adjectives
IV. ***Tout***
V. Interrogatives
VI. ***Il (Elle) est*** vs. ***C'est***

I. Verb review

A. Décrire (**écrire, inscrire,** etc.) is irregular in the present indicative tense and past participle:

je décris	nous décrivons
tu décris	vous décrivez
il/elle décrit	ils/elles décrivent
Past participle: décrit	

Formation of other tenses and modes is standard:

Imperfect stem:	(Stem of present indicative «nous» form)	décriv-
Future/Conditional stem:	(Drop the final «-e» of the infinitive)	décrir-
Subjunctive stem:	(Stem of present indicative «ils/elles» form)	décriv-

B. S'asseoir is unusual in that it has two stems for the conjugation of the present indicative, the present subjunctive, the imperfect, the future, and the conditional. The one below is the most commonly used.

Present		*Future*	
je m'assieds	nous nous asseyons	je m'assiérai	nous nous assiérons
tu t'assieds	vous vous asseyez	tu t'assiéras	vous vous assiérez
il/elle s'assied	ils/elles s'asseyent	il/elle s'assiéra	ils/elles s'assiéront
Imperfect stem:	nous nous assey-		
Conditional stem:	je m'assiér-		
Subjunctive stem:	ils/elles s'assey-		
Past participle:	assis		

NOTE: Do not confuse:	Je m'assieds.	*I sit.*
	Je me suis assis(e).	*I sat.*
	Je suis assis(e).	*I am seated/ sitting down.*

▶ **SELF-CHECK** *Cahier*, Exercise I, p. 19

II. Descriptive adjectives

Adjectives are used to modify (qualify or describe) nouns or pronouns.

A. Formation

In French, adjectives agree in gender (masculine/feminine) and in number (singular/plural) with the nouns or pronouns they modify. For example:

Elle a les **cheveux longs** et **ondulés**.

General rules for formation of descriptive adjectives

The majority of adjectives follow a standard pattern of formation, as follows:

Masculine singular form + **s** = *masculine plural form:*
impoli impoli**s**

Masculine singular form + **e** = *feminine singular form:*
impoli impoli**e**

Masculine singular form + **es** = *feminine plural form:*
impoli impoli**es**

NOTE: If the masculine singular form already ends in **-e**, the feminine singular form is the same:

un jeune homme **mince** une jeune fille **mince**

If the masculine singular form already ends in **-s**, the masculine plural form is the same.

un jeune homme **français** des jeunes gens **français**

Masculine Singular	*Feminine Singular*	*Masculine Plural*	*Feminine Plural*
Ends in a consonant impoli	+ **e** impoli**e**	+ **s** impoli**s**	+ **es** impoli**es**
Ends in **-e** mince	*No additional ending* mince	+ **s** mince**s**	+ **s** mince**s**
Ends in **-s** français	+ **e** français**e**	*No additional ending* français	+ **es** français**es**

1. Variation of feminine forms

There are many adjectives that do not follow the regular pattern for the formation of the feminine shown above. These are difficult to group, as there are many variations, but some of the broader categories are explained below.

a. Adjectives that end in **-er** and **-f** form the feminine using this pattern:

Endings		Examples	
Masculine	**Feminine**	**Masculine**	**Feminine**
-er	**-ère**	premi**er**	premi**ère**
-f	**-ve**	acti**f**	acti**ve**

b. Adjectives that end in **-x** form the feminine several different ways. Since there is no pattern, the masculine and feminine forms should be learned together.

Frequently-used adjectives of this type

Masculine	Feminine
heur**eux**	heur**euse**
f**aux**	f**ausse**
d**oux**	d**ouce**
r**oux**	r**ousse**
vi**eux**	vi**eille**

c. Adjectives that end in **-eur** have *several different* feminine endings.

■ Most adjectives with the masculine singular ending **-eur** change to the feminine singular ending **-euse.**

Examples

flatt**eur**	flatt**euse**
moqu**eur**	moqu**euse**
travaill**eur**	travaill**euse**
tromp**eur**	tromp**euse**

However, some frequently used exceptions to this pattern are:

extéri**eur**/intéri**eur**	extéri**eure**/intéri**eure**
supéri**eur**/inféri**eur**	supéri**eure**/inféri**eure**
maj**eur**/min**eur**	maj**eure**/min**eure**
meill**eur**	meill**eure**

■ Many adjectives with the masculine singular ending **-teur** change to the feminine singular ending **-trice**.

Examples

créa**teur**	créa**trice**
conserva**teur**	conserva**trice**

However, there are some exceptions to this pattern, including:

men**teur**	men**teuse**

d. Many adjectives that have a masculine singular form ending in a vowel + a consonant form the feminine by doubling the consonant before adding an **-e**.

Examples

bo**n**	bo**nne**
genti**l**	genti**lle**
gra**s**	gra**sse**
gro**s**	gro**sse**
italie**n**	italie**nne**
nature**l**	nature**lle**
ne**t**	ne**tte**
parei**l**	parei**lle**

However, many adjectives that have a masculine singular form ending in **-e** + **-t** add an accent instead of doubling the consonant.

Examples

compl**et**	compl**ète**
discr**et**	discr**ète**
inqui**et**	inqui**ète**
secr**et**	secr**ète**

e. Finally, there are many frequently used descriptive adjectives that do not follow a "regular" pattern for formation of the feminine.

blan**c**	blan**che**
favor**i**	favor**ite**
lon**g**	lon**gue**
publi**c**	publi**que**
s**ec**	s**èche**

2. Variation of plural forms

The majority of descriptive adjectives, including all of the irregular forms explained above, form the plural by adding **-s** to both the masculine and feminine forms. However, there are a few exceptions to this pattern.

a. Adjectives that have the masculine singular ending **-al** form the masculine plural ending two different ways, while the feminine singular has only one pattern for plural formation.

Masculine singular	*Feminine singular*	*Masculine plural*	*Feminine plural*
norm**al**	norm**ale**	norm**aux**	norm**ales**
fin**al**	fin**ale**	fin**als**	fin**ales**

NOTE: The pattern of **final** is used for only a very few additional adjectives: **fatal**, **natal**, **naval**.

b. There are five adjectives in French that use alternate masculine singular forms preceding nouns that begin with a vowel or a mute **h**. The feminine forms of these adjectives are derived from the alternate masculine singular forms.

Masculine singular	*Feminine singular*	*Masculine plural*	*Feminine plural*
b**eau** (be**l**)	be**lle**	b**eaux**	be**lles**
f**ou** (fo**l**)	fo**lle**	f**ous**	fo**lles**
m**ou** (mo**l**)	mo**lle**	m**ous**	mo**lles**
nouv**eau** (nouve**l**)	nouve**lle**	nouv**eaux**	nouve**lles**
vi**eux** (vie**il**)	vie**ille**	vi**eux**	vie**illes**

4. Invariable adjective forms

Some descriptive adjectives are invariable. This means that the same form of the word is used to modify all nouns, whether they are masculine, feminine, singular, or plural.

a. Some frequently-used adjectives of color that are actually formed from nouns fall into this category: **bordeaux**, **cerise**, **marron**, **orange**.

b. Other frequently-used adjectives that are invariable are: **bon marché**, **chic**, **snob**.

B. Position

Descriptive adjectives *generally follow* the nouns they modify.

C'est un garçon **heureux**.
Il porte un pantalon **gris**.

There is, however, a group of adjectives that normally precede the nouns they modify, and another group that change meaning depending on whether they precede or follow the noun.

1. Adjectives that normally precede the noun include: **autre**, **beau**, **bon**, **joli**, **mauvais**, **nouveau**, **petit**, **vieux**.

Je porte souvent cette **vieille** jupe.
Sa sœur est une très **jolie** femme.

2. Some frequently used adjectives that change meaning depending on whether they precede or follow the noun are:

ancien	mon **ancienne** maison une maison **ancienne**	*my **former** house* *an **old** house*
cher	mon **cher** ami un blouson **cher**	*my **dear** friend* *an **expensive** jacket*
dernier	le **dernier** train la semaine **dernière**	*the **last** train (in a series)* ***last** week (= preceding)*
grand	un **grand** homme un homme **grand**[1]	*a **great** man* *a **tall** man*
même	le **même** jour le jour **même**	*the **same** day* *the **very** day*
pauvre	le **pauvre** homme l'homme **pauvre**	*the **poor** man (= deserving to be pitied)* *the **poor** man (= not rich)*
propre	sa **propre** chambre des draps **propres**	*her **own** room* ***clean** sheets*

▶ **SELF-CHECK** *Cahier*, Exercises II A, B, pp. 19–20

[1]Normally one would say: «Cet homme est grand» or «Il est grand».

III. Comparative and superlative of adjectives

■ When comparing people or things, you will want to say that one is *equal to, superior to,* or *inferior to* the other, just as in English.

Equality	*Superiority*	*Inferiority*
aussi + adjective + **que**	**plus** + adjective + **que**	**moins** + adjective + **que**

Ton tee-shirt est **aussi** sale **que** ton jean!
Your t-shirt is ***as*** *dirty* ***as*** *your jeans!*

Mon père est **plus** conservateur **que** ma mère.
My father is ***more*** *conservative* ***than*** *my mother.*

Je suis **moins** chic **que** ma sœur.
I'm ***less*** *chic* ***than*** *my sister.*

NOTE: The adjective **bon** (**bonne**) becomes **meilleur**(**e**) in comparisons of superiority.

Est-ce que son deuxième CD est **meilleur que** le premier?
Is his second CD ***better than*** *the first one?*

■ To describe someone or something as being better or worse than all others, use a superlative construction.

Most	*Least*
le/la/les plus + adjective (+ **de**)	**le/la/les moins** + adjective (+ **de**)

Michel est **le plus** sympathique (**des enfants**).
Michel is ***the nicest*** *(**of the children**).*

Sophie est **la moins** paresseuse (**des filles**).
Sophie is ***the least*** *lazy (**of the girls**).*

NOTE: The adjective **bon** (**bonne**) becomes **le/la/les meilleur**(**e**)(**s**) in superlative statements.

C'est **la meilleure** description du style «punk».
It's ***the best*** *description of the "punk" style.*

▶ **SELF-CHECK** *Cahier*, Exercises III A, B, pp. 22–23

IV. *Tout*

The word **tout** can function in several different ways.

A. The adjective *tout*

As an adjective, **tout** has four forms:

Masculine singular	*Feminine singular*	*Masculine plural*	*Feminine plural*
tou**t**	tou**te**	tou**s**	tou**tes**

The adjective **tout** means *the entire, the whole, all, every*.

Toute la famille est désagréable.
*The **whole** family is unpleasant.*

Elle se lave les cheveux **tous** les jours.
*She washes her hair **every** day.*

B. The pronoun *tout*

The pronoun **tout** has only three forms. There is only one singular form, which means *everything*.

There are two plural forms, but they both mean *everyone*.

Masculine singular	*Feminine singular*	*Masculine plural*	*Feminine plural*
tout	–	**tous**[2]	**toutes**

Tout est moche dans cette boutique.
***Everything** is tacky in this shop.*

Toutes s'habillent de la même façon.
***Everyone** (= all the girls/women) dresses the same way.*

▶ **SELF-CHECK** *Cahier*, Exercise IV, p. 24

V. Interrogatives

There are two general kinds of questions, those that ask for an affirmative or negative response (**oui**, **si**, **non**), and those that ask for specific information.

A. Questions that require a simple affirmative or negative answer

There are four ways to ask this type of question:

1. *Est-ce que*

Est-ce que tu aimes cette robe?
Do you like this dress?

---

[2] The **-s** of **tous** is pronounced when used as a pronoun; it is not pronounced when used as an adjective.

2. Inversion (of subject pronoun and verb)

Aimes-tu cette robe?
Do you like this dress?

a. If the verb is negative, **ne** precedes the verb as usual, and **pas** follows the verb-pronoun group.

N'aimes-tu **pas** cette robe?
Do you not like this dress?

b. If the verb is a compound tense, it is the auxiliary verb and the subject pronoun that are inverted.

As-tu acheté cette robe?
Did you buy this dress?

c. If the subject is a noun, the noun remains in its normal place in the sentence, and a corresponding pronoun is inverted with the verb.

Monique aime cette robe. ⟶ Monique aime-t-**elle** cette robe?

Note that for ease of pronounciation, a **-t-** is inserted between two vowels that occur during inversion.

3. Addition of *n'est-ce pas*

Tu aimes cette robe, **n'est-ce pas**?	Non.
You like this dress, ***don't you****?*	*No.*

4. Intonation

Use of interrogative tone of voice (rising intonation). This is the most informal way to ask a question, but also perhaps the most frequently used in conversation.

Tu aimes cette robe?	Non.
You like this dress?	*No.*

B. Questions that ask for specific information

This type of question begins with an interrogative word. This interrogative word can be either an adverb, an adjective or a pronoun.

1. Interrogative adverbs: *combien, comment, où, pourquoi, quand*

Following an interrogative adverb, use either **est-ce que** or *inversion* to form your question.

Combien avez-vous payé ce collier?
OR
Combien est-ce que vous avez payé ce collier?
How much did you pay for this necklace?

Quand avez-vous fait teindre vos cheveux?
OR
Quand est-ce que vous avez fait teindre vos cheveux?
When did you have your hair dyed?

With any interrogative adverb *except* **pourquoi**, when asking a question made up of only a verb in a simple tense (present, future, conditional, imperfect), and a noun subject, invert the verb and the subject.

Où est mon chapeau?
***Where** is my hat?*

Comment va ta sœur?
***How** is your sister (doing)?*

With **pourquoi**, however, the noun subject remains in its normal position, and the verb is inverted with the corresponding subject pronoun.

Pourquoi Françoise **porte-t-elle** un chapeau?
***Why** is Françoise wearing a hat?*

2. Interrogative adjectives: *quel, quelle, quels, quelles*

The interrogative adjective **quel** (**quelle**, **quels**, **quelles**) is the equivalent of *which* or *what*. It can *only* be followed by a noun or by a conjugated form of the verb **être**.

Quel maillot préfères-tu?
***Which** swimsuit do you prefer?*

Quelle est la différence entre un manteau et un blouson?
***What** is the difference between a coat and a jacket?*

3. Interrogative pronouns

There are two types of interrogative pronouns: invariable (no change of form for gender or number) and variable (agrees in gender and number with the noun it modifies or replaces).

a. Invariable interrogative pronouns

Qui is always used to ask a question about a person. To ask a question about a thing, use **qu'est-ce qui** as a subject, **que/qu'est-ce que** as a direct object, and **quoi** as an object of a preposition.

People		
Subject	**qui**	**Qui** aime MC Solaar? ***Who*** *likes MC Solaar?*
Direct object	**qui** (+ inversion)	**Qui** as-tu vu au concert? ***Who (whom)*** *did you see at the concert?*
Object of preposition	**qui** (+ inversion)	Avec **qui** sors-tu ce soir? *With* ***whom*** *are you going out tonight?*

Things		
Subject	**qu'est-ce qui**	**Qu'est-ce qui** t'intéresse? ***What*** *interests you?*
Direct object	**que/qu'** (+ inversion) *OR* **qu'est-ce que**	**Que** fais-tu? ***What*** *are you doing?* **Qu'est-ce que** tu as acheté? ***What*** *did you buy?*
Object of preposition	**quoi** (+ inversion) *OR* **quoi est-ce que**	De **quoi** parles-tu? ***What*** *are you talking about?* Avec **quoi est-ce qu'**elle se teint les cheveux? ***What*** *is she dying her hair with?*

NOTE: To ask for a definition, use **qu'est-ce que c'est que** or **qu'est-ce que**.

> **Qu'est-ce que c'est que** la Fête de la Musique? (**Qu'est-ce que** la Fête de la Musique?)
> ***What is*** *the Fête de la Musique?*

b. Variable interrogative pronoun: **lequel**, **laquelle**, **lesquels**, **lesquelles**

The variable interrogative pronoun **lequel** (**laquelle**, **lesquels**, **lesquelles**) is always placed at the beginning of a question, and indicates a choice. This pronoun contracts with the prepositions **à** and **de** in the same way that the definite articles **le** and **les** do.

> **Lequel** de ces jeunes hommes joue de la guitare?
> ***Which one*** *of these young men plays the guitar?*
>
> Il y a deux concerts de rock ce soir. **Auquel** veux-tu aller?
> *There are two rock concerts tonight.* ***Which one*** *do you want to go* ***to****?*

▶ **SELF-CHECK** *Cahier*, Exercises V A, B, pp. 25–26

VI. *Il* (*Elle*) *est* vs. *C'est*

Il (Elle) est is *generally* followed by an *adjective*.

> **Il est** sympathique.
> ***He is*** *nice.*
>
> **Il est** triste d'être victime de la mode.
> ***It is*** *sad to be a victim of fashion.*
>
> **Il est** dommage qu'elle soit toujours au régime.
> ***It is*** *too bad that she's always on a diet.*

C'est is *generally* followed by a *noun*.

> **C'est** le copain de Vincent au téléphone.
> ***It's*** *Vincent's friend on the phone.*

C'est is also used to refer to a previously mentioned idea or situation.

> Tu n'as pas aimé le concert? **C'est** vraiment dommage!
> *You didn't like the concert?* ***That's*** *really too bad!*

▶ **SELF-CHECK** *Cahier*, Exercise VI, p. 27

Chapitre

3 Structures

TOPICS: **I. Verb review: *accueillir, mourir***
II. Passé composé
III. Imperfect
IV. Passé composé *vs.* imperfect
V. Pluperfect
VI. Past infinitives
VII. Le mot juste: *manquer à; rendre; partir, sortir, quitter*

I. Verb review

A. The verb **accueillir** *(to welcome, to greet)* is conjugated like an **-er** verb in the present tense:

j'accueille		nous accueillons
tu accueilles		vous accueillez
il/elle accueille		ils/elles accueillent
Imperfect:	j'accueillais	
Past participle:	accueilli	
Future:	j'accueillerai	

B. Mort is both the past participle of the verb **mourir** *(to die)*

Il **est mort** à Marseille. *He **died** in Marseille.*

and an adjective meaning *dead*. This creates some ambiguity, since the sentence:

Mes grands-parents **sont morts**. *can mean*:
*My grandparents **are dead**. OR My grandparents **have died**.*

Only the context will tell you which of these is meant.

▶ **SELF-CHECK** *Cahier*, Exercise I, p. 36

II. Passé composé

The **passé composé** is a tense used in French to tell *what happened in the past*. It is often referred to as the tense for narration of past time.

The **passé composé** is made up of two parts:

The present indicative form of the auxiliary verb (**avoir** or **être**) + the past participle of the main verb

J'**ai commencé** à marcher dans la vieille ville.
Je **suis allée** jusqu'à la maison de M. Herschel.

A. The auxiliary

There are seventeen verbs that normally use the auxiliary **être** in their **passé composé** formation. These verbs are: **aller**, **arriver**, **entrer**, **descendre***, **devenir**, **monter***, **mourir**, **naître**, **partir**, **passer***, **rentrer***, **rester**, **retourner**, **revenir**, **sortir***, **tomber**, **venir**. Normally these verbs do not take direct objects (i.e., they are intransitive).

* These five verbs can also be conjugated in the **passé composé** using the auxiliary **avoir**. This enables them to take a direct object (i.e., to be transitive).

Je **suis sorti** de la maison.
*I **went out** of the house.*

Il **est descendu** du sixième étage.
*He **went down** from the sixth floor.*

(direct object)
J'**ai sorti** mon **stylo** de mon sac.
*I **took** my **pen out** of my bag.*

(direct object)
Il **a descendu l'escalier en courant**.
*He **ran down the staircase**.*

Reflexive verbs also use the auxiliary verb **être** in the **passé composé**.

Ma mère a dit oui, et une nuit, elle **s'est échappée** et elle **s'est cachée**.
*My mother said yes, and one night she **ran away** and she **hid**.*

B. The past participle

Regular verbs follow this pattern in the formation of their past participle.

parl**er** ⟶ parl**é** fin**ir** ⟶ fin**i** vend**re** ⟶ vend**u**

To review the past participle forms of other verbs, see Appendix C.

Past participle agreement is determined by the auxiliary verb. The past participle of a verb conjugated with the auxiliary **être** agrees in gender and number with the *subject* of that verb.

Une nuit, **ma mère** est parti**e** de chez elle.

The past participle of a verb conjugated with the auxiliary **avoir** agrees with the *preceding direct object*. If the direct object *follows* the verb, the past participle remains invariable (no agreement is made).

Mon père a quitté **ma mère**.
Mon père **l'**a quitt**ée**. (**la** [**l'**] = *direct object*)

J'ai vu **les Herschel** à Marseille.
Je **les** ai vu**s** à Marseille. (**les** = *direct object*)

NOTE: For more details about object pronouns, see Chapter 4, Structures, pp. 174–179. To review past participle agreement in past infinitive constructions, see Chapter 1, Structures, p. 147.

C. Negation

In a negative sentence, it is the auxiliary verb, not the past participle, that is negated.

Mon père est allé travailler en France, mais il **n'**est **jamais** revenu.

▶ **SELF-CHECK** *Cahier*, Exercises II A, B, pp. 36–37

III. Imperfect (Imparfait)

The **imperfect** tense is used to describe *conditions* that *were taking place* when another action occurred. It is also used to talk about habitual actions or occurrences. It is referred to as the tense for *describing* the past.

A. Formation

The **imperfect** is formed as follows:

Stem of first person plural of the present indicative (the **nous** stem)	+	**-ais** **-ais** **-ait**	**-ions** **-iez** **-aient**

Les gens **venaient** me voir. Il y **avait** des gens que je ne **connaissais** pas.

Stem:	je rest**ais**	nous rest**ions**
nous rest~~ons~~	tu rest**ais**	vous rest**iez**
	il/elle/on rest**ait**	ils/elles rest**aient**

Stem:	je finiss**ais**	nous finiss**ions**
nous finiss~~ons~~	tu finiss**ais**	vous finiss**iez**
	il/elle/on finiss**ait**	ils/elles finiss**aient**

Stem:	j'entend**ais**	nous entend**ions**
nous entend~~ons~~	tu entend**ais**	vous entend**iez**
	il/elle/on entend**ait**	ils/elles entend**aient**

B. Exception: *être*

Etre is the exception; the stem used is **ét-**.

Je lui disais qu'elle n'**était** rien du tout, qu'elle n'**était** pas ma mère, que c'**était** Amie qui **était** ma mère.

	j'**étais**	nous **étions**
	tu **étais**	vous **étiez**
	il/elle/on **était**	ils/elles **étaient**

▶ **SELF-CHECK** *Cahier*, Exercises III A, B, p. 38

IV. Passé composé *vs.* imperfect

When you are telling a story in the past, you should have no trouble deciding when to use the **passé composé** and when to use the **imperfect** if you keep in mind the following three questions:

1. What happened? What happened once? What happened next? Then what happened? (Use the **passé composé**.)
2. What were the conditions at the time? (Use the **imperfect**.)
3. Was the action expressed by the verb a habitual action? Did it occur repeatedly? (Use the **imperfect**.)

Study the following passages carefully:

> C'**était** le plein hiver, il **pleuvait**, la nuit **tombait** tôt. Quand je **suis partie**, Amie m'**a embrassée**. Je n'**ai** pas **pris** grand-chose, juste deux ou trois livres que j'**aimais**, ma pendulette (*travel clock*), une brosse à dents, un peu de linge *(underwear)*. Je n'**avais** plus de jouets *(toys)* ni de poupées *(dolls)*. Ça n'**avait** pas d'importance. Je **partais** pour ne jamais revenir. Il **sont restés** sur le seuil *(doorstep)* de la maison, pour me regarder partir.

1. *What actions happened (once; next)?*
   a. je suis partie *(I left)*
   b. Amie m'a embrassée *(Amie kissed me)*
   c. Je n'ai pas pris grand-chose *(I didn't take much)*
   d. Ils sont restés sur le seuil *(They stayed on the doorstep)*

2. *What were the conditions at the time?*
   a. C'était le plein hiver *(It was the middle of the winter)*
   b. il pleuvait *(it was raining)*
   c. la nuit tombait *(night was falling)*
   d. juste deux ou trois livres que j'aimais *(just two or three books that I liked)*
   e. je n'avais plus de jouets *(I no longer had any toys)*
   f. Ça n'avait pas d'importance *(That didn't matter)*
   g. Je partais pour ne jamais revenir *(I was leaving for good)*

A Nightingale, quand le jour **se levait**, j'**étais** dehors avant tout le monde. Lassie **était** avec moi. Lassie, elle **est arrivée** chez nous un jour, sans qu'on sache d'où *(without anyone knowing from where)*. Au début, elle ne **se laissait** pas approcher, et quand on lui **donnait** à manger, elle **attendait** qu'on se soit éloignés *(everyone to move away)* pour venir jusqu'au plat *(dish)*. Elle **mangeait** avec les oreilles rabattues en arrière, sans cesser de nous observer. Et un jour, sans que je comprenne pourquoi, elle **est restée** quand je me **suis approchée** d'elle. Je l'**ai caressée** doucement, sur la tête, le long du nez. Elle **s'est laissé** faire. Je l'**ai embrassée**.

1. *What actions were habitual in this story?*
   a. quand le jour se levait *(when the sun came up ([at daybreak])*
   b. j'étais dehors *(I would be outside)*
   c. Lassie était avec moi *(Lassie would be with me)*
   d. elle ne se laissait pas approcher *(she would not let anyone approach her)*
   e. quand on lui donnait à manger *(when someone gave her something to eat)*
   f. elle attendait *(she would wait)*
   g. Elle mangeait *(she would eat)*

2. *What actions happened (once; next)?*
   a. elle est arrivée *(she arrived)*
   b. elle est restée *(she stayed)*
   c. je me suis approchée d'elle *(I approached her)*
   d. Je l'ai caressée *(I patted her)*
   e. Elle s'est laissé faire *(She let herself be touched)*
   f. Je l'ai embrassée *(I hugged her)*

Helpful hints for use of the passé composé and imperfect

1. When used in a past context, the verb **venir** + **de** is always **imperfect**.

   Elle **venait de** s'installer chez sa mère quand elle est tombée gravement malade.
   *She **had just** moved in with her mother when she got very sick.*

2. Certain verbs usually appear in the **imperfect** when used in a past context. They are: **avoir**, **être**, **savoir**, **connaître**, **pouvoir**, and **vouloir**. These verbs change meaning when they are used in the **passé composé**.

   avoir

   Quand le bateau est arrivé à Marseille, il y **avait** beaucoup de monde sur le quai.
   *When the boat arrived at Marseilles, there **were** a lot of people on the dock.* (= conditions upon arrival)

   Quand Saba a vu tous les gens sur le quai, elle **a eu** peur.
   *When Saba saw all the people on the dock, she **became** afraid.* (= what happened when she saw the people)

être

La mère de Saba **était** très jeune quand elle a laissé son enfant chez les Herschel.
Saba's mother ***was*** *very young when she left her child at the Herschels'.* (= conditions upon leaving)

Saba **a été** malade quand elle a appris la vérité.
Saba ***got*** *sick when she learned the truth.* (= what happened when she learned the truth)

savoir

La mère ne **savait** pas parler français.
The mother ***did*** *not* ***know*** *how to speak French.* (= general condition)

Saba **a su** plus tard que son père était mort en France.
Saba ***discovered*** *later that her father had died in France.* (= what happened)

connaître

Saba ne **connaissait** personne à sa nouvelle école.
Saba ***did*** *not* ***know*** *anyone (****knew*** *no one) at her new school.* (= general condition)

La mère de Saba **a connu** M. Herschel à Mehdia.
Saba's mother ***met*** *Mr. Herschel in Mehdia.* (= what happened)

pouvoir

Saba ne **pouvait** pas oublier son enfance heureuse à Nightingale.
Saba ***could*** *not* (***was*** *not* ***able to***) *forget her happy childhood at Nightingale.* (= general condition)

Les Herschel n'**ont** pas **pu** garder leur fille adoptive.
The Herschels ***were*** *not* ***able to*** *keep (****did*** *not* ***succeed in*** *keeping) their adopted daughter.* (= what happened)

vouloir

Saba ne **voulait** pas partir avec sa mère.
Saba ***did*** *not* ***want*** *to leave with her mother.* (= general condition)

Saba **a voulu** s'échapper de sa nouvelle vie chez sa mère.
Saba ***tried*** *(****decided****) to escape from her new life with her mother.* (= what happened)

3. Certain words and expressions can help you decide whether to use the **passé composé** or the **imperfect**.

For the **passé composé** these words pinpoint a definite time of occurrence: **hier**, **une fois**, **tout à coup**, etc.

For the **imperfect** the words suggest repeated occurrences: **souvent**, **tous les jours**, **toutes les semaines**, **chaque année**, **en général**, etc.

▶ **SELF-CHECK** *Cahier*, Exercises IV A, B, p. 40

V. Pluperfect (plus-que-parfait)

The **pluperfect** tense is used in French as the past perfect is used in English. When one action precedes another in the past, the verb describing the first action will be in the **pluperfect**; the tense of the second verb will be the **passé composé** or the **imperfect**.

A. Formation

The **pluperfect** is made up of two parts: the **imperfect** of the auxiliary verb (**être** or **avoir**) + the past participle of the main verb.

Ma mère m'a dit un jour qu'elle **avait reçu** une lettre en français.
My mother told me one day that she ***had received*** *a letter in French.*

Je n'ai plus jamais parlé de Lassie. Elle **était sortie** de ma vie pour toujours.
I no longer ever spoke of Lassie. She ***had gone out*** *of my life for good.*

1. The auxiliary

The use of auxiliary verbs follows the same rules in the **pluperfect** as in the **passé composé**:

- The same seventeen verbs use the auxiliary verb **être** in the formation of the **pluperfect** (see p. 163).
- Reflexive verbs use the auxiliary verb **être** in the **pluperfect**.
- All other verbs use **avoir** as the auxiliary verb in the **pluperfect**.
- In a negative sentence, the auxiliary verb, not the past participle, is negated.

2. The past participle

- The past participle of a verb conjugated with the auxiliary **être** agrees in gender and number with the subject of that verb.
- The past participle of a verb conjugated with **avoir** agrees in gender and number with the preceding direct object, if there is one.

B. Usage

Study the following passage carefully:

Je me rappelle le mariage de Jamila. Ma mère m'**avait préparée**, elle m'**avait habillée** et **coiffée**, pour aller au mariage de sa cousine Jamila... Ma mère m'**avait fait** des tresses, en mêlant de la laine aux cheveux, et elle m'**avait mis** du rouge sur les joues... Ensuite elle m'**a emmenée**, nous **avons marché** sur la route jusqu'à Mehdia, et nous **avons pris** le car pour Kenitra. J'**étais** dans une grande ville que je ne **connaissais** pas, avec des avenues plantées d'arbres, des grands immeubles *(buildings)*, et toutes ces petites maisons blanches et pauvres chacune avec sa cour intérieure. Il y **avait** des chèvres, des poulets. Partout il y **avait** des enfants,...

1. *What actions in this story preceded other past actions?*
   a. Ma mère m'avait préparée *(My mother had prepared me)*
   b. m'avait habillée et coiffée *(had dressed me and fixed my hair)*
   c. m'avait fait des tresses *(had made me braids)*
   d. m'avait mis du rouge sur les joues *(had put rouge on my cheeks)*

2. *What actions happened (once; next)?*
   a. elle m'a emmenée *(she took me)*
   b. nous avons marché *(we walked)*
   c. nous avons pris *(we took)*

3. *What were the conditions surrounding this trip?*
   a. J'étais dans une grande ville *(I was in a large city)*
   b. que je ne connaissais pas *(that I didn't know [was not familiar with])*
   c. Il y avait des chèvres *(There were goats)*
   d. il y avait des enfants *(there were children)*

▶ **SELF-CHECK** *Cahier*, Exercises V A, B, pp. 41–42

VI. Past infinitives

Compare the structures:

Avant de + present infinitive → **Avant de partir**
Après + past infinitive → **Après être parti(e)**
(**avoir/être** + past participle)

Infinitives are used after prepositions, with the exception of **en** (see Structures, Chapter 1). Following the preposition **après**, a past infinitive must be used, as in the example above. In English, a subject-verb construction is the most common:

Après être allés en France, ses parents ont ouvert un restaurant.
After they went to France, *her parents opened a restaurant.*

▶ **SELF-CHECK** *Cahier*, Exercise VI, pp. 42–43

VII. Le mot juste

A. *manquer (à)*

Manquer (**à**) *(To miss)* follows the same pattern in French as in English if you want to say *miss the bus*, for example.

J'ai manqué le bus.
I missed the bus

However, if you want to say that you *miss someone or something*, i.e., that you are sad because a person or thing is not with you, the structure of the sentence in French is different from that in English.

Les Herschel **manquent à Saba**.
Saba misses *the Herschels.*

Mes parents **me manquent**.
I miss *my parents.*

B. *rendre*

To express the idea that *something or someone makes you feel a certain way,* the verb **rendre** is used (not the verb **faire**).

Cette nouvelle me **rend** triste.
This news ***makes*** *me sad.*

Son retour **a rendu** ses parents heureux.
His return ***made*** *his parents happy.*

C. *partir, sortir, quitter*

These three verbs have generally the same meaning *(to leave)* but are used differently.

Both **sortir** *(to leave, to go out)* and **partir** *(to leave)* are conjugated with **être**; when used with an object, the preposition **de** follows the verb.

Nous **sommes sortis**.
We ***went out***.

Elle **est partie**.
She ***left***.

Elle **sort de** sa chambre.
She ***leaves (goes out of)*** *her room.*

Ils **sont partis du** Maroc.
They ***left*** *Morocco.*

Quitter *(to leave)* is conjugated with **avoir**. This verb *must always* be followed by a direct object, i.e., what or whom is being left *must* be stated.

Elle **a quitté sa famille**.
She ***left her family***.

Mes ancêtres **ont quitté l'Angleterre** il y a deux cents ans.
My ancestors ***left England*** *two hundred years ago.*

NOTE: **Quitter** is a false cognate and does not mean *to quit*. Use the verbs **cesser** (**de**) or **arrêter** (**de**) to say that you have stopped or quit doing something: **J'ai arrêté de fumer**. *(I quit smoking.)*

Chapitre

Structures 4

TOPICS: I. Verb review: ***conduire, mettre***
II. Articles
III. Object pronouns, ***y, en***
IV. Order of pronouns
V. Disjunctive pronouns
VI. Le mot juste: ***se moquer de***

I. Verb review

The verbs **conduire** and **mettre** are irregular in the present indicative tense:

je conduis	nous conduisons	je mets	nous mettons
tu conduis	vous conduisez	tu mets	vous mettez
il/elle conduit	ils/elles conduisent	il/elle met	ils/elles mettent
Imperfect stem:	conduis-	mett-	
Future/conditional stem:	conduir-	mettr-	
Past participle:	conduit	mis	

▶ **SELF-CHECK** *Cahier*, Exercise I, p. 51

II. Articles

There are three types of articles in French: definite, indefinite, and partitive. These have the equivalent meaning in English of *the, a/an, some.*

	Singular		*Plural*
	Masculine	*Feminine*	*Masculine and Feminine*
Definite article	**le** (**l'**)	**la** (**l'**)	**les**
Indefinite article	**un**	**une**	**des**
Partitive article	**du** (**de l'**)	**de la** (**de l'**)	**des**

Usage

A. Definite article

1. Definite articles precede nouns that are used in a very specific sense. This is similar to English usage.

La voiture qu'elle achète est neuve. ***The*** *car she is buying is new.*

(Here a specific car is being talked about.)

2. Definite articles also precede nouns used in a general sense. Often in English the definite article is omitted in this case.

> **L**'essence coûte trop cher en France. *Gas costs too much in France.*

Remember that there are four frequently-used verbs in French that express this generality: **aimer**, **adorer**, **préférer**, **détester**. These verbs require the use of a definite article when they are followed by a direct object.

> J'aime **le** bus mais je déteste **le** métro.
> *I like **the** bus but I hate **the** subway.*

3. Definite articles are used before abstract nouns.

> **La** patience est très utile pendant l'heure de pointe.
> *Patience is very useful during rush hour.*

4. Definite articles are used before the names of the seasons.

> **Le** printemps est la meilleure saison pour faire du vélo.
> *Spring is the best season to go biking.*

5. Definite articles are used before the days of the week to indicate habitual action.

> Elle prend le métro **le** mardi matin et **le** jeudi après-midi.
> *She takes the subway Tuesday mornings and Thursday afternoons.*

6. Definite articles are used before names that denote nationality, before the names of countries and geographic regions, and before the names of famous buildings or monuments.

> **Les** Français font rarement du covoiturage.
> ***The** French rarely carpool.*

> **La** Bastille est aussi le nom d'une station de métro.
> ***The** Bastille is also the name of a subway station.*

7. Definite articles are used before names of disciplines and languages, except when the language immediately follows the verb **parler**.

> Ce chauffeur de taxi étudie **l**'informatique le soir après son travail.
> *This taxi driver studies computer science at night after work.*

> Il parle couramment anglais et il comprend bien **le** français.
> *He speaks English fluently, and he understands French well.*

B. Indefinite article

1. Indefinite articles are used before the names of indeterminate people and things, much the same way as in English. The plural indefinite article in French would often not be used in English.

> Il y a **un** feu rouge au prochain carrefour.
> *There is **a** red light at the next intersection.*

> J'ai trouvé **une** contravention factice sur le pare-brise.
> *I found **a** fake ticket on the windshield.*

> Il y a **des** automobilistes qui se garent sur les voies cyclables.
> *There are motorists who park in bike lanes.*

2. When the verb is negative, the indefinite articles **un**, **une**, and **des** change to **de**.

Vous avez **une** voiture. ⟶ Vous n'avez pas **de** voiture.
*You have **a** car.* *You don't have **a** car.*

However, if the negative verb is **être**, the indefinite articles do not change to **de**.

C'est **une** voiture d'occasion. ⟶ Ce n'est pas **une** voiture d'occasion.
*It's **a** used car.* *It isn't **a** used car.*

3. The plural indefinite article **des** often changes to **de** or **d'** before a noun preceded by an adjective. This change is optional except with the adjective **autres**.

Il emmène **des** enfants à l'école. ⟶ Il emmène **d'autres** enfants à l'école.
*He drives **some** children to school.* *He drives **other** children to school.*

C. Partitive article

1. Partitive articles indicate a part of something, an unspecified amount or quantity. They are usually used with nouns referring to things that cannot be counted.

Il me faut **de l'**argent pour acheter un VTT.
*I need (**some**) money to buy a mountain bike.*

Ne te mets pas au volant si tu as bu **du** vin au dîner!
Don't get behind the wheel if you drank wine at dinner!

2. When the verb is negative, the partitive articles **du**, **de la**, and **de l'** change to **de**.

Elle a encore **de l'**essence. ⟶ Elle n'a plus **d'**essence.
*She still has **some** gas.* *She no longer has **any** gas.*

Tu as **de la** monnaie? ⟶ Tu n'as pas **de** monnaie?
*You have **some** change?* *You don't have **any** change?*

D. Articles with expressions of quantity

1. Following expressions of quantity (**beaucoup**, **trop**, **peu**, **assez**, **autant**, **plus**, **moins**, **un verre**, **une bouteille**, **un litre**, **un kilo**, etc.), **du**, **de la**, **de l'**, and **des** change to **de**.

Il y a beaucoup **de** taxis à l'aéroport.
Elle achète cinq litres **d'**essence.
Il y aura plus **de** bouchons ce soir que demain matin.
Trop **de** cyclistes ne portent pas de casque.

EXCEPTION: This change does not occur following **la plupart des**, **bien des**, **encore du** (**de la**, **de l'**, **des**).

La plupart des automobilistes respectent les droits des cyclistes.
***Most** motorists respect the rights of bikers.*

Bien des jeunes conduisent trop vite.
***A lot of** young people drive too fast.*

2. When the expressions **avoir besoin de** and **avoir envie de** are followed by a noun used in a general sense, the articles **du, de la, de l'**, and **des** change to **de**. This change does not occur if the noun is specific.

J'ai besoin **d'**argent.
I need money.
BUT:
J'ai besoin **de l'**argent que je t'ai prêté la semaine dernière.
*I need **the** money I lent you last week.*

Il a envie **de** rollers.
*He wants **some** rollerblades.*
BUT:
Il a envie **des** rollers dont on fait la pub à la télé.
*He wants **the** rollerblades that are being advertised on TV.*

▶ **SELF-CHECK** *Cahier*, Exercises II A, B, p. 52

III. Object pronouns, *y, en*

A. Direct and indirect object pronouns

A direct object receives the direct action of the verb in a sentence without an intervening preposition.

Je vois **l'éléphant**.
*I see **the elephant**.*

Direct object nouns can be replaced by direct object pronouns.

Je **le** vois.
*I see **it/him**.*

The direct object pronouns in French are:

	Singular	*Plural*
1st person	**me (m')**	**nous**
2nd person	**te (t')**	**vous**
3rd person	**le/la (l')**	**les**

The indirect object, which also is acted upon by the verb, is preceded by the preposition **à**.

Il offre un cognac **à ma sœur**.
*He offers a cognac **to my sister**.*

When the indirect object is a person, it can be replaced by an indirect object pronoun.

Il **lui** offre un cognac.
*He offers **her** a cognac.*

The indirect object pronouns in French are:

	Singular	*Plural*
1st person	**me (m')**	**nous**
2nd person	**te (t')**	**vous**
3rd person	**lui**	**leur**

There are three main rules that govern the use of the direct and indirect object pronouns in French:

1. The pronoun *precedes the verb* of which it is the object, *unless* the verb is an affirmative imperative.

Ma sœur suit **les policiers** au poste.
My sister follows ***the police*** *to the station.*

Ma sœur **les** suit au poste.
My sister follows ***them*** *to the station.*

Elle explique **aux policiers** ce qui est arrivé.
She explains ***to the police*** *what happened.*

Elle **leur** explique ce qui est arrivé.
She explains ***to them*** *what happened.*

2. If the verb is an affirmative imperative, the object pronoun *follows* the verb and is connected to it by a hyphen.

Suivez **les policiers** au poste!
Follow ***the police*** *to the station!*

Suivez-**les** au poste!
Follow ***them*** *to the station!*

Demandez **à ma sœur** pourquoi elle conduit mal.
Ask ***my sister*** *why she drives poorly.*

Demandez-**lui** pourquoi elle conduit mal.
Ask ***her*** *why she drives poorly.*

NOTE: With an affirmative imperative verb, the pronouns **me** and **te** are replaced by **moi** and **toi**.

Suivez-**moi**!
Follow ***me****!*

Permettez-**moi** de vous aider.
Let ***me*** *help you.*

3. If the verb is a compound tense (*passé composé*, past conditional, pluperfect, etc.), the pronoun *precedes* the auxiliary verb. The past participle agrees with the direct object pronoun in gender and in number.

On a gardé **ma sœur** au poste de police pendant dix heures.
They kept ***my sister*** at the police station for ten hours.

On **l'**a gardé**e** au poste de police pendant dix heures.
They kept ***her*** *at the police station for ten hours.*

There is *no agreement* with a preceding *indirect* object pronoun.

Un incident bizarre est arrivé **à ma sœur**.
A strange incident happened ***to my sister****.*

Un incident bizarre **lui** est arrivé.
A strange incident happened ***to her****.*

NOTE: Direct object pronouns are used for people and things. The pronoun **le** can also be used to express an idea.

Elle pense **qu'ils ont tort**.	Elle **le** pense.
She thinks ***they are wrong****.*	*She thinks* ***it****.*

B. *Y*

The pronoun **y** can be used to replace the preposition **à** + *a noun* when referring to a thing or an idea, but not a person.

A-t-elle répondu **à la question des policiers**?
Did she respond ***to the policemen's question****?*

Y a-t-elle répondu? (Elle **y** a répondu? [*fam.*])
Did she respond ***to it****?*

The pronoun **y** is also used to replace expressions of location starting with **à** or other prepositions, *except* **de**.

Elle va **au café** avec le directeur du cirque.
She is going ***to the café*** *with the circus director.*

Elle **y** va avec le directeur du cirque.
She is going ***there*** *with the circus director.*

On remet l'éléphant **dans le camion**.
They/One put(s) the elephant back ***in the truck****.*

On **y** remet l'éléphant.
They/One put(s) him back ***there****.*

As with the object pronouns, the pronoun **y** precedes the verb with which it is associated.

Elle est obligée d'aller **au poste de police**.
She has to go ***to the police station****.*

Elle est obligée d'**y** aller.
She has to go ***there****.*

NOTE: **Y** is not used with the verb **aller** in the future or conditional tenses for reasons of pronounciation.

Elle a dit qu'elle n'irait pas **en prison**.
She said she wouldn't go ***to prison****.*

Elle a dit qu'elle n'irait pas.
She said she wouldn't go.

C. *En*

The pronoun **en** is used in French to express the idea of *some, any,* or *none*. It can replace:

- the partitive article + *the noun that follows.*

  Elle boit **du** cognac.
  *She drinks **some** cognac.*

  Elle **en** boit.
  *She drinks **some**.*

  Ils ont pris **du sang** à ma sœur.
  *They took **some blood** from my sister.*

  Ils **en** ont pris à ma sœur.
  *They took **some** from my sister.*

- a noun preceded by a number or an expression of quantity, but the *number* or the *expression of quantity* must be repeated.

  Elle voit **un éléphant** devant sa voiture.
  *She sees **an elephant** in front of her car.*

  Elle **en** voit **un** devant sa voiture.
  *She sees **one** in front of her car.*

  Elle voit **deux policiers** derrière sa voiture.
  *She sees **two police officers** behind her car.*

  Elle **en** voit **deux** derrière sa voiture.
  *She sees **two (of them)** behind her car.*

- the preposition **de** in expressions with **avoir** + *the verb or noun clause that follows* (as in **avoir besoin de**, **avoir envie de**, **avoir peur de**, etc.).

  Elle avait peur **de l'éléphant**.
  *She was afraid **of the elephant**.*

  Elle **en** avait peur.
  *She was afraid **of it**.*

  Elle avait envie **de rentrer chez elle**.
  *She wanted **to go home**.*

  Elle **en** avait envie.
  *She wanted **to**.*

- the preposition **de** + *a place.*

  Les motards arrivent **du village**.
  *The motorcycle police arrive **from the village**.*

  Les motards **en** arrivent.
  *The motorcycle police arrive (**from there**).*

  Elle sort **de sa voiture**.
  *She gets out **of her car**.*

  Elle **en** sort.
  *She gets out **of it**.*

- the proposition **de** + *a clause.*

Elle est contente **de ne plus avoir de voiture rouge**.
She is happy ***to no longer have a red car****.*

Elle **en** est contente.
*She is happy (****about it****).*

NOTE: **En** cannot be used to replace the preposition **de** + *a person*. In this case, use a disjunctive pronoun (see Part V of this *Structures* section, pp. 179–180). However, **en** can be used to replace the preposition **de** + *groups of people*.

Combien de **policiers** avez-vous vus?	J'**en** ai vu cinq.
How many ***police officers*** *did you see?*	*I saw five* ***(of them)****.*

IV. Order of pronouns

A. Regular pattern

The following chart shows the word order used for multiple pronouns that appear with regular affirmative and negative verb constructions and with negative imperative constructions.

	me (m')										
	te (t')		**le**								
(ne +)	**se**	+	**la**	+	**lui**	+	**y**	+	**en**	+	*verb* (+ pas)
	nous		**les**		**leur**						
	vous										

Ils amènent **ma sœur au poste de police**.
They take ***my sister to the police station****.*

Ils **l'y** amènent.
They take ***her there****.*

Elle n'a pas bien expliqué **l'incident aux policiers**.
She didn't explain ***the incident*** *very well* ***to the police officers****.*

Elle ne **le leur** a pas bien expliqué.
She didn't explain ***it*** *very well* ***to them****.*

Ne demande pas **d'explication à ma sœur**!
Don't ask ***my sister for an explanation****!*

Ne **lui en** demande pas!
Don't ask ***her for one****!*

B. Affirmative imperative construction

				moi (m')				
		le		**toi (t')**				
verb	+	**la**	+	**lui**	+	**y**	+	**en**
		les		**nous**				
				vous				
				leur				

Explique **cet incident aux policiers**!
Explain ***this incident to the police****!*

Explique-**le-leur**!
Explain ***it to them****!*

NOTE: Double object pronouns are less frequently used in spoken than in written French.

▶ **SELF-CHECK** *Cahier*, Exercises III/VI A–G, pp. 53–56

V. Disjunctive pronouns

Disjunctive pronouns (**pronoms disjoints**) are another type of personal pronoun used in French; they are sometimes referred to as the "stressed" pronouns. Unlike subject and object pronouns, these pronouns can function independently of a verb.

The *disjunctive pronoun* forms are the following:

Singular	*Plural*
moi	**nous**
toi	**vous**
lui/elle/soi	**eux/elles**

NOTE: The disjunctive pronoun **soi** is used with the indefinite pronoun **on**, or with impersonal expressions such as **chacun**, **tout le monde**, etc.

Disjunctive pronouns are used:

- to stress the subject(s) or object(s) in a sentence. Their position is variable.

Moi, j'adore conduire. J'adore conduire, **moi**.
Toi, on t'écoute. On t'écoute, **toi**.

- as the object of the preposition **à**, for certain verbs and verbal phrases, when referring to a person or persons. Some of the more common of these verbs and verbal phrases are: **être (à)**, **faire attention (à)**, **penser (à)**. Remember that with other verbs the indirect object pronouns are used.

—C'est la voiture de ton père?
—Oui, elle **est à lui**.

—A qui penses-tu?
—A mon ami Paul. Je **pense à lui** depuis ce matin.

BUT: Qu'est-ce que tu **dis à Paul**? Je **lui dis** de revenir bientôt.

■ as the object of all prepositions other than **à**, when referring to a person or persons.

Nous sommes revenus **chez eux** à neuf heures.
Toi, tu n'as pas d'argent **sur toi**?

■ after **c'est/ce sont**. All of the disjunctive pronouns can be used with **c'est** except **eux/elles**. With **eux/elles**, the plural form **ce sont** must be used.

C'est elle qui conduit le mieux.
C'est nous qui vendons cette voiture.

BUT: **Ce sont eux** qui préfèrent le vélo à l'auto.

■ as a one-word answer to a question.

Qui a les clés de la voiture? **Moi**.
Who has the car keys? ***I do***.

■ in comparative constructions.

J'ai eu **moins d'**accidents **que toi**.
*I have had **fewer** accidents **than you**.*

■ after **ne... que**.

L'agent de police **ne** mentionne **que lui** dans son rapport.
*The police officer **only** mentioned **him** in his report.*

■ as part of a compound subject.

Lui et moi, nous avons des idées différentes au sujet de cet accident.
***He and I** have different ideas about this accident.*

■ combined with **-même**.

Tu dois payer l'amende **toi-même**.
*You must pay the fine **yourself**.*

▶ **SELF-CHECK** *Cahier*, Exercise V, p. 57

VI. Le mot juste: *se moquer de*

This reflexive construction is the equivalent of the English expression *to make fun of*. The person or thing being made fun of is the object of the preposition **de**. Remember that if a noun is not used, the disjunctive pronoun is required.

Mes amis **se moquent de** ma vieille voiture.
*My friends **make fun of** my old car.*

Personne ne **se moque de** moi.
*No one **makes fun of** me.*

Structures

TOPICS: I. Verb review: verbs in *-ger; prendre; découvrir*
II. Prepositions with geographical names
III. Future tense and conditional forms
IV. Future perfect and past conditional
V. *Si*-clauses
VI. Passé simple and passé antérieur

I. Verb review

A. Verbs that end in **-ger** (**voyager**, **nager**, **plonger**, **manger**, etc.) undergo a spelling change to keep the pronunciation of a soft **-g-** in all forms. An **-e** is placed after the **-g-** as needed for pronunciation regularity.

Compare: je m'amus**e** nous nous amus**ons**
je voyag**e** nous voyag**eons** (The **-e** is needed to keep the pronunciation of the **-g-** the same in both forms.)

This occurs in the **nous** form of the present tense and in *all but* the **nous** and **vous** forms of the imperfect with verbs whose infinitive ends in **-ger**.

Je nag**eais** mais vous ne nag**iez** pas.
Il plong**eait** mais nous ne plong**ions** pas.

B. The verb **prendre** (and verbs built on this same stem: **comprendre**, **apprendre**, **surprendre**) is irregular in the present tense.

je prends	nous prenons
tu prends	vous prenez
il/elle prend	ils/elles prennent

Past participles: **pris**, **compris**, **appris**, **surpris**

C. The verb **découvrir** (and verbs like it: **ouvrir**, **couvrir**, **offrir**, **souffrir**) is conjugated like an **-er** verb in the present.

Je **découvre** Paris.
Nous **découvrons** le plaisir de voyager.

Past participles: **découvert**, **ouvert**, **couvert**, **offert**, **souffert**

▶ **SELF-CHECK** *Cahier*, Exercise I, p. 63

II. Prepositions with geographical names

A. For cities, islands, or groups of islands:

- use the preposition **à** to express *to* or *in*.

  J'habite **à** Dakar.
  Ils iront **à** Tahiti l'été prochain.

- use the preposition **de** or **d'** (in front of a vowel sound) to express *from*.

NOTE: Cities that have definite articles as part of their name (for example, **La Nouvelle Orléans**, **Le Caire**, **Le Havre**), always keep the article.

  Elle part **de** Cuba.
  Nous sommes **de** Montpellier.
  Ils viennent **d'**Antibes.
  Vous allez **à La** Nouvelle Orléans.
  Mon père rentre **du** Caire.

B. For feminine names of countries and French provinces (names ending in **-e**) as well as for the names of all five continents (names ending in **-e**), feminine names of states (la Carolin**e** du Nord, la Virgini**e**) and masculine singular names of states and countries beginning with a vowel sound:

- use the preposition **en** to express *to* or *in*.

  Ma famille voyage **en** Afrique. (*feminine continent*)
  Le professeur passe ses vacances **en** Louisiane. (*feminine state*)
  Ma sœur fait du vélo **en** Bretagne. (*feminine French province*)

- use the preposition **de** or **d'** to express *from*.

  Nous sommes partis **d'**Israël. (*masculine country beginning with a vowel*)
  Jeanne est **de** Normandie. (*feminine name of a French province*)

C. For masculine names of countries and states (all those that do not end in **-e**, except for **le Mexique**, which is an exception since it is masculine.)

- use the preposition **à** + *definite article* (**au**, **aux**) to express *to* or *in*.

  Ils vivront **au** Sénégal l'année prochaine. (*masculine singular country*)
  Tu verras des tulipes **aux** Pays-Bas. (*masculine plural country*)

- use the preposition **de** + definite article (**du**, **des**) to express *from*.

  Mes ancêtres sont **du** Danemark. (*masculine singular country*)
  Elles reviendront **des** Etats-Unis au printemps. (*masculine plural country*)

D. When you are not sure of the gender of a state:

- use **dans l'état de** to express *to* or *in*.

  Nous ferons du cheval **dans l'état de** Wyoming.

■ use **de l'état de** to express *from.*

Je suis rentré **de l'état d'**Utah hier.

	in/to	***from***
Cities	**à**	**de/d'**
Feminine countries/continents/states	**en**	**de/d'**
Masculine countries/states	**au/aux**	**du/des**

▶ **SELF-CHECK** *Cahier*, Exercise II, p. 64

III. Future tense and conditional forms

The use of the future and the conditional in French is very similar to English. The future tense allows you to talk about what *will happen* at some future time.

Ma famille **partira** à la plage demain.
*My family **will leave** for the beach tomorrow.*

The conditional expresses what *could, might,* or *would happen* if a certain condition existed.

Si je gagnais assez d'argent, j'**achèterais** un chalet à Chamonix.
*If I earned enough money, I **would buy** a chalet in Chamonix.*

A. Formation of the simple future and present conditional

The simple future and the present conditional are formed by adding the following endings to the stem of the verb. This stem is the *infinitive* or a *modified form of the infinitive.*

Future				*Conditional*			
je	**-ai**	nous	**-ons**	je	**-ais**	nous	**-ions**
tu	**-as**	vous	**-ez**	tu	**-ais**	vous	**-iez**
il/elle/on	**-a**	ils/elles	**-ont**	il/elle/on	**-ait**	ils/elles	**-aient**

Notice that the endings for the future and the conditional are different. The same stem, however, is used for both.

■ Verbs whose infinitive ends in **-er**: the infinitive is used in most cases.

Nous **nous amuserons** sur la Côte d'Azur. *(future)*
*We **will have a good time** on the Riviera.*

Nous **voyagerions** à pied si nous n'avions pas de vélo. *(conditional)*
*We **would travel** on foot if we did not have a bike.*

EXCEPTIONS:
aller: stem **ir-**

Tu **iras** au Maroc avec moi. *(future)*
You ***will go*** *to Morocco with me.*

J'**irais** en Tunisie. *(conditional)*
I ***would go*** *to Tunisia.*

envoyer: stem **enverr-**

Nous t'**enverrons** des cartes postales. *(future)*
We ***will send*** *you postcards.*

Ses parents l'**enverraient** en colonie. *(conditional)*
His parents ***would send*** *him to camp.*

■ Verbs whose infinitive ends in **-ir**: the infinitive is used in most cases.

Elles **partiront** ce soir. *(future)*
They ***will leave*** *tonight.*

Tu te **divertirais** en Suisse. *(conditional)*
You ***would have fun*** *in Switzerland.*

EXCEPTIONS:
venir/tenir/devenir: stems **viendr-/tiendr-/deviendr-**

Vous **viendrez** avec nous au Danemark? *(future)*
Will *you* ***come*** *with us to Denmark?*

Il **deviendrait** moniteur de ski s'il avait le temps. *(conditional)*
He ***would become*** *a ski instructor if he had the time.*

courir/mourir: stem **courr-/mourr-**

Nous **courrons** le long de la plage. *(future)*
We ***will run*** *along the beach.*

Vous **mourriez** de peur si vous faisiez du parapente. *(conditional)*
You ***would die*** *of fear if you went hang-gliding.*

■ Verbs whose infinitive ends in **-re**: the future and conditional stems are formed by dropping the **-e** from the infinitive.

Je **prendrai** le train pour Lyon. *(future)*
I ***will take*** *the train for Lyon.*

Ils se **détendraient** à la montagne s'ils y avaient un chalet. *(conditional)*
They ***would relax*** *in the mountains if they had a chalet there.*

EXCEPTIONS:
être: stem **ser-**

Nous **serons** à Paris le 15. *(future)*
We ***will be*** *in Paris on the 15th.*

Vous **seriez** champion de ski nautique si vous vous entrainiez. *(conditional)*
You ***would be*** *a champion water-skier if you trained.*

faire: stem **fer-**

Tu **feras** du stop cet été. *(future)*
You ***will hitch-hike*** *this summer.*

Il **ferait** de la randonnée en Espagne. *(conditional)*
He ***would go hiking*** *in Spain.*

■ Verbs whose infinitives end in **-oir** change in a variety of ways. Some of the most common of these verbs and their stems are:

avoir: **aur-**	devoir: **devr-**	savoir: **saur-**	voir: **verr-**
pouvoir: **pourr-**	falloir: **faudr-**	vouloir: **voudr-**	valoir: **vaudr-**

J'**aurai** assez de temps pour lire en vacances. *(future)*
Tu **pourrais** visiter le Québec. *(conditional)*
Il **devra** prendre le train. *(future)*
Il **faudrait** acheter des souvenirs. *(conditional)*
Nous **saurons** faire du surf après ce stage. *(future)*
Vous **voudriez** bronzer. *(conditional)*
Ils **verront** leurs grands-parents. *(future)*
Il **vaudrait** mieux arriver un peu en avance. *(conditional)*

▶ **SELF-CHECK** *Cahier*, Exercises III A, B, pp. 64–65; Exercises III A, B, C, pp. 66–67

B. Usage of the future and conditional

1. Simple future

■ The future tense is used to speak about events that are *expected to happen* in the future, in the same way that the future tense is used in English.

Quand **serons**-nous de retour?
*When **will** we **be** back?*

L'avion **arrivera** à 17 heures.
*The plane **will land** at 5 PM.*

Je **coucherai** à la belle étoile ce soir.
*I **will sleep** under the stars tonight.*

■ Unlike English (we use the present tense), French requires the future tense after certain conjunctions when you are talking about the future. These conjunctions are:

quand, **lorsque**	*when*
dès que, **aussitôt que**	*as soon as*
tant que	*as long as*

Quand nous **descendrons** à l'hôtel, nous **règlerons** la note par carte de crédit.
*When we **stay** at the hotel, we **will pay** the bill by credit card.*

Tant que tu **feras** du stop, ta mère **s'inquiètera**.
*As long as you **hitchhike**, your mother **will worry**.*

Dès qu'il y **aura** une monnaie unique, on ne **devra** plus changer d'argent.
*As soon as there **is** a common currency, one **will** no longer **have to** change money.*

In French, as in English, the verb *to go* + an infinitive is more often used to talk about *what is going to happen* (see Chapter 1, p. 143) than the simple future, which tells you what *will happen*.

> Vous **allez voir** le monde entier.
> *You **are going to see** the whole world.*

Using **aller** + *infinitive* suggests that the future event is more likely to happen or will happen sooner. The simple future suggests a more distant time in the future and somewhat more uncertainty about the events.

> Un jour, des touristes **visiteront** la lune.
> *Some day tourists **will visit** the moon.*

In spoken French the **aller** + *infinitive* construction is used much more frequently than the simple future.

2. Present conditional

■ The conditional can be used to express *politeness* by softening or attenuating a request, a command, or a suggestion. The verbs **vouloir**, **pouvoir**, **savoir**, and **devoir** are often used in the conditional in this context.

> Je **voudrais** connaître vos projets.
> *I **would like** to know your plans.*

> **Pourrais**-tu m'aider avec ma valise?
> ***Could** you help me with my suitcase?*

■ The conditional is also used in a conjecture or a hypothesis in the future or present, to express a possibility, something that *might* or *could* happen. Often it is accompanied by a subordinate clause (either before or after) in which a condition is stated.

> A leur place, je **prendrais** mon sac de couchage.
> *If I were them, I **would take** my sleeping bag.*

> Nous **ferions** la grasse matinée si nous ne devions pas travailler.
> *We **would sleep** late if we didn't have to work.*

> S'il faisait plus chaud, ils se **baigneraient**.
> *If it were warmer, they **would go swimming**.*

■ When you are reporting what someone else has said (indirect speech) about a future event, and the statement was made in the past, the conditional replaces the future in the part you are indirectly quoting.

DIRECT SPEECH:

> Philippe a dit: «Nous **verrons** le Tour de France cet été.»
> *Philippe said, "We **will see** the Tour de France this summer."*

INDIRECT SPEECH:

> Philippe a dit que nous **verrions** le Tour de France cet été.
> *Philippe said that we **would see** the Tour de France this summer.*

DIRECT SPEECH:

Le guide a annoncé: «Le car **partira** dans 30 minutes.»
*The guide announced, "The bus **will leave** in 30 minutes."*

INDIRECT SPEECH:

Le guide a annoncé que le car **partirait** dans 30 minutes.
*The guide announced that the bus **would leave** in thirty minutes.*

NOTE: You may need to change the subject in the quoted sentence when you use indirect speech.

Il a dit: «**Je** ne ferai pas de surf des neiges.»
***He** said, "**I** will not go snowboarding."*

Il a dit qu'**il** ne ferait pas de surf des neiges.
***He** said **he** would not go snowboarding.*

IV. Future perfect and past conditional

A. Formation

1. Future perfect

The future perfect (*will have done*) is composed of the future tense of the auxiliary (**avoir** or **être**) and the past participle.

C'est moi qui vous **aurai montré** le monde.
*I am the one who **will have shown** you the world.*

Quand nous **serons arrivés** à Québec, tu verras le Château Frontenac.
*When we **arrive** in Québec, you will see the Château Frontenac.*

(NOTE: In English we use the present: *When we arrive;* in French you must say the equivalent of: *When we will have arrived.*)

Dès qu'ils **auront** tout **vu**, ils repartiront.
*As soon as they **have seen** everything, they will leave again.*

For more examples of usage, see p. 188.

▶ **SELF-CHECK** *Cahier*, Exercise IV, pp. 68–69

2. Past conditional

The past conditional (e.g. *would have done*) is composed of the present conditional tense of the auxiliary (**avoir** or **être**) and the past participle.

Nous **serions allés** en Tunisie si tu nous avais invités.
*We **would have gone** to Tunisia if you had invited us (paid for us).*

Il n'**aurait** jamais **vu** Québec si son fils ne l'y avait pas emmené.
*He **would** never **have seen** Quebec if his son had not taken him there.*

Tu **aurais pu** nous accompagner.
*You **could have** (**would have been able to**) come with us.*

▶ **SELF-CHECK** *Cahier*, Exercise IV, p. 69

B. Usage

1. Future perfect *(Futur antérieur)*

The future perfect is used to talk about events in the future that will have happened *prior to* or *before* another event in the future. It often occurs together with the conjunctions **quand**, **lorsque**, **dès que**, or **aussitôt que**, since these refer to certain points in time. In English, we do not have to use the future or the future perfect with these conjunctions; normally we use the present tense.

> Quand nous **serons arrivés** à Montpellier, nous te téléphonerons.
> *When we **arrive** in Montpellier, we will call you. (literally: When **we will have arrived**)*
> [Our arrival will happen before we call.]

> Dès que tu **auras appris** à faire du ski, tu pourras passer tes vacances en Suisse avec nous.
> *As soon as you **have learned** to ski, you will be able to spend your vacation with us in Switzerland. (literally: As soon as you **will have learned**)*
> [Learning to ski will happen before you go to Switzerland.]

2. Past conditional

The past conditional is used largely in *if* (**si**)*-clauses*. See below.

V. *Si*-clauses

When you want to express what *will* or *would* happen *if* something else occurs or occurred, your sentence will have two parts:

1. The *condition*, expressed by **si** plus a verb in the present, imperfect, or pluperfect (*never* the conditional).
2. A main clause with a verb in the present, future, present conditional, or past conditional that states the *result*.

The sequence of the two clauses is not important, i.e., you can begin your sentence with **si** to state the condition first, or start with the main clause to state the result first. Within this pattern, the choice of tenses is determined by the time frame and the meaning. The usage in French is the same as that in carefully-spoken, grammatically precise English.

■ (1) **si** + *present* + (2) *present* or *future*.

When the condition expressed in the **si**-clause (1) is considered as really existing or likely to be true, the present tense is used and the *result* (2) is expressed in the present or future.

> (1) Si tu **refuses** de voyager, (2) tu ne **connaîtras** jamais le monde.
> *If you **refuse** to travel, you will never **get to know** the world.*

(2) Il nous **prêtera** sa motoneige (1) si nous **rentrons** avant la nuit.
*He **will loan** us his snowmobile if we **are back** before nightfall.*

(1) Si j'**ai** le courage, (2) je **ferai** du parapente.
*If I **am** brave enough, I **will go** hang-gliding.*

(2) Nous **faisons** du ski de fond le week-end (1) s'il y **a** de la neige.
*We **go** cross-country skiing on the weekends if there **is** snow.*

■ (1) **si** + *imperfect* + (2) *present conditional*
(1) **si** + *pluperfect* + (2) *past conditional*

When the condition expressed in the **si**-clause is considered unlikely to become true, or is hypothetical or contrary to fact, the pattern is also similar to English.

(1) **si** + *imperfect* + (2) *present conditional* — The result is still possible.

(1) S'ils **prenaient** un coup de soleil, (2) ils ne **sortiraient** pas demain.
*If they **got** sunburned, they **would** not **go out** tomorrow.*

(2) Vous ne **feriez** pas de bateau (2) si tu **avais** le mal de mer.
*You **would** not **go** boating if you **suffered** from seasickness.*

(1) **si** + *pluperfect* + (2) *past conditional* —The time frame is the past; the result cannot be changed.

(1) Si son fils n'**était** pas **venu**, (2) il n'**aurait** pas **fait** le voyage.
*If his son **had** not **come**, he **would** not **have made** the trip.*

(2) *Nous **serions allés*** au Togo (1) s'il n'y **avait** pas **eu** de guerre.
*We **would have gone** to Togo if there **had** not **been** a war.*

It is also possible to use the *pluperfect* followed or preceded by the *present conditional* if you want to say (1) *if this had happened* (i.e., in the past) (2) *something would happen...* (i.e., in the present).

(1) Si j'**avais appris** le chinois, (2) je **voyagerais** souvent en Chine.

*If I **had learned** Chinese, I **would travel** to China often.*

(2) Nous **serions** plus contents (1) si nous **avions logé** dans des hôtels de luxe.

*We **would be** happier if we **had stayed** in luxury hotels.*

(1) Si tu **avais fait** de la planche à voile, (2) tu **serais** fatigué comme nous.

*If you **had gone** windsurfing, you **would be** tired like we are.*

Summary

Si-clause (1)	Result Clause (2)
A. *Present*	+ *Present or Future*
Si nous **faisons de la randonnée**,	nous ne **dépensons** pas trop d'argent.
If we ***go hiking****,*	*we* ***do*** *not* ***spend*** *too much money.*
Si tu **prends** le train,	tu **arriveras** à l'heure.
If you ***take*** *the train,*	*you* ***will arrive*** *on time.*
B. *Imperfect*	+ *Present conditional*
S'il **allait** à la pêche,	nous **mangerions** du poisson.
If he ***were to go*** *fishing,*	*we* ***would eat*** *fish.*
C. *Pluperfect*	+ *Present conditional*
Si vous **aviez voyagé** en avion,	vous **seriez** moins fatigué.
If you ***had travelled*** *by plane,*	*you* ***would be*** *less tired.*
D. *Pluperfect*	+ *Past conditional*
Si elle **avait passé** moins de temps à la plage,	elle n'**aurait** pas **pris** de coup de soleil.
If she ***had spent*** *less time at the beach,*	*she* ***would*** *not* ***have gotten*** *a sunburn.*

▶ **SELF-CHECK** *Cahier*, Exercises V A, B, pp. 70–71

VI. Passé simple and passé antérieur

A. Usage

The **passé simple** is a past tense used only in writing, usually in literary texts, fairy tales and, less frequently today, in journalism. It indicates that an action has been completed in the past and has no relation to the present.

> Le vieil homme **ferma** les yeux.
> *The old man* ***closed*** *his eyes.*
> Il ne **vit** pas les villages.
> *He* ***did****n't* ***see*** *the villages.*

This tense can be considered the literary equivalent of the **passé composé**, although this latter tense suggests more of a connection to the present than the **passé simple**. For stylistic effects, an author may use both the **passé simple** and the **passé composé** in the same passage. The imperfect is used in both written and spoken French to indicate a state of being, a condition, or how things were in the past, and is found in both literary and nonliterary styles.

B. Formation

For reading, it is helpful to *recognize* the forms of the **passé simple**.

Regular verbs whose infinitive ends in **-er** drop the **-er** and add the endings: **-ai**, **-as**, **-a**, **âmes**, **âtes**, **èrent**.

je regard**ai**	nous regard**âmes**
tu regard**as**	vous regard**âtes**
il regard**a**	ils regard**èrent**

Regular verbs whose infinitives end in **-ir** or **-re**, drop the **-ir** or **-re** and add the endings: **-is**, **-is**, **it**, **îmes**, **îtes**, **-irent**.

je répond**is**	nous répond**îmes**
tu répond**is**	vous répond**îtes**
il répond**it**	ils répond**irent**

The **passé simple** forms of some frequently-used irregular verbs are:

avoir	
j'eus	nous eûmes
tu eus	vous eûtes
il eut	ils eurent

être	
je fus	nous fûmes
tu fus	vous fûtes
il fut	ils furent

faire	
je fis	nous fîmes
tu fis	vous fîtes
il fit	ils firent

The **passé simple** of many irregular verbs is built on their past participle. Those with a past participle ending in **-is** (prendre/**pris**; mettre/**mis**) have an **-i-** in their **passé simple** stem: je pr**i**s, nous pr**î**mes, tu m**i**s, vous m**î**tes. Those whose past participle ends in **-u** (croire/**cru**; savoir/**su**) have a **-u-** in their **passé simple** stem: tu cr**u**s/vous cr**û**tes; il s**u**t, ils s**u**rent.

Infinitive	*Past participle*	*Passé simple*
apercevoir	aperçu	nous aperçumes
paraître	paru	elles parurent
remettre	remis	il remit

C. Passé antérieur

The literary equivalent of the **plus-que-parfait** is the **passé antérieur**. It is used to refer to an action in the past that preceded another action in the past. It is a compound past tense, formed with the **passé simple** of **avoir** or **être** and the past participle.

> Dès qu'il **eut déposé** son père devant la maison, il **s'empressa** de partir.
> *As soon as he **had dropped** his father off in front of the house, he **rushed** to leave.*

NOTE: The **passé simple** and the **passé antérieur** are tenses you should recognize in order to understand the meaning of what you are reading, but you will not need to write it yourself.

▶ **SELF-CHECK** *Cahier*, Exercises VI A, B, pp. 72–73

TOPICS: I. Verb review: ***préférer, projeter***
II. Negative expressions
III. Relative pronouns
IV. Le mot juste: ***il s'agit de***

I. Verb review

A. The verb **préférer** is an **-er** verb that has a stem spelling change in some forms. As you learned in Chapter 1 (p. 144), **préférer** and verbs like it change the **é** to **è** in the stem for all but the **nous** and **vous** forms in the conjugation of the present indicative. In the imperfect, future, and conditional, these verbs retain the **é** in all forms:

Present		*Future/Conditional*	
je préf**è**re	nous préf**é**rons	je préf**é**rerai (-ais)	nous préf**é**rerons (-ions)
tu préf**è**res	vous préf**é**rez	tu préf**é**reras (-ais)	vous préf**é**rerez (-iez)
il/elle préf**è**re	ils/elles préf**è**rent	il/elle préf**é**rera (-ait)	ils/elles préf**é**reront (-aient)
Imperfect		*Past participle*	
je préf**é**rais	nous préf**é**rions	préf**é**ré	
tu préf**é**rais	vous préf**é**riez		
il/elle préf**é**rait	ils/elles préf**é**raient		

B. The verb **projeter** is another "stem-change" regular **-er** verb. In the present indicative **projeter** and verbs like it (**jeter**, **appeler**, etc.) double the consonant (**-t**, **-l**) in all but the **nous** and **vous** forms. Unlike the verb in section A above, these verbs also have the double consonant in all forms of the future and the conditional. The forms of the imperfect do not have a double consonant.

Present		*Future/Conditional*	
je proje**tt**e	nous proje**t**ons	je proje**tt**erai (-ais)	nous proje**tt**erons (-ions)
tu proje**tt**es	vous proje**t**ez	tu proje**tt**eras (-ais)	vous proje**tt**erez (-iez)
il/elle proje**tt**e	ils/elles proje**tt**ent	il/elle proje**tt**era (-ait)	ils/elles proje**tt**eront (-aient)
Imperfect		*Past participle*	
je proje**t**ais	nous proje**t**ions	proje**t**é	
tu proje**t**ais	vous proje**t**iez		
il/elle proje**t**ait	ils/elles proje**t**aient		

▶ **SELF-CHECK** *Cahier*, Exercise I, p. 77

II. Negative expressions

A. *Ne... pas*

To make a simple negative statement, question, or command in French, **ne**... **pas** is placed around the verb.

J'aime beaucoup ce film français.
Je **n'**aime **pas** beaucoup ce film français.

REMEMBER:

- In simple tenses, **ne** precedes the verb and **pas** follows it.

  Je **n'**aime **pas** ce film.

- In compound tenses, **ne** precedes the auxiliary verb and **pas** follows it.

  Elle **n'**a **pas** vu le film.

- When using inversion, **ne** precedes the inverted subject-verb construction, and **pas** follows it.

  Ne vas-tu **pas** au cinéma?
  N'es-tu **pas** allé au cinéma?

- In a command (imperative form), **ne** precedes the verb and **pas** follows it.

  N'allez **pas** au cinéma!

- With a negative infinitive, **ne pas** is placed between the main verb and the infinitive.

  Il préfère **ne pas** aller au cinéma.

- A negative statement, question, etc. can be reinforced, or made stronger, by adding **du tout** to the **ne**... **pas** expression.

  Je **n'**ai **pas du tout** envie de regarder ce jeu télévisé.
  *I have **no** desire **whatsoever** to watch this game show.*

Pas du tout can also be used alone as a negative answer to a question.

Aimez-vous les films doublés? —**Pas du tout**!
Do you like dubbed movies? —***Not at all**!*

- A negative statement, question, etc. can be qualified, or made more precise, by adding **encore** to **ne**... **pas**.

  Je **n'**ai **pas** vu ce film.
  *I have **not** seen this film.*

  Je **n'**ai **pas encore** vu ce film.
  *I have **not yet** seen this film.*

NOTE: Indefinite articles (**un/une/des**) that follow negative expressions are replaced by **de**. For more examples of this construction, see Chapter 4 *Structures* p. 173.

Ma famille **a un** poste de télévision.
Ma famille **n'a pas de** poste de télévision.

Il y **a des** cinémas dans ce petit village.
Il **n'**y **a pas de** cinémas dans ce petit village.

B. Other negative expressions

ne... jamais	*never*
ne... plus	*no longer*
ne... personne	*no one*
ne... rien	*nothing*
ne... ni... ni	*neither...nor*
ne... aucun(e)	*not any*

NOTE: The expression **ne... que**, which means *only*, is often included with negative expressions, although technically it only limits the verb, rather than negates it. The second part of this expression (**que**) always directly precedes the word it modifies.

Il **n'**y a **que** très peu d'Américains qui préfèrent les films étrangers.
*There are **only** a very few Americans who prefer foreign films.*

Il **n'**a vu **que** deux films français dans sa vie.
*He has seen **only** two French films in his life.*

1. *Ne... jamais*

Ne... jamais negates the adverbs **souvent** *(often)*, **quelquefois** *(sometimes)*, **parfois** *(occasionally)*, **toujours** *(always)*, and **de temps en temps** *(from time to time)*. It functions the same way as **ne... pas**.

Elle **ne** regarde **jamais** les informations.

Jamais can be used alone to answer a question.

Regardez-vous parfois des films de science-fiction? —**Jamais**!
Do you occasionally watch science fiction movies? —***Never!***

2. *Ne... plus*

Ne... plus is used to indicate a negative change in a situation, and it is sometimes used to negate the adverbs **encore** and **toujours** when they mean *still*.

Je **ne** regarde **plus** la télé.
*I **no longer** watch television.*

Aimes-tu **toujours** cette série? —Non, je **ne** l'aime **plus**.
*Do you **still** like this serial?* —*No, I **no longer** like it.*

3. *Ne... personne/ne... rien*

Ne... **personne** and **ne**... **rien** function in similar ways as negative constructions.

■ When used as a subject, both parts of the negative expression precede the verb, and the verb is always in the singular.

> **Personne n**'aime ce téléfilm.
> ***No one*** *likes this TV movie.*
>
> **Rien n'**est crédible dans ce film.
> ***Nothing*** *is believable in this movie.*

■ When used as a direct object, **ne** precedes the verb and **personne/rien** follows it.

> Je **ne** vois **personne** de ma classe au cinéma ce soir.
> Je **ne** trouve **rien** à la télé ce soir.

If the verb is in a compound tense (auxiliary + past participle of main verb), the placement of **personne** and **rien** used as direct objects is not the same. **Rien** precedes the past participle, whereas **personne** follows it.

> Elle **n'**a **rien** vu.
> *She saw* ***nothing***.
>
> Elle **n'**a vu **personne.**
> *She saw* ***no one.***

■ When used as the object of a preposition, both **personne** and **rien** follow the preposition.

> Elle **n'**est allée au cinéma avec **personne**.
> *She* ***didn't*** *go to the movies with* ***anyone***. *(She went to the movies with* ***no one***.*)*
>
> Cet acteur **ne** parle de **rien** d'intéressant dans son interview.
> *This actor* ***doesn't*** *talk about* ***anything*** *interesting in his interview.*

NOTE: As in the above example, if **personne** or **rien** is modified by an adjective, the adjective is always masculine and must be preceded by **de** (**d'**).

■ Both **personne** and **rien** can be used alone as negative answers.

Qui avez-vous vu? *Who/whom did you see?*	—**Personne**. —***No one***.
Qu'est-ce qu'il y a à la télé? *What is on TV?*	—**Rien**. —***Nothing***.

4. *Ne... ni... ni*

Ne... **ni**... **ni** is used to oppose two people, things, or ideas. **Ne** precedes the verb, as usual, but **ni**... **ni** directly precede the words they modify. Partitive and indefinite articles are dropped in this construction, but definite articles remain.

> Elle **n'**aime regarder **ni** la télé **ni** les films.
> *She **doesn't** like to watch TV **or** movies. (She likes to watch **neither** TV **nor** movies.)*

> Nous **n'**avons **ni** téléviseur **ni** magnétoscope à la maison.
> *We have **neither** a TV **nor** a VCR at home.*

NOTE: When **ne**... **ni**... **ni** is negating the subject rather than the object in a sentence, the verb is generally plural.

> **Ni** ma mère **ni** mon père **n'aiment** les films d'épouvante.
> ***Neither** my mother **nor** my father like horror movies.*

5. *Ne... aucun(e)*

This negative expression can function in various ways in a sentence.

- As a subject pronoun, **aucun** takes the gender of the noun it replaces and is followed by a singular verb.

> **Aucune** de ces trois séries **n'**est bonne.
> ***None** of these three serials is good.*

- As an adjective, **aucun** agrees in gender with the noun it modifies. The adjective and noun are always singular.

> Cet acteur **n'**a **aucun** talent.
> *This actor **doesn't** have **any** talent. (This actor has **no** talent.)*

C. Si

The affirmative response to a negative question or statement is **si**, not **oui**.

N'avez-vous pas aimé ce film?	—**Si!**
Did you not like this film?	—***Yes** (I did)!*
Avez-vous aimé ce film?	—**Oui.**
Did you like this film?	—***Yes.***

▶ **SELF-CHECK** *Cahier*, Exercises II A, B, C, pp. 78–79

III. Relative pronouns

Learning to use relative pronouns in French will allow you to speak and write in a more sophisticated manner. Instead of using simple sentences and repetition, you will be able to qualify or expand on your main clause by attaching to it a second (relative, or subordinate) clause.

Simple sentence and repetition:

> J'aime ce film. Ce film vient de sortir.
> *I like this movie. This movie just came out.*

Main clause + relative clause:

> J'aime ce film **qui** vient de sortir.
> *I like this movie **that** just came out.*

NOTE: In the example above, **qui** is the relative pronoun that links the main clause to the relative clause. It functions as the *subject* of the verb in the relative clause (**vient**), and its antecedent (the word in the main clause that it represents) is **film**.

There are several relative pronouns to choose from in French, depending on how the pronoun functions in the relative clause.

A. *Qui* and *que* are the most commonly-used relative pronouns in French.

■ **Qui** functions as a subject. Its antecedent can be either a person or a thing.

The verb in the relative clause agrees in number (singular/plural) with that of the antecedent.

> L'actrice **qui** joue le rôle principal du film n'est pas très bonne. (*antecedent* = actrice)
> *The actrice **who** plays the leading role in the film isn't very good.*

> On critique les pubs **qui** montrent trop de nudité. (*antecedent* = pubs)
> *People are critical of ads **that** show too much nudity.*

There is no elision when **qui** is followed by a vowel.

> Quel est le nom de l'acteur **qui** a joué le rôle principal dans le film *Titanic*?

■ **Que** functions as a direct object. Its antecedent also can be either a person or a thing.

Que takes the gender *(masculine/feminine)* and number *(singular/plural)* of its antecedent, so a past participle in the relative clause must agree with the gender and number of the antecedent.

> Le film **que** nous avons vu est très bon.
> *(antecedent* = **film** = *past participle* **vu***)*
> L'actrice **que** nous avons vu**e** est très connue.
> *(antecedent* = **actrice** = *past participle* **vue***)*

Elision occurs when **que** is followed by a vowel.

> L'actrice **qu'**elle aime s'appelle Isabelle Adjani.

NOTE: The relative pronoun **que** cannot be omitted, as it can in English.

> Quel est le nom du film **que** tu as vu?
> *What is the name of the movie **(that)** you saw?*

B. *Ce qui* or *ce que* is used instead of *qui* or *que* when the antecedent is not clearly stated. Both of these pronouns are translated as *what.*

Je ne comprends pas **ce qui** se passe dans ce film.
(**ce qui** = *subject of relative clause*)
I don't understand ***what*** *is happening in this movie.*

Dites-moi **ce que** vous voulez regarder à la télé.
(**ce que** = *direct object of relative clause*)
Tell me ***what*** *you want to watch on TV.*

C. *Dont* is the relative pronoun used to replace *de* + object of preposition in a relative clause. The object of the preposition can be either a person or a thing.

■ **Dont** is the relative pronoun to use with the following common expressions:

avoir besoin de	être fier(-ère) de
avoir envie de	se souvenir de
avoir peur de	se servir de
être content(e) de	se moquer de
être satisfait(e) de	parler de

Le grand classique **dont** il se souvient le mieux est *Casablanca.*
The classic film he remembers best is Casablanca.

La vedette **dont** nous parlons est Gérard Depardieu.
The star we are talking about is Gérard Depardieu.

NOTE: In the examples above, the relative pronoun cannot be omitted in French, as it can in English.

■ **Dont** is the relative pronoun that sometimes translates into English as *whose.*

Dans le film *Titanic,* le héros tombe amoureux d'une jeune femme **dont** le fiancé est très riche.
In the movie Titanic, *the hero falls in love with a young woman* ***whose*** *fiancé is very rich.*

■ **Ce dont** replaces the preposition **de** + the object of the preposition when the antecedent is not clearly stated.

Je ne comprends pas **ce dont** vous avez peur dans ce film d'épouvante.
I don't understand ***what*** *you are afraid of in this horror film.*

D. If the relative clause has a preposition other than *de*, use the pronoun *qui* when referring to people, and a form of *lequel (laquelle, lesquels, lesquelles)* when referring to things.

Je ne sais plus **à qui** j'ai prêté la vidéo.
I no longer know ***to whom*** *I lent the video.*
(In colloquial English: *I no longer know* ***who*** *I lent the video* ***to****.)*

Explique-moi les raisons **pour lesquelles** tu préfères cette chaîne.
Explain to me (the reasons) ***why*** *you prefer this channel.*

E. *Où* is the preferred relative pronoun to use to express time or place.

Jacques n'a jamais oublié le jour **où** sa grand-mère a quitté le cinéma avant la fin du film.
*Jacques never forgot the day (****when****) his grandmother left the cinema before the end of the movie.*

Quel est le nom du restaurant **où** tu as vu Tom Cruise?
What is the name of the restaurant ***where*** *you saw Tom Cruise?*

▶ **SELF-CHECK** *Cahier,* Exercises A, B, C, pp. 80–82

IV. Le mot juste: *il s'agit de*

The expression **il s'agit de** can be very useful when talking *about* the content of a work (a book, a play, a movie, etc.) or when talking *about* an event.

NOTE: The subject of this expression is *always* the impersonal **il**.

Dans ce film **il s'agit d'**un homme qui veut être président des Etats-Unis.
This movie ***is about*** *a man who wants to be president of the United States.*

De quoi **s'agit-il** dans cette nouvelle émission?
What is *this new TV program* ***about****?*

Structures

TOPICS: **I. Verb review: *croire***
II. What is the subjunctive?
III. Formation of the subjunctive
IV. Usage of the subjunctive

I. Verb review

The verb **croire** is irregular in the present tense:

je crois	nous croyons
tu crois	vous croyez
il/elle croit	ils/elles croient
Future/Conditional stem: croir-	
Past participle: cru	

Usage:

croire + direct object= *to believe someone or something*

Je **crois** mon père.
*I **believe** my father.*

croire à = *to believe something is possible, probable, real*
to believe in the value of something

Il **croit aux** fantômes.
*He **believes in** ghosts.*

Je ne **crois** pas **à** la magie noire.
*I don't **believe in** black magic.*

croire en = *to believe in, to have confidence in*

Ses parents **croient en** lui.
*His parents **believe in (have confidence in)** him.*

Croyez-vous **en** Dieu?
*Do you **believe in** God?*

▶ **SELF-CHECK** *Cahier*, Exercise I, p. 75

II. What is the subjunctive?

The **subjunctive** suggests a way of looking at things rather than talking about a moment in time. The **indicative** (present, imperfect, future, passé composé, etc.) refers to actions or events in the realm of certainty in varying time frames.

Ses parents veulent qu'elle **soit** heureuse.
*Her parents want her **to be** happy.*

Being happy is not a fact in this sentence but a subjective condition that may or may not happen. The parents wish it, but this does not make it reality.

Il est possible que les trois chevaliers **puissent** sauver la vie de la demoiselle.
It is possible that the three knights ***can (could)*** *save the life of the damsel.*

This sentence stresses the uncertainty of the result. We do not know if they will succeed.

The subjunctive is rare in English and you will see in the translations of the two examples above that it can be translated in different ways. Something close to the subjunctive is expressed in sentences like:

I wish she ***were*** *a princess.*

Unlike English, the **subjunctive** occurs fairly frequently in French. When a *main* verb expresses a feeling or an emotion (*happiness, fear, surprise,* etc.) or a desire (*I want, I demand,* etc.) and the verb that follows it has a different subject, this *dependent* verb is in the subjunctive mood.

Ils veulent qu'elle **choisisse** un mari.
They want her ***to choose*** *a husband.*

In this example, she has not chosen a husband, nor do we know whether she will do so, or is doing so; what we know is that they *want* her to do it.

Je doute qu'une cigale **puisse** danser.
I doubt that a cicada ***can*** *dance.*

We do not know if this insect could or could not dance; we know that the speaker doubts it is possible.

Je regrette que la licorne **disparaisse**.
I am sorry that the unicorn ***may disappear***.

Since the main verbal expression (**regretter**) states regret, the dependent or subordinate verb (**disparaisse**), which has a different subject, is in the subjunctive.

III. Formation of the subjunctive

Two tenses of the **subjunctive** are commonly used in modern French: the *present* (to express present *or* future) and the *past*. The imperfect and the pluperfect subjunctive are usually found only in literary texts.

A. Present subjunctive

The present tense of the **subjunctive** for most verbs is formed by taking the third person plural form of the present indicative (**ils/elles choisissent**), dropping the **-ent**, and adding the following endings:

-e	**-ions**
-es	**-iez**
-e	**-ent**

Il est important qu'elle **choisisse** le meilleur cadeau.

1. Regular verbs

- Regular **-er** verbs

raconter (ils racont~~ent~~)	
que je racont**e**	que nous racont**ions**
que tu racont**es**	que vous racont**iez**
qu'il/qu'elle racont**e**	qu'ils/qu'elles racont**ent**

- Regular **-ir** verbs

choisir (ils choisiss~~ent~~)	
que je choisiss**e**	que nous choisiss**ions**
que tu choisiss**es**	que vous choisiss**iez**
qu'il/qu'elle choisiss**e**	qu'ils/qu'elles choisiss**ent**

- Regular **-re** verbs

attendre (ils attend~~ent~~)	
que j'attend**e**	que nous attend**ions**
que tu attend**es**	que vous attend**iez**
~~qu'ils/qu'elles attend**ent**~~	qu'ils/qu'elles attend**ent**

NOTE: The subjunctive is often shown in verb charts preceded by the conjunction **que** to emphasize that these verb forms are used only in *dependent clauses*, i.e., they always follow another conjugated verb.

2. Verbs with double stems

There are many verbs that have double stems in the subjunctive; one stem is based on the third person plural (ils **vienn**ent: **vienn-**) and is used for **je**, **tu**, **il/elle**, **ils/elles**; the other is based on the first person plural (nous **ven**ons: **ven-**) and is used for **nous** and **vous**.

venir	
que je **vienn**e	que nous **ven**ions
que tu **vienn**es	que vous **ven**iez
qu'il/qu'elle **vienn**e	qu'ils/qu'elles **vienn**ent

Some of the most common verbs that follow this pattern are: **prendre**, **voir**, **devoir**, **boire**, **mourir**, **croire**, and **recevoir**. If you check the conjugation of these verbs in the present indicative, you will see that they follow the same pattern there.

> Il faut que la sorcière **prenne** le poison.
> *The witch must **take** the poison.*
>
> Le magicien veut que nous **prenions** la potion magique.
> *The magician wants us **to take** the magic potion.*

Il est important que la princesse **reçoive** la fleur.
*It is important that the princess **get** the flower.*

Je doute que vous **receviez** ce miroir.
*I doubt that you **will receive** this mirror.*

Some other frequently-used verbs have two stems in the subjunctive that are not based on the present indicative, but they follow this same pattern (one stem for **je**, **tu**, **il/elle**, **ils/elles**; another stem for **nous**, **vous**).

aller: **aill-/all-**

Il faut que j'**aille** chez ma fiancée.
*I have **to go** to my fiancée's house.*

Il est important que nous y **allions** ensemble.
*It is important for us **to go** there together.*

vouloir: **veuill-/voul-**

Bien qu'elle **veuille** se marier, elle renvoie les trois jeunes hommes.
*Although she **wants** to marry, she sends the three young men away.*

Elle est étonnée que nous **voulions** tous faire ce qu'elle demande.
*She is surprised that we all **want** to do what she asks.*

3. Irregular verbs

- These commonly-used irregular verbs have only one stem in the subjunctive:

  savoir: **sach-** pouvoir: **puiss-** faire: **fass-**

- The present subjunctive forms of **avoir** and **être** are irregular.

avoir		être	
que j'**aie**	que nous **ayons**	que je **sois**	que nous **soyons**
que tu **aies**	que vous **ayez**	que tu **sois**	que vous **soyez**
qu'il **ait**	qu'ils **aient**	qu'il **soit**	qu'ils **soient**

B. Past subjunctive

The **past tense of the subjunctive** is a compound past tense (like the **passé composé**) and is composed of the present subjunctive of **avoir** or **être** and the past participle of the verb.

Elle est contente qu'ils **soient arrivés** avant son enterrement.
*She is happy that they **arrived** before her burial.*

Ses parents sont étonnés que le jeune homme **ait acheté** une fleur.
*Her parents are surprised that the young man **bought** a flower.*

The **past subjunctive** is used when the action or condition in the subjunctive clause has taken place before the action or state of the main (indicative) clause. For example, in the second sentence above, the parents *are* surprised *now*, in the present, because at some time in the past, the young man *bought* a flower.

> Je suis désolé que vous n'**ayez** pas **trouvé** le sorcier.
> *I am really sorry that you **did** not **find** the sorcerer.*

The speaker is sorry *now* that you did not find the magician *in the past*.

▶ **SELF-CHECK** *Cahier*, Exercises II/III A, B, C, pp. 77–78

IV. Usage of the subjunctive

In modern French, the subjunctive is almost always used in a *dependent* or *subordinate clause* introduced by the conjunction **que**.

NOTE: Not all clauses following **que** will require the subjunctive. In the following sentence, for example, **que** is a *relative pronoun* that refers back to the noun, **garçon**.

> Le garçon **que** la jeune fille aime lui a apporté une fleur.
> *The boy **whom** the girl loves brought her a flower.*

A. The subjunctive is used...

- following expressions of *volition* (will, intent, desire, wish) or *sentiment* (emotion, judgement, appreciation).

> Il **faut qu**'elle nous **dise** qui elle aime.
> *She **must tell** us whom she loves.*

> Ils **ont peur qu**'elle **soit** morte.
> *They **are afraid** she **may be** dead.*

> Ton père **préfère que** tu ne **lises** pas d'histoires de vampires.
> *Your father **prefers that** you not **read** vampire stories.*

Some verbs in this category are: **vouloir**, **désirer**, **préférer**, **aimer mieux**, **ordonner**, **défendre**, **permettre**, **demander**, **insister**, **regretter**, **admirer**.

> Les enfants **veulent que** la cigale **continue à vivre**.
> *Children **want** the cicada **to live**.*

> La fourmi **insiste pour que** la cigale **danse**.
> *The ant **insists that** the cicada **dance**.*

NOTE: The subjunctive is *not* used after the verb **espérer**, which is often followed by the future.

> Il **espère qu**'elle le **prendra** pour mari.
> *He **hopes** she **will take** him as her husband.*

Nous **espérons que** vous **romprez** le charme.
*We **hope that** you **will break** the magic spell.*

Some expressions of volition and emotion that are followed by the subjunctive are: **avoir peur que**, **être heureux que** (also: **être triste/content(e)/désolé(e)/étonné(e)/surpris(e) que**, etc.), **il est bon que** (also: **il est utile/important/nécessaire/dommage/temps que**, etc.), **il vaut mieux que**, **il faut que**.

Je **suis étonné que** tu **croies** à l'existence des loups-garous.
*I **am surprised that** you **believe** in werewolves.*

Il **vaut mieux que** la fourmi **ait** pitié de la cigale.
*It **is better** for the ant **to have** some pity for the cicada.*

- following verbs and expressions that indicate *doubt* or *possibility*. (**il est possible que**, **il se peut que**, **il est peu probable que**).

Il **se peut que** nous **trouvions** une fleur magique.
*It **is possible that** we **may find** a magic flower.*

Je **doute que** le géant **veuille** épouser une naine.
*I **doubt** that the giant **wants** to marry a dwarf.*

Il **est peu probable que** la cigale **puisse** survivre.
*It **is unlikely that** the cicada **can** survive.*

EXCEPTION: The expression **il est probable que** suggests greater certainty and is therefore not followed by the subjunctive.

Il est probable que la fourmi ne **veut** pas aider la cigale.
***It is likely that** the ant **does** not **want** to help the cicada.*

Il est probable que la cigale **mourra** en hiver.
***It is likely that** the cicada **will die** in the winter.*

- with certain conjunctions. Some of the most common are:

bien que, **quoique** *although*
pour que, **afin que** *in order to*
avant que *before*
jusqu'à ce que *until*
sans que *without*
à condition que *provided that*

Bien qu'il **ait** peur, il s'intéresse aux fantômes.
***Although** he **is** afraid, he is interested in ghosts.*

La cigale chante **jusqu'à ce qu'**elle **ait** faim.
*The cicada sings **until** she **is** hungry.*

Le chevalier part **sans que** la princesse le **voie**.
*The knight leaves **without** the princess **seeing** him.*

Avant que nous **arrivions**, le loup **aura dévoré** le Petit Chaperon rouge.
***Before** we **arrive**, the wolf **will have eaten** Little Red Riding Hood.*

NOTE: Traditional grammar books state that the conjunction **après que** is not followed by a verb or a verbal expression in the subjunctive. However, many native speakers of French now use the subjunctive after **après que**.

Some of these conjunctions have equivalent prepositions (with the same meaning) that are used when the subjects of both parts of the sentence are the same. These prepositions are then followed by an infinitive.

Conjunctions (+ Subjunctive)	*Prepositions (+ Infinitive)*
pour que	**pour**
sans que	**sans**
afin que	**afin de**
avant que	**avant de**
à condition que	**à condition de**

Avant de partir, ils embrassent leur fiancée.
***Before leaving**, they kiss their fiancée.*

Afin d'arriver vite, ils montent tous sur le même cheval.
***In order to arrive** quickly, they all get on the same horse.*

Sans attendre, il entre dans sa chambre.
***Without waiting,** he goes into her bedroom.*

A condition de trouver le plus beau cadeau, il pourra se marier avec la belle demoiselle.
***On the condition that he find** the most beautiful gift, he will be able to marry the beautiful damsel.*

NOTE: The preposition **jusqu'à** is followed by a noun.

Jusqu'à leur retour, on la croyait morte.
***Until their return,** they thought she was dead.*

Bien que and **quoique** have no preposition equivalents, which means that they are always followed by the subjunctive even when the subjects of both main and dependent clauses are the same.

Bien qu'elle aime le garçon à la fleur, elle ne l'épousera pas.
***Although she loves** the boy with the flower, she will not marry him.*

Quoique la reine **soit** très riche, elle habite un modeste château.
***Although** the queen **is** very rich, she lives in a modest castle.*

- with superlative statements, since these are judgements and not fact. The opinion could easily change.

C'est **le plus beau prince** qu'elle **connaisse**.
*He is the **handsomest prince** she **knows**.*

Use of the subjunctive is not mandatory in this case.

B. The subjunctive is not used...

- with expressions that indicate certainty (**il est clair que**, **il est évident que**, **il est vrai que**, etc.).

Il est vrai que la fourmi **est** méchante.
***It is true that** the ant **is** mean.*

If expressions of this type are used in the negative, they no longer indicate certainty and therefore require the subjunctive.

Il n'est pas clair que les histoires de fantômes **fassent** peur à tous les enfants.
***It is not clear that** ghost stories **frighten** all children.*

- with the verbs **croire** and **penser** when they are *affirmative*.

  Je **crois** que la fourmi **doit** aider la cigale.
  *I **believe** that the ant **should** help the cicada.*

  Nous **pensons que** le prince **peut** trouver une belle princesse.
  *We **think that** the prince **can** find a beautiful princess.*

Croire and **penser** may also be followed by the subjunctive if they are *negative* or *interrogative* when you want to emphasize doubt or uncertainty.

Il **ne croit pas qu'**elle **aille** au bal avec lui.
*He **does not believe that** she **will go** to the ball with him.*

If you do *not* want to emphasize doubt or uncertainty, use the indicative.

C. Infinitive vs. subjunctive

If the subject of the main clause and the subordinate clause is the same, the infinitive should be used instead of the subjunctive.

The sentences below marked (a) all have one subject for several actions:

subject + conjugated verb + infinitive

The sentences below marked (b) all have two subjects:

subject + conjugated verb + **que** + different subject + conjugated verb (indicative or subjunctive, depending on the meaning of the first verb)

(1 subject: **il**) a. **Il** veut **acheter** un beau cadeau pour sa fiancée.
__He__ wants __to buy__ a beautiful gift for his fiancée.
(__He__ wants and __he__ is buying.)

vs.

(2 subjects: **elle/il**) b. **Elle** veut qu'**il** lui **achète** un beau cadeau.
__She__ wants __him__ to buy her a beautiful gift.
(__She__ wants and __he__ is buying.)

(1 subject: **je**) a. **Je** préfère **lire** des romans historiques.
__I__ prefer __to read__ historical novels. (__I__ prefer and __I__ read.)

vs.

(2 subjects: **je/tu**) b. **Je** préfère que **tu lises** des contes de fées.
__I__ prefer that __you read__ fairy tales. (__I__ prefer and __you__ read.)

(1 subject: **elle**) a. **Elle** est contente de **revoir** sa famille.
__She__ is happy __to see__ her family again (__She__ is happy and __she__ sees.)

vs.

(2 subjects: **ils/elle**) b. **Les parents** sont contents que **leur fille** vive de nouveau.
__The parents__ are happy that __their daughter__ is alive again. (__The parents__ are happy, __the daughter__ lives.)

NOTE: With expressions such as **être** + *adjective* (Elle **est contente/ triste**..., etc.), the preposition **de** must be used in front of the infinitive.

Il est **important de** raconter des contes de fées à vos enfants.
*It is **important** to tell fairy tales to your children.*

Nous sommes **tristes de** devoir partir.
*We are **sad** to have to leave.*

However, with many other verbs commonly used with infinitives to replace the subjunctive, there is no preposition needed.

Il **faut** trouver un cadeau.
Je **préfère** chanter.
Nous **voulons** raconter une histoire.

▶ **SELF-CHECK** *Cahier*, Exercises IV A, B, C, pp. 79–81

Summary: subjunctive vs. indicative/infinitive

- If a sentence has two different subjects: one in the main clause, another in the dependent clause...

1. use the *indicative* in the *dependent* clause when the main verb expresses:

certainty	**Il est certain que**
probability	**Il est probable que**
thinking	**Je crois que; Je pense que**
declaring	**Je dis que; J'annonce que**
hoping	**J'espère que**

2. use the *subjunctive* in the *dependent* clause when the main verb expresses:

doubt	**Je doute que**
possibility	**Il est possible que**
emotion	**Je regrette que**
fear	**Elle craint que**
will	**Je veux que**
command	**Elle exige que**

- If a sentence has one subject for two verbs, use an *infinitive* after the main verb:

Il **veut se marier**.
*He **wants to get married**.*

La cigale **espère trouver** de quoi manger chez la fourmi.
*The cicada **hopes to find** something to eat at the ant's place.*

Il **est** important **de** ne pas **faire peur** aux enfants.
*It **is** important not **to frighten** children.*

Chapitre 8 Structures

TOPICS:
- I. Verb review: ***vivre, venir***
- II. Adverbs
- III. Comparison of adverbs
- IV. Comparison of nouns
- V. Demonstrative pronouns
- VI. Le mot juste: ***plaire à***

I. Verb review

A. The verb **vivre** is irregular in the present tense. It has one stem in the singular: **vi-** and another in the plural: **viv-**.

je vis	nous vivons
tu vis	vous vivez
il/elle vit	ils/elles vivent
Past participle: vécu	

B. The verb **venir** (and verbs built on this same root: **revenir**, **devenir**, **se souvenir [de]**, **tenir**, **soutenir**, **obtenir**) is irregular in the present tense. All these verbs have one stem for **je**, **tu**, **il**, **ils** and another for **nous** and **vous**.

je v**ien**s	nous v**en**ons
tu v**ien**s	vous v**en**ez
il/elle v**ien**t	ils/elles v**ienn**ent
Past participles: venu (revenu, devenu, souvenu, tenu, soutenu, obtenu)	

NOTE: Verbs built on **venir** (**revenir**, **devenir**, **se souvenir**) are conjugated with **être** in the passé composé (Elle **est venue** chez nous pour le mariage.) and those built on **tenir** (**soutenir**, **obtenir**) are conjugated with **avoir**. (Mes parents m**'ont** toujours **soutenu**.)

▶ **SELF-CHECK** *Cahier*, Exercise I, p. 87

II. Adverbs

An adverb is an invariable word that modifies an adjective, a verb, or another adverb.

A. Adverb type

There are several categories of adverbs:

Manner:	**bien, mal, poliment**...
Quantity:	**beaucoup, peu, trop, très**...
Time:	**tôt, hier, souvent, aujourd'hui, demain**...
Place:	**ici, là-bas, partout**...

Some adverbs do not fit into a particular category. **Peut-être**, **aussi**, **oui**, and **non** are examples of adverbs of this type.

B. Adverb formation

Many (but not all) adjectives can be transformed into adverbs by adding certain endings, as described below.

- Most adjectives ending in a *vowel* form their adverb by adding **-ment** to their *masculine* form:

vrai + **ment** = **vraiment**
poli + **ment** = **poliment**

- Many adjectives ending in a *consonant* form their adverb by adding **-ment** to their *feminine* form:

heureux **heureuse** + **ment** = **heureusement**
sûr **sûre** + **ment** = **sûrement**

Some exceptions:

bref **briève** + **ment** = **brièvement**
dur *(no change)* = **dur**
gentil **genti** + **ment** = **gentiment**

- Some adjectives ending in a consonant add **-ément** to their masculine form:

confus + **ément** = **confusément**
précis + **ément** = **précisément**
profond + **ément** = **profondément**

- Adjectives ending in **-ent** change **-ent** to **-emment**:

récent **réc** + **emment** = **récemment**
impatient **impati** + **emment** = **impatiemment**

An exception:

lent **lente** + **ment** = **lentement**

■ Adjectives ending in **-ant** change **-ant** to **-amment**:

constant **const** + **amment** = **constamment**
méchant **méch** + **amment** = **méchamment**

Some combinations of words (nouns, adjectives, prepositions, adverbs, etc.) can be used as adverbial expressions:

avec joie
sans doute
petit à petit

NOTE: The adjective **possible** cannot be transformed into an adverb. To say *possibly*, use **probablement** or **peut-être**.

C. Adverb position

When an adverb modifies a verb, its position in the sentence is somewhat variable for stylistic effect, for instance to emphasize something. The following "rules" present the most common placement.

■ Usually an adverb immediately follows the verb it modifies in simple verb tenses (present, imperfect, future, conditional):

Elle se dispute **violemment** avec ses parents.
Je supporte **mal** les opinions de mon père.
Ma grande sœur m'écoute **patiemment** quand je me fais du souci.

■ With compound tenses (passé composé, plus-que-parfait, future past, past conditional), shorter adverbs generally are placed between the auxiliary and the past participle:

Nous avons **bien** expliqué pourquoi nous voulions déménager.
Tu t'es **vite** habitué à vivre seul.

■ Longer adverbs of *manner* (how something is done) often ending in **-ment** can also be placed after the past participle.

Il a parlé **constamment** de ses problèmes avec ses parents.

■ Adverbs of *time* and *place* are usually put at the beginning or at the end of a sentence, but can also be placed after the past participle, depending on what you want to emphasize.

Aujourd'hui je m'entends bien avec ma sœur.
Ils ne veulent pas s'installer **ici**.
Elle s'est habituée **tôt** à ses nouvelles responsabilités.

NOTE: In French, unlike English, an adverb is NEVER placed between a subject and a verb. Compare:

I ***always*** *obey my mother.*
J'obéis **toujours** à ma mère.

Adverb Placement		
Simple verb tenses:	subject + verb + adverb	Je chante **souvent**. Je ne chante pas **souvent**.
Compound verb tenses:	subject + auxiliary + short adverb + past participle	J'ai **souvent** chanté. Je n'ai pas **souvent** chanté.
	subject + auxiliary + past participle + long adverb	J'ai chanté **bruyamment**. Je n'ai pas chanté **bruyamment**.

▶ **SELF-CHECK** *Cahier*, Exercises II A, B, C, pp. 87–88

III. Comparison of adverbs

■ To compare how something is done, the adverb is preceded by the same forms used to compare adjectives (see *Structures*, Chapter 2, p. 156).

aussi + adverb + **que**	**plus** + adverb + **que**	**moins** + adverb + **que**
(equality)	*(superiority)*	*(inferiority)*

Sa petite sœur répond **aussi** poliment aux questions **que** son frère.
Elle s'est mariée **plus** tôt **que** moi.
Mes grands-parents nous grondent **moins** souvent **que** mes parents.

NOTE: The adverb **bien** becomes **mieux** in comparisons of superiority.

Elle s'entend **mieux** avec ses parents **que** son frère.
She gets along ***better*** *with her parents* ***than*** *her brother (does).*

■ To state that something is done in the best, the worst, the fastest way, the most often, etc., in other words, to state a superlative, use **le plus** + adverb + (**de**) or **le moins** + adverb + (**de**)

Dans ma famille, c'est ma tante qui me comprend **le mieux**.
In my family, my aunt understands me ***the best***.

De nous tous, c'est mon petit frère qui crie **le plus fort** quand il se fâche.
My little brother yells ***the loudest of*** *us all when he gets mad.*

C'est oncle Albert qui conduit **le moins prudemment de** tous mes oncles.
It is Uncle Albert who drives ***the least carefully of*** *all my uncles.*

Je m'entends **le mieux** avec mon père.
I get along ***best*** *with my father.*

▶ **SELF-CHECK** *Cahier*, Exercise III A, B, pp. 89–90

IV. Comparison of nouns

■ To compare nouns, use:

autant de + noun + **que**	**plus de** + noun + **que**	**moins de** + noun + **que**
(equality)	*(superiority)*	*(inferiority)*

Il a **autant de** cousins **que** moi.
*He has **as many** cousins **as** I (do).*

Dans une famille recomposée, il y a souvent **plus d**'enfants **que** dans une famille monoparentale.
*In a blended family, there are often **more** children **than** in a single-parent family.*

Autrefois il y avait **moins de** divorces **qu**'aujourd'hui.
*In earlier times there were **fewer** divorces **than** today.*

■ To talk about something or someone that has the most or the least (superlative), use:

le plus de + noun + (**de**)	**le moins de** + noun + (**de**)
(superiority)	*(inferiority)*

Ma belle-mère a **le plus de** confiance **de** la famille.
*My step-mother has **the most** self-confidence **in** the family.*

Mon beau-père a **le moins de** temps.
*My father-in-law has **the least** (amount of) time.*

Cette mère célibataire a **le moins d**'argent.
*This single mother has **the least** (amount of) money.*

▶ **SELF-CHECK** *Cahier*, Exercises IV, A, B, p. 91

V. Demonstrative pronouns

A. Forms

By this point in your study of French, you are adept at using demonstrative adjectives **(ce, cet, cette, ces)** to modify nouns.

Cet enfant est plus sympathique que sa sœur.
Cette famille nombreuse se débrouille bien.
J'admire **ces** femmes au foyer.

In order to avoid unnecessary repetition, these adjectives and the nouns they modify can be replaced by demonstrative pronouns. The demonstrative pronouns in French are:

	Masculine	*Feminine*
Singular	**celui**	**celle**
Plural	**ceux**	**celles**

B. Usage

Demonstrative pronouns can be used in three ways:

- followed by **-ci** or **-là** to make a distinction between two people or things:

    Regardez ces deux enfants. **Celui-ci** est plus sage que **celui-là**.
    *Look at these two children. **This one** is better behaved than **that one**.*

    Je connais ses sœurs et je trouve **celle-ci** plus sympa que **celle-là**.
    *I know her sisters and find **this one** nicer than **that one**.*

- followed by **de**:

    Les jeunes d'aujourd'hui quittent la maison plus tard que **ceux d**'il y a 30 ans.
    *Young people today leave home later than **those of** thirty years ago.*

    La nouvelle copine de ton frère cadet est plus amusante que **celle de** ton frère aîné.
    *Your younger brother's girlfriend is more fun than your older brother'**s**.*

- followed by a *relative pronoun* (**qui**, **que**, **dont**: see *Structures*, Chapter 6, p. 195):

    Mon nouveau colocataire paie le loyer plus régulièrement que **celui qui** a déménagé.
    *My new housemate pays the rent more regularly than **the one who** moved.*

    Mes cousins de Montpellier sont **ceux que** j'ai vus à Noël.
    *My cousins from Montpellier are **the ones (that)** I saw at Christmas.*

    Un père autoritaire typique est **celui auquel** les enfants obéissent.
    *A typical authoritarian father is **the one whom** the children obey.*

▶ **SELF-CHECK** *Cahier*, Exercises V A, B, p. 92

VI. Le mot juste: *plaire à*

In English, we say that something or someone *pleases us*; the French say that something or someone is *pleasing to them*. Therefore the verb *to please* (**plaire**) requires the use of the preposition **à**, or an indirect object pronoun, to say who is pleased.

> Est-ce que ton beau-père **te plaît**?
> *Does your father-in-law **please you**?*
>
> Mes copains ne **plaisent** pas toujours **à mes parents**.
> *My friends do not always **please my parents**.*

NOTE: The verb **plaire** is usually used to mean *to be happy with*. The above examples could be translated as:

> *Are you **happy with**/do you **like** your father-in-law?*
> *My parents **are** not always **happy with**/do not always **like** my friends.*

The usage of this verb is like that of **manquer à** (*Structures* Chapter 3, p. 169): the word that functions as an indirect object in French functions as the subject of the equivalent sentence in English.

Chapitre 9

Structures

TOPICS:
- **I. Verb review: *vaincre, convaincre***
- **II. What is a function?**
- **III. Requesting information**
- **IV. Hypothesizing**
- **V. Describing**
- **VI. Expressing opinions or reactions**
- **VII. Disagreeing**
- **VIII. Narrating**

I. Verb review

In the context of international relations, war, and peace, the verbs **vaincre** and **convaincre** are frequently found. These two verbs are conjugated the same way. For consistency of pronunciation, they have two stems—one for the singular and the other for the plural.

Present tense:	je **vainc**s	nous **vainq**uons
	tu **vainc**s	vous **vainq**uez
	il/elle **vainc**	ils/elles **vainq**uent
Past participle:	vaincu	

The other indicative tenses, as well as the subjunctive, are regular in their formation.

imperfect: ils **vaincaient**
future: ils **vaincront**
subjunctive: que je **vainque**

▶ **SELF-CHECK** *Cahier*, Exercise I, pp. 104–105

II. What is a function?

This final chapter of *Sur le vif* is designed to help you review many of the structures of earlier chapters. Instead of presenting additional forms, the *Structures* section is organized around the concept of functions or communicative acts, to encourage you to reflect on the "why" (the function of what you have been studying) more than on the "what"(tenses, adjectives, adverbs, pronouns, etc.) or the "how"(conjugations, agreements, formation, etc.).

For example:

STRUCTURES	FUNCTIONS
Adjectives, adverbs, relative clauses	describing something or someone
Subjunctive	expressing opinions reacting to a statement or event
Conditional	hypothesizing, saying how things could be or could have been
Imperative	telling someone to do something
Negative forms	disagreeing, contradicting

Instead of studying language in terms of its structures or grammatical forms, it is important to consider how or for what purpose language is used. When we speak we always do so for a reason (a purpose or a goal). These purposes are called functions.

In order to achieve our goals in speaking, we must use correct grammar, otherwise our message might be lost or misunderstood. You have now studied most of the important grammar structures in French. We will look at them once more with their functions in mind.

Functions are broad categories, and many different forms can be used to carry them out. Just because the **subjunctive** is listed with one function (*persuading*, for instance), does not mean it cannot be used for another (*expressing emotion*, or *giving commands*). As you read through these pages, refer back, as needed, to the chapters in which the structures mentioned are reviewed. The cross-references are there to help you. You are the best judge of which of these forms you need to study more. The workbook provides an opportunity to check your mastery of the grammar structures and their uses, as in the earlier chapters.

III. Requesting information

We often need to ask for information: directions to a place, how to do things, details about a present, past or future event, clarification of something we have not understood, etc. Interrogative forms allow us to carry out this very frequent communicative act.

To get confirmation or contradiction, ***yes*** or ***no*** questions are all you need:

> **Est-ce que** vous pensez que l'ONU doit envoyer des soldats chaque fois qu'il y a une crise?
> **A-t-on** encore besoin d'armes nucléaires?

To get an answer that provides more information, an ***interrogative adverb*** (**comment, où, pourquoi, quand**, etc.), an ***interrogative pronoun*** (**qui, que, lequel**, etc.), or an ***interrogative adjective*** (**quel**, etc.) can be used.

> **Quand** va-t-on signer le traité?
> **Pourquoi** sont-ils ennemis?
> **Combien de** pays sont membres de l'UE?
> **Qui** partira avec Médecins sans frontières?
> **Que** veut dire ONG?
> **Quelle** est la date de la Journée de l'Europe?

(For a complete presentation of interrogative forms, see Chapitre 2 Structures, pp. 157–161.)

▶ **SELF-CHECK** *Cahier*, Exercise III, p. 105

IV. Hypothesizing

When we think how things might be, or how they might have been, how we would do something, how something should be, we make **hypotheses** or suppositions. We may be asked: If you had this problem, what would you do? or: If you had to do this over, what would you do differently? To suggest ***how things could be*** if certain conditions were fulfilled, the ***conditional*** mood is used. This is helpful when you ***speculate*** about the future rather than presenting a more certain view of how things will be (for that, you need the future tense.)

> Les élèves **décoreraient** leurs écoles et **apprendraient** l'hymne européen.
> *Pupils **would decorate** their schools and **would learn** the European anthem.*

> Si on n'avait plus de frontières, on n'**aurait** pas besoin de passeports.
> *If there were no longer any borders, one **would** not need passports.*

> Les pays du tiers-monde **pourraient** nourrir leurs populations s'ils n'achetaient pas d'armes.
> *Third world countries **could** feed their populations if they did not buy weapons.*

To suggest how things would have been in the past, had the situation been different, use the ***past conditional***.

> Si les Etats-Unis n'avaient pas déclaré la guerre à l'Allemagne, l'armée allemande **aurait vaincu** la Russie.
> *If the United States had not declared war on Germany, the German army **would have defeated** Russia.*

> Elle ne **serait** pas **partie** avec Médecins sans frontières si elle n'avait pas fait des études de médecine.
> *She **would** not **have gone** with Doctors Without Borders if she had not studied medicine.*

(For a complete presentation of the conditional, see Chapitre 5 Structures, pp. 183–187.)

▶ **SELF-CHECK** *Cahier*, Exercise IV, pp. 106–107

V. Describing

When we want to describe places, people, and events, we can use many different grammar structures to make our speech more precise and to add details that could interest our listeners.

- **Adjectives** typically modify nouns, that is, people or things. In French, adjectives must agree in gender (masculine or feminine) and number (singular or plural) with the nouns they modify.

> L'Europe est une **grande** puissance **économique**.
> *Europe is a **major** economic **power**.*
>
> Les affaires **étrangères** ne m'intéressent pas.
> ***Foreign** affairs don't interest me.*
>
> En 1950, la France et l'Allemagne ont créé une institution **européenne supranationale**.
> *In 1950, France and Germany created a **supranational European** institution.*

(For a more complete presentation of adjectives, see Chapitre 2 Structures, pp. 151–155.)

- Another structure that allows you to enrich a description is the **relative clause.**

> Chaque pays **qui choisit de devenir membre de l'UE** respecte les objectifs de la paix.
> *Each country **that chooses to become a member of the EU** respects the goals of peace.*
>
> La Journée de l'Europe est une fête **où les personnes et les cultures des différentes régions de l'Europe peuvent se rencontrer**.
> *The Day of Europe is a holiday **when people and cultures of different regions of Europe can meet.***
>
> Les volontaires **que cherchent Médecins sans frontières** ont déjà de l'expérience.
> *The volunteers **that Doctors Without Borders is looking for** already have experience.*

(For a more complete presentation of relative clauses, see Chapitre 6 Structures, pp. 197–200.)

■ A third way to produce a more detailed description is to use an adverb. **Adverbs** tell how something is done or give more information about an action.

Marie-Hélène a **beaucoup** voyagé et elle est **déjà** partie au Mali.
*Marie-Hélène has traveled **a lot** and she has **already** left for Mali.*

Les citoyens européens se connaissent **mieux aujourd'hui**.
*The citizens of Europe know each other **better today**.*

On utilisera l'euro **seulement** en 2002.
*The euro will **only** (begin to) be used in 2002.*

Certains pays sont **cruellement** déchirés par la guerre.
*Certain countries are **cruelly** torn apart by war.*

(For a more complete presentation of adverbs, see Chapitre 8 Structures, pp. 211–213.)

■ When you compare two or more things, people, or actions, you are also describing.

L'Europe est **aussi grande que** l'Inde mais **plus riche**.
*Europe is **as large as** India but **richer**.*

Les Français ont **plus de** vacances **que** les Anglais.
*The French have **more** vacation (days) **than** the British.*

(For a more complete presentation of comparisons, see Chapitre 2 Structures, pp. 155–156, and Chapitre 8 Structures, p. 214)

Descriptions and tenses

■ Descriptions are not limited to the present tense. When you describe something that happened in the past, you use a past tense, usually the **imperfect**.

César, Charlemagne et Napoléon **voulaient** conquérir tous les pays d'Europe.
*Cesar, Charlemagne, and Napoleon **wanted** to conquer all the countries of Europe.*

Il y **avait** une soixantaine de personnes à la réunion.
*There **were** about sixty people at the meeting.*

(For a more complete presentation of the imperfect tense, see Chapitre 3 Structures, pp. 164–167.)

■ Of course you can also describe in the future, using the **future** tense.

Les transactions bancaires **seront** plus faciles avec l'euro.
*Bank transactions **will be** easier with the euro.*

Un jour il y **aura** la paix entre Israël et la Syrie.
*One day there **will be** peace between Israel and Syria.*

(For a more complete presentation of the future, see Chapitre 5 Structures, pp. 183–187.)

▶ **SELF-CHECK** *Cahier*, Exercises V A, B, C, D, pp. 106–109

VI. Expressing opinions or reactions

When we want to say how an action or a statement makes us feel, or give our point of view about something we have seen or heard, we often use the **subjunctive**.

Nous **sommes heureux** que les Français et les Allemands **puissent** se parler.
*We **are happy** that the French and the Germans **can** talk to each other.*

Il **est important** que l'Europe **soit** forte.
*It is **important** that Europe **be** strong.*

Je **crains** que les forces de maintien de la paix **soient** trop timides.
*I **am afraid** that the peace-keeping forces **are** too timid.*

Sometimes, however, an **infinitive** is used after these expressions instead of a conjugated verb in the subjunctive.

Il **faut passer** au moins six mois dans le pays pour être utile.
*One **must spend** at least six months in the country to be useful.*

Elle **regrette** de ne pas **avoir étudié** la médecine.
*She **regrets** not **having studied** medicine.*

(For a more complete presentation of the subjunctive, see Chapitre 7 Structures, pp. 201–209.)

▶ **SELF-CHECK** *Cahier*, Exercise VI, p. 110

VII. Disagreeing

You also express an opinion when you disagree or contradict someone else. To do this you may use a **negative** construction.

On **ne** se battra **plus**.
*There will be **no more** fighting.*

Nous pensons que la paix **ne** s'établira **jamais** tout à fait dans les Balkans.
*We think that peace will **never** completely come to the Balkans.*

Je crois qu'on ne cherche **ni** psychologues **ni** avocats chez MSF.
*I think that Doctors Without Borders is looking **neither** for psychologists **nor** for lawyers.*

(For a more complete presentation of the negative, see Chapitre 6 Structures, pp. 194–197.)

VIII. Narrating

We spend a great deal of time telling others about something that will happen or is happening in our lives, or recounting an episode from our past. This narration is done in a variety of tenses, depending on the time frame of the events.

Present tense narration is what we do when we tell someone about what is going on right now.

Ils **signent** le traité.
*They **sign** the treaty.*

Un des diplomates **pose** une question.
*One of the diplomats **is asking** a question.*

Ils **appellent** la France et l'Allemagne à travailler ensemble.
*They **are calling on** France and Germany to work together.*

(For a more complete presentation of the present tense, see Chapitre 1 Structures, pp. 143–146.)

Past tense narration uses a variety of tenses (imperfect, passé composé, pluperfect, and passé simple) to locate events in the past and relate them to each other.

Stéphane **a parlé** pendant un quart d'heure du travail qu'il **avait fait** au Togo.
*Stéphane **spoke** for fifteen minutes about the work he **had done** in Togo.*

Jules César, Charlemagne et Napoléon **ont essayé** d'unir l'Europe, mais les vaincus **voulaient** recouvrer leur autonomie.
*Julius Cesar, Charlemagne, and Napoleon **tried** to unite Europe, but the conquered (countries) **wanted** to regain their autonomy.*

L'Europe **s'était développée** sans règles ni institutions.
*Europe **had developed** without rules or institutions.*

(For a more complete presentation of the imperfect, passé composé, and pluperfect, see Chapitre 3 Structures, pp. 162–169.)

The passé simple is often found in historic, literary, and expository narrative texts when the author uses a more careful, formal style.

La proposition **emporta** l'adhésion et **fut** à l'origine de la construction européenne.
The proposal ***met*** *with success and* ***was*** *the origin of the building of Europe.*

(For a more complete presentation of the passé simple, see Chapitre 5 Structures, pp. 190–192.)

Future tense narration uses either the simple future (more frequent in written narration), the **futur proche** (**aller** + infinitive), or a verb that suggests future time.

Nous **utiliserons** l'euro à partir de 2002.
We ***will use*** *the euro starting in 2002.*

Des jeunes Français et Allemands **chanteront** l'hymne européen.
French and German young people ***will sing*** *the European anthem.*

Je **vais passer** un an avec Médecins sans frontières.
I ***am going to spend*** *a year with Doctors Without Borders.*

Vous **projetez de** travailler en Europe.
You ***are planning*** *to work in Europe.*

(For a more complete presentation of the future, see Chapitre 5 Structures, pp. 183–187.)

▶ **SELF-CHECK** *Cahier*, Exercises VIII A, B, C, pp. 112–114

Conclusion

By now you are aware that language does not come in discrete "chunks." It is hard to isolate one grammar point from all the others since often several are needed all at once to express your meaning. To communicate, you call upon the various forms you have learned. As you continue your study of French, you will find that using more complex language both orally and in writing will become more and more natural. *Bonne route!*

Appendix A Prepositions

Appendix B Present Participles

Appendix C Verb Conjugations

Lexique français-anglais

Indices

Appendix A

PREPOSITIONS

I. Verbs that take prepositions in *one* language only

A. In English, there are many verbs which require a preposition after them, whereas in French, that preposition is included in the meaning of the verb itself.

Here are the most common examples:

attendre	*to wait* ***for***
chercher	*to look* ***for***
demander	*to ask* ***for***
descendre	*to go* ***down;*** *to get* ***off***
écouter	*to listen* ***to***
monter (dans)	*to go* ***up;*** *to get* ***into***
payer	*to pay* ***for***
regarder	*to look* ***at;*** *to watch*

B. Many French verbs require prepositions where the English equivalent does not.

Here are some examples of these verbs:

assister **à**	*to attend*
changer **de**	*to change* (+ *object*)
commencer **à**	*to start*
entrer **dans**	*to enter*
finir **par**	(+ *infinitive*) *to end up*
jouer **à**	*to play* (*a sport*)
jouer **de**	*to play* (*a musical instrument*)
obéir **à**	*to obey*
rendre service **à**	*to help*
rendre visite **à**	*to visit* (*someone*)
répondre **à**	*to answer*
téléphoner **à**	*to call someone (on the phone)*

II. Verbs requiring preposition + *infinitive*

Many verbs in French require a preposition between the verb and a following infinitive. No general rule exists to determine which preposition goes with which verb, so it is a good idea to learn the ones you use most frequently and to check a dictionary in case of doubt.

A. Some verbs require the preposition **à** if they are followed by an infinitive.

aider qqn à	s'habituer à
s'amuser à	hésiter à
apprendre à	s'intéresser à
s'attendre à	inviter à
arriver à	se mettre à
encourager à	réussir à
enseigner à	tenir à

Je n'arrive pas **à comprendre** les mathématiques.

B. Other verbs require the preposition **de** if they are followed by an infinitive.

accepter de	essayer de
s'arrêter de	finir de
cesser de	oublier de
craindre de	regretter de
se dépecher de	rêver de
empêcher qqn de	venir de

J'ai essayé **d'aller** à Paris.

C. A few verbs allow a choice of **à** or **de** if followed by an infinitive.

commencer à/de
continuer à/de
se décider à/décider de

D. Some verbs require two prepositions, one in front of the *following noun* and the other in front of the *following infinitive*. This forms a double construction:

verb + **à** + *noun* + **de** + *infinitive*

conseiller à... de...	ordonner à... de...
défendre à... de...	permettre à... de...
demander à... de...	promettre à... de...
dire à... de...	refuser à... de...
écrire à... de...	reprocher à... de...
interdire à... de...	suggérer à... de...

La mère défend **à** ses enfants **de** manger du chocolat.
Il refuse **d'**obéir **à** sa mère.

PRESENT PARTICIPLES

I. What is a Present Participle?

The *present participle* is a verbal form (also called a *gerund*), similar to the *-ing* form in English with no stated subject:

Je mange toujours **en regardant** la télé.
*I always eat **while watching** TV.*

En répondant immédiatement, j'ai évité une amende.
***By answering** immediately, I avoided a fine.*

NOTE: This is *not* the same as the present or the imperfect verb tenses, which can also be translated with an *-ing* verb form:

Elle **chante** toujours.
*She **is** always **singing**.*

Il m'a téléphoné pendant que je **prenais** une douche.
*He called me while I **was taking** a shower.*

II. How is a Present Participle formed?

The present participle form is based on the **nous** form of the present tense. The **-ons** ending is dropped, and **-ant** is added.

Il a gagné une médaille **en courant** plus vite que les autres.
*He won a medal **by running** faster than the others.*

nous *form*	*Present participle*
nous parl~~**ons**~~ →	parl**ant**
nous finiss~~**ons**~~ →	finiss**ant**
nous entend~~**ons**~~ →	entend**ant**

There are three irregular present participles:

être:	**étant**
avoir:	**ayant**
savoir:	**sachant**

III. How is a Present Participle used?

In French, the present participle is not used as often as in English. Two of the most common uses are:

A. As an adjective, which means it agrees with the noun it modifies.

Ces devoirs sont **fatigants**.
C'est une personne **charmante**.

B. As a gerund (like the English present participle), usually preceded by the preposition **en**. In this case, the present participle is invariable. Note the English translations.

Je prends toujours mon dîner **en écoutant** de la musique.
*I always have dinner **while listening** to music.*

En travaillant tout l'été, j'ai gagné assez d'argent pour payer mon voyage.
***By working** all summer, I earned enough money to pay for my trip.*

L'appétit vient **en mangeant**. *(French proverb)*
***Eating** stimulates the appetite.*

VERB CONJUGATIONS

Verbs marked with an asterisk (*) are conjugated with **être** in compound past tenses; all others are conjugated with **avoir**. Verbs marked with a plus sign (+) are stem-change verbs, meaning that there are two stems in the present tense, as well as in other tenses using these stems. If the verb you are looking for is not listed below, look for one with a similar ending.

accueillir [past part. accueilli / pres. part. accueillant]

to welcome, to greet

Like **accueillir** is **cueillir** [past part. **cueilli** / pres. part. **cueillant**] *(to pick, to gather)*

Present indicative
j'accueille
tu accueilles
il/elle accueille
nous accueillons
vous accueillez
ils/elles accueillent

Imperfect
j'accueillais
tu accueillais
il/elle accueillait
nous accueillions
vous accueilliez
ils/elles accueillaient

Passé composé
j'ai accueilli
tu as accueilli
il/elle a accueilli
nous avons accueilli
vous avez accueilli
ils/elles ont accueilli

Passé simple
j'accueillis
tu accueillis
il/elle accueillit
nous accueillîmes
vous accueillîtes
ils/elles accueillirent

Future
j'accueillerai
tu accueilleras
il/elle accueillera
nous accueillerons
vous accueillerez
ils/elles accueilleront

Conditional
j'accueillerais
tu accueillerais
il/elle accueillerait
nous accueillerions
vous accueilleriez
ils/elles accueilleraient

Present subjunctive
que j'accueille
que tu accueilles
qu'il/elle accueille
que nous accueillions
que vous accueilliez
qu'ils/elles accueillent

Imperative
accueille
accueillons
accueillez

agir [past part. agi / pres. part. agissant] *to act*

Like **agir** are **finir** [past part. **fini** / pres. part. **finissant**] *(to finish)* and about 300 other verbs. Regular –**ir** and –**er** verbs are the most frequent conjugations.

Present indicative
j'agis
tu agis
il/elle agit
nous agissons
vous agissez
ils/elles agissent

Imperfect
j'agissais
tu agissais
il/elle agissait
nous agissions
vous agissiez
ils/elles agissaient

Passé composé
j'ai agi
tu as agi
il/elle a agi
nous avons agi
vous avez agi
ils/elles ont agi

Passé simple
j'agis
tu agis
il/elle agit
nous agîmes
vous agîtes
ils/elles agirent

Future
j'agirai
tu agiras
il/elle agira
nous agirons
vous agirez
ils/elles agiront

Conditional
j'agirais
tu agirais
il/elle agirait
nous agirions
vous agiriez
ils/elles agiraient

Present subjunctive
que j'agisse
que tu agisses
qu'il/elle agisse
que nous agissions
que vous agissiez
qu'ils/elles agissent

Imperative
agis
agissons
agissez

aller* [past part. allé(e)(s) / pres. part. allant] *to go*

Like **aller** is **s'en aller*** *(to go away)*

Present indicative
je vais
tu vas
il/elle va
nous allons
vous allez
ils/elles vont

Imperfect
j'allais
tu allais
il/elle allait
nous allions
vous alliez
ils/elles allaient

Passé composé
je suis allé(e)
tu es allé(e)
il/elle est allé(e)
nous sommes allé(e)s
vous êtes allé(e)(s)
ils/elles sont allé(e)s

Passé simple
j'allai
tu allas
il/elle alla
nous allâmes
vous allâtes
ils/elles allèrent

Future
j'irai
tu iras
il/elle ira
nous irons
vous irez
ils/elles iront

Conditional
j'irais
tu irais
il/elle irait
nous irions
vous iriez
ils/elles iraient

Present subjunctive
que j'aille
que tu ailles
qu'il/elle aille
que nous allions
que vous alliez
qu'ils/elles aillent

Imperative
va
allons
allez

s'appeler*+ [past part. appelé / pres. part. appelant] *to be called, named*

Like **s'appeler** is **appeler**+ *(to call)*, **se rappeler***+ [past part. **rappelé(e)(s)** / pres. part. **rappelant**] *(to recall, to remember)*

Present indicative
je m'appelle
tu t'appelles
il/elle s'appelle
nous nous appelons
vous vous appelez
ils/elles s'appellent

Imperfect
je m'appelais
tu t'appelais
il/elle s'appelait
nous nous appelions
vous vous appeliez
ils/elles s'appelaient

Passé composé
je me suis appelé(e)
tu t'es appelé(e)
il/elle s'est appelé(e)
nous nous sommes appelé(e)s
vous vous êtes appelé(e)(s)
ils/elles se sont appelé(e)s

Passé simple
je m'appelai
tu t'appelas
il/elle s'appela
nous nous appelâmes
vous vous appelâtes
ils/elles s'appelèrent

Future
je m'appellerai
tu t'appelleras
il/elle s'appellera
nous nous appellerons
vous vous appellerez
ils/elles s'appelleront

Conditional
je m'appellerais
tu t'appellerais
il/elle s'appellerait
nous nous appellerions
vous vous appelleriez
ils/elles s'appelleraient

Present subjunctive
que je m'appelle
que tu t'appelles
qu'il/elle s'appelle
que nous nous appelions
que vous vous appeliez
qu'ils/elles s'appellent

Imperative
appelle-toi
appelons-nous
appelez-vous

apprendre see prendre

s'asseoir*+ [past part. assis / pres. part. asseyant] *to sit down*

Present indicative
je m'assieds
tu t'assieds
il/elle s'assied
nous nous asseyons
vous vous asseyez
ils/elles s'asseyent

Imperfect
je m'asseyais
tu t'asseyais
il/elle s'asseyait
nous nous asseyions
vous vous asseyiez
ils/elles s'asseyaient

Passé composé
je me suis assis(e)
tu t'es assis(e)
il/elle s'est assis(e)
nous nous sommes assis(es)
vous vous êtes assis(e)(s)
ils/elles se sont assis(es)

Passé simple
je m'assis
tu t'assis
il/elle s'assit
nous nous assîmes
vous vous assîtes
ils/elles s'assirent

Future
je m'assiérai
tu t'assiéras
il/elle s'assiéra
nous nous assiérons
vous vous assiérez
ils/elles s'assiéront

Conditional
je m'assiérais
tu t'assiérais
il/elle s'assiérait
nous nous assiérions
vous vous assiériez
ils/elles s'assiéraient

Present subjunctive
que je m'asseye
que tu t'asseyes
qu'il/elle s'asseye
que nous nous asseyions
que vous vous asseyiez
qu'ils/elles s'asseyent

Imperative
assieds-toi
asseyons-nous
asseyez-vous

avoir [past part. eu / pres. part. ayant] *to have*

Present indicative
j'ai
tu as
il/elle a
nous avons
vous avez
ils/elles ont

Imperfect
j'avais
tu avais
il/elle avait
nous avions
vous aviez
ils/elles avaient

Passé composé
j'ai eu
tu as eu
il/elle a eu
nous avons eu
vous avez eu
ils/elles ont eu

Passé simple
j'eus
tu eus
il/elle eut
nous eûmes
vous eûtes
ils/elles eurent

Future
j'aurai
tu auras
il/elle aura
nous aurons
vous aurez
ils/elles auront

Conditional
j'aurais
tu aurais
il/elle aurait
nous aurions
vous auriez
ils/elles auraient

Present subjunctive
que j'aie
que tu aies
qu'il/elle ait
que nous ayons
que vous ayez
qu'ils/elles aient

Imperative
aie
ayons
ayez

commencer+ [past part. commencé / pres. part. commençant] *to begin*

Like **commencer** is **recommencer+** [past part. **recommencé** / pres. part. **recommençant**] *(to begin again, start over)*

Present indicative
je commence
tu commences
il/elle commence
nous commençons
vous commencez
ils/elles commencent

Imperfect
je commençais
tu commençais
il/elle commençait
nous commencions
vous commenciez
ils/elles commençaient

Passé composé
j'ai commencé
tu as commencé
il/elle a commencé
nous avons commencé
vous avez commencé
ils/elles ont commencé

Passé simple
je commençai
tu commenças
il/elle commença
nous commençâmes
vous commençâtes
ils/elles commencèrent

Future
je commencerai
tu commenceras
il/elle commencera
nous commencerons
vous commencerez
ils/elles commenceront

Conditional
je commencerais
tu commencerais
il/elle commencerait
nous commencerions
vous commenceriez
ils/elles commenceraient

Present subjunctive
que je commence
que tu commences
qu'il/elle commence
que nous commencions
que vous commenciez
qu'ils/elles commencent

Imperative
commence
commençons
commencez

comprendre see prendre

conduire [past part. conduit / pres. part. conduisant] *to drive*

Like **conduire** are **cuire** [past part. **cuit** / pres. part. **cuisant**] *(to cook)*, **construire** [past part. **construit** / pres. part. **construisant**] *(to build, to construct)*, **réduire** [past part. **réduit** / pres. part. **réduisant**] *(to reduce)*, **séduire** [past part. **séduit** / pres. part. **séduisant**] *(to seduce)*

Present indicative
je conduis
tu conduis
il/elle conduit
nous conduisons
vous conduisez
ils/elles conduisent

Imperfect
je conduisais
tu conduisais
il/elle conduisait
nous conduisions
vous conduisiez
ils/elles conduisaient

Passé composé
j'ai conduit
tu as conduit
il/elle a conduit
nous avons conduit
vous avez conduit
ils/elles ont conduit

Passé simple
je conduisis
tu conduisis
il/elle conduisit
nous conduisîmes
vous conduisîtes
ils/elles conduisirent

Future
je conduirai
tu conduiras
il/elle conduira
nous conduirons
vous conduirez
ils/elles conduiront

Conditional
je conduirais
tu conduirais
il/elle conduirait
nous conduirions
vous conduiriez
ils/elles conduiraient

Present subjunctive
que je conduise
que tu conduises
qu'il/elle conduise
que nous conduisions
que vous conduisiez
qu'ils/elles conduisent

Imperative
conduis
conduisons
conduisez

connaître [past part. connu / pres. part. connaissant] *to know*

Like **connaître** are **apparaître** [past part. **apparu** / pres. part. **apparaissant**] *(to appear)*, **disparaître** [past part. **disparu** / pres. part. **disparaissant**] *(to disappear)*, **paraître** [past part. **paru** / pres. part. **paraissant**] *(to seem)*, **reconnaître** [past part. **reconnu** / pres. part. **reconnaissant**] *(to recognize)*

Present indicative
je connais
tu connais
il/elle connaît
nous connaissons
vous connaissez
ils/elles connaissent

Imperfect
je connaissais
tu connaissais
il/elle connaissait
nous connaissions
vous connaissiez
ils/elles connaissaient

Passé composé
j'ai connu
tu as connu
il/elle a connu
nous avons connu
vous avez connu
ils/elles ont connu

Passé simple
je connus
tu connus
il/elle connut
nous connûmes
vous connûtes
ils/elles connurent

Future
je connaîtrai
tu connaîtras
il/elle connaîtra
nous connaîtrons
vous connaîtrez
ils/elles connaîtront

Conditional
je connaîtrais
tu connaîtrais
il/elle connaîtrait
nous connaîtrions
vous connaîtriez
ils/elles connaîtraient

Present subjunctive
que je connaisse
que tu connaisses
qu'il/elle connaisse
que nous connaissions
que vous connaissiez
qu'ils/elles connaissent

Imperative
connais
connaissons
connaissez

convaincre [past part. convaincu / pres. part. convainquant] *to convince*

Like **convaincre** is **vaincre** [past part. **vaincu** / pres. part. **vainquant**] *(to defeat, to conquer)*

Present indicative
je convaincs
tu convaincs
il/elle convainc
nous convainquons
vous convainquez
ils/elles convainquent

Imperfect
je convainquais
tu convainquais
il/elle convainquait
nous convainquions
vous convainquiez
ils/elles convainquaient

Passé composé
j'ai convaincu
tu as convaincu
il/elle a convaincu
nous avons convaincu
vous avez convaincu
ils/elles ont convaincu

Passé simple
je convainquis
tu convainquis
il/elle convainquit
nous convainquîmes
vous convainquîtes
ils/elles convainquirent

Future
je convaincrai
tu convaincras
il/elle convaincra
nous convaincrons
vous convaincrez
ils/elles convaincront

Conditional
je convaincrais
tu convaincrais
il/elle convaincrait
nous convaincrions
vous convaincriez
ils/elles convaincraient

Present subjunctive
que je convainque
que tu convainques
qu'il/elle convainque
que nous convainquions
que vous convainquiez
qu'ils/elles convainquent

Imperative
convaincs
convainquons
convainquez

courir [past part. couru / pres. part. courant] *to run*

Like **courir** is **parcourir** [past part. **parcouru** / pres. part. **parcourant**] *(to skim, go over)*

Present indicative
je cours
tu cours
il/elle court
nous courons
vous courez
ils/elles courent

Imperfect
je courais
tu courais
il/elle courait
nous courions
vous couriez
ils/elles couraient

Passé composé
j'ai couru
tu as couru
il/elle a couru
nous avons couru
vous avez couru
ils/elles ont couru

Passé simple
je courus
tu courus
il/elle courut
nous courûmes
vous courûtes
ils/elles coururent

Future
je courrai
tu courras
il/elle courra
nous courrons
vous courrez
ils/elles courront

Conditional
je courrais
tu courrais
il/elle courrait
nous courrions
vous courriez
ils/elles courraient

Present subjunctive
que je coure
que tu coures
qu'il/elle coure
que nous courions
que vous couriez
qu'ils/elles courent

Imperative
cours
courons
courez

croire [past part. cru / pres. part. croyant] *to believe*

Present indicative
je crois
tu crois
il/elle croit
nous croyons
vous croyez
ils/elles croient

Future
je croirai
tu croiras
il/elle croira
nous croirons
vous croirez
ils/elles croiront

Imperfect
je croyais
tu croyais
il/elle croyait
nous croyions
vous croyiez
ils/elles croyaient

Conditional
je croirais
tu croirais
il/elle croirait
nous croirions
vous croiriez
ils/elles croiraient

Passé composé
j'ai cru
tu as cru
il/elle a cru
nous avons cru
vous avez cru
ils/elles ont cru

Present subjective
que je croie
que tu croies
qu'il/elle croie
que nous croyions
que vous croyiez
qu'ils/elles croient

Passé simple
je crus
tu crus
il/elle crut
nous crûmes
vous crûtes
ils/elles crurent

Imperative
crois
croyons
croyez

découvrir see ouvrir

décrire [past part. décrit / pres. part. décrivant] *to describe*

Like **décrire** are **écrire** [past. part. **écrit** / pres. part. **écrivant**] *(to write)* and **s'inscrire*** [past part. **inscrit** / pres. part. **inscrivant**] *(to register, enroll)*

Present indicative
je décris
tu décris
il/elle décrit
nous décrivons
vous décrivez
ils/elles décrivent

Imperfect
je décrivais
tu décrivais
il/elle décrivait
nous décrivions
vous décriviez
ils/elles décrivaient

Passé composé
j'ai décrit
tu as décrit
il/elle a décrit
nous avons décrit
vous avez décrit
ils/elles ont décrit

Conditional
je décrirais
tu décrirais
il/elle décrirait
nous décririons
vous décririez
ils/elles décriraient

Passé simple
je décrivis
tu décrivis
il/elle décrivit
nous décrivîmes
vous décrivîtes
ils/elles décrivirent

Present subjunctive
que je décrive
que tu décrives
qu'il/elle décrive
que nous décrivions
que vous décriviez
qu'ils/elles décrivent

Future
je décrirai
tu décriras
il/elle décrira
nous décrirons
vous décrirez
ils/elles décriront

Imperative
décris
décrivons
décrivez

descendre* see rendre

devoir [past part. dû / pres. part. devant] *to owe; to have to*

Present indicative
je dois
tu dois
il/elle doit
nous devons
vous devez
ils/elles doivent

Passé simple
je dus
tu dus
il/elle dut
nous dûmes
vous dûtes
ils/elles durent

Imperfect
je devais
tu devais
il/elle devait
nous devions
vous deviez
ils/elles devaient

Future
je devrai
tu devras
il/elle devra
nous devrons
vous devrez
ils/elles devront

Passé composé
j'ai dû
tu as dû
il/elle a dû
nous avons dû
vous avez dû
ils/elles ont dû

Conditional
je devrais
tu devrais
il/elle devrait
nous devrions
vous devriez
ils/elles devraient

Present subjunctive
que je doive
que tu doives
qu'il/elle doive
que nous devions
que vous deviez
qu'ils/elles doivent

Imperative
dois
devons
devez

dire [past part. dit / pres. part. disant] *to say*

Like **dire** are **contredire** [past part. **contredit** / pres. part. **contredisant**] *(to contradict)*, **maudire** [past part. **maudit** / pres. part. **maudisant**] *(to curse)*, **prédire** [past part. **prédit** / pres. part. **prédisant**] *(to predict)*

Present indicative
je dis
tu dis
il/elle dit
nous disons
vous dites
ils/elles disent

Future
je dirai
tu diras
il/elle dira
nous dirons
vous direz
ils/elles diront

Imperfect
je disais
tu disais
il/elle disait
nous disions
vous disiez
ils/elles disaient

Conditional
je dirais
tu dirais
il/elle dirait
nous dirions
vous diriez
ils/elles diraient

Passé composé
j'ai dit
tu as dit
il/elle a dit
nous avons dit
vous avez dit
ils/elles ont dit

Present subjunctive
que je dise
que tu dises
qu'il/elle dise
que nous disions
que vous disiez
qu'ils/elles disent

Passé simple
je dis
tu dis
il/elle dit
nous dîmes
vous dîtes
ils/elles dirent

Imperative
dis
disons
dites

dormir [past part. dormi / pres. part. dormant] *to sleep*

Like **dormir** are **s'endormir*** [past part. **endormi** / pres. part. **endormant**] *(to fall asleep)*, **se rendormir*** [past part. **rendormi** / pres. part. **rendormant**] *(to fall asleep again)*

Present indicative
je dors
tu dors
il/elle dort
nous dormons
vous dormez
ils/elles dorment

Future
je dormirai
tu dormiras
il/elle dormira
nous dormirons
vous dormirez
ils/elles dormiront

Imperfect
je dormais
tu dormais
il/elle dormait
nous dormions
vous dormiez
ils/elles dormaient

Conditional
je dormirais
tu dormirais
il/elle dormirait
nous dormirions
vous dormiriez
ils/elles dormiraient

Passé composé
j'ai dormi
tu as dormi
il/elle a dormi
nous avons dormi
vous avez dormi
ils/elles ont dormi

Present subjunctive
que je dorme
que tu dormes
qu'il/elle dorme
que nous dormions
que vous dormiez
qu'ils/elles dorment

Passé simple
je dormis
tu dormis
il/elle dormit
nous dormîmes
vous dormîtes
ils/elles dormirent

Imperative
dors
dormons
dormez

écrire see décrire

s'ennuyer*+ [past part. ennuyé / pres. part. ennuyant] *to be bored*

Like **s'ennuyer** is **ennuyer** *(to annoy, bother)*

Present indicative
je m'ennuie
tu t'ennuies
il/elle s'ennuie
nous nous ennuyons
vous vous ennuyez
ils/elles s'ennuient

Imperfect
je m'ennuyais
tu t'ennuyais
il/elle s'ennuyait
nous nous ennuyions
vous vous ennuyiez
ils/elles s'ennuyaient

Passé composé
je me suis ennuyé(e)
tu t'es ennuyé(e)
il/elle s'est ennuyé(e)
nous nous sommes ennuyé(e)s
vous vous êtes ennuyé(e)(s)
ils/elles se sont ennuyé(e)s

Passé simple
je m'ennuyai
tu t'ennuyas
il/elle s'ennuya
nous nous ennuyâmes
vous vous ennuyâtes
ils/elles s'ennuyèrent

Future
je m'ennuierai
tu t'ennuieras
il/elle s'ennuiera
nous nous ennuierons
vous vous ennuierez
ils/elles s'ennuieront

Conditional
je m'ennuierais
tu t'ennuierais
il/elle s'ennuierait
nous nous ennuierions
vous vous ennuieriez
ils/elles s'ennuieraient

Present subjunctive
que je m'ennuie
que tu t'ennuies
qu'il/elle s'ennuie
que nous nous ennuyions
que vous vous ennuyiez
qu'ils/elles s'ennuient

Imperative
ennuie-toi
ennuyons-nous
ennuyez-vous

envoyer+ [past part. envoyé / pres. part. envoyant] *to send*

Like **envoyer** is **renvoyer+** [past part. **renvoyé** / pres. part. **renvoyant**] *(to send away, dismiss)*

Present indicative
j'envoie
tu envoies
il/elle envoie
nous envoyons
vous envoyez
ils/elles envoient

Imperfect
j'envoyais
tu envoyais
il/elle envoyait
nous envoyions
vous envoyiez
ils/elles envoyaient

Passé composé
j'ai envoyé
tu as envoyé
il/elle a envoyé
nous avons envoyé
vous avez envoyé
ils/elles ont envoyé

Passé simple
j'envoyai
tu envoyas
il/elle envoya
nous envoyâmes
vous envoyâtes
ils/elles envoyèrent

Future
j'enverrai
tu enverras
il/elle enverra
nous enverrons
vous enverrez
ils/elles enverront

Conditional
j'enverrais
tu enverrais
il/elle enverrait
nous enverrions
vous enverriez
ils/elles enverraient

Present subjunctive
que j'envoie
que tu envoies
qu'il/elle envoie
que nous envoyions
que vous envoyiez
qu'ils/elles envoient

Imperative
envoie
envoyons
envoyez

essayer+ [past part. essayé / pres. part. essayant] *to try*

Like **essayer** is **payer+** [past part. **payé** / pres. part. **payant**] *(to pay)*

Present indicative
j'essaie
tu essaies
il/elle essaie
nous essayons
vous essayez
ils/elles essaient

Imperfect
j'essayais
tu essayais
il/elle essayait
nous essayions
vous essayiez
ils/elles essayaient

Passé composé
j'ai essayé
tu as essayé
il/elle a essayé
nous avons essayé
vous avez essayé
ils/elles ont essayé

Passé simple
j'essayai
tu essayas
il/elle essaya
nous essayâmes
vous essayâtes
ils/elles essayèrent

Future
j'essayerai
tu essayeras
il/elle essayera
nous essayerons
vous essayerez
ils/elles essayeront

Conditional
j'essayerais
tu essayerais
il/elle essayerait
nous essayerions
vous essayeriez
ils/elles essayeraient

Present subjunctive
que j'essaie
que tu essaies
qu'il/elle essaie
que nous essayions
que vous essayiez
qu'ils/elles essaient

Imperative
essaie
essayons
essayez

être [past part. été / pres. part. étant] *to be*

Present indicative
je suis
tu es
il/elle est
nous sommes
vous êtes
ils/elles sont

Future
je serai
tu seras
il/elle sera
nous serons
vous serez
ils/elles seront

Imperfect
j'étais
tu étais
il/elle était
nous étions
vous étiez
ils/elles étaient

Conditional
je serais
tu serais
il/elle serait
nous serions
vous seriez
ils/elles seraient

Passé composé
j'ai été
tu as été
il/elle a été
nous avons été
vous avez été
ils/elles ont été

Present subjunctive
que je sois
que tu sois
qu'il/elle soit
que nous soyons
que vous soyez
qu'ils/elles soient

Passé simple
je fus
tu fus
il/elle fut
nous fûmes
vous fûtes
ils/elles furent

Imperative
sois
soyons
soyez

faire [past part. fait / pres. part. faisant] *to make, to do*

Present indicative
je fais
tu fais
il/elle fait
nous faisons
vous faites
ils/elles font

Imperfect
je faisais
tu faisais
il/elle faisait
nous faisions
vous faisiez
ils/elles faisaient

Passé composé
j'ai fait
tu as fait
il/elle a fait
nous avons fait
vous avez fait
ils/elles ont fait

Conditional
je ferais
tu ferais
il/elle ferait
nous ferions
vous feriez
ils/elles feraient

Passé simple
je fis
tu fis
il/elle fit
nous fîmes
vous fîtes
ils/elles firent

Present subjunctive
que je fasse
que tu fasses
qu'il/elle fasse
que nous fassions
que vous fassiez
qu'ils/elles fassent

Future
je ferai
tu feras
il/elle fera
nous ferons
vous ferez
ils/elles feront

Imperative
fais
faisons
faites

falloir [past part. fallu] *must, have to, should*

Present indicative
il faut

Future
il faudra

Imperfect
il fallait

Conditional
il faudrait

Passé composé
il a fallu

Present subjunctive
qu'il faille

Passé simple
il fallut

s'inscrire* see décrire

lire [past part. lu / pres. part. lisant] *to read*

Like **lire** is **relire** [past part. **relu** / pres. part. **relisant**] *(to re-read)*

Present indicative
je lis
tu lis
il/elle lit
nous lisons
vous lisez
ils/elles lisent

Imperfect
je lisais
tu lisais
il/elle lisait
nous lisions
vous lisiez
ils/elles lisaient

Passé composé
j'ai lu
tu as lu
il/elle a lu
nous avons lu
vous avez lu
ils/elles ont lu

Passé simple
je lus
tu lus
il/elle lut
nous lûmes
vous lûtes
ils/elles lurent

Future
je lirai
tu liras
il/elle lira
nous lirons
vous lirez
ils/elles liront

Conditional
je lirais
tu lirais
il/elle lirait
nous lirions
vous liriez
ils/elles liraient

Present subjunctive
que je lise
que tu lises
qu'il/elle lise
que nous lisions
que vous lisiez
qu'ils/elles lisent

Imperative
lis
lisons
lisez

manger+ [past. part. mangé / pres. part. mangeant] *to eat*

Like **manger** are **nager+** [past part. **nagé** / pres. part. **nageant**] *(to swim)*, **voyager+** [past part. **voyagé** / pres. part. **voyageant**] *(to travel)*, **plonger+** [past part. **plongé** / pres. part. **plongeant**] *(to dive)*

Present indicative
je mange
tu manges
il/elle mange
nous mangeons
vous mangez
ils/elles mangent

Imperfect
je mangeais
tu mangeais
il/elle mangeait
nous mangions
vous mangiez
ils/elles mangeaient

Passé composé
j'ai mangé
tu as mangé
il/elle a mangé
nous avons mangé
vous avez mangé
ils/elles ont mangé

Passé simple
je mangeai
tu mangeas
il/elle mangea
nous mangeâmes
vous mangeâtes
ils/elles mangèrent

Future
je mangerai
tu mangeras
il/elle mangera
nous mangerons
vous mangerez
ils/elles mangeront

Conditional
je mangerais
tu mangerais
il/elle mangerait
nous mangerions
vous mangeriez
ils/elles mangeraient

Present subjunctive
que je mange
que tu manges
qu'il/elle mange
que nous mangions
que vous mangiez
qu'ils/elles mangent

Imperative
mange
mangeons
mangez

mettre [past part. mis / pres. part. mettant] *to put; to put on*

Like **mettre** are **admettre** [past part. **admis** / pres. part. **admettant**] *(to admit)*, **omettre** [past part. **omis** / pres. part. **omettant**] *(to omit)*, **permettre** [past part. **permis** / pres. part. **permettant**] *(to allow)*, **promettre** [past part. **promis** / pres. part. **promettant**] *(to promise)*

Present indicative
je mets
tu mets
il/elle met
nous mettons
vous mettez
ils/elles mettent

Imperfect
je mettais
tu mettais
il/elle mettait
nous mettions
vous mettiez
ils/elles mettaient

Passé composé
j'ai mis
tu as mis
il/elle a mis
nous avons mis
vous avez mis
ils/elles ont mis

Passé simple
je mis
tu mis
il/elle mit
nous mîmes
vous mîtes
ils/elles mirent

Future
je mettrai
tu mettras
il/elle mettra
nous mettrons
vous mettrez
ils/elles mettront

Conditional
je mettrais
tu mettrais
il/elle mettrait
nous mettrions
vous mettriez
ils/elles mettraient

Present subjunctive
que je mette
que tu mettes
qu'il/elle mette
que nous mettions
que vous mettiez
qu'ils/elles mettent

Imperative
mets
mettons
mettez

mourir* [past part. mort / pres. part. mourant] *to die*

Present indicative
je meurs
tu meurs
il/elle meurt
nous mourons
vous mourez
ils/elles meurent

Future
je mourrai
tu mourras
il/elle mourra
nous mourrons
vous mourrez
ils/elles mourront

Imperfect
je mourais
tu mourais
il/elle mourait
nous mourions
vous mouriez
ils/elles mouraient

Conditional
je mourrais
tu mourrais
il/elle mourrait
nous mourrions
vous mourriez
ils/elles mourraient

Passé composé
je suis mort(e)
tu es mort(e)
il/elle est mort(e)
nous sommes mort(e)s
vous êtes mort(e)(s)
ils/elles sont mort(e)s

Present subjunctive
que je meure
que tu meures
qu'il/elle meure
que nous mourions
que vous mouriez
qu'ils/elles meurent

Passé simple
je mourus
tu mourus
il/elle mourut
nous mourûmes
vous mourûtes
ils/elles moururent

Imperative
meurs
mourons
mourez

naître* [past part. né(e)(s) / pres. part. naissant] *to be born*

Like **naître** is **renaître*** [past part. **rené(e)(s)** / pres. part. **renaissant**] *(to be born again)*

Present indicative
je nais
tu nais
il/elle naît
nous naissons
vous naissez
ils/elles naissent

Imperfect
je naissais
tu naissais
il/elle naissait
nous naissions
vous naissiez
ils/elles naissaient

Passé composé
je suis né(e)
tu es né(e)
il/elle est né(e)
nous sommes né(e)s
vous êtes né(e)(s)
ils/elles sont né(e)s

Conditional
je naîtrais
tu naîtrais
il/elle naîtrait
nous naîtrions
vous naîtriez
ils/elles naîtraient

Passé simple
je naquis
tu naquis
il/elle naquit
nous naquîmes
vous naquîtes
ils/elles naquirent

Present subjunctive
que je naisse
que tu naisses
qu'il/elle naisse
que nous naissions
que vous naissiez
qu'ils/elles naissent

Future
je naîtrai
tu naîtras
il/elle naîtra
nous naîtrons
vous naîtrez
ils/elles naîtront

Imperative
nais
naissons
naissez

ouvrir [past part. ouvert / pres. part. ouvrant] *to open*

Like **ouvrir** are **couvrir** [past part. **couvert** / pres. part. **couvrant**] *(to cover)*, **découvrir** [past part. **découvert** / pres. part. **découvrant**] *(to discover)*, **offrir** [past part. **offert** / pres. part. **offrant**] *(to offer, to give)*, **souffrir** [past part. **souffert** / pres. part. **souffrant**] *(to suffer, to be ill)*

Present indicative
j'ouvre
tu ouvres
il/elle ouvre
nous ouvrons
vous ouvrez
ils/elles ouvrent

Passé composé
j'ai ouvert
tu as ouvert
il/elle a ouvert
nous avons ouvert
vous avez ouvert
ils/elles ont ouvert

Imperfect
j'ouvrais
tu ouvrais
il/elle ouvrait
nous ouvrions
vous ouvriez
ils/elles ouvraient

Passé simple
j'ouvris
tu ouvris
il/elle ouvrit
nous ouvrîmes
vous ouvrîtes
ils/elles ouvrirent

Future
j'ouvrirai
tu ouvriras
il/elle ouvrira
nous ouvrirons
vous ouvrirez
ils/elles ouvriront

Conditional
j'ouvrirais
tu ouvrirais
il/elle ouvrirait
nous ouvririons
vous ouvririez
ils/elles ouvriraient

Present subjunctive
que j'ouvre
que tu ouvres
qu'il/elle ouvre
que nous ouvrions
que vous ouvriez
qu'ils/elles ouvrent

Imperative
ouvre
ouvrons
ouvrez

partir* [past part. parti(e)(s) / pres. part. partant] *to leave*

Like **partir** are **mentir** [past part. **menti** / pres. part. **mentant**] *(to tell a lie)*, **sentir** [past part. **senti** / pres. part. **sentant**] *(to feel, to smell)*, **se sentir*** *(to feel)*, **sortir*** [past part. **sorti(e)(s)** / pres. part. **sortant**] *(to go out)*

Present indicative
je pars
tu pars
il/elle part
nous partons
vous partez
ils/elles partent

Imperfect
je partais
tu partais
il/elle partait
nous partions
vous partiez
ils/elles partaient

Passé composé
je suis parti(e)
tu es parti(e)
il/elle est parti(e)
nous sommes parti(e)s
vous êtes parti(e)(s)
ils/elles sont parti(e)s

Passé simple
je partis
tu partis
il/elle partit
nous partîmes
vous partîtes
ils/elles partirent

Future
je partirai
tu partiras
il/elle partira
nous partirons
vous partirez
ils/elles partiront

Conditional
je partirais
tu partirais
il/elle partirait
nous partirions
vous partiriez
ils/elles partiraient

Present subjunctive
que je parte
que tu partes
qu'il/elle parte
que nous partions
que vous partiez
qu'ils/elles partent

Imperative
pars
partons
partez

payer+ see essayer

plaire [past part. plu / pres. part. plaisant] *to please, to be pleasing to*

Like **plaire** are **déplaire** [past part. **déplu** / pres. part. **déplaisant**] *(to displease)*, **se taire*** [past part. **tu** / pres. part. **taisant**] *(to keep silent)*

Present indicative
je plais
tu plais
il/elle plaît
nous plaisons
vous plaisez
ils/elles plaisent

Imperfect
je plaisais
tu plaisais
il/elle plaisait
nous plaisions
vous plaisiez
ils/elles plaisaient

Passé composé
j'ai plu
tu as plu
il/elle a plu
nous avons plu
vous avez plu
ils/elles ont plu

Passé simple
je plus
tu plus
il/elle plut
nous plûmes
vous plûtes
ils/elles plurent

Future
je plairai
tu plairas
il/elle plaira
nous plairons
vous plairez
ils/elles plairont

Conditional
je plairais
tu plairais
il/elle plairait
nous plairions
vous plairiez
ils/elles plairaient

Present subjunctive
que je plaise
que tu plaises
qu'il/elle plaise
que nous plaisions
que vous plaisiez
qu'ils/elles plaisent

Imperative
plais
plaisons
plaisez

pleuvoir [past part. plu / pres. part. pleuvant] *to rain*

Present indicative
il pleut

Imperfect
il pleuvait

Passé composé
il a plu

Passé simple
il plut

Future
il pleuvra

Conditional
il pleuvrait

Present subjunctive
qu'il pleuve

pouvoir [past part. pu / pres. part. pouvant] *to be able to*

Present indicative
je peux
tu peux
il/elle peut
nous pouvons
vous pouvez
ils/elles peuvent

Imperfect
je pouvais
tu pouvais
il/elle pouvait
nous pouvions
vous pouviez
ils/elles pouvaient

Passé composé
j'ai pu
tu as pu
il/elle a pu
nous avons pu
vous avez pu
ils/elles ont pu

Passé simple
je pus
tu pus
il/elle put
nous pûmes
vous pûtes
ils/elles purent

Future
je pourrai
tu pourras
il/elle pourra
nous pourrons
vous pourrez
ils/elles pourront

Conditional
je pourrais
tu pourrais
il/elle pourrait
nous pourrions
vous pourriez
ils/elles pourraient

Present subjunctive
que je puisse
que tu puisses
qu'il/elle puisse
que nous puissions
que vous puissiez
qu'ils/elles puissent

préférer+ [past part. préféré / pres. part. préférant] *to prefer*

Present indicative
je préfère
tu préfères
il/elle préfère
nous préférons
vous préférez
ils/elles préfèrent

Imperfect
je préférais
tu préférais
il/elle préférait
nous préférions
vous préfériez
ils/elles préféraient

Passé composé
j'ai préféré
tu as préféré
il/elle a préféré
nous avons préféré
vous avez préféré
ils/elles ont préféré

Passé simple
je préférai
tu préféras
il/elle préféra
nous préférâmes
vous préférâtes
ils/elles préférèrent

Future
je préférerai
tu préféreras
ils/elle préférera
nous préférerons
vous préférerez
ils/elles préféreront

Conditional
je préférerais
tu préférerais
il/elle préférerait
nous préférerions
vous préféreriez
ils/elles préféreraient

Present subjunctive
que je préfère
que tu préfères
qu'il/elle préfère
que nous préférions
que vous préfériez
qu'ils/elles préfèrent

Imperative
préfère
préférons
préférez

prendre [past part. pris / pres. part. prenant] *to take*

Like **prendre** are **apprendre** [past part. **appris** / pres. part. **apprenant**] *(to learn)*, **comprendre** [past part. **compris** / pres. part. **comprenant**] *(to understand)*, **surprendre** [past part. **surpris** / pres. part. **surprenant**] *(to surprise)*

Present indicative
je prends
tu prends
il/elle prend
nous prenons
vous prenez
ils/elles prennent

Imperfect
je prenais
tu prenais
il/elle prenait
nous prenions
vous preniez
ils/elles prenaient

Passé composé
j'ai pris
tu as pris
il/elle a pris
nous avons pris
vous avez pris
ils/elles ont pris

Passé simple
je pris
tu pris
il/elle prit
nous prîmes
vous prîtes
ils/elles prirent

Future
je prendrai
tu prendras
il/elle prendra
nous prendrons
vous prendrez
ils/elles prendront

Conditional
je prendrais
tu prendrais
il/elle prendrait
nous prendrions
vous prendriez
ils/elles prendraient

Present subjunctive
que je prenne
que tu prennes
qu'il/elle prenne
que nous prenions
que vous preniez
qu'ils/elles prennent

Imperative
prends
prenons
prenez

projeter+ [past part. projeté / pres. part. projetant] *to plan*

Like **projeter** is **jeter**+[past part. **jeté** / pres. part. **jetant**] *(to throw, to throw away)*

Present indicative
je projette
tu projettes
il/elle projette
nous projetons
vous projetez
ils/elles projettent

Imperfect
je projetais
tu projetais
il/elle projetait
nous projetions
vous projetiez
ils/elles projetaient

Passé composé
j'ai projeté
tu as projeté
il/elle a projeté
nous avons projeté
vous avez projeté
ils/elles ont projeté

Passé simple
je projetai
tu projetas
il/elle projeta
nous projetâmes
vous projetâtes
ils/elles projetèrent

Future
je projetterai
tu projetteras
il/elle projettera
nous projetterons
vous projetterez
ils/elles projetteront

Conditional
je projetterais
tu projetterais
il/elle projetterait
nous projetterions
vous projetteriez
ils/elles projetteraient

Present subjunctive
que je projette
que tu projettes
qu'il/elle projette
que nous projetions
que vous projetiez
qu'ils/elles projettent

Imperative
projette
projetons
projetez

rendre [past part. rendu / pres. part. rendant] *to give back, to make*

Like **rendre** are **défendre** [past part. **défendu** / pres. part. **défendant**] *(to forbid)*, **descendre*** [past part. **descendu** / pres. part. **descendant**] *(to go down, to get off)*, **perdre** [past part. **perdu** / pres. part. **perdant**] *(to lose)*, **vendre** [past part. **vendu** / pres. part. **vendant**] *(to sell)*, **tondre** [past part. **tondu** / pres. part. **tondant**] *(to mow)*, and most verbs ending in **–re** except for **prendre** and its compounds.

Present indicative
je rends
tu rends
il/elle rend
nous rendons
vous rendez
ils/elles rendent

Imperfect
je rendais
tu rendais
il/elle rendait
nous rendions
vous rendiez
ils/elles rendaient

Passé composé
j'ai rendu
tu as rendu
il/elle a rendu
nous avons rendu
vous avez rendu
ils/elles ont rendu

Passé simple
je rendis
tu rendis
il/elle rendit
nous rendîmes
vous rendîtes
ils/elles rendirent

Future
je rendrai
tu rendras
il/elle rendra
nous rendrons
vous rendrez
ils/elles rendront

Conditional
je rendrais
tu rendrais
il/elle rendrait
nous rendrions
vous rendriez
ils/elles rendraient

Present subjunctive
que je rende
que tu rendes
qu'il/elle rende
que nous rendions
que vous rendiez
qu'ils/elles rendent

Imperative
rends
rendons
rendez

soutenir see venir

savoir [past. part. su / pres. part. sachant] *to know*

Present indicative
je sais
tu sais
il/elle sait
nous savons
vous savez
ils/elles savent

Future
je saurai
tu sauras
il/elle saura
nous saurons
vous saurez
ils/elles sauront

Imperfect
je savais
tu savais
il/elle savait
nous savions
vous saviez
ils/elles savaient

Conditional
je saurais
tu saurais
il/elle saurait
nous saurions
vous sauriez
ils/elles sauraient

Passé composé
j'ai su
tu as su
il/elle a su
nous avons su
vous avez su
ils/elles ont su

Present subjunctive
que je sache
que tu saches
qu'il/elle sache
que nous sachions
que vous sachiez
qu'ils/elles sachent

Passé simple
je sus
tu sus
il/elle sut
nous sûmes
vous sûtes
ils/elles surent

Imperative
sache
sachons
sachez

suivre [past part. suivi / pres. part. suivant] *to follow ; to take (a course)*

Like **suivre** is **poursuivre** [past part. **poursuivi** / pres. part. **poursuivant**] *(to pursue)*

Present indicative
je suis
tu suis
il/elle suit
nous suivons
vous suivez
ils/elles suivent

Future
je suivrai
tu suivras
il/elle suivra
nous suivrons
vous suivrez
ils/elles suivront

Imperfect
je suivais
tu suivais
il/elle suivait
nous suivions
vous suiviez
ils/elles suivaient

Conditional
je suivrais
tu suivrais
il/elle suivrait
nous suivrions
vous suivriez
ils/elles suivraient

Passé composé
j'ai suivi
tu as suivi
il/elle a suivi
nous avons suivi
vous avez suivi
ils/elles ont suivi

Present subjunctive
que je suive
que tu suives
qu'il/elle suive
que nous suivions
que vous suiviez
qu'ils/elles suivent

Passé simple
je suivis
tu suivis
il/elle suivit
nous suivîmes
vous suivîtes
ils/elles suivirent

Imperative
suis
suivons
suivez

teindre [past part. teint / pres. part. teignant] *to dye*

Like **teindre** are **peindre** [past part. **peint** / pres. part. **peignant**] *(to paint)*, **atteindre** [past part. **atteint** / pres. part. **atteignant**] *(to reach)*

Present indicative
je teins
tu teins
il/elle teint
nous teignons
vous teignez
ils/elles teignent

Imperfect
je teignais
tu teignais
il/elle teignait
nous teignions
vous teigniez
ils/elles teignaient

Passé composé
j'ai teint
tu as teint
il/elle a teint
nous avons teint
vous avez teint
ils/elles ont teint

Passé simple
je teignis
tu teignis
il/elle teignit
nous teignîmes
vous teignîtes
ils/elles teignirent

Future
je teindrai
tu teindras
il/elle teindra
nous teindrons
vous teindrez
ils/elles teindront

Conditional
je teindrais
tu teindrais
il/elle teindrait
nous teindrions
vous teindriez
ils/elles teindraient

Present subjunctive
que je teigne
que tu teignes
qu'il/elle teigne
que nous teignions
que vous teigniez
qu'ils/elles teignent

Imperative
teins
teignons
teignez

venir* [past part. venu(e)(s) / pres. part. venant] *to come*

Like **venir** are **devenir*** [past part. **devenu(e)(s)** / pres. part. **devenant**] *(to become)*, **se souvenir (de)*** [past part. **souvenu(e)(s)** / pres. part. **souvenant**] *(to remember)*, **revenir*** [past part. **revenu(e)(s)** / pres. part. **revenant**] *(to come back)*, **soutenir** [past part. **soutenu** / pres. part. **soutenant**] *(to support)*, **tenir** [past part. **tenu** / pres. part. **tenant**] *(to hold)*

Present indicative
je viens
tu viens
il/elle vient
nous venons
vous venez
ils/elles viennent

Imperfect
je venais
tu venais
il/elle venait
nous venions
vous veniez
ils/elles venaient

Passé composé
je suis venu(e)
tu es venu(e)
il/elle est venu(e)
nous sommes venu(e)s
vous êtes venu(e)(s)
ils/elles sont venu(e)s

Passé simple
je vins
tu vins
il/elle vint
nous vînmes
vous vîntes
ils/elles vinrent

Future
je viendrai
tu viendras
il/elle viendra
nous viendrons
vous viendrez
ils/elles viendront

Conditional
je viendrais
tu viendrais
il/elle viendrait
nous viendrions
vous viendriez
ils/elles viendraient

Present subjunctive
que je vienne
que tu viennes
qu'il/elle vienne
que nous venions
que vous veniez
qu'ils/elles viennent

Imperative
viens
venons
venez

vivre [past part. vécu / pres. part. vivant] *to live*

Like **vivre** is **revivre** [past part. **revécu** / pres. part. **revivant**] *(to live again, revive)*

Present indicative
je vis
tu vis
il/elle vit
nous vivons
vous vivez
ils/elles vivent

Imperfect
je vivais
tu vivais
il/elle vivait
nous vivions
vous viviez
ils/elles vivaient

Passé composé
j'ai vécu
tu as vécu
il/elle a vécu
nous avons vécu
vous avez vécu
ils/elles ont vécu

Passé simple
je vécus
tu vécus
il/elle vécut
nous vécûmes
vous vécûtes
ils/elles vécurent

Future
je vivrai
tu vivras
il/elle vivra
nous vivrons
vous vivrez
ils/elles vivront

Conditional
je vivrais
tu vivrais
il/elle vivrait
nous vivrions
vous vivriez
ils/elles vivraient

Present subjunctive
que je vive
que tu vives
qu'il/elle vive
que nous vivions
que vous viviez
qu'ils/elles vivent

Imperative
vis
vivons
vivez

voir [past part. vu / pres. part. voyant] *to see*

Like **voir** are **prévoir** [past part. **prévu** / pres. part. **prévoyant**] *(to foresee)*, **revoir** [past part. **revu** / pres. part. **revoyant**] *(to see again)*

Present indicative
je vois
tu vois
il/elle voit
nous voyons
vous voyez
ils/elles voient

Imperfect
je voyais
tu voyais
il/elle voyait
nous voyions
vous voyiez
ils/elles voyaient

Passé composé
j'ai vu
tu as vu
il/elle a vu
nous avons vu
vous avez vu
ils/elles ont vu

Passé simple
je vis
tu vis
il/elle vit
nous vîmes
vous vîtes
ils/elles virent

Future
je verrai
tu verras
il/elle verra
nous verrons
vous verrez
ils/elles verront

Conditional
je verrais
tu verrais
il/elle verrait
nous verrions
vous verriez
ils/elles verraient

Present subjunctive
que je voie
que tu voies
qu'il/elle voie
que nous voyions
que vous voyiez
qu'ils/elles voient

Imperative
vois
voyons
voyez

vouloir [past part. voulu / pres. part. voulant] *to want, to wish*

Present indicative
je veux
tu veux
il/elle veut
nous voulons
vous voulez
ils/elles veulent

Imperfect
je voulais
tu voulais
il/elle voulait
nous voulions
vous vouliez
ils/elles voulaient

Passé composé
j'ai voulu
tu as voulu
il/elle a voulu
nous avons voulu
vous avez voulu
ils/elles ont voulu

Passé simple
je voulus
tu voulus
il/elle voulut
nous voulûmes
vous voulûtes
ils/elles voulurent

Future
je voudrai
tu voudras
il/elle voudra
nous voudrons
vous voudrez
ils/elles voudront

Conditional
je voudrais
tu voudrais
il/elle voudrait
nous voudrions
vous voudriez
ils/elles voudraient

Present subjunctive
que je veuille
que tu veuilles
qu'il/elle veuille
que nous voulions
que vous vouliez
qu'ils/elles veuillent

Imperative
veuille
veuillons
veuillez

Lexique français-anglais

This glossary contains French words and expressions, defined as they are used in the context of this book. Easily recognizable words are not included. The number in parentheses indicates the chapter or the part of the program in which the word first appears: pré = prélude; int = interlude; post = postlude; C = *Cahier*.

The masculine form is given for all adjectives. When a masculine adjective ends in –e, the feminine form is the same. To form the feminine of regular adjectives, add an –e to the masculine. Irregular feminine endings or forms are given in parentheses.

The gender (*m.* or *f.*) is indicated for most nouns. Nouns that can be either masculine or feminine are indicated with *n.* If the masculine form ends in –e, the feminine form is the same. To form the feminine for those ending in a consonant, add an –e to the masculine. Other feminine endings or forms are given in parentheses.

Abbreviations

adj. adjective	*fam.* familiar	*n.* noun
adv. adverb	*inv.* invariable	*prep.* preposition
conj. conjunction	*m.* masculine	*pron.* pronoun
f. feminine	*pl.* plural	* aspirate h

A

d'abord *adv.* at first (3)
abonnement *m.* subscription (2)
aboutir to end up (at) (in) (1)
abuser to exploit, take advantage of (6)
abri *m.* shelter (6); **sans-abri** *n.* homeless person; **être à l'abri de** to be safe from (9)
accéder (à) to reach (1)
accélérateur *m.* accelerator (4)
accès *m.* access, entry (1)
accessoire *m.* accessory (2)
accord *m.* agreement (9); **d'accord** okay; **être d'accord** to agree, be in agreement (1)
s'accorder to agree (9)
s'accoutumer to get used to (C8)
s'accrocher (à) to hang (on to); to be very determined (1)
accroissement *m.* increase (6)
accroître to increase (8)
accueil *m.* reception, welcome (3)
accueillant *adj.* welcoming (5)
accueillir to welcome, to greet (3)
acharnement *m.* determination (1)
achat *m.* purchase (C2)
acheter to buy
acier *m.* steel (9)
acquérir to acquire (9)
acteur (actrice) *n.* actor (actress) (5)
actif (active) *adj.* active (2); working; *n.* person in the workforce
activement *adv.* actively (9)
actualité *f.* current event (2); newsreel (6)
actuel(le) *adj.* current (3)
adhérer (à) to join (C9)
adhésion *f.* support (9)
admettre to admit, allow
adoptif (adoptive) *adj.* adoptive, adopted (8)
s'adresser (à) to address; turn to (C9)
aérobic *m.* aerobics (2)
affaiblir to weaken (C2)
affaires *f.pl.* business (6); things, belongings (C5)
affectif (affective) *adj.* emotional (8)
affectueux (affectueuse) *adj.* affectionate, loving (5)
afficher to display, advertise, post (2)
affreux (affreuse) *adj.* frightful, horrible (C5)
affronter to face, to confront (6)
agacer to annoy (C4)
agence *f.* agency (C2); **agence de voyages** travel agency (5)
agent de police *m.* policeman (4)
agile *adj.* nimble, agile (4)
agir to act, behave
s'agir de to be about, be a question of (pré.)
agneau *m.* lamb (C6)
aguets *m. pl.* **aux aguets** watchful (6)
aider to help (1)
aïeul *m.*, **aïeux** *pl.* ancestor (C3)
aile *f.* wing (C7)

ailleurs *adv.* elsewhere; **d'ailleurs** besides, moreover
aimer to like, love (pré.)
aîné *adj.* older, oldest (C3)
air *m.* tune, air; **en plein air** outdoors, in the open (5); **avoir l'air (de)** to look (like) (2)
aise *n.f. & adj.* ease, comfort; delighted, pleased (7), **se sentir à l'aise** to feel comfortable, at ease; **se sentir mal à l'aise** to feel uncomfortable
ajouter to add (9)
alcool *m.* alcohol (C2)
aléa *m.* hazard (int. 2)
alentours *m.pl.* the surrounding area (2)
allemand *n. & adj.* German (pré.)
aller to go (7)
allié *n. & adj.* ally; allied (9)
allonger to stretch out, to lengthen (4)
allumer to light (4); turn on
allure *f.* behavior, manner (3); look, appearance
alors *adv.* then, so (C1)
alpinisme *m.* mountaineering; **faire de l'alpinisme** to go mountain climbing (5)
amateur *m.* lover of (6); amateur
âme *f.* soul (8)
améliorer to improve (C2)
amende *f.* ticket, fine; **amende pour excès de vitesse** speeding ticket (4)
amer (amère) *adj.* bitter (9)
Amérindien *n.* native American (3)
ami *n.* friend; **petit(e) ami(e)** boy(girl)friend (8)
amorcer to begin, undertake (9)
amour *m.* love (5)
amphithéâtre *m.* lecture hall (8)
amusant *adj.* funny (2)
s'amuser to have fun (3)
an *m.* year (1)
ancêtre *n.* ancestor (pré.)
ancien(ne) *adj.* old, former (2)
âne *m.* donkey (4)
ange *m.* angel (C1)
angoissant *adj.* distressing, alarming (C7)
angoissé *adj.* anguished, anxious (C8)
animer to liven up, to rouse (1)
année *f.* year (pré.)
annonce *f.* **publicitaire** advertisement (6)
antenne *f.* antenna (4); **antenne satellite** satellite dish (6)
antiquité *f.* antiquity (7)
antivol *m.* lock (4)
antonyme *m.* antonym; word with opposite meaning
anxieux (anxieuse) *adj.* worried, anxious
apaiser to calm (2)
apercevoir to perceive, notice (5)
appartenir (à) to belong (to) (7)
appeler to call; **s'appeler** to be called, named (pré.)
s'appliquer to apply oneself (5)
apporter to bring (9)
apprécier to appreciate (3)
apprendre to learn (pré.)
s'apprêter (à) to get ready (to) (1)
approche *f.* approach (1)
approcher to approach, draw near (3); **s'approcher (de)** to come near (int. 1)
s'approprier to take over (C3)
appui *m.* support (1)
appuyer to press (4); to support (1)
âpre *adj.* harsh (3)
après *prep.* after (1); **d'après** *prep.* according to (2)
après-midi *m.* afternoon (1)
arbre *m.* tree (3)
argent *m.* money (pré.); **argent de poche** pocket money, allowance (1); silver (6)
argot *m.* slang (2)
armature *f.* framework (4)
arme *f.* weapon (9)
arpenter to criss-cross (5)
arrêt *m.* stop (bus, trolley) (2)
s'arrêter to stop (9)
arrière *adv.* back (4); **à l'arrière** in the back (4)
arriéré *adj.* backwards (2)
arrière-train *m.* hindquarters (4)
arriver to arrive (3); to happen (5)
arrondir to round off, make round (4)
artisan *m.* craftsperson, artisan (int. 2)
artisanat *m.* arts and crafts (9)
as *m.* ace (2)
asile *m.* refuge, asylum (9)
aspirateur *m.* vacuum cleaner; **passer l'aspirateur** to vacuum (8)
aspirer to drink, suck up (C7)
assaut *m.* assault, attack (2)
assistance *f.* those in attendance (9)
s'asseoir to sit (2)
assez *adv.* enough; **en avoir assez de** to be fed up with
assimilé *adj.* assimilated (2)
assister (à) to be present; to attend (1)
associer to associate (3)
s'assombrir to get dark (int. 1)
assorti *adj.* matching (2); **bien (mal) assorti** to go well (badly) with (2)
assourdissant *adj.* deafening (6)
s'assumer to grow up, take responsibility (8)
assurance *m.* insurance (4)
assurer to assure, guarantee (3)
atelier *m.* textile mill; workshop; artist's studio (3)
atout *m.* advantage, trump card (2)
s'attarder to linger (8)
atteindre to reach, attain (5)
attendre to wait (for); **s'attendre (à)** to expect (7)
attente *f.* wait; expectation (6); **salle d'attente** waiting room (9)
attention *f.* attention; **faire attention (à)** to pay attention (to) (C1)
atterrir to land (airplane) (5)
attester to prove, demonstrate (9)

attirer to attract, draw (5)
attrayant *adj.* attractive, pleasant (6)
attribuer to assign (1)
auberge *f.* inn; **auberge de jeunesse** youth hostel (5)
aucun *adj. & pron.* no one, none (6)
audacieux (audacieuse) *adj.* bold, daring (3)
auditeur (auditrice) *n.* listener (int. 1)
augmentation *f.* increase (C9)
augmenter to increase (C9)
aujourd'hui *adv.* today, nowadays (pré.)
auparavant *prep.* formerly (C3)
auprès de *prep.* close to, near (C5)
ausculter to touch, feel (2)
aussi *adv.* also (pré.); **aussi (bien) que** as (well) as (C1)
aussitôt que *conj.* as soon as (9)
autant *adv.* as much (2); **d'autant que** all the more so since (9)
autocar *m.* bus (3)
automatisme *m.* reflex (9)
autonomie *f.* autonomy, self-sufficiency (2)
autoritaire *adj.* authoritarian (8)
autoroute *f.* highway (C9)
auto-stop *m.* hitchhiking (5)
autour *adv.* around (8)
autre *adj. & pron.* other (1)
autrefois *adv.* in the past, formerly (3)
autrement *adv.* otherwise (5)
autruche *f.* ostrich (8)
avaler to swallow
avancement *m.* promotion (C2)
avant (de) *prep.* before (pré.)
avantageux (avantageuse) *adj.* advantageous (9)
avec *prep.* with (pré.)
avenir *m.* future (1)
s'aventurer to venture (C3)
avertissement *m.* warning (6)
aveu *m.* confession (6)
s'avilir to lower oneself, debase oneself (6)
avouer to admit
avion *m.* airplane (2)
avis *m.* opinion; **à mon avis** in my opinion (1)
avocat *m.* lawyer (5)
avoir to have; **avoir besoin (de)** to need (3); **avoir mal** to hurt (C1); **avoir peur (de)** to be afraid of (7)

B

bachelier (bachelière) *n.* person who passed the baccalauréat (1)
bachoter to cram *fam.*; **faire du bachotage** to cram *fam.* (1)
bafouiller to stammer, splutter (6)
bagarrer to argue, fight (1)
bagnole *f.* car *fam.* (4)
baie *f.* bay (5)
baignade *f.* swimming, bathing (5)
se baigner to swim, bathe (5)
baiser *m.* kiss (C1)
baisse *f.* decrease (C9)
baisser to decrease, lower (6)
bal *m.* ball, dance (C6)
balade *f.* stroll, short walk (5)
balancer to swing, go back and forth (C2); to send (away) (9)
ballerines *f.pl.* ballerina slippers (2)
banc *m.* bench (6)
bande *f.* gang (2); tape; **bande sonore** sound track (6)
bande dessinée *f.* comic strip (1)
banlieue *f.* suburb (C2)
baroudeur *m.* wild man, firebrand (9)
barbaque *f.* beef, muscles *pej.* (int. 1)
barbe *f.* beard (2)
barrière *f.* fence, barrier (4)
barre de torsion *f.* torsion bar (4)
bas *m.* stocking; **bas résille** fishnet stocking (2)
basané *adj.* dark (complexion); **avoir le teint basané** to have a dark complexion. (2)
basé (sur) based (on) (C6)
baskets *f.pl.* basketball shoes (2)
bataille *f.* battle (5)
bateau *m.* boat (3); **faire du bateau** to go boating (5)
bâtir to build (7)
batterie *f.* battery; **batterie à plat** dead battery (4)
(se) battre to fight, beat up (9)
battu *adj.* beaten, well-used (5)
bavard *adj.* talkative (C2)
beau (bel, beaux, belle, belles) *adj.* handsome, beautiful (2)
beau-père *m.* stepfather; father-in-law (1)
beauté *f.* beauty (2)
belle-mère *f.* stepmother; mother-in-law (8)
bénévolat *m.* volunteer work (9)
bénévole *n.* volunteer (3)
berceau *m.* cradle (8)
berger (bergère) *n.* shepherd (shepherdess)(6)
besoin *m.* need (9)
bête *adj.* silly, stupid (2)
beur *n.m. & adj.* Arab *fam.* (int. 1)
beurre *m.* butter (int. 1)
biche *f.* doe (3)
bichonner to pretty up, make look nice (int. 1)
bien *adv.* well; **bien sûr** of course (C1); **bien** *m.* good (7); **biens** *m.pl.* goods, property **bien que** *conj.* although (7)
bien-être *m.* well-being (4)
bienvenue *f.* welcome; **souhaiter la bienvenue** to welcome (C3)
bijou *m.* piece of jewelry; **bijoux de fantaisie** costume jewelry (2)
billet *m.* ticket; paper money (3)

bise *f.* kiss *fam.* (5); north wind (7)
blague *f.* joke (C4)
blâmer to blame (2)
blanc (blanche) *adj.* white (2)
blanc *m.* blank (C1)
blême *adj.* pale, sick-looking (2)
blesser to wound (6)
blocage *m.* mental block (1); **faire un blocage** to freeze up (1)
bloqué *adj.* blocked, obstructed (4)
blouson *m.* jacket (2); **blouson en cuir** leather jacket (2)
bobine *f.* reel (of film) (C6)
boire to drink (7)
bois *m.* wood (6); **bois franc** solid, sturdy
boîte *f.* nightclub (int. 1); box (7); **boîte automatique** automatic transmission (4)
bon (bonne) *adj.* good
bonheur *m.* happiness (C1)
bonnet *m.* cap (C5)
bord *m.* edge; **au bord de** along (int. 1)
bordeaux *adj. inv.* wine-colored (2)
border to border, run alongside (5)
bosser to study hard *fam.* (1); to work *fam.* (3)
bosseur (bosseuse) *n.* hard-working student (1)
botte *f.* boot (2)
bouchon *m.* traffic jam (4); cork
boucle *f.* ring; **boucle d'oreille** earring (2); **boucle de nez** nose ring (2)
boue *f.* mud (C4)
bouffer to eat *fam.* (5); **la bouffe** food *fam.* (2)
bouger to move, to be lively (2)
boulanger *m.* baker (8)
bouleverser to upset, distress (6)
boulot *m.* work, job, task *fam.* (1)
bouquin *m.* book *fam.*
bourgeois *n. & adj.* middle class; middle class person (C3)
bourrer to stuff (1); **se bourrer le crâne** stuff your head *fam.* (1)
bourse *f.* scholarship (1)
bousculer to shove, jostle (2)
bout *m.* bit, piece; **au bout de** at the end of (7); **venir à bout de** to overcome (7)
bouteille *f.* bottle (C3)
boutique *f.* shop, boutique (2)
bracelet *m.* bracelet (2)
brancher to plug in, connect (9); **branché** *adj.* in the know, up-to-date (2)
bref (brève) *adj.* brief, short (2)
break *m.* station wagon (4)
bricoler to do odd jobs, tinker (5)
brièvement *adv.* briefly (2)
bride *f.* bridle (7)
brigand *m.* robber (C5)
brillant *adj.* brilliant (C2); shiny
broche *f.* brooch (6)
bronzage *m.* tanning (5)
(se) bronzer to tan (5)
brosse à dents *f.* toothbrush (3)
brouillon *m.* rough draft
broutille *f.* trifle, little thing (4)
broyer to grind, crush (5)
bruit *m.* noise (3)
brûler to burn (3); **brûler un feu rouge** to run a red light (4)
bûcher to study hard *fam.* (1)
bûcheron *m.* woodcutter (7)
bûcheur (bûcheuse) *n.* hard-working student *slang* (1)
bulletin *m.* report card (1)
bureau *m.* desk (pré.); office (3)
busqué *adj.* hooked (2)
but *m.* goal, purpose (7)

C

câble *m.* cable; **télévision par câble** cable TV (6)
cacher to hide; **se cacher** to hide oneself (3)
cadeau *m.* gift
caisse *f.* chest, box (8); checkout (supermarket) (C7)
calmer to calm (someone) down; **se calmer** to calm down (8)
calvaire *m.* suffering (6)
camarade *n.* friend; **camarade de chambre** roommate (8)
caméra *f.* movie camera (2)
caméscope *m.* video camera (6)
camion *m.* truck (3)
campagne *f.* country (side); open country (5); campaign (C-int.2)
camping *m.* a camp ground; **faire du camping** to go camping (5)
cancre *m.* bad student, dunce (1)
canne *f.* cane, walking stick (6)
canoë *m.* canoe; **faire du canoë** to go canoeing (5)
canot *m.* dinghy; **canot de sauvetage** lifeboat (6)
canotier *m.* boater (hat) (8)
capot *m.* car hood (4)
capsuler to put a top on (a bottle) (6)
car *m.* bus (3)
car *conj.* because (1); for
caractère *m.* nature, character; **caractère gras** boldface
caravane *f.* travel trailer (5)
caresser to pet, caress (3)
carré *adj.* square (2)
carrefour *m.* intersection
carrière *f.* career, profession
carrosse *m.* coach, carriage (C7)
carton *m.* cardboard (3)
cas *m.* case
casque *m.* helmet (4); **Casques bleus** UN Peace Keeping Troops (C9)
casquette *f.* cap (2)

casser to break (5); **se casser la tête** to rack one's brains (1)
cassette vidéo *f.* video cassette (6)
caste *f.* group (2)
cauchemar *m.* nightmare (7)
cavalier *m.* horseback rider (4)
céder to give up, give in, give way to (8)
ceinture *f.* belt (3); **ceinture de sécurité** seat belt (4)
célèbre *adj.* famous (2)
célibataire *adj.* unwed (8)
celui (ceux, celle, celles) *pron.* the one(s), this one, that one, these, those (8)
censé *adj.* supposed to (5)
cerisier *m.* cherry tree (4)
cesser (de) to stop (5); **sans cesse** continually, constantly (2)
chacun(e) *pron.* each, each one, everyone (9)
chaîne *f.* chain; channel (6)
chair *f.* flesh (7)
chaise *f.* chair (C1)
chalet *m.* small vacation house (mountains) (5)
chaleur *f.* heat (C4)
chaleureux (chaleureuse) *adj.* cordial, friendly (C2)
chameau *m.* camel (5)
chambre *f.* bedroom (C1)
champ *m.* field (3)
chance *f.* luck, possibility, opportunity (C2)
chanceler to stagger, totter (6)
changement *m.* change (1)
chanson *f.* song (pré.)
chant *m.* singing (C2); song
chanter to sing (2)
chanteur (chanteuse) *n.* singer (2)
chantier *m.* construction site (3)
chapeau *m.* hat (2)
chaque *adj.* each, every (pré.)
charbon *m.* coal (9)
charger to fill, load (3)
charme *m.* magic spell (7)
charte *f.* charter (4)
chasse *f.* hunting; **aller à la chasse** to go hunting (5)
chasser to hunt (5); to chase off (post.)
chauffeur *m.* driver (4)
chaussée *f.* pavement, street (4)
chaussette *f.* sock
chaussure *f.* shoe, footwear (2)
chauve *adj.* bald (2)
chef *m.* leader, head (2); **chef d'état** head of state (C3)
chemin *m.* road, path (3)
cheminer to go one's way (6)
chemise *f.* shirt (2)
chemisier *m.* blouse (2)
cher (chère) *adj.* expensive, dear (1)
chercher to look for (pré.)
cheval *m.* horse (4)
chevalerie *f.* knighthood (7)
chevalier *m.* knight (7)
cheveux *m.pl.* hair (2)
chèvre *f.* goat (3)
chez *prep.* at, to (the house, family, business, etc.) (pré.)
chic *adj. inv.* stylish (2)
chiffre *m.* number (1)
chinois *adj.* Chinese (C8)
chirurgie *f.* surgery (C9)
chirurgien *m.* surgeon (C3)
choisir to choose (pré.)
choix *m.* choice (1)
chômage *m.* unemployment (3); **taux de chômage** unemployment rate (3)
chômeur (chômeuse) *n.* unemployed person (3)
choquant *adj.* shocking, offensive (2)
chute *f.* fall (6)
chuter to fall down
cible *f.* target (int. 1)
cibler to target, aim for (Pré)
ci-dessous *adv.* below (2)
ci-dessus *adv.* above (2)
ciel *m.* sky (6)
cigale *f.* cricket, cicada (7)
cinéma *m.* movies, movie theatre (pré.)
cinéphile *n.* movie buff (6)
circulation *f.* traffic (4)
cité *f.* dormitory (1); urban neigborhood (2)
citrouille *f.* pumpkin (C6)
civil *n. & adj.* civil; civilian (9)
clair *adj.* clear, obvious (7)
claquer to slam (door) (int. 1)
classe d'âge *f.* age group, age cohort (1)
clé, clef *f.* key (4)
clignotant *m.* turn signal, car blinker (4)
clip *m.* video clip (2)
clou *m.* nail; jalopy *fam.* (4)
clouer to nail, attach (8)
cochon *m.* pig (6)
cocotier *m.* coconut palm (C5)
cocon *m.* cocoon (8)
code *m.* rule, code; **code de la route** rules of the road (4)
cœur *m.* heart; **par cœur** by heart, memorized (1)
coffre *m.* car trunk (4)
coffret *m.* chest (C5)
cohue *f.* crowd (int. 2)
coi (coite) *adj.* **rester coi** to remain silent (6)
coiffé *adj.* (hair) styled (2)
(se) coiffer to style (one's) hair (2); wear on one's head (8)
coin *m.* corner
coincer to wedge, catch (6)
colère *f.* anger (pré)
collège *m.* middle school (1)
collier *m.* necklace (2)

collision *f.* collision; **entrer en collision** to run into, collide (4)
colocataire *n.* person with whom a house or apartment is shared (8)
colon *m.* colonizer (3)
colonie *f.* colony (6); **colonie de vacances** camp (for children) (5)
combat *m.* fighting, hostilities (C3)
combien (de) *adv.* how many, how much (1)
combiné *m.* receiver, handset (phone) (int. 2)
commander to command, give orders (3)
comme *adv.* like, as, how (3)
commencer to start (1)
comment *adv.* how (3)
commerçant *n.* merchant, shopkeeper (int. 2)
commerce *m.* trade, business (C9)
commercial *adj.* business (3)
commissariat *m.* **de police** police station (in town) (4)
communauté *f.* community (9)
comparable (à) comparable (to) (C8)
complément *m.* object (grammar) (1)
complet (complète) *adj.* complete, entire, full (2)
complicité *f.* bond, closeness, emotional tie (8)
comportement *m.* behavior
comporter to include (6)
composer to compose, make up; **se composer de** to consist of, be composed of
comprendre to understand; to include; **se comprendre** to understand one another (8)
compter to count (1); **compter** + *infinitif* to plan, to mean (to do)
concours *m.* competitive exam (1)
concret (concrète) *adj.* concrete (2)
concubinage *m.* unmarried people living together (8)
concurrence *f.* competition (6)
se consacrer (à) to devote oneself (to) (2)
à condition de (que) *prep. (conj.)* provided that (7)
condoléances *f.pl.* condolences (3)
conducteur (conductrice) *n.* driver (4)
conduire to drive (4); **se conduire** to conduct oneself (2)
conduite *f.* driving test (4)
conférence *f.* lecture (1)
confiance *f.* trust; **faire confiance (à)** to trust in (8)
confier to confide, trust (C5)
confirmer to confirm (C4)
conflit *m.* conflict (9)
confort *m.* comfort (4)
confortable *adj.* comfortable (clothing, furniture, house) (2)
confus *adj.* confused, embarrassed, muddled (2)
confusément *adv.* confusedly (2)
congé *m.* leave, vacation (5)
congeler to freeze (1)
conjointement *adv.* jointly (9)
connaître to know; **faire la connaissance (de)** to meet (pré.)
connu *adj.* known (7)
conquête *f.* conquest (5)
consacrer to devote (6)
consciencieux (consciencieuse) *adj.* conscientious (C2)
conseil *m.* advice (1)
conseiller (conseillère) *n.* advisor, counselor (9)
consentir to consent (7)
conservateur (conservatrice) *adj.* conservative (2)
consommer to use, to consume (4)
constamment *adv.* constantly (2)
construire to build (C9)
contact *m.* starter (car) (4)
conte *m.* story, tale; **conte à dormir debout** tall tale, cock-and-bull story; **conte de fées** fairy tale (7)
contemporain *n. & adj.* contemporary (1)
contenir to contain (5)
content *adj.* happy (3)
contenter to make happy (C7)
contenu *m.* content (C1)
continu *adj.* continuous (4)
contrainte *f.* constraint (5)
contraire *m.* opposite; **au contraire** on the contrary (1)
contravention *f.* traffic ticket, fine (4)
contre *prep.* against (3)
contredire to contradict (C4)
contrôle *m.* test (1); traffic stop by the police (4)
contrôler to check, inspect (9)
convaincre to convince (4)
convenable *adj.* appropriate (C1)
convenir to fit, be suitable (C1)
convier to invite (5)
convenu *adj.* conventional (9)
convoi *m.* convoy, procession; **convoi de cirque** circus convoy (4)
copain (copine) *n.* friend; boyfriend (girlfriend) (8)
coquet (coquette) *adj.* flirtatious (2)
cornac *m.* elephant trainer (4)
correspondre to tally, agree, correspond (7)
corrompre to corrupt (9)
corvée *f.* onerous task, burden (8)
costaud *adj.* robust (2)
costume *m.* man's suit (2)
côté *m.* side; **à côté de** *prep.* next to (5)
se coucher to go to bed, sleep (C1); **coucher à la belle étoile** sleep out in the open; **coucher sous la tente** to sleep in a tent
couler to sink (6); flow
couleur *f.* color (C2)
couloir *m.* hallway (2)
coup *m.* hit, blow; **coup de veine** stroke of luck (1); **coup de pied** kick (int. 1); **coup de sifflet** whistle blast (4); **tout à coup** all of a sudden (3); **coup de soleil** sunburn (5)

couplet *m.* verse
cour *f.* yard, courtyard (3)
courageux (courageuse) *adj.* brave, courageous (3)
couramment *adv.* fluently (C3)
courant *adj.* everyday, standard (2); **courant** *m.* **d'air** draft (4)
courir to run (3)
courrier *m.* mail (7)
cours *m.* course; **au cours de** during (4); **cours magistral** lecture course (1)
course *f.* race; shopping errand; **course aux armements** arms race (9); **faire les courses** to run errands; go shopping (8)
court *adj.* short (2)
couscous *m.* North African dish, made with semolina, vegetables, etc.
coût *m.* cost (4); **coût de la vie** cost of living
couteau *m.* knife (6)
coûter to cost (4)
coûteux (coûteuse) *adj.* costly
couvert *m.* place, place setting (8); *adj.* covered
couvre-feu *m.* curfew (8)
couvrir to cover (1)
covoiturage *m.* carpooling (4)
covoiturer to carpool (4); **covoitureur** *m.* person who carpools
crack *m.* very smart student *fam.* (1)
craindre to fear (7)
crainte *f.* fear
crâne *m.* skull (2); **crâne d'œuf** egghead, brainy (1)
cravate *f.* necktie (2)
crédit *m.* funding (1)
crête *f.* comb (of rooster); crest; spiked hair (2)
crever to burst; **pneu crevé** flat tire (4)
crier to shout, yell (8)
critiquer to criticize (2)
croire to believe (7)
croiser to cruise (5)
croisière *f.* cruise (5)
croissant *adj.* increasing, growing (4)
croix *f.* cross (1)
cruauté *f.* cruelty (6)
crudité *f.* coarseness, crudeness (6)
cueillir to gather, pick (C7)
cuillère *f.* spoon (post.)
cuir *m.* leather (2)
cuire to cook (5)
cuisine *f.* kitchen; cooking; **faire la cuisine** to cook (8)
cultiver to cultivate, farm (3); **se cultiver** to improve one's mind (5)
culture *f.* land under cultivation (4); culture
culot *m.* daring, nerve (4)
curé *m.* priest, curate (C9)
curieux (curieuse) *adj.* curious (5)
cursus *m.* curriculum (1)
cycle *m.* cycle, years for a degree (1)

D

dame *f.* lady (7)
davantage *adv.* more (pré)
se débarrasser (de) to get rid of (4)
debout *adj.* upright, standing (7)
débrancher to unplug, disconnect
débrayer to let out the clutch (4)
se débrouiller to manage, get along (1)
débrouillard *adj.* able, resourceful (2)
début *m.* beginning; **au début** in the beginning (3)
débutant *adj.* beginner, novice (4)
décapotable *f.* convertible (4)
décennie *f.* decade (9)
(se) déchirer to tear (up) (apart) (3)
décider to decide, determine (3)
décliner to enumerate (9)
déconcertant *adj.* disconcerting (C4)
décor *m.* set (6)
décousu *adj.* disjointed, disconnected (8)
découvrir to discover (4)
décrire to describe (pré.)
décrocher to take down (2); to unhook, pick up (telephone) (1); to land, get (job, prize)
dedans *adv.* inside (7)
défaite *f.* defeat (9)
défavorisé *adj.* underprivileged (C9)
défendre to forbid, prohibit (7)
défi *m.* challenge (C9)
défier to defy (int. 2)
défiler to stream, file past (9)
dégainer to take out of a case or holster (int. 2)
dégoûter to disgust (6)
dégueulasse *adj.* disgusting *fam.* (2)
déguiser to disguise (6)
dehors *adv.* out, outside (1)
déjà *adv.* already (pré.)
délavé *adj.* faded (2)
délivrer to set free; to rescue (C7)
demander to ask; **se demander** to wonder (C2)
déménager to move, move out (8)
demi-frère *m.* stepbrother; half-brother (8)
demi-sœur *f.* stepsister; half-sister (8)
démodé *adj.* out-of-style (2)
demoiselle *f.* young lady (7)
démon *m.* demon (7)
dénouement *m.* ending, conclusion (6)
dépanner to repair (4)
dépanneuse *f.* tow truck (4)
départ *m.* departure (3)
dépasser to go past, pass (4)
se dépayser to get a change of scenery (5)
dépendre (de) to depend (on) (9)
dépens *m.pl.* (legal) costs; **aux dépens de** at the expense of (C2)
dépenser to spend
déplacement *m.* travel (C5)

déplaire to displease, offend (pré)
dépliant *m.* leaflet, brochure (5)
déplier to unfold (C6)
déposer to put down, place (3)
dépourvu (de) *adj.* deprived, lacking (7)
depuis *prep.* since, for (1)
déprimant *adj.* depressing (C6)
déraper to skid (4)
dérisoire *adj.* pathetic; laughable; insignificant (3)
se dérober to run away from (7)
déroulement *m.* development, unfolding (C-int.1)
se dérouler to unfold, develop (1)
derrière *adv.* behind (3)
dès *prep.* from; **dès lors** from that time onwards (5); **dès que** as soon as (1)
désagréable *adj.* disagreeable, unpleasant (2)
désastre *m.* disaster (9)
descendre to go down, take down (3)
désespérer to despair, lose hope (6)
désespérément *adv.* hopelessly (6)
se déshabiller to undress oneself (C1)
désolé *adj.* distressed; sorry; unhappy (3)
désormais *adv.* from now on (2); from then on
dessin *m.* drawing (1)
dessous *adv.* under (2)
dessus *adv.* above (2); **par dessus** *adv.* over, in addition (C3)
se détendre to relax, unwind (5)
détenir to hold, have in one's possession (1)
détente *f.* relaxation (5)
détester to hate, detest (1)
dette *f.* debt (int. 1)
deux-chevaux (2 CV) *f.* a car made by Citroën, originally with two horsepower engine (4)
devant *prep.* before, in front of (3); **devant** *m.* front (4)
devenir to become (C2)
deviner to guess
devinette *f.* riddle
devoir to have to; to owe (C1)
devoir *m.* duty; **devoirs** homework (1)
diable *m.* devil (7)
dieu *m.* god; **Dieu** God
difficile *adj.* difficult; **difficile à vivre** hard to get along with (8)
diffuser to broadcast (6)
diffusion *f.* broadcasting (6)
dilemme *m.* dilemma (7)
diminuer to diminish (6)
diplomate *n. & adj.* diplomat; diplomatic (4)
diplôme *m.* diploma (1)
dire to say; **c'est-à-dire** in other words, that is to say
direction *f.* steering (4), management
directives *f.pl.* rules of conduct, directives (4)
dirigeant *m.* person in authority (C9)
discernement *m.* judgement (1)
discret (discrète) *adj.* discreet (2)
discutailler to discuss *fam.* (6)
disparaître to disappear (7); **disparu** *adj.* gone; dead (7)
disponible *adj.* available (C5)
disposer (de) to have at one's disposal (5)
dispute *f.* quarrel (1)
se disputer to argue (8)
disque *m.* record (post.); **disque compact** compact disc (C1)
dissertation *f.* essay, paper (for a course) (1)
distinguer to distinguish (C8); **se distinguer** to stand out, be noticeably different (2)
distraire to entertain (int.1)
distrait *adj.* absent-minded (C1)
divergence *f.* divergence, difference (7)
se divertir to amuse oneself, enjoy oneself (5)
divorcer to divorce (8)
dodo *m.* sleep, nap *slang* (5); **fais dodo** *m.* cajun dance hall
domestique *n.* servant, domestic; **les travaux domestiques** domestic, household work (3)
dommage *m.* harm; **c'est dommage** what a shame! (2)
donc *conj.* therefore, so (5)
donne *f.* hand (of cards) (2)
données *f.pl.* data
donner to give (3); **donner sur** to open onto, look onto, face (5)
dont *pron.* whose; of whom/which; from whom/which; about whom/which
(se) dorer to gild, turn golden, tan (5)
dormir to sleep (1)
dortoir *m.* large sleeping room (1)
dossier *m.* file document; student record (1); seat back (6);
doter to endow (post.)
douane *f.* customs (9)
douanier *m.* custom's agent (9)
doubler to double (3); to pass, overtake (car) (4); to dub (film) (6)
doucement *adv.* gently, quietly (3)
douceur *f.* gentleness, softness (4)
douleur *f.* pain, suffering, grief (7)
douter to doubt (7)
douteux (douteuse) *adj.* doubtful (7)
doux (douce) *adj.* sweet, soft, gentle (2)
douzaine *f.* dozen (5)
drapeau *m.* flag (9)
droit *n.m. & adj.* right, as in, I have a right to... (C3); **droits d'inscription** tuition, registration fees (1); straight (2)
droite *f.* right (5)
drôle *adj.* funny
dur *adj.* hard (2)
durée *f.* length of time (6)
durer to last, continue (6)
dynamique *adj.* dynamic (2)

eau *f.* water (3)
ébahir to amaze, dazzle (8)
ébats *m.pl.* frolics; **prendre ses ébats** to frolic, frisk (4)
éblouir to dazzle (6)
ébouriffé *adj.* uncombed (2)
s'ébrouer to shake oneself, move about (4)
s'écarter to go away from, deviate from (4)
échafaudage *m.* scaffolding (3)
s'échapper to escape (3)
écharpe *f.* scarf (C4)
échec *m.* failure (2)
échouer (à) to fail (1)
éclairer to light up (6)
éclat *m.* burst, dazzlement; excitement (9)
éclatant *adj.* dazzling (6)
éclater to burst, explode (6); **une famille éclatée** a broken family (8)
école *f.* school (pré.); **école maternelle** pre-school; **école primaire** elementary school (1)
écolier (écolière) *n.* elementary school pupil (1)
écossais *adj.* tartan, checked, plaid (2)
écoute *f.* listening time, viewing time (6)
écouter to listen to
écouteurs *m.pl.* earphones
écran *m.* screen (6)
(s')écraser to run over, crush (2); to crash (int. 2)
écrevisse *f.* crayfish (post.)
écrire to write
écureuil *m.* squirrel (7)
édifiant *adj.* edifying (9)
effacer to erase (pré)
effectivement *adv.* effectively, in actuality (5)
effectuer to carry out (C5)
effet *m.* effect; **effets spéciaux** special effects (6)
efficacité *f.* efficiency (2)
effort *m.* effort, endeavor (5)
effrayant *adj.* terrifying (C7)
effrayer to frighten (4)
égal *adj.* equal; **égal à** on equal footing (1)
également *adv.* equally; as well (7)
égard *m.* regard (6)
église *f.* church
élastique *m.* rubber band (3)
élégamment *adv.* elegantly (2)
élève *n.* elementary or secondary school student (1)
élire to elect (9)
s'éloigner to distance, move away (3)
élu *m.* elected official (2)
emballer to thrill, delight (1)
s'embarquer to embark upon; get on board (5)
embauche *f.* hiring (8)
embaucher to hire (3)
embellir to embellish, make prettier (C2)
embêtant *adj.* annoying (1)
embouteillage *m.* traffic jam (4)
embrasser to embrace, kiss; **s'embrasser** to embrace (kiss) each other (8)
embrayer to put in the clutch (4)
embrayage *m.* clutch (4)
émettre to send, put out (6)
émission *f.* television (radio) program (6)
emmagasiner to collect (2)
emmener to take someone, lead (someone) (4)
émouvoir to touch emotionally; affect (3)
empanaché *adj.* plumed (8)
empêcher to prevent
emplacement *m.* site, placement (C2)
emploi *m.* job (3)
empoisonné *adj.* poisoned (C7)
emporter to take, win over, conquer (4)
emprunter to borrow (2)
emprunteur (emprunteuse) *n.* borrower (7)
en *prep.* in; to; of
enchaînement *m.* series, sequence (C6)
enchanter to enchant (7)
encore again; still; **pas encore** not yet (pré.)
endormi *adj.* asleep (2)
endroit *m.* place (3)
énerver to irritate; **s'énerver** to get excited, get worked up (C-pré.)
enfance *f.* childhood (2)
enfant *n.* child; **enfant unique** only child; **enfant adopté** adopted child (8); **enfant de chœur** altar boy; naive person (4)
enfin *adv.* finally
engagement *m.* dedication (2); agreement, enlistment, commitment (9)
engager to hire (3); **s'engager** to commit oneself to
(s')engueuler to yell at (each other) *fam.*
enjoliveur *m.* hubcap (4)
enlever to take off (5)
ennemi *n.m. & adj.* enemy (9)
ennui *m.* boredom; anxiety (2)
ennuyer to bore, annoy; **s'ennuyer** to be bored (C5)
ennuyeux (ennuyeuse) *adj.* boring
énormément *adv.* tremendously (2)
enquête *f.* survey, investigation (2)
enregistrement *m.* recording (pré.)
enregistrer to record (C2)
enseignant *n.* teacher (1)
enseignement *m.* education (pré.)
ensemble *adv.* together
ensemble *m.* set; development (housing) (1)
ensorceler to cast a spell, bewitch (7)
ensuite *adv.* next, then (3)
entamer to start, begin (5)
entendre to hear; **entendre par** to mean, intend; **s'entendre (avec)** to get along (with) (8)
enterrement *m.* burial (7)
en-tête *m.* heading (6)
entourer to surround, care for (8)
entraide *f.* mutual help (8)

entraîner to carry along, drag (4)
entre *prep.* between (1)
entreprendre to undertake (C3)
entreprise *f.* business, company (3)
entretenir to chat with, converse (C3); to maintain, keep up
entretien *m.* interview (3)
envahir to invade (9)
envergure *f.* large-scale, breadth (9)
envers *prep.* towards
envie *f.* desire; **avoir envie (de)** to want
envieux (envieuse) *adj.* envious (7)
environ *adv.* around, about (5)
envisager to envisage, imagine (C3)
envol *m.* flight, take off (8)
s'envoler to take flight (4)
envoyer to send (3)
épais(se) *adj.* thick (2)
s'épanouir to develop, blossom (6)
épaté *adj.* flat (2)
épave *f.* wreck (ship) (C5)
épine *f.* spine, thorn (C7)
époque *f.* age, time (3)
épouser to wed, marry (7)
épouvante *f.* terror; **film d'épouvante** horror movie (6)
épreuve *f.* test, examination (1); challenge (7)
éprouver to experience
équipe *f.* team
équiper to outfit (5)
équitable *adj.* fair (8)
équitation *f.* horseback riding (5)
errer to wander (3)
escalader to climb, scale (5)
escalier *m.* staircase, stairs (3)
espace *m.* space
espagnol *n. & adj.* Spanish (pré.)
espérer to hope (2)
espionnage *m.* spying, espionage (6)
espoir *m.* hope (5)
épouvantable *adj.* dreadful, horrible (9)
esprit *m.* spirit (C2); **état d'esprit** state of mind (6)
esquisser to sketch (2)
essayer to try
essence *f.* gasoline (4)
essuie-glace *m.* windshield wiper (4)
estimer to consider, esteem
s'établir to establish oneself, settle, take hold (9)
établissement *m.* establishment, institution (3)
étanche *adj.* impervious (6)
état *m.* state (post.); **état civil** *m.* civil (marital) status (C5)
Etats-Unis *m.pl.* United States
été *m.* summer (pré.)
éteindre to turn off (TV, lights) (6)
s'étendre to stretch oneself out (7)
ethnie *f.* ethnic group (3)
étoile *f.* star (C3)
étonner to surprise, astonish (3)
étouffer to stifle, suffocate (8)
étourderie *f.* careless mistake (1)
étranger (étrangère) *n. & adj.* foreigner, foreign (3)
étroit *adj.* narrow
étude *f.* study (1)
étudiant *n.* university student (1)
s'évader to escape (C4)
évaluer to evaluate (1)
éveil *m.* alertness (6)
éveiller to awaken; **s'éveiller** to wake up (9)
éveillé *adj.* awake, alert (2)
éventuellement *adv.* possibly (1)
évident *adj.* obvious (7)
éviter to avoid (C2)
évoluer to evolve, change (2)
examen *m.* exam; **examen blanc** practice test (1)
exécuter to carry out (an order) (5)
exemplaire *m.* copy; specimen (4)
exercer to exert (5); to pursue, practice (a profession) (6)
exigence *f.* demand, requirement (6)
exigeant *adj.* demanding (C7)
exiger to demand, require (8)
exorbité *adj.* popped out (1)
exotique *adj.* exotic, foreign (2)
expérience *f.* experiment (C6); experience
experimenté *adj.* experienced (9)
s'exprimer to express oneself (C2)

F

fabricant *n.* manufacturer (4)
fabuleux (fabuleuse) *adj.* from a fable, imaginary (C7)
fac(ulté) *f.* school within a university (8)
face à *prep.* facing, in light of (5)
fâcher to anger; **se fâcher (avec)** to get angry (at) (1)
facile *adj.* easy (int. 1); **facile à vivre** easy to get along with (8)
facilité *f.* ease (1)
faciliter to facilitate (1)
façon *f.* way, manner (1)
factice *adj.* fake, false (4)
facture *f.* bill (8)
faible *adj.* weak (C2)
faim *f.* hunger; **avoir faim** to be hungry (3)
faire to do, make (pré.); **faire grève** to go on strike; **faire peur** to frighten (7); **faire la cour (à)** to court, woo (7); **faire le plein** to fill up the gas tank (4); **faire semblant (de)** to pretend (7); **faire une demande** to apply (3)
fait *m.* fact; **en fait** in fact (1)
falloir to be necessary; **il faut** it is necessary
familial (familiaux, familiale, familiales) *adj.* family (life, ties, etc.) (2)

se familiariser (avec) to become familiar (with) (1)
famille *f.* family; **famille monoparentale** single parent family (8); **famille recomposée** blended family (8)
fan(atique) *n.* fan; fanatic (5)
fantastique *adj.* uncanny; *n.* fantasy; **film fantastique** science fiction movie (6)
fantôme *m.* ghost (7)
farniente *m.* idle life, idleness (5)
fatal *adj.* fatal; fated (2)
fatiguer to tire (8)
se faufiler to dodge in and out of (C4)
faute *f.* mistake, error (pré.)
fauteuil *m.* armchair (6)
fauve *adj.* fawn-colored, wild (8)
faux (fausse) *adj.* false, wrong (2)
favori (favorite) *adj.* favorite, preferred (2)
fée *f.* fairy; **la bonne fée** fairy godmother (7); **conte de fées** fairy tale (7)
félicitations *f. pl.* congratulations (1)
femme d'affaires *f.* businesswoman
fenêtre *f.* window (5)
fermer to close, shut (pré.)
fesse *f.* buttock (2)
fête *f.* party, holiday, festival, celebration (5)
fêter to celebrate (C2)
feu *m.* traffic light (4); fire
feuille *f.* pay stub (int. 1); leaf; sheet; **feuille de pompe** cheat sheet *fam.* (1)
feuilleton *m.* TV series; soap opera (5)
fève *f.* bean (C7)
ficelle *f.* string (4)
fiche *f.* note card, file card; **fiche de lecture** notes on a reading (1)
fidèle *adj.* faithful (C7)
fidélité *f.* faithfulness (2)
fier (fière) *adj.* proud (5)
fierté *f.* pride (C2)
figer to set; to stiffen, congeal (6)
fil *m.* thread; **au fil de** throughout (1)
filière *f.* area of concentration (1)
film *m.* **d'actualité** newsreel (6)
fin *adj.* fine, subtle (2)
fin *f.* end (C1)
final *adj.* final (2)
finalement *adv.* finally (9)
financier (financière) *adj.* financial (8)
financièrement *adv.* financially (8)
finir to finish (1)
fixation *f.* fixation; **faire des fixations** to be obsessed with (int. 1)
flacon *m.* bottle (4)
flanc *m.* side (6)
fléchir to weaken, give way (8)
flatter to flatter (int. 1)
fleur *f.* flower (C5)
flic *m.* cop (4)
flux *m.* flood, flow (6)
fois *f.* time, instance; **il était une fois** once upon a time (7); **à la fois** at the same time (8)
follement *adv.* madly, wildly (2)
foncé *adj.* dark (color) (C5)
fonctionnaire *m.* government employee (C9)
fond *m.* bottom; essence (5)
fondateur (fondatrice) *n. & adj.* founder; founding (9)
fonder to start, set up (business, family) (C2)
fondouc *m.* warehouse; inn (in Arab countries) (3)
forêt *f.* forest (3)
formation *f.* training, education (9)
formulaire *m.* form, application (3)
formule *f.* formula (C8)
fort *adj.* strong (1)
fou (fol, fous, folle, folles) *adj.* crazy, insane (2)
foule *f.* crowd (5)
fourmi *f.* ant (7)
fournir to supply, furnish (C9)
fourrure *f.* fur (7)
foyer *m.* hearth; home; household (5)
fragment *m.* fragment, chip (8)
frais (fraîche) *adj.* cool; fresh (2)
frais *m.pl.* expenses (1)
franc (franche) *adj.* honest, open (2)
franchement *adv.* openly, honestly (4)
franchir to cross (4)
francophone *n. & adj.* native French, native French speaker (3)
frange *f.* fringe (2)
frapper to hit
fredonner to hum (4)
frein *m.* brake (4); **freiner** to brake (4)
fréquenter to frequent, go around with, spend time with (7)
friperie *f.* second hand clothing store
frisé *adj.* frizzy, curly (2); **friser** to curl (C2)
froid *m.* cold (3)
frontalier (ère) *n. & adj.* of the border region; person who lives near a border (C9)
frontière *f.* border (9)
frotter to rub (7)
fruit *m.* fruit; **fruits de mer** seafood (C5)
fuir to flee, run away from (C4)
funèbre *adj.* funeral, funereal (6)
funérailles *f. pl.* funeral service (6)
fuser to burst forth (6)

G

gâcher to spoil (6)
gagner to earn; win (1); **gagner sa vie** to earn a living (3)
gai *adj.* happy (5)
galerie *f.* automobile roof rack (4)
galette *f.* round flat cake (8)
gamin *n.* child (6)

gant *m.* glove (C4)
garagiste *m.* garage mechanic (C2)
garantir to guarantee (9)
garder to keep, protect (3); **garder la ligne** to stay thin (5)
gare *f.* train station (5)
garer to park (4)
garniture *f.* fittings, trimmings (C4)
gaspillage *m.* waste (4)
gaspilleur (gaspilleuse) *adj.* wasteful (4)
gauche *f.* left (5)
gazon *m.* lawn; **tondre le gazon** to mow the lawn (8)
géant *n. & adj.* giant (7)
geler to freeze (5)
gendarme *m.* policeman (state patrol) (4)
gendarmerie *f.* police station, police (in the country) (4)
gêne *f.* discomfort, embarrassment
gêner to bother, annoy (1)
génial *adj.* great, terrific (1)
genre *m.* style, manner (5)
gens *m.pl.* people (3)
gentil(le) *adj.* nice (2)
gentiment *adv.* nicely, kindly (2)
gercer to chap, crack (3)
gérer to manage (1)
gestation *f.* gestation; incubation (4)
geste *m.* gesture, motion (6)
gestion *f.* management (2)
glace *f.* mirror (5)
(se) glisser to slip, glide (1)
gomme *f.* eraser (pré)
gosse *n.* kid (C6)
goût *m.* taste
goûter to taste (1)
grâce à thanks to (1)
grain *m.* seed, grain (7)
grandir to get bigger (8); to grow up
graphique *m.* graph, chart
gras(se) *adj.* fat (5); **faire la grasse matinée** to sleep in, sleep late (5)
gratter to scratch (1)
gratuitement *adv.* without pay, free of charge (3)
grave *adj.* serious
gravement *adv.* seriously (3)
gré *m.* liking, taste (9)
grec (grecque) *n. & adj.* Greek (2)
grève *f.* strike (2); **faire grève** to go on strike (3)
griffe *f.* claw (C7)
grincheux (grincheuse) *adj.* grumpy (2)
gronder to scold (6)
gros(se) *adj.* big, fat (2)
groupe *m.* group; band (musical) (2)
guère *adv.* not much, a little (7); **ne... guère** scarcely
guérir to heal (7)
guerre *f.* war (9); **guerre froide** Cold War (9); **guerre civile** civil war
guerrier (guerrière) *n.* soldier, warrior (3)
guichet *m.* ticket window (6)
guise *f.* way, manner; **en guise de** by way of (2)

H.L.M. *m.* **(Habitation** *f.* **à Loyer Modéré)** low income housing (2)
habillement *m.* dress, clothing (C2)
habit *m.* outfit, clothes (2)
habitant *m.* resident; local person (5); inhabitant
habiter to live (8)
habitude *f.* habit, custom (C9)
s'habituer à to get used to (1)
***haine** *f.* hate, hatred (9)
***hanche** *f.* hip (3)
***hanter** to haunt (7)
***hasard** *m.* chance; **par hasard** by chance (C4)
***hasardeux (hasardeuse)** *adj.* risky, dangerous (9)
***hausse** *f.* increase (C9)
***haut** *adj.* high, tall (5)
***hauteur** *f.* height (C5)
hebdomadaire *adj.* weekly (6)
***héros (héroïne)** *n.* hero (heroine) (7)
heure *f.* hour; **à l'heure** on time; **heure de pointe** rush hour (4)
heureux (heureuse) *adj.* happy (2)
heureusement *adv.* fortunately (2)
heurter to bump (5)
hier *adv.* yesterday (3)
hiver *m.* winter (3)
***hockey** *m.* hockey (5)
***homard** *m.* lobster (5)
homme *m.* man; **homme d'affaires** businessman; **homme de passage** drifter (3)
***honte** *f.* shame (6)
horloge *f.* clock (9)
hors *adv.* except, beyond, outside of; **hors de soi** beside oneself (with anger, emotion, etc.) (6)
hôtesse *f.* hostess (C5)
***houspiller** to argue, fight (6)
huile *f.* oil (C4)
humeur *f.* temperament; mood; **de bonne humeur** in a good mood (8); **de mauvaise humeur** in a bad mood (8); **donner de l'humeur (à)** put in a bad mood (8)
hymne *m.* anthem (9)

idéal *n.m. & adj.* ideal (8)
ignorer to not know (2)
île *f.* island (5)
illettré *n.* illiterate person (1)
illusoire *adj.* illusory (C8)

illustre *adj.* famous, illustrious (C4)
image *f.* image, likeness, picture (3)
imaginer to imagine; **s'imaginer** to imagine oneself (being, doing) (7)
immeuble *m.* building (3)
immigré *n. & adj.* immigrant (3)
impatient *adj.* impatient; **être impatient de** to be eager to (1)
imperméable *n.m. & adj.* raincoat (2); waterproof
impertubable *adj.* unshakeable (6)
impliquer to imply
impoli *adj.* impolite (2)
importer to matter; **n'importe qui** anybody; **n'importe quel(le)** any (C3)
impressionner to impress (C5)
imprévu *adj.* unexpected
inachevé *adj.* incomplete, unfinished (6)
inattendu *adj.* unexpected (7)
inconnu *adj.* unknown (3)
inconvénient *m.* disadvantage, drawback (4)
incrédule *adj.* incredulous (1)
incroyable *adj.* unbelievable (4)
indiquer to indicate (1)
individu *n.m. & adj.* individual (person) (8)
inégal *adj.* unequal, unfair (C3)
inexplicable *adj.* unexplainable, inexplicable (C7)
inférieur *adj.* lower; inferior (3)
infirmier (infirmière) *n.* nurse (9)
informations *f.pl.* news (6)
inhospitalier *adj.* inhospitable (C5)
s'initier to start to learn (5)
inondation *f.* flood (6)
inquiet (inquiète) *adj.* worried (2)
s'inquiéter to worry (1)
s'inscrire to register (1)
insensible *adj.* insensitive (2)
insister to insist (7)
inspirer to inspire; **s'inspirer (de)** to be inspired by (2)
s'installer to move in, set up (9); to settle
instituteur (institutrice) *n.* elementary school teacher (1)
instruire to educate (1)
intégration *f.* integration (3)
intégrer to integrate (3); **s'intégrer** to integrate oneself (C2)
intendance *f.* supply, physical support (8)
intention *f.* intention; **avoir l'intention de** to intend to (1)
interdiction *f.* ban, what is forbidden (4)
interdire to forbid
intéresser to interest; **s'intéresser à** to be interested in (C-pré.)
intérim *m.* temporary work (8), **faire de l'intérim** to temp (3)
intérieur *n.m. & adj.* inside (2)
internat *m.* hospital training as a doctor (9)
interner to put in a psychiatric hospital (4)
interrogation *f.* test, quiz (1); **interro** *fam.*
interroger to question
interrompre to interrupt (1)
intervenir to participate (in class) (1)
intimité *f.* intimacy, privacy (8)
intrigue *f.* plot (6)
intrus *m.* intruder (2)
inverse *m.* opposite (9)
inversion *f.* reversal, inversion (2)
investir to invest (C9)
investissement *m.* investment (C4)
invité(e) *n.* guest (9)
iroquoise *f.* mohawk (hairstyle) (2)
irrespectueux *adj.* disrespectful (1)
issu *adj.* stemming from (7)
isolant *adj.* isolating (C5)

J

jais *m.* jet-black (8)
jaloux (jalouse) *adj.* jealous (C7)
jamais *adv.* ever, never; **ne... jamais** never (6)
japonais *n. & adj.* Japanese (pré.)
jardin *m.* garden (C1)
jaune *adj.* yellow (2)
jean *m.* jeans; **jean délavé** faded jeans (2)
jeter to throw (1); to throw out; **jeter un sort (à)** to cast a spell (on) (7)
jeu *m.* game (int.1); **jeu télévisé** game show (6); **jeu vidéo** computer game, video game (1); **jeu d'acteur** acting (C6)
jeune *adj.* young (2)
jeunesse *f.* youth (3)
joli *adj.* pretty (2)
joue *f.* cheek (3)
jouer to play (1)
jouet *m.* toy (3)
jouir to enjoy (6)
joufflu *adj.* fat-cheeked (2)
jumeau (jumelle) *n.* twin (6)
jumelage *m.* partnering (of cities, regions) (9)
journal *m.* newspaper, diary (pré.); **journal télévisé** news on TV (6)
jupe *f.* skirt (2)
jusqu'à *prep.* up to, until (C1); **jusqu'à ce que** *conj.* until (7)
juste *adv.* only, just (3); fair (8)

K

kaki *inv.* khaki (2)
klaxon *m.* horn (C4)
klaxonner to honk (4)

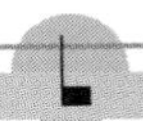

là-bas over there (2)
lâcher to let go, drop (int. 1)
laid *adj.* ugly (2)
laine *f.* wool (3)
laisser to leave; to let, allow
lait *m.* milk (3)
lancer to throw, launch (9)
langue *f.* language; **langue maternelle** first language
lapin *m.* rabbit (8); **cage à lapin** rabbit hutch (8)
laqué *adj.* lacquered (8)
large *n.m. & adj.* wide; width; the open sea; **au large de** off the coast of (5)
larme *f.* tear (3)
se lasser to become tired (3)
lave-linge *m.* washing machine (C8)
lazzi *m.* jeer, gibe, taunt (6)
lèche-vitrine *m.* window-shopping; **faire du lèche-vitrine** to go window-shopping (2)
leçon *f.* lesson (1)
lecteur (lectrice) *n.* reader
lecture *f.* reading (1)
léger (légère) *adj.* light (4)
lendemain *m.* next day, following day (9)
lent *adj.* slow (2)
lentement *adv.* slowly (2)
lessive *f.* laundry (8); laundry detergent (4); **faire la lessive** to do the laundry (8)
lettre *f.* letter (3) **lettre de candidature** application letter
lettres *f.pl.* literature; **faculté de lettres** college, school of humanities (1)
se lever to get up
levier *m.* **de vitesse** gearshift (4)
lèvre *f.* lip (2)
libre *adj.* free (3)
licencier to lay off, dismiss (3)
licorne *f.* unicorn (7)
lier to bind, fasten (3)
lieu *m.* place; **au lieu de** instead of (1)
lieue *f.* league **(4 kilomètres)** (C6)
limite *f.* edge, limit (1)
linge *m.* linen, the washing (8)
liposuccion *f.* liposuction (2)
lire to read
lisser to smooth (6)
lit *m.* bed (3)
livre *m.* book (C-pré.)
livret *m.* school report card (1)
loi *f.* law (post.)
loin (de) *prep.* far (from) (C1)
lointain *adj.* far away (3)
loisir *m.* leisure activity (2)
logisticien(ne) *n.* expert in logistics (9)
long (longue) *adj.* long (2); **à la longue** in the long run (6)
longer to border, pass alongside (5)
longtemps *adv.* a long time (3)
longueur *f.* length
lorsque *conj.* (at the moment) when (5)
lot *m.* share, lot (9)
louer to rent (1)
loup *m.* wolf (7); **loup-garou** *m.* werewolf (7)
loupe *f.* magnifying glass (2)
loyal *adj.* loyal, faithful (2)
loyer *m.* rent (8)
lueur *f.* light (6)
luge *f.* sled, toboggan (5)
lumière *f.* light (3)
lune *f.* moon; **lune de miel** honeymoon (2); **pleine lune** full moon (C7)
lunettes *f.pl.* glasses, spectacles; **lunettes roses** rose-colored glasses (2)
lutin *m.* elf (7)
lutte *f.* fight, struggle (C3)
lycée *m.* high school (1)

machinalement *adv.* mechanically (2)
machine à écrire *f.* typewriter (C3)
machine à laver *f.* washing machine
maçon *m.* stone mason (C3)
maghrébin *n. & adj.* North African (3)
magicien(ne) *n.* magician (7)
magie *f.* magic; **magie noire** black magic (7)
magnétoscope *m.* VCR (6)
maigre *adj.* skinny (2)
maillot de bain *m.* swimsuit (2)
main-d'œuvre *f.* work force (9)
maintenant *adv.* now
maintenir to maintain, keep (6) **les forces de maintien de la paix** peace-keeping forces (9)
maire *m.* mayor (2)
mairie *f.* city hall (9)
mais *conj.* but (pré.)
maison *f.* house (3); **maison de campagne** country house (5)
maître (maîtresse) *n.* elementary school teacher (1); virtuoso (6); master (7); mistress
maîtrise *f.* mastery; **maîtrise de soi** self-control (2); MA degree
majeur *adj.* of legal age (2)
mal *adv.* badly (3); **mal** *m.* evil (7); **avoir le mal de mer** to be seasick (5); **avoir le mal du pays** to be homesick (3)
malade *adj.* sick, ill; *n.* sick person (3)
maladie *f.* sickness, illness (3)
maladroit *adj.* clumsy (2)
malédiction *f.* curse (7)
malgré *prep.* in spite of (5)

malheur *m.* misfortune (5)
malheureux (malheureuse) *adj.* unhappy; unfortunate (C2)
malicieux (malicieuse) *adj.* mischievous (2)
maltraiter to mistreat (C3)
manche *f.* sleeve; **la Manche** the English Channel (5)
manger to eat (3)
maniable *adj.* easy to handle (4)
manifestation *f.* demonstration, protest march; **la manif** *fam.*; **se manifester** to make oneself noticed (1); **manifester** to protest (2)
manque *m.* lack, shortage of (4)
manquer to miss (3)
manteau *m.* coat, cloak (6)
maquillage *m.* make-up (2)
se maquiller to put on make-up (2)
marâtre *f.* wicked stepmother (7)
marchand *n.* storekeeper, merchant (6)
marchandise *f.* merchandise (4)
marché *m.* market (3); **bon marché** inexpensive (1); **marché aux puces** flea market (2)
marcher to walk; to function, work (4)
marcheur *m.* person who walks (4)
marge *f.* margin, border (6)
mari *m.* husband (3)
marier to marry; **se marier (avec)** to get married (to) (1)
marquant *adj.* striking, outstanding (6)
marque *f.* brand name (pré.)
marquer to record, mark (8)
marron *m.* chestnut; *adj. inv.* brown (2)
maso *adj.* masochistic (2)
maternel(le) *adj.* maternal; **langue maternelle** first language (pré.)
matière *f.* subject matter (1); (school) course (1); material; **matières premières** raw materials (9)
maudire to curse (7)
mauvais *adj.* bad, poor
mec *m.* guy *fam.*
méchanceté *f.* wickedness, hardness (3)
méchant *adj.* spiteful, wicked
mécontent *adj.* dissatisfied (C8)
mécontentement *m.* displeasure (2)
médicament *m.* medication, medicine (C5)
médecin *m.* doctor (5)
meilleur *adj.* better (1)
mélange *m.* mixture (int.1)
mêler to mix (3); **se mêler à** to mix with, mingle (5)
mélo(drame) *m.* soap opera (6)
membre *m.* member (9)
même *adj.* same (1); even (2)
ménage *m.* household (int. 2); **faire le ménage** to do housework (8)
mener to lead, take (C3)
mendier to beg (3)
mensonge *m.* lie, untruth (C6)
mentir to lie (9)
menton *m.* chin (5)
menu *adj.* small, minor (8)
mer *f.* sea, ocean (3)
merveilleux (merveilleuse) *adj.* wonderful; *n.m.* supernatural (7)
mépriser to scorn, look down on (C4)
métier *m.* trade, job (3)
mettre to put (on); **se mettre d'accord** to come to an agreement (1); **mettre fin à** to end (C1); **mettre au point mort** to put in neutral (4); **mettre le contact** to switch on the ignition (4); **mettre en relief** to call attention to (C8)
meuble *m.* (piece of) furniture (C4)
Midi *m.* South of France (C3)
mieux *adv.* better (1)
milieu *m.* middle, surroundings (8); **au milieu (de)** in the center of (4)
mimique *f.* gesticulations (6)
minable *n. & adj.* hopeless, pathetic person (1)
mince *adj.* slender (2)
mine *f.* appearance; **faire mine** to pretend
mineur *adj.* minor (2)
minoritaire *adj.* of a minority (5)
miroir *m.* mirror (7)
missel *m.* missal, book for Mass (8)
mitaine *f.* mitten, glove (6)
mixte *adj.* co-ed (for schools)
mode *f.* fashion; **à la mode** in fashion (pré)
moindre *adj.* least (2)
moine *m.* monk (2)
moins *adv.* less (2)
moitié *f.* half (1)
moment *m.* moment, a while; **au moment où** at the moment when (7)
monde *m.* world (3); **tout le monde** everybody (2)
moniteur (monitrice) *n.* instructor (sports); counselor; supervisor (5)
monnaie *f.* currency, change (C9)
monoparental *adj.* single-parent (8)
monospace *m.* minivan (4)
montagne *f.* mountain (3)
monter to go up (C9)
montrer to show (3)
se moquer (de) to make fun (of)
morale *f.* moral
morceau *m.* piece, part (6)
mot *m.* word; **mot apparenté** cognate (2)
motard *m.* motorcycle policeman (4)
moteur *m.* engine, motor (4)
motoneige *f.* snowmobile (5)
mou (mol, mous, molle, molles) *adj.* soft, limp (2)
mouche *f.* fly (7)
mouchoir *m.* handkerchief (1)
moudre to grind (8)
moule *f.* mussel (C5)
mourir to die (3)
mousseux (mousseuse) *adj.* sparkling (8)

moustache *f.* mustache (2)
moustique *m.* mosquito (6)
mouton *m.* sheep (6)
moyen(ne) *adj.* average (2); **moyenne** *f.* average (1) **moyens** *m.pl.* financial means
Moyen-Orient *m.* Middle East (C9)
muet(te) *adj.* silent, mute (6)
multinationale *f.* multinational corporation (C9)
munir to equip, furnish (9)

N

nager to swim (5)
naïf (naïve) *adj.* naive (6)
nain *n. & adj.* dwarf (7)
naissance *f.* birth (8)
naître to be born (2)
narrateur (narratrice) *n.* narrator (3)
natal *adj.* native (2)
natation *f.* swimming; **faire de la natation** to go swimming (5)
natte *f.* braid (3)
naval *adj.* naval, nautical (2)
néanmoins *adv.* nevertheless (1)
neige *f.* snow (7)
nerf *m.* nerve (9)
net(te) *adj.* clean (2)
neuf (neuve) *adj.* brand-new (4)
nez *m.* nose (2)
ni... ni... neither...nor (6)
nid *m.* nest, place to live (int. 1)
nier to deny (4)
n'importe quel (quelle) any which, any...whatever (C3)
niveau *m.* level (9); **niveau de vie** standard of living
noir *adj.* black (5)
nombreux (nombreuse) *adj.* numerous; **famille nombreuse** large family (8)
norme *f.* norm, standard (2)
note *f.* grade; note (1)
noter to give a grade (1)
nouille *f.* noodle; imbecile (1)
nourrir to feed; **se nourrir** to eat (C5)
nourrisson *m.* infant (8)
nourriture *f.* nourishment; food (C2)
nouveau (nouvel, nouveaux, nouvelle, nouvelles) *adj.* new (2); **de nouveau** again, anew (7)
nouveau-né *m.* newborn (baby) (C9)
nouvelle *f.* news (3)
nuage *m.* cloud (5)
nuancer to shade, qualify (an opinion)
nuisible *adj.* harmful, detrimental (4)
nuit *f.* night (3)
nul(le) *n. & adj.* useless, hopeless; hopeless student (1)
numéro *m.* number (4)
nuque *f.* nape of the neck (2)

O

obéir to obey (7)
obéissant *adj.* obedient (C2)
objectif *m.* goal, objective (8)
obliger to oblige, compel (C-Int.1); **être obligé de** to have to, be obliged, compelled, forced to (1)
observer to look at (3); to watch
occasion *f.* occasion; bargain; **d'occasion** used (4)
occupé *adj.* busy (1)
s'occuper (de) to take care (of) (1)
œil *m.* eye (5)
œuf *m.* egg (5)
officieux (officieuse) *adj.* unofficial (1)
ogre *m.* ogre (7)
oiseau *m.* bird (int. 1)
olivâtre *adj.* olive-colored (skin) (2)
ombre *f.* shadow (3)
oncle *m.* uncle (2)
onde *f.* wave (air, ocean) (int. 2)
ondulée *adj.* wavy (2)
ONG (Organisation non-gouvernementale) *f.* NGO (non-governmental organization)
ongle *m.* fingernail (2)
O.N.U. (Organisation des Nations Unies) *f.* U.N. (9)
orage *m.* storm
ordinateur *m.* computer (2)
ordonnance *f.* prescription (5)
ordonner to organize; to order (7)
ordre *m.* order, command (C3)
ordure *f.* rubbish, garbage (8)
oreille *f.* ear (3)
original *n. & adj.* original (2)
orner to decorate (8)
ornière *f.* rut in the road (4)
OTAN *f.* NATO (9)
oseille *f.* dough (money) *fam.* (2)
oser to dare
où *adv.* where
oublier to forget
ours *m.* bear (C7)
outre *prep.* as well as; **en outre** besides, furthermore (2) **outre-mer** overseas (3)
ouvert *adj.* open (C2)
ouvertement *adv.* openly (2)
ouverture *f.* opening (5)
ouvrier (ouvrière) *n.* worker (3); **ouvrier saisonnier** migrant worker (C9)
ouvrir to open

P

pachyderme *m.* elephant (4)
page *m.* page boy (7)
paisible *adj.* peaceful, calm, quiet (9)
paix *f.* peace (9);
pâle *adj.* pale (2)
pâlir to turn pale (C2)
pan *m.* piece; side; **pan d'une robe** side, top of a dress (3)
panier *m.* basket (8)
panne *f.* breakdown; **tomber en panne** to break down (4)
pantalon *m.* pants, trousers (2)
pantoufle *f.* slipper (C6)
papier *m.* paper (1)
paquet *m.* package, bundle (5)
par *prep.* by (3)
paraître to seem (1)
parce que *conj.* because (3)
parcelle *f.* parcel, piece (3)
parcourir to skim (3); to travel through, go through
parcours *m.* route, journey (9)
pare-brise *m.* windshield (4)
pare-chocs *m.* bumper (4)
pareil(le) *adj.* same, similar (2)
parent *m.* parent; relative (1)
paresseux (paresseuse) *adj.* lazy (2)
parfaitement perfectly
parfois *adv.* sometimes (1)
parier to bet
parking *m.* parking lot (4)
parmi *prep.* among
parole *f.* word; speech (1)
parolier *m.* writer of song lyrics (pré)
partager to share (1)
partie *f.* part, portion (pré.)
partiel *m.* mid-course exam (1)
partir to leave
partout *adv.* everywhere (3)
passable *adj.* passable, passing (grade) (1)
passage *m.* passage; crossing
passager (passagère) *n.* passenger (5)
passer to pass, show (a film) (6); **passer un examen** to take a test (1); **se passer** to take place (1); **passer une commande** to place an order (4); **se passer de** to do without (4)
passe-temps *m.* pastime (2)
paternel(le) *adj.* paternal (C3)
patin à roulettes *m.* roller skate (2)
patinage *m.* skating; **faire du patinage** to go ice skating (5)
patiner to skate (5)
patois *m.* dialect (pré)
patrie *f.* native land, homeland (9)
patron(ne) *n.* boss, owner (3)
pattes *f.pl.* sideburns (2)
pauvre *adj.* poor (2)
pauvreté *f.* poverty
pavé *m.* paving stone (pré)
payer to pay (for); **se payer** to treat oneself, afford (8)
pays *m.* country; **pays d'origine** homeland, native country (C3)
paysan (paysanne) *n. & adj.* peasant (6)
peau *f.* skin (2)
pêche *f.* fishing; **aller à la pêche** to go fishing (5)
pêcher to fish (5)
peine *f.* pain, punishment; **à peine** scarcely, hardly (1)
peindre to paint (4)
peintre *m.* painter (C1)
pelouse *f.* lawn (C8)
(se) pencher to bend, lean (over) (5)
pendant *prep.* during, while
pendre to hang (C6)
pendule *f.* clock (C6)
pendulette *f.* travel clock (C3)
pénible *adj.* tiresome, difficult (C7)
pension *f.* small hotel; meals; **pension alimentaire** alimony (8)
perdre to lose (C3); **perdre la tête** to lose one's head (2)
période *f.* period of time (C8)
périr to perish; die (7)
permis de conduire *m.* driver's license (4)
personnage *m.* character, person (in literature) (1)
personne *f.* person, someone (3); **ne... personne** no one (6)
personnellement *adv.* personally (1)
perte *f.* loss (9)
peser to weigh (2); to burden (8)
petit *adj.* small, little (pré.); **petit à petit** little by little (C3)
pétrole *m.* crude oil (C4)
peu *adv.* little (1); **à peu près** about, approximately (post.)
peur *f.* fear, dread (7)
peut-être *adv.* maybe, perhaps (pré.)
phare *m.* headlight (4)
phrase *f.* sentence (pré.)
piastre *f.* piastre; dollar *(canadian, cajun)* (post.)
pièce *f.* room; coin (9); play
pied *m.* foot (C3); **pieds nus** *adj.* barefoot (C3)
piercing *m.* body piercing (2)
piéton *m.* pedestrian (4)
pinceau *m.* brush (C1)
pincée *f.* pinch (5)
pique-nique *m.* picnic; **faire un pique-nique** to have a picnic (5)
piquer to give an injection (2)
pire *adj.* worse, worst (1)
pis *adv.* worst (2)

piscine *f.* swimming-pool (int. 1)
piste *f.* track; circus ring (4); **piste cyclable** bike path (4)
pitance *f.* salary (int. 1)
placer to put, place; invest (int. 1)
plage *f.* beach (C2)
se plaindre to complain (8)
plaire to please (7)
plaisanter to joke (int. 1)
plaisir *m.* pleasure (6)
plan *m.* shot (camera) (2); **gros plan** close-up (2)
planche *f.* board; **planche à roulettes** skateboard (2); **planche à voile** wind surfer (5)
planifier to plan out (1)
planter to plant; to put, put up (9)
plaque d'immatriculation *f.* license plate (4)
plat *m.* dish (3)
plein *adj.* full (3); **faire le plein** to fill the gas tank (4); **en plein air** outdoors (C5)
pleurer to cry (3)
pli *m.* fold (3)
plissé *adj.* pleated (8)
plomb *m.* lead (9)
plonger to dive (5)
plongée *f.* diving; **faire de la plongée** to dive (scuba) (5)
plongeon *m.* dive; **faire du plongeon** to dive (diving board) (5)
pluie *f.* rain (C4)
plume *f.* fountain pen (1), feather (8)
plupart *f.* most (1)
plus *adv.* more (pré.); **plus que** more than (3); **ne... plus** no longer, not anymore (6)
plus-que-parfait *m.* pluperfect tense (3)
plusieurs *adj. & pron.* several (1)
plutôt *adv.* **(que)** rather (than)
pneu *m.* tire; **pneu de secours** spare tire (4)
poche *f.* pocket (8)
poème *m.* poem (3)
poids *m.* weight (2); **poids lourd** big truck (4)
poignée *f.* handful (9)
poil *m.* hair (animal); **au poil** super, great *fam.* (5)
point de vue *m.* point of view (pré.)
pointu *adj.* pointed (2)
poisson *m.* fish (C4)
poitrine *f.* chest (3)
poli *adj.* polite (C2)
polluer to pollute (4)
poliment *adv.* politely (2)
pomme *f.* apple (C7)
pommier *m.* apple tree (4)
pompe *f.* pump; cheat sheet *fam.* (1)
pomper to copy, cheat *fam.* (1)
pont *m.* bridge, deck (3)
ponton *m.* pontoon, floating bridge (6)
portable *m.* portable telephone (int. 2)
portail *m.* gate (4)
portefeuille *m.* wallet (3)
porter to wear (2); to carry (3); **porter sur** to rest on, have to do with (8)
portière *f.* car door (4)
portugais *n. & adj.* Portuguese; Portuguese person (3)
poser to place, put; **poser une question** to ask a question (3)
poste *f.* post office (9)
poste *m.* position, job (3); police station (4)
postuler to apply (for a position) (9)
potasser to study hard, cram *fam.* (1)
pote *m.* buddy, pal *fam.* (5)
poubelle *f.* trash can; **sortir les poubelles** to take out the trash (8)
poudre *f.* powder, dust (5)
pouffer to burst out; **pouffer de rire** to snigger, burst out laughing (9)
poulet *m.* chicken (3)
poupée *f.* doll (3)
poupon *m.* little baby (8)
pour *prep.* for, in order to (pré.); **pour que** *conj.* in order to (7)
pourcentage *m.* percentage (3)
pourquoi *adv. & conj.* why (pré.)
poursuivre to pursue (1)
pourtant *adv.* yet, nevertheless (3)
pourvu que *conj.* provided that (4)
pousser to push
poussière *f.* dust (3)
pouvoir to be able to (pré.); **il se peut que** it's possible that (7)
pouvoir *m.* power (9)
PQ *m.* toilet paper (2)
précisément *adv.* precisely, exactly (2)
préciser to specify; to go into detail (C6)
prédire to predict (5)
prédominer to predominate; prevail (3)
préfecture *f.* central government office of a French **département** (C9)
préférer to prefer, like better (6)
préjugé *m.* prejudice (3)
prélèvement *m.* bank draft (2)
premièrement *adv.* first (of all) (C-int.1)
prendre to take (pré.); **prendre en charge** to take care of (1); **prendre en compte** to take into account (2); **prendre un verre** to have a drink (2); **prendre sa retraite** to retire
préoccupé *adj.* preoccupied (C2)
président *m* president; **Président Directeur Général (P.D.G.)** CEO (3)
presque *adv.* almost (5)
prêt *n.* loan (int. 1); *adj.* ready (7)
prétendre to claim, maintain, say (5)
prêter to loan (6); **prêter main-forte** to lend a hand (C9)
prêteur (prêteuse) *n.* lender (7)
prévenir to warn, alert to (C3)
prévoir to foresee, anticipate (9)

prier to pray, beg, invite; **je vous en prie** you're welcome (C4)
prime *f.* bonus (int. 1)
principal *adj.* principal, primary (3)
printemps *m.* spring(time) (3)
priorité *f.* right-of-way (4)
prise *f.* sample, small amount; **prise de sang** blood test (4)
priver to deprive; **se priver (de)** to do without (1)
privilégier to favor (4)
prix *m.* price; prize (1)
probable *adj.* probable (7)
probablement *adv.* probably (2)
prochain *n.m. & adj.* next; following (2); fellow man, neighbor (9)
proche *adj.* near (5)
(se) procurer to obtain, procure (4)
produire to produce, make (C7)
produit *m.* product (3)
profiter (de) to profit (from) (1); take advantage of (6)
profond *adj.* deep (2)
profondément *adv.* profoundly, deeply (2)
profondeur *f.* depth (2)
programmation *f.* programming (TV) (6)
programme *m.* program; **programme du jour** day's programming (TV) (6)
progrès *m.* progress (9)
projeter (de) to project (6); to plan
promenade *f.* walk; **faire une promenade (à pied)** to take a walk; **promenade en voiture** car ride (5); **promenade à vélo** bike ride (5); **promenade à cheval** horseback ride (5)
se promener to take a walk (5)
propos *m.pl.* remarks; **à propos de** about (1)
proposer to suggest, offer (7); **se proposer (de)** to plan (to) (9)
proposition *f.* clause (in a sentence) (1); proposal, proposition (C3)
propre *adj.* clean (2); own (C3)
protagoniste *m.* protagonist, main character (int. I)
prototype *m.* prototype (4)
provincial *n.* someone who does not live in the big city (C2)
provoquer to provoke, instigate (1)
prudemment *adv.* cautiously (2)
public (publique) *adj.* public (2)
publicité *f.* advertising (1)
pudeur *f.* modesty, sense of propriety (6)
puer to stink (4)
puis *adv.* then (C3)
puisque *conj.* since, because (3)
puissance *f.* power (4)
puissant *adj.* powerful (3)
pull *m.* pullover sweater C3)

Q

quadrille *m.* style of dance (6)
quai *m.* wharf (3)
quand *adv.* when (pré.); **quand même** even though, nevertheless (C3)
quant à *prep.* as for, regarding (7)
quart *m.* one-quarter (1)
quartier *m.* neighborhood (C3)
quatrième fourth; **en quatrième** in eighth grade in French schools (pré.)
que *rel. & interrog. pron.* that, which, whom; **ne... que** only (6)
quel(le) *adj.* what, which (pré.)
quelconque *adj.* some sort; any (6)
quelqu'un *pron.* someone (pré.)
quelque *adj.* some; several (pré.)
quelquefois *adv.* sometimes (1)
queue *f.* line (1); tail (4); **faire la queue** to stand in line
se quereller to quarrel (C8)
quête *f.* search (2)
qu'est-ce que *int. pron.* what (pré.)
qui *rel. & interrog. pron.* who, what, that (6)
quitter to leave (1)
quoi *pron.* what (pré.); **il n'y a pas de quoi** you're welcome (C4)
quoique *conj.* although (7)
quotidien(ne) *adj.* daily (5)

R

rabattre to pull down, pull back (3)
race *f.* race, ancestry (C3)
racine *f.* root (pré.)
raciste *n.* racist (C3)
raconter to tell (pré.); **se raconter** to tell each other (7)
raffinage *m.* refining (oil) C4)
rafting *m.* white-water rafting (5)
raide *adj.* stiff, straight (2)
railleur (railleuse) *adj.* tease (2)
raison *f.* reason; **avoir raison** to be right
rajouter to add again (1)
rajuster to readjust (6)
ralentir to slow down (C4)
ramasser to gather, collect (C7)
ramener to bring back (3)
rancune *f.* resentment, grudge (9)
randonnée *f.* hike; hiking; **faire de la randonnée** to go hiking (5)
randonneur *m.* hiker (C5)
rang *m.* row (9)
ranger to put away, straighten up
rangé *adj.* well-behaved, serious (8)
rangée *f.* row, tier (6)

ranimer to revive, restore (4)
rappeler to remind; **se rappeler** to remember, recall (5)
rapport *m.* relationship (1); report (4)
raquette *f.* snow shoe (5)
rasé *adj.* shaved (2)
rassembler to gather, assemble (9)
rater to fail (1)
rattraper to make up (1); to catch (9)
ravir to ravish, delight (6)
rayon *m.* department (in a store) (5)
rayonnement *m.* influence, radiance (9)
réagir to react (2)
réalisateur (réalisatrice) *n.* director (6)
réaliser to realize, achieve (9)
récapitulation *f.* summing up (3)
récemment *adj.* recently (2)
récent *adj.* recent (C2)
recensement *m.* census (3)
recevoir to receive (pré.)
recharger to charge again, load (battery) (4)
recherche *f.* research; search (3)
rechercher to research (5)
réclamer to claim, demand (C3)
récolte *f.* harvest (C3)
recommander to recommend
recomposé(e) *adj.* blended, as in "blended family" (8)
reconnaître to recognize (1)
reconnaissable *adj.* recognizable (2)
recours *m.* resort, recourse (2)
recouvrer to recover (9)
recouvrir to cover (again) (C3)
recrutement *m.* recruiting (9)
rectifier to straighten, correct (C2)
recueil *m.* collection (5)
récupérer to retrieve, get (1)
rédaction *f.* composition (1)
rédiger to write, compose (9)
redoubler to repeat; **redoubler une class** to repeat a grade (1)
redouter to fear (8)
récrire to rewrite
se référer (à) to refer (to something) (6)
réfléchir to think, reflect (pré.)
reflet *m.* reflection (C7)
refroidir to cool off, discourage (8)
se réfugier to take refuge (C9)
refrain *m.* refrain (song, poem) (pré)
regard *m.* look, glance, gaze (3)
regarder to look (at) (pré.)
régime *m.* diet (2); form of government
règle *f.* rule (4)
régler to regulate (9)
regretter to regret, be sorry (7)
régulier (régulière) *adj.* regular, steady (2)
reine *f.* queen (7)
rejeter to reject (6)
rejoindre to rejoin (C3)
relâcher to let go, free (4)
relatif (relative) *adj.* relative (C2)
relevé *m.* statement, summary; **relevé de notes** report card (1)
relever to lift; to point out (7)
relier to bind (book) (8)
remarquer to observe, notice
rembobiner to rewind (tape) (6)
remercier to thank (int. 2)
remettre to put again; **se remettre** to start again (pré.)
remontrance *f.* reproof, reprimand (6)
remorquer to tow (4)
remplir to fill (3)
remporter to win (7)
se remuer to move, move about, get a move on (1)
rencontre *f.* meeting, encounter (C2)
rendre to give back; + *adj.* to make (2); **rendre visite (à)** to visit (people); **se rendre (à)** to go (to)
renforcer to reinforce (1)
renfort *m.* back-up (9)
renommée *f.* fame, renown (6)
renseignement *m.* piece of information (5)
rentrée *f.* return to school in the fall (1)
rentrer to return (1); **rentrer dans** to run into (car) (4)
renvoyer to dismiss, fire (3)
répandre to spread (pré); **répandu** *adj.* widespread
réparer to fix, repair (4)
repartir to leave again
répartir to be spread out (pré.)
repas *m.* meal (7)
repasser to iron (8)
se répéter to repeat oneself
répit *m.* respite; grace period (9)
répliquer to reply (2)
répondre to answer, respond
report *m.* delay, postponement (8)
reportage *m.* report
reporter to postpone (1)
reposer to ask again (1); to lay, lie (7); **se reposer** to rest (5)
repousser to push back, hold up (8)
reprendre to take back (up) (3)
reproche *m.* reproach (1)
requin *m.* shark (5)
réseau *m.* network (4)
réservoir *m.* gas tank (4)
résidence *f.* dorm (1); **résidence secondaire** second home, vacation home (5)
résidentiel(le) *adj.* residential (C8)
respectueux (respectueuse) *adj.* respectful (C2)
respirer to breathe (3)
respiration *f.* breathing (3)
ressentir to feel, experience (6)
ressortir to stand out (6)

ressortissant *n.* inhabitant, national, resident (of a country) (9)
reste *m.* remainder; **en reste** indebted to (4)
rester to stay, remain
restituer to restore; present (6)
résultat *m.* result (1)
résumé *m.* summary (3)
retard *m.* delay; **en retard** late
retarder to slow down, hold up
retenir to hold back; remember (4)
retirer to withdraw (7)
retour *m.* return (3); turn, reversal (C3)
retournement *m.* reversal (6)
retourner to return (3); **se retourner** to turn around, go back (8)
retracer to retrace, recall
retraite *f.* retirement; retirement pension (int. 1)
rétrécir to shrink (C6)
rétroprojecteur *m.* overhead projector (9)
retrouvailles *f. pl.* rediscovery (5)
retrouver to find again (3); **se retrouver** to meet (by arrangement) (7)
rétroviseur *m.* rearview mirror (4)
réussir to succeed (5); **réussir (à) un examen** to pass a test (1)
rêvasser to daydream (7)
rêve *m.* dream (7)
revenant *m.* ghost (7)
revendication *f.* demand (4)
revenir to come back
rêver to dream (7)
revêtu *adj.* clad, covered (4)
réviser to review (int. I)
revoir to see again (1)
riche *n. & adj.* rich, wealthy; rich person (C3)
rien *pron.* nothing (3); **ne... rien** nothing (6); **de rien** it's nothing (C4)
rire to laugh
risquer to risk, venture (7)
rite *m.* rite
rivière *f.* river (C3)
riz *m.* rice (5)
robe *f.* dress (3)
robuste *adj.* robust, sturdy (C2)
rocher *m.* rock (5)
roi *m.* king (7)
rôle *m.* role
rollers *m.pl.* roller blades (4)
roman *m.* novel (6)
romancier (romancière) *n.* novelist
rompre to break (6)
rond *adj.* round (2)
rondelet (rondelette) *adj.* chubby, plumpish (2)
rondeur *f.* roundness (4)
roue *f.* wheel (4)
rouge *n.m. & adj.* red; blush (3); **rouge à lèvres** lipstick (2)
rouler to roll; to go (car) (4)
roulotte *f.* house on wheels, trailer (4)
rouspéter to grumble (2)
rouspéteur (rouspéteuse) *n. & adj.* grouchy; grouchy person (2)
route *f.* road; **faire la route** to commute
routier (routière) *n. & adj.* of the road (4); truck driver; **vieux routier** *m.* experienced person (C9)
rouvre *m.* type of small oak tree (3)
roux (rousse) *n. & adj.* redheaded (person) (2)
royaume *m.* kingdom (7)
russe *n. & adj.* Russian (pré.)

S

sable *m.* sand (C4)
sac *m.* bag (3); **sac de couchage** sleeping bag (5); **sac à dos** backpack (C5)
sage *adj.* well-behaved (2)
saison *f.* season (C-pré.)
salaire *m.* salary (2)
salarié *n.* wage earner (3)
sale *adj.* dirty (2)
salir to make dirty
salon *m.* living room (C3)
sang *m.* blood; **prise de sang** f. blood test (4)
sans *prep.* without (pré.); **sans que** *conj.* without (7)
sans-abri *n.* homeless person (3)
santé *f.* health (C4)
sauf *prep.* except (8)
saumon *m.* salmon (5)
sauter to jump (C5)
sauvage *adj.* wild (3)
sauvegarde *f.* protection (4)
sauver to save (C4)
scandaleux (scandaleuse) *adj.* scandalous (C2)
sciences politiques *f.pl.* political science (1)
scolaire *adj.* academic (1)
scolarité *f.* schooling (1)
scooter des mers *m.* jet ski (5)
scrupule *m.* scruple (C8)
s.d.f. *n.* homeless person (**sans domicile fixe**) (3)
séance *f.* session, meeting (6)
sec (sèche) *adj.* dry (2)
sécher to skip (a class) (1); to dry (5)
secours *m.* help; **Au secours!** Help! (4)
secret (secrète) *adj.* secret (2)
séduire to seduce (6)
séduisant *adj.* seductive (2)
seigneur *m.* lord, nobleman (7)
sein *m.* breast (3)
séjour *m.* stay; **salle de séjour** *f.* living room
séjourner to stay, remain (C3)
sélectionner to select, choose (1)
selon *prep.* according to (pré.)
semblable *adj.* similar, like (3)
sens *m.* meaning; direction (4); **double sens** double meaning (6)

sensible *adj.* sensitive (2)
sensibiliser to sensitize (9)
sentier *m.* path, way (4)
sentir to feel; **se sentir à l'aise (mal à l'aise)** feel comfortable (uncomfortable, ill at ease)
série *f.* serial (6)
serpenter to wind, meander (6)
serviette *f.* towel, napkin; briefcase (2)
servile *adj.* servile, cringing (2)
servir to serve; **servir à (rien)** to be good for (nothing) (1); to be used for (7); **se servir de** to use
seuil *m.* threshold, doorstep (3)
seul *adj.* only; alone (1)
sévère *adj.* strict (8)
SIDA *m.* AIDS
siècle *m.* century (9)
siège *m.* seat (4); headquarters (9)
sien *m. pron.* his/hers; **la sienne** his/hers (4)
sieste *f.* siesta, nap (1)
sifflet *m.* whistle (4)
signification *f.* significance, meaning
sillonner to cut across (5)
situer to locate (6)
sixième *adj.* sixth; **en sixième** in sixth grade in French schools (pré.)
sketch *m.* skit, short play (4)
ski *m.* ski; **faire du ski (alpin) (de fond)** to go (downhill) (cross country) skiing (5); **ski nautique** water-skiing (5)
skier to ski (5)
société *f.* society (3); company (post.)
soi *pron.* oneself, himself, herself (4)
soigner to look after, treat (medicine) (9)
soin *m.* care, attention; **prendre soin de** to take care of (C4)
soir *m.* evening (1)
soirée *f.* evening (6)
soit... soit *conj.* either… or, whether… or (6)
sol *m.* floor (3)
solidarité *f.* solidarity, interdependence (9)
soldat *m.* soldier (9)
sommeil *m.* sleep (6)
sondage *m.* opinion poll
songer to muse, reflect (7)
sonner to ring (2)
sonnerie *f.* ringing (int.2)
sorcier (sorcière) *n.* wizard (witch) (7)
sordide *adj.* squalid, filthy (C2)
sortie *f.* excursion; exit (6)
sortilège *m.* magic spell (7)
sortir to go out; **s'en sortir** to pull through, get to the end of (1); **sortir avec** to go out with, date (2)
sou *m.* money
souci *m.* worry, care; **se faire du souci** to worry (8)
soucieux (soucieuse) *adj.* worried, anxious (6)
souffrir to suffer (5)
souhait *m.* wish (2)
souhaiter to wish (4)
soulager to relieve
souligner to underline, emphasize (9)
soupe populaire *f.* soup kitchen (C3)
sourd *adj.* deaf (6)
sourire to smile (C4)
sous *prep.* under (C3)
sous-titré *adj.* subtitled (6)
soutenir to support
soutien *m.* support (8)
souvenir *m.* memory, recollection; **se souvenir(de)** to remember
souvent *adv.* often (pré.)
se spécialiser (en) to major in (1)
spectre *m.* ghost (7)
sportif (sportive) *adj.* athletic (2)
stage *m.* internship, training period (1)
star *f.* celebrity, movie star (2)
station *f.* station (post.); **station balnéaire (de sports d'hiver)** seaside (winter sports) resort (5); **station-service** service station (4)
stationner to park (4)
stop *m.* stop sign; hitchhiking; **faire du stop** to hitchhike (5)
strophe *f.* stanza (poem or song) (pré)
stupeur *f.* dazed state, stupor (4)
subjuguer to charm; dominate (3)
subordonné *adj.* subordinate, dependent (1)
succéder to follow (C8)
succès *m.* success (int. I)
sucer to suck, suckle (3)
sucrerie *f.* candy, sweet (C4)
sud *m.* south (7)
sud-est *m.* southeast (7)
suffire to suffice, be enough (9)
suggérer to suggest
suite *f.* continuation (5)
suivant *adj.* next, following (pré.)
suivre to follow (pré.); **suivre un cours** to take a course (1)
supérieur *adj.* higher
supplémentaire *adj.* additional (C4)
supporter to put up with, endure (1)
sûr *adj.* sure, certain (3)
surcharge *f.* overwhelming amount (1)
surmonter to overcome, conquer (2)
surprendre to surprise
surprenant *adj.* surprising
surtout *adv.* especially (1)
surveiller to look after (C5); to watch over, supervise
syllabe *f.* syllable (2)
sympathique *adj.* nice (1)

T

tableau *m.* board; picture (6)
tache *f.* jerk *fam.* (int. 1); spot (5); **taches de rousseur** freckles (2)

tâche *f.* task (5); **tâches ménagères** household chores
taille *f.* waist; size (2); **taille serrée** narrow waist (2)
tailleur *m.* woman's suit (2)
se taire to be quiet (6)
talus *m.* embankment (4)
tandis que *conj.* whereas, while (C2)
tant *adv.* so much, so many (3)
tante *f.* aunt (3)
tard *adv.* late (1)
tas *m.* lot *fam.* (5); pile
tatouage *m.* tattoo (2)
taux *m.* rate (2); **taux de chômage** unemployment rate (3)
tee-shirt *m.* t-shirt (1)
teindre to dye (2)
teint *m.* coloring (2); complexion, skin color (C5)
tel(le) *adj.* such (1)
télécommande *f.* remote control (6)
téléfilm *m.* movie made for TV (6)
téléspectateur *m.* television viewer (6)
téléviser to televise (6)
tellement *adv.* so many; so much (6)
témoigner to testify, witness (4)
témoin *m.* witness
tempe *f.* temple *anat.* (2)
tempête *f.* storm
temps *m.* time (2); **de temps en temps** from time to time (6)
tendance *f.* tendency (1)
tendre *adj.* soft, tender (6)
tendu *adj.* tense (C2)
tenir to hold; **tenir tête (à)** to stand up to (8); **s'en tenir à** to limit oneself to (9)
tennis *m. pl.* tennis shoes (2)
tente *f.* tente (5)
tenue *f.* manner of dress (2); **tenue de route** holding of the road (car) (4)
terminale *f.* last year of French high school (C2)
terminer to finish (3)
terrain *m.* field; piece of land; **terrain de camping** campground (5); **faire du terrain** work in the field; **sur le terrain** in the field (9)
terre *f.* earth; **par terre** on the ground (floor) (3)
tester to try out (2)
tête *f.* head (3); **grosse tête** very smart student *fam.* (1); **tête d'œuf** egghead, brain (1)
têtu *adj.* stubborn (8)
thème *m.* subject, theme
thèse *f.* thesis (1)
thunes *f.pl.* money *fam.* (int. 1)
tic *m.* twitch, tic, nervous mannerism (2)
tiers *m.* one-third (6); **deux tiers** two-thirds (6); **tiers-monde** third world
timbre *m.* stamp (5)
timide *adj.* shy (3)
tirelire *f.* piggy-bank (8)
tirer to pull (C5); **se tirer (de)** to extricate, escape; take from
titre *m.* title (2); **à titre de** by virtue of, by right of (C8)
titulaire *n.* holder (of a degree, position) (9)
toile *f.* canvas; screen (6)
toit *m.* roof; **toit ouvrant** sunroof (4)
tombeau *m.* tomb (C7)
tomber to fall (3)
tondre to mow, to trim (8)
tonneau *m.* barrel (4)
topo *m.* rundown, summary (int. 1)
tort *m.* wrong; **avoir tort** to be wrong
tôt *adv.* early (1)
totalement *adv.* completely (C2)
toujours *adv.* always; still (3)
tour *m.* walk; turn
tournage *m.* filming, production (film) (C6)
tournée *f.* round, circuit (4)
tourner to make (a film) (6)
tournure *f.* turn of phrase (pré)
tout (tous, toute, toutes) *n., adj., & adv.* all (2); **tout le monde** everyone (3)
tracasser to worry (5)
traction *f.* drive (car); **traction avant** front wheel drive (4)
traducteur *m.* translator (pré)
traduire to translate
train *m.* train; **en train de** in the process of
traîner to hang around, loiter
trait *m.* feature, trait (7)
traite *f.* bill, draft, payment (int. 1)
traité *m.* treaty, compact (9)
traiter to deal with (C8)
tranche *f.* slice; **film à tranches** film of which episodes are shown each week (6)
trancher to cut, slice (6)
tranquillisant *m.* tranquilizer (9)
transmettre to transmit, pass on (1)
transport *m.* transportation; **transports en commun** public transportation (4)
travail *m.* work (3); **travaux dirigés** discussion section, lab (1); **travaux domestiques** domestic work (3)
travailler to work
travailleur (travailleuse) *adj.* hardworking (C2)
travers *prep.* across; **à travers** across, through (3)
traverser to cross (5)
trèfle *m.* spade (cards) (2)
trek *m.* hiking (5)
tremblement *m.* trembling; **tremblement de terre** earthquake (9)
trentaine *f.* around thirty (4)
tresse *f.* braid (3)
tricher to cheat (1)
tricheur (tricheuse) *n.* cheat, trickster (2)
triste *adj.* sad (3)

tromper to deceive, trick; **se tromper** to be wrong
trompeur (trompeuse) *adj.* deceptive (2)
trop *adv.* too much, too many
trottoir *m.* sidewalk
trou *m.* hole (C4)
troubler to bother (3)
trouver to find; **se trouver** to be located (5)
truc *m.* thing (1)
tumultueux (tumultueuse) *adj.* tumultuous (6)

U

UE *f.* EU, European Union (9)
une (la) *f.* front page of a newspaper
uni *adj.* unified (1)
unique *adj.* only, as in **enfant unique** only child; unique (8)
uniquement *adv.* only, solely (2)
unité *f.* unit; **unité de valeur** course credit (1)
universitaire *adj.* university, as in **bibliothèque universitaire** university library (1)
urgence *f.* emergency (9)
usage *m.* use (4)
usager *m.* user (4)
usine *f.* factory (3)
utile *adj.* useful (pré.)
utiliser to use (3)

V

vacances *f.pl* vacation (5)
vacancier (vacancière) *n.* vacationer (5)
vacarme *m.* racket, noise (6)
vache *f.* cow (C7)
vain *adj.* vain, useless (C2)
vaincre to conquer, defeat (9)
vainqueur *m.* conqueror (9)
vair *m.* type of squirrel with gray-white fur (7)
vaisselle *f.* dishes; **faire la vaisselle** to do the dishes (8)
valable *adj.* valid (C9)
valeur *f.* value (9)
valise *f.* suitcase (C5)
valoir to be worth (3); **il vaut mieux** it is better (7)
vampire *m.* vampire (7)
se vanter to boast (1)
vedette *f.* movie star (6)
veille *f.* day before, night before (1)
veillée *f.* evening spent with friends or family (7)
veiller to look after, see to (4)
veine *f.* luck; **coup de veine** stroke of luck (1)
vélo *m.* bicycle (4); **VTT (vélo tout terrain)** mountain bike (5)
vendeur (vendeuse) *n.* salesperson (C-int. 1)
vendre to sell (3)
venir to come; **venir de** to have just
vent *m.* wind (C6)
ventre *m.* belly (3)
verdure *f.* greenery (8)
vérifier to check (C4)
vérité *f.* truth (3)
verlan *m.* French adolescents' slang
vermisseau *m.* small worm (7)
vernis *m.* polish; **vernis à ongles** nail polish (2)
verre *m.* glass (5)
vers *m.* verse, line of poetry
verser to pour; to pay; **verser une pension alimentaire** to pay alimony (8)
vertige *m.* fear of heights (C5)
veste *f.* suit jacket (2)
vêtement *m.* garment, article of clothing
victime *f.* victim
vide *adj.* empty
vider to empty
videur *m.* bouncer (nightclub, bar) (C-int.1)
vie *f.* life; **vie privée** private life (8)
vieillir to grow old (2)
vieux (vieil, vieux, vieille, vieilles) *adj.* old (2)
vignette *f.* illustration, single frame of cartoon
vilain *adj.* nasty, mean (C7)
ville *f.* city, town (C-pré)
violemment *adv.* violently (2)
violet (violette) *adj.* violet (C2)
virage *m.* curve, sharp turn (4)
virer to kick out, expel (2)
vis-à-vis de *loc. prep.* opposite; with regards to
visage *m.* face (2)
viser to aim (to) (4)
vite *adv.* fast
vitesse *f.* speed (4); **à toute vitesse** at full speed (C4)
vitre *f.* car window (4); pane (of glass) (4)
vivant *adj.* alive; **langue vivante** modern language (pré)
vociférer to shout (6)
voici *prep. & adv.* here is (are)
voie *f.* way; **voie cyclable** bike lane (4); **pays en voie de développement** developing country (9)
voile *f.* sail; **faire de la voile** to go sailing (5)
voir to see; **voyons** let's see; **se voir** to see each other (C-pré.)
voisin *n.* neighbor
voiture *f.* car
voix *f.* voice (C3)
vol *m.* robbery
volant *m.* steering wheel (4)
voler to steal
volet *m.* window shutter (C3)
voleur (voleuse) *n.* thief
volontaire *n.* volunteer (9)
volonté *f.* will, willingness (9)
vouloir to want; **vouloir dire** to mean (1); **en vouloir à** to be mad at (8)
voyage *m.* trip, travel (3)
voyager to travel

vrai *adj.* true
vraiment *adv.* really
vue *f.* sight; **en vue de** in order to (6)

yeux *m.pl.* eyes (3)

zapper to zap, to change channels (with remote control) (6)
zappeur (zappeuse) *n.* person who zaps (TV) (6)
zapping *m.* zapping (TV) (6)
zigzaguer to swerve, zigzag (4)

Indices

INDEX: Structures

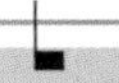

INDEX: Thèmes

Credits

Photo Credits

All photos in ***Sur le vif,*** 3/e, are from the Heinle and Heinle Image Resource Bank except for the following:

37, Ulrike Welsch; **41,** Owen Franken/Stock Boston; **46,** Spencer Grant/Photo Researchers; **47,** *top:* Ellis Harwig/Stock Boston; **48,** *top:* Pascal Fayolle/Sipa Press, *bottom:* Albert Facelly/Thierry Chesnot/Sipa Press; **52,** Mike Mazzaschi/Stock Boston; **53,** *top:* Mark Antmann/The Image Works; **54,** Tom Campbell/Stock Photography; **75,** Michael Busselle/CORBIS; **77,** Tom Campbell and Associates/Index Stock Imagery; **117,** Culver Photos; **118,** Hulton-Deutsch Collection/CORBIS; **122,** Robert Patrick/Corbis Sygma; **123,** *top:* © P. Chauvel/Corbis Sigma; **134,** Reuters/Archive photos; **138,** Gamma/Liaison

Text/Realia Credits

3, "Le français fait partie...", Haut Conseil de la Francophonie; "Les langues étrangères en France", INSEE, février 1998; **5,** Pierre Bachelet, «Laissez chanter le français», 1992, Papa Bravo and France Musique; **11,** Adapté de Laurence Wylie et Jean-François Brière, *Les Français* (Englewood Cliffs, NJ: Prentice Hall, 1995), p. 192; **12,** Christiane Rochefort, *Les petits enfants du siècle* (Paris: Grasset Livres de Poche, 1961), pp. 23–25; **17,** *Phosphore,* <www.phosphore.com>, Bayard Presse; **20,** Plantu, *Wolfgang, tu feras informatique!* (Paris: Folio, 1988); **21,** Plantu, *Wolfgang, tu feras informatique!* (Paris: Folio, 1988), p. 90; **27,** «Victime de la mode», paroles et musique de MC Solaar, interprétée par MC Solaar, Polydor, Ed. Fair & Square/BMG Music Publishing—517 422 2; **31,** Béatrice Girard, «Sympas, les Français, mais un peu sérieux!», *Phosphore,* septembre 1999, pp. 54–55, Bayard Presse; **36,** G. Mermet, *Francoscopie 1999,* © Larousse 1998, p. 208; **37,** G. Mermet, *Francoscopie 1999,* © Larousse 1998, p. 259; **38,** Francis Bebey, dans *Anthologie africaine d'expression française, II,* (Paris: Hatier, 1988), p. 114; **41,** G. Mermet, *Francoscopie 1999,* © Larousse 1998, p. 210; **42,** J.M.G. Le Clézio, *Printemps et autres saisons* (Paris: Editions Gallimard, 1989), pp. 63–65; **49,** ZEBDA, «Je crois que ça va pas être possible», Jacques Renault, Corida, 1998; **55,** G. Mermet, *Francoscopie 1999,* © Larousse 1998, p. 192; http://www.paris-org/parisweb/fr/vivre/velo2.htm, 20/1/2000; **56,** «Vivre à Vélo en Ville», http://www.paris-org/parisweb/fr/vivre/velo2.htm; **58,** http://www.multimania.com/toma/pvelo.htm, 20/2/2000; **64,** Fernand Raynaud, «La 2 CV de ma sœur», *Heureux!* (Paris: Editions de Provence, 1975), pp. 95–98; **68,** Serre, «Les vacances» (Grenoble: Editions Glénat, 1984); G. Mermet, *Francoscopie 1999,* © Larousse 1998, p. 47; **69,** G. Mermet, *Francoscopie 1999,* © Larousse 1998, p. 426; **70,** Georges Perec, «Deux cent quarante-trois cartes postales en couleurs véritables» *L'infra-ordinaire* (Paris: Editions du Seuil, 1989), pp. 33–66; **72,** G. Mermet, *Francoscopie 1999,* © Larousse 1998, p. 425; **74,** G. Mermet, *Francoscopie 1999,* © Larousse 1998, p. 424; **76,** Roch Carrier, «Il se peut bien que les arbres voyagent», *Les enfants du bonhomme dans la lune* (Montréal: Stanké, 1998), pp. 123–127; **80,** Sondage Ipsos/*Ça m'intéresse,* réalisé du 8 au 11 avril 1994; **84,** G. Mermet, *Francoscopie 1999,* © Larousse 1998, p. 375; **85,** Dessin de Sempé, © Galerie Martine Gossieaux; **86,** Jean-Philippe Toussaint, *La télévision* (Paris: Les Editions de Minuit, 1997), pp. 21–26; **87,** *Paris en chiffres* (Paris: Direction Générale de l'Information et de la Communication de la Mairie de Paris, 1996), p. 119; **91,** Albert Camus, *Le premier homme* (Paris: Editions Gallimard, 1994), pp. 90–93; **95,** Céline Rouquette, «La percée du téléphone portable et d'Internet», *Insee première,* N° 700, février 2000 (http://www.insee.fr); «France Télécom» de Tryo; **100,** Dessin de Sempé, *Tout se complique,* © Galerie Martine Gossieaux; **106,** Geneviève Massignon, ed., *Contes corses* (Gap: Edition Ophrys, 1963), pp. 139–140; **112,** G. Mermet, *Francoscopie 1999,* © Larousse 1998, p. 130; *L'Express,* 5/6/99, p. 36; **113,** Vincent Monnier, «Le nouvel esprit de famille», *L'Express,* 6/5/99; **118,** Simone de Beauvoir, *Mémoires d'une jeune fille rangée* (Paris: Editions Gallimard, 1958), pp. 9–10, 102–103; **124,** http://www.devise-europe.org (Site de France Télécom); **125,** Centre d'information sur l'Europe (www.info-europe.fr); **134,** «ONG cherchent vrais pros», *Phosophore,* juillet 1999, pp. 38–39, Bayard Presse; **137,** Plantu, *Le pire est derrière nous,* Paris: Le Monde Editions, 1994, p. 116; **144,** Bruce Daigrepont, *Stir up the Roux,* 1987. Rounder Record Corporation (1 Camp St., Cambridge, MA 02140)